KB071606

100세 시대를 준비하는
열 번의 성장

The Decades of Life: A Guide to Human Development
by Donald Capps

인생의 전 과정을 풍요롭게 다듬어 줄 세대별 이야기

100세 시대를 준비하는

열 번의 성장

The Decades of Life A Guide to Human Development

Donald Capps 저
오은규 · 김상만 · 김태형 · 오원웅 공역

학지사

아내 카렌에게

"내게 줄로 재어 준 구역은 아름다운 곳에 있음이여
나의 기업이 실로 아름답도다."

시편 16:6

역자 서문

역자는 우연한 기회에 프린스턴 신학대학원의 목회 신학 교수인 도날드 캡스 교수의 『The Decades of life』라는 책을 접하게 되었다. 이 책은 인간의 삶을 10년 기간으로 나누어 생각하는 데서 착안하여 저술된 책이다. 예를 들어, 우리는 흔히 어떤 사람의 삶을 지칭할 때 30대, 40대, 50대라고 표현한다. 캡스 교수는 10년 기간으로 삶을 표현하는 방식이 우리 생활에 깊숙히 침투되어 있으며, 개인의 발달에 대한 이해를 설명하기에 적절하다고 보았다. 캡스 교수의 이런 사고방식은 동양 문화권에 살아가는 우리에게도 매우 비슷하다. 우리 역시도 자신의 삶을 표현할 때 "내가 10대 때는 말이지……." 혹은 "내가 20대 중반에 이런 일들을 겪었지" 하고 설명하곤 한다. 캡스 교수는 이러한 사고방식에 따라 이 책에서 0~9세까지, 그 이후 10대, 20대, 30대, 40대, 50대, 60대, 70대, 80대 그리고 90대까지 각 10년 기간을 기준으로 발달 단계를 설명하고, 마지막 100세 클럽이라는 표현으로 100세와 그 이후 세대를 언급한다. 역자는 이런 캡스 교수의 관점이 100세 시대를 맞이한 우리 사회에도 적용하기 적합한 발달심리학적 이해라고 생각했다. 뿐만 아니라 기존의 발달

심리학 도서들이 노년기를 70세 전후로 초점을 맞추어 설명하고 있는 데 반하여, 캡스 교수는 확장된 노년기인, 즉 70대 이후부터 100세 이후까지를 설명하고 있다는 점에서 오늘날의 시대에 매우 적절한 책이라고 할 수 있다. 이 책은 발달 심리학을 공부하는 대학원생 및 인간의 발달을 이해하고 돕기 원하는 상담가, 심리치료사, 성직자, 의사 등 전문가들에게 유용하게 사용되리라 확신한다.

요즘 우리 사회에 '100세 시대'라는 말이 유행하고 있다. 이제 대부분의 보험 상품은 100세를 기준으로 만들어질 정도로 기대수명이 늘어난 시대에 도달했다. 과거에는 노년기라고 말하면 70~80세 정도에서 끝나는 시기로 생각되었다. 하지만 기대수명의 연장은 노년기에 대한 새로운 이해와 새로운 관점을 요구하고 있다. 예전에는 40~50대가 중년으로 여겨졌으나, 오늘날의 40~50대가 예전의 중년이라는 어감으로 바라보기에는 너무 젊어졌다. 뿐만 아니라 60대와 70대 역시 할아버지, 할머니라고 불리기에는 너무 젊고 활동하는 데 무리가 없는 중년의 모습처럼 보인다. 그런 점에서 캡스 교수의 『100세 시대를 준비하는 열 번의 성장』은 오늘 100세 시대를 맞이한 지구촌과 한국 사회에 매우 시의적절한 책이라고 볼 수 있다.

이 책에서는 현재 기대수명이 100세에 이른다는 점에서 에릭슨의 이론을 100세까지 연장하여 적용하였다. 캡스 교수는 삶을 10년 기간으로 바라보는 관점을 그의 생애 60대 초반에 갖게 되었다고 한다. 그는 이 책에서 에릭슨의 모델에 초점을 두면서 노년기의 발달 과정에 대한 이해를 추가하여 다루었다. 또한 삶을 신앙의 순례로 바라보는 기독교인들에게 초점을 맞추어 이 책을 저술했다고 밝히고 있다. 그는 10년 단위의 기간으로 발달을 나누어 이해하면서, 그 발달 기간에 긍정적 경향성과 부정적 경향성의 상호 역동이 일어난다는 에릭슨의 견해를 반영하였다. 긍정적 경향성과 부정적 경향성의 적절한 비율과 통합이 한 개인의 발달을 건강하게 만드는 데 도움이 된다고 본다.

캡스는 이 책을 구성하는 방식에 있어서 한 개인의 복합적 자기를 구성하는 다양한 자기에 상응시킨 미덕에 대한 설명을 반영한다. 캡스는 0세부터 100세에 이르기까지 각 10년 기간에 따른 10개의 발달적 자기를 묘사한다. 에릭슨의 발달이론은 8단계로 끝나지만, 캡스는 80대와 90대를 설명하는 심리사회적 갈등과 미덕을 각각 새롭게 제시한다. 80대의 갈등은 '해방 대 통제욕구'이며, 90대는 '욕구와 투쟁 사이의 갈등'이다. 각각의 미덕으로는 80대는 '우아함'을, 90대는 '인내'를 제시한다. 그리고 마지막 80대와 90대가 겪는 두 가지의 갈등 요소가 적절한 비율을 가질 때 초월적 노년기에 도달하게 된다고 본다.

이 책은 에릭슨의 8단계 생애주기 이론을 확장하여 100세 시대에 이르기까지 다양한 개인 사례 연구를 바탕으로 심리학적 통찰력과 목회적 돌봄의 통찰력을 제공하고 있다. 이 책이 오늘날 100세 시대를 살아가는 우리 모두에게, 특별히 확장된 노년기를 맞이하는 우리 세대에게 커다란 통찰력과 지혜를 제공하리라 생각한다.

이 책의 역자들은 모두 40대와 50대이며, 그들의 자녀들은 10세 이전부터 30대까지 골고루 있다. 그리고 역자들의 친척들과 부모님들은 60~90대에 해당하고 나의 외할머니는 올해로 101세 생신을 맞이하셨다. 역자들의 가족만으로도 100세까지의 모든 연령대를 포함하고 있는 셈이다. 그런 점에서 이 책의 역자들은 모두가 100세 시대를 살아가는 다양한 직간접적 경험을 가지고 번역 작업에 임했다.

이 책을 번역하는 데 동참해 준 네 명의 역자에게 감사드린다. 먼저, 처음 이 책을 함께 번역하는 데 참여한 김상만 박사는 표현예술심리치료 분야의 전문가이다. 그는 어린이부터 노년에 이르기까지 다양한 세대의 사람이 자신의 마음을 표현할 수 있도록 돕는 탁월한 표현예술심리치료 전문가이다. 다양한 세대의 사람을 만나 상담하고 강의를 했던 그의 경험은 이 책을 번역하는 데 큰 도움이 되었다. 그다음 이 책의 번역에 기꺼이 기쁜 마음으로 동참해 준 분은 김태형 교수이다. 김태형 교수는 도날드 캡스 교수의 여러 책을 번역하여 출판한 캡스 교수에 관한 전문가이다. 김태형 교수는 현재 대학교 학생상담소에서 학생들과 교직원들을 상담하고 학생들을 가르치는 일을 한다. 그렇기에 더더욱 이 책을 번역하는 데 그의 경험과 전문성이 귀하게 사용되었다. 다음으로, 오원웅 교수는 의료인들을 전문적으로 상담하고 대학교에서 학생들을 강의하는 일을 하고 있다. 특별히 그는 간호사를 위한 심리코칭프로세스 개발 및 보급, 전인간호, 영혼돌봄의 기술에 관한 강의를 해 오고 있다. 그 역시 다양한 세대를 아우르는 돌봄의 경험을 가지고 있기에 이번 번역 작업에 큰 도움이 되었다. 마지막으로 나(오은규 박사)는 현재 의료기관에서 일하는 의료인들과 직원들을 대상으로 '직장 내 갈등'을 전문적으로 다루는 상담을 하고 있다. 뿐만 아니라 가정의 위기 및 이혼을 경험한 이들을 전문적으로 상담하고 돕는 이혼자 지원모임의 전문가로 활동하고 있다. 그 외에도 교회나 일반 기관, 회사 등에서 상담 강연 및 방송 출연을 하고 있다. 캡스 교수의 세대별 다양한 사례는 내가 만나는 내담자들과 인간을 이해하는 데 큰 도움이 되었다.

『100세 시대를 준비하는 열 번의 성장』은 네 명의 훌륭한 역자들이 삶의 경험을 모아 번역 작업에 참여했기 때문에 더욱 의미가 있는 책이다. 이 책을 출간할 수 있도록 허락해 주신 학지사 김진환 사장님과 책이 나올 수 있도록 도움을 준 소민지 대리, 편집부 박선규 사원에게 이 자리를 빌려 감사의 말씀을 드린다. 그리고 이 책이 나오기까지 격려와 기도를 아끼지 않은 역자들의 가족에게도 감사를 전하며 이 글을 마무리하고자 한다.

역자 대표
오은규

추천사

1

인생의 발달에도 사계절의 변화가 주는 오묘함과 그 계절만의 독특함이 있다. 또한 그 계절에만 누릴 수 있는 장점들과 결과물들이 있다. 이 책은 그러한 계절의 변화에 대한 은유적 성찰을 발달심리학적 연구 결과물과 종교적·신학적 통찰과 함께 엮어 해석학적 시각과 연금술적으로 펼쳐 보인 프린스턴 신학대학원의 세계적인 목회상담가인 도날드 캡스의 저술을 번역한 책이다. 지금은 고인이 된 도날드 캡스는 세계적으로 유명한 미국의 목회상담가로서 심리학의 연구와 신학적 통찰, 종교적 지혜 전승을 해석학이란 연금술의 용기에 담아 번득이는 삶의 통찰이라는 '현자의 돌'을 제시해 준 영향력 있는 기독교 상담가이다. 이 책에서 저자는 인생의 발달주기를 따라가며 각 단계마다 우리가 성취해야 할 효율적 '자기감'을 펼쳐 보인다. 그리고 단순한 자기감의 함양이란 발달적 과제를 넘어 초월적 자기로 통합되며 의미가 충만한 삶의 이야기의 구성을 삶에 대한 우리 모두의 숙제로 제시하고 있다. 이 책의 역자들은 몇 년 전 연세대학교 대학원 상담코칭학과에서 함께 동문수학하며 추천인의 '성인발달심리학과 목회상담'이란 과목을 수강했던 학생들이었고, 지금은 모두 박사학위를 취득하고 각자의 자리에서 기독교 상담가로서의 책임을 성실하게 감당해 가는 자랑스러운 치유사역의 동역자들이다. 특히 대표 역자인 오은규 박사는 현장 목회의 사역자로서 교인들의 발달적 과제와 목회적 돌봄의 필요성을 절감하며 이 책의 번역 작업에 책임감과 특유의 꼼꼼한 성실함으로 완성도를 높이는 커다란 역할을 담당했다. 번역자들의 노고를 위로하며 이 귀중한 지혜의 작품이 상담과 성장의 과제에 관심을 지닌 모든 이의 훌륭한 참고서가 되기를 바라며 기쁜 마음으로 추천한다.

연세대학교 연합신학대학원 상담코칭학 교수
정석환

2

2026년은 대한민국이 초고령사회로 진입할 것으로 예상되는 해입니다. 이로 인해 우리 사회는 갖가지 우려의 목소리로 소란스럽습니다. 모든 위기가 새로운 기회의 첫 단추가 되듯 이제 곧 닥칠 고령사회의 위기는 우리에게 변화와 변혁의 기회가 될 수도 있습니다. 일본의 대표적 사상가인 우치다 타츠루는 사회시스템이 파탄에 빠지는 이유를 '어른 없는 사회'에서 찾고 있습니다. 그런 의미에서 다수의 '성숙한 어른'이 존재하는 사회는 위기의 시기를 새로운 성장 사회의 모멘텀(momentum)으로 만들어 갈 것입니다. 이런 점에서 목회신학자 도날드 캡스의 『100세 시대를 준비하는 열 번의 성장』은 이 시대의 세대별 과제를 새롭게 인식하고 조화시키려는 모든 이에게 번뜩이는 통찰을 제공합니다.

저자는 미국 프린스턴 신학대학원에서 목회신학 교수로 재직하면서 평생토록 목회신학과 종교심리학 분야에 깊이를 더한 학자입니다. 그는 이 책에서 에릭 에릭슨의 생애주기 모델을 변화하는 시대 상황에 맞게 재조정합니다. 캡스는 인간의 생애발달을 8단계로 구분한 에릭슨의 아이디어를 인간의 일상적 감각에 기초하여 창조적으로 재구성하고 있습니다. 그는 인간의 생애를 열 번의 10년으로 구분함으로써 100세 시대를 전망하는 우리의 자연스런 생애 인식의 전통을 따릅니다. 캡스가 제안하는 인간의 연장된 기대수명과 그에 따른 각 단계의 과업과 미덕은 인간의 삶을 성숙하게 바라보는 목회신학적 관점과 인간발달에 관한 실천적 지혜를 제공합니다.

이 책을 번역한 네 명의 역자는 연세대학교에서 저와 함께 목회신학을 연구했던 기독(목회)상담학자들입니다. 이 책이 가장 밝은 빛을 낼 수 있을 때에 번역의 수고를 아끼지 않은 역자들에게 깊은 감사의 마음을 전하고 싶습니다. 상담학자이자 신학자들로서 역자들은 전례 없는 기대수명의 연장이 만들고 있는 낯선 상황 속에서 아직 구체적 대안을 찾지 못하고 있는 한국 사회에 큰 선물을 안겨 주었다고 확신합니다.

이 책을 접하는 어느 세대의 독자라도 인간 전 생애에 대한 매우 중요한 질문들을 만나게 될 것입니다. 그리고 독자 누구나 각자가 처한 생애의 주기마다 성숙한 일생을 입체적으로 만들어 가는 삶의 단계에 대한 의미 있는 대답들을 찾아가도록 인도할 것입니다. 모든 세대의 독자에게 강력하게 일독을 추천합니다.

연세대학교 연합신학대학원장, 한국상담진흥협회장
권수영

3

　　네 분의 목회(기독교)상담학자께서 번역하신 『100세 시대를 준비하는 열 번의 성장』의 초고를 읽고 참 기쁘고 감사했습니다. 스승이신 도날드 캡스 선생님의 좋은 책이 이렇게 번역되어 많은 사람에게 읽힐 수 있다는 사실에 무척 감동했습니다. 선생님이 천국에서도 분명 기뻐하실 것이라고 생각합니다.

　귀한 번역본 초고를 읽으며 선생님과 함께 했던 많은 시간이 주마등처럼 스쳐 지나갔습니다. 벌써 20여 년이 지났다는 사실이 믿어지지 않았습니다. 함께 공부하고 식사하며 나누었던 많은 말이 마치 어제 일처럼 생각이 났습니다.

　캡스 선생님이 일생 몰두한 학문의 화두는 아무래도 에릭 에릭슨의 심리사회 발달이론과 잇대어 있다고 해도 과언이 아닐 겁니다. 그리고 노년의 에릭슨은 물론 그의 아내 조안 에릭슨도 관심을 가졌던 생애주기이론의 확장에 대해 관심이 많았습니다. 따라서 『100세 시대를 준비하는 열 번의 성장』은 캡스 선생님의 에릭슨에 대한 연구의 정수(精髓)이며, 에릭슨 이론의 확장·수정된 생애주기이론에 대한 제안서입니다.

　특히 이 책은 오늘 우리가 사는 100세 시대에 걸맞은 인생의 발달과제에 대하여 쉽게 설명한 좋은 책입니다. 인간발달에 대한 구분도 10년을 주기로 전체 10개의 주제로 나누어 각 발달단계의 과제와 미덕에 대해 논하고 있기에 읽는 독자 입장에서 무척 선명한 이해와 접근성을 갖게 했다는 점에서 탁월하다고 생각합니다. 또 발달단계를 마무리 짓지 않고 열린 결말을 통해 에릭슨을 연구하는 후속 연구자들에게 또 다른 확장과 수정에 대한 가능성을 제시하고 있다는 점에서도 참 좋다고 생각합니다.

　바라기는 그저 이 책을 읽는 독자들이 캡스의 도움으로 에릭슨이라는 거인의 어깨 위에 서서 더 넓은 세상을 조망하듯, 에릭슨 이론에 대해 보다 유동적이며 창의적인, 또 역동적인 고민과 연구가 가능할 수 있기를 바랍니다. 캡스 선생님이 이 책을 쓰며 의도한 바가 바로 그것이라고 생각하기 때문입니다. 책을 통해 사람에 대한 보다 깊은 이해와 함께, 보다 창조적인 관점에서 사람을 사유(思惟)하고 낭만화(romantisization)할 수 있기를 바랍니다.

이 책을 번역하느라 고생하신 네 분의 학자께 진심으로 감사를 드립니다. 참 고맙습니다.

장로회신학대학교 목회상담학 교수

이상억

차례 CONTENTS

**Part
1**

성인 전기, 두 번의 성장_46

**Part
2**

성인 초기, 두 번의 성장_112

서론

나는 삶을 돌아볼 때 20대, 30대, 40대 또는 50대처럼 10년 기간으로 나누어서 생각하게 된다. 마찬가지로 내가 알고 있는 다른 사람의 삶에 대해서 생각할 때에도 "그가 40대였을 때……." 또는 "그들이 80대였을 때……."라는 방식에서 벗어나지 못한다. 삶을 10년 기간으로 말하는 방식을 사용하면, 나 자신 또는 타인의 삶을 연속된 일직선상 위의 어느 한 '위치'에 놓고 바라볼 수 있게 되며, 반드시 정확한 나이를 말해야 하는 부담에서 벗어날 수 있다. 예를 들어서, 때때로 "나는 스물다섯살에 결혼했지."라는 특정한 시기의 사건을 언급할 때에는 정확한 나이를 사용한다. 그러나 보통 10년 기간으로 시간을 나누어 삶의 주요 사건을 언급해도 설명에 큰 무리가 없다. 그래서 나는 내가 아는 다른 사람들의 삶에 대해서 기억을 떠올릴 때에도 10년 기간으로 언급하는 방식을 사용한다. 예를 들어서, 갑자기 내가 할아버지께서 몇 세까지 사셨는지 정확하게 알고 싶다는 생각이 들면 기록을 찾아보아야 하지만, 대략적으로 구십 몇 살까지 사셨는지는 분명히 알고 있다.

아마 당신도 나와 입장과 크게 다르지 않을 것이라고 생각한다. 당신도 '내가

20대였을 때…….', 또는 '30대였을 때…….'와 같이 삶의 사건이나 경험들을 10년 기간을 기준으로 생각해 낼 수 있을 것이다. 또는 "내가 20대 초반에……." 또는 "내가 30대 후반에……."와 같이 조금 자세하게 말할 수 있을 것이다. 그런데 누군가가 "좀 더 정확한 나이를 말씀해 주실 수 있나요? 그때가 22세 또는 23세였나요?" 또는 "38세 또는 39세인가요?"라고 묻는다면, 그 사람을 정확한 수를 다루는 수학자나 국세청 직원쯤으로 의심할 수도 있을 것이다.

한편, 삶을 10년 기간으로 생각하는 방식의 매우 훌륭한 예가 있다. 성경에서 인간의 기대수명을 10년 기간으로 언급하는 본문이 있다. 창세기 6장 3절은 "여호와께서 이르시되 나의 영이 영원히 사람과 함께하지 아니하리니 이는 그들이 육신이 됨이라 그러나 그들의 날은 백이십년이 되리라"[1]라고 말한다. 본문에서 '백이십년'은 10년 기간으로 나이를 계산하는 기준에 근거한다. 또한 시편 90편 10절은 앞의 본문처럼 인간의 수명을 넉넉하게 계산하지 않지만, "우리의 연수가 칠십이요 강건하면 팔십이라도……"에서 알 수 있듯이 10년 기간으로 기대수명을 언급한다. 인간의 수명이 칠십이나 기껏해야 팔십으로 축소되어 버린 것이다. 그리고 본문은 계속해서 "그 연수의 자랑은 수고와 슬픔뿐이요 신속히 가니 우리가 날아가나이다"라고 말한다. 여기에 나오는 삶의 수고와 슬픔에 대한 의미 파악에는 초점을 두지 않을 것이다.

삶을 10년 기간으로 말하는 태도는 사회 공동체의 사고방식에 깊숙이 침투해 있다. 1960년대에 '30세가 넘는 사람은 믿을 수 없다'는 소문이 만연했던 때가 있었다. 그 당시에 신뢰할 수 없었던 사람들이 많긴 많았다. 그리고 1990년대에는 '20대 사람들' 또는 '30대 사람들'에 대한 소문이 들렸는데, 여기서 '-대'라는 표현은 10년 기간으로 삶을 나누어 말하는 경향에 대한 나의 관점의 타당성을 지지한다. 한편, 우리 중 많은 이는 특정 동시대에 태어난 사람들의 특징을 명확하게

---

1 개정 개역판(이후의 모든 본문도 개정 개역판에 근거함을 밝힘)

분간하기 힘들어서 '베이비부머(baby booner)'와 같은 명칭을 부여하여 부르기를 더 좋아한다. 왜냐하면 첫 베이비부머들은 대략 1945년경에 태어나고 마지막 베이비부머들은 1963년경에 태어나서, 특정 시기에 태어난 베이비부머의 나이를 파악하려면 속으로 계산을 해야 하는 수고를 해야 하기 때문이다.

더불어 생일 축하 카드도 사람들이 10년 기간으로 삶을 나누어 말하기를 선호하는 태도가 사회에 침투해 있음을 알리는 하나의 '증거'이다. 우리는 생일 축하 카드를 판매하는 상점에서 연령대를 30세, 40세, 50세, 60세, 70세, 80세, 90세 그리고 100세로 구분해서 카드를 진열하는 것을 발견하게 된다. 유독 20세를 축하하는 카드가 없는데, 그 이유는 법적으로 21세가 되어야 술을 구입할 수 있게 되기 때문이다. 또한 팔리지 않아서 분명히 손해가 될 수 있는 나이에 해당되는 110세를 위한 카드도 생산되지 않는다.

삶을 10년 기간으로 생각하게 되는 관점을 감안한다면, 발달이론도 이런 사고방식을 반영할 것이라고 추론할 수 있다. 그러나 현실은 그렇지 않다. 가장 잘 알려진 발달이론이라고 할 수 있는 에릭 H. 에릭슨(Erik H. Erikson)의 8개의 발달 단계로 구성된 생애주기 모델은 삶을 10년 기간으로 바라보는 구조를 따르지 않는다. 나는 우리의 사고방식이 삶을 10년 기간으로 보는 경향이 있기 때문에, 에릭슨의 발달 단계가 이런 관점으로 구조화 될 수 있다고 믿고, 이런 취지에서 이 책을 쓰고 싶었다.

나는 20대 중반에 예일대학교 신학부에서 기독교 교육과 목회 돌봄 학위 과정을 공부하면서 에릭슨의 생애주기 모델을 접하게 되었다. 이 이론이 삶 전반에 대한 이해를 얻도록 돕기 때문에, 개인적으로 관심이 있는 일부분에만 관심을 갖지 않고 이론 전체를 받아들였다. 이 과정에서 나는 10대 초에 1678년에 바지 주머니에 넣을 수 있는 정도의 크기로, "경제적으로 어려운 이들을 위한 배포용"으로서 "조잡하고 군데군데 얼룩이 있는 활자체로 인쇄된" 소책자 형태의 『천로역정(The Pilgrim's Process)』(1957)을 읽던 때를 떠올리게 되었다(v). 이 책은 어린

시절에 다른 어떤 책도 줄 수 없었던 상상력으로 나를 사로잡았다. 이 책에서 주
인공 크리스천은 멸망의 도시에서 출발해서 천상의 도시를 향하는 여정에 오른
다. 나는 이 책의 주인공이 크리스천이기 때문에 그의 여행은 인간의 일생에 걸
친 여정을 의미한다고 이해하게 되었다. 또한 나에게 에릭슨의 생애주기 모델은
현대판 번역의 『천로역정』으로 보였고, 나는 에릭슨이 제시한 렌즈를 통하여 삶
을 바라보기 시작하였다.

　이후에 전개될 각 장에서 에릭슨의 생애주기 모델에 대하여 매우 자세히 이야
기할 것이다. 여기에서 단지 그의 인생 8단계가 삶을 10년 기간으로 보는 관점을
따르지 않았다는 관찰된 내용을 언급하고 싶을 뿐이다. 보다 구체적으로 말해
서, 8단계의 처음 네 단계는 출생부터 청소년기의 시작까지 해당된다. 5단계는
청소년기를 설명하고, 다음의 6단계부터 8단계까지의 세 단계는 성인기에 해당
한다. 그래서 여덟 단계 중 다섯 단계가 초기 성인기를 설명한다. 따라서 이 모
델은 생의 초기에 보다 많은 심리 발달을 겪게 되고, 생의 후반부로 갈수록 각 단
계의 시간 간격이 길어진다는 관점을 함축한다.

　내가 18세가 되었을 때에 문득 '삶을 10년 기간으로 바라보는 관점에 따라서
8단계가 재조정되면 어떨까?'라는 생각이 들었다. 만약 시편 90장 10절에 따라
서 인간이 대략 70세 또는 80세까지 살 수 있고 그렇게 기대할 수 있다고 생각한
다면, 에릭슨의 8단계에 대해서 10년 기간으로 삶을 바라보는 방식에 따른 생의
주기에 대한 재조정은 시편에서 제시하는 기준과 연결될 수 있다. 한편, 어떤 이
들은 시편에서 인간에게 가능하다고 제시하는 기대수명이 지난 후에도 인간이
여전히 건강해서 100세 이후까지 살기 때문에, 이런 관점에서 에릭슨의 모델에
서 제시하는 수명의 폭도 늘어날 필요가 있다고 생각한다. 물론 나는 이 책에서
이러한 관점도 나름대로 논의를 제시할 것이다.

　이 책은 내가 60대 초반에 갖게 된 생각을 반영한다. 나는 60세 정도 되었을
때에 개인적으로 삶에 대한 실존적 고민을 하면서 삶을 10년 기간으로 바라보는

관점을 터득하게 되었다. 그렇기에 아마 더 젊었을 때에는 이 아이디어가 떠오르지 않았을 것 같다. 그러나 나는 다른 한편으로 여전히 에릭슨이 설명한 대로 삶의 단계를 바라보는 데에 익숙하기 때문에 그가 제시한 기준에서 벗어난 관점만이 더 옳다고 확신하지 않는다. 따라서 이 순간에도 확실히 그의 단계에서 연령대의 '위치 설정'에 오류가 있다고 주장하려는 입장을 강경하게 취하지 않는다. 왜냐하면 나는 기본적으로 많은 부모, 부부, 교육 분야의 종사자, 심리학자, 심리치료사 그리고 역사가들이 에릭슨의 모델이 자신의 삶과 타인(자녀, 배우자, 학생, 내담자, 유명한 정치인, 종교 지도자, 작가, 예술가 등)의 삶에 대해서 이해하는 데에 엄청난 유익을 주었다는 사실을 발견하였기 때문이다.

동시에 나는 삶을 10년 기간에 따라서 단계별로 '재설정'할 때에 자신과 타인의 삶에 대하여 상당히 새로운 통찰을 얻게 된다고 생각한다. 이 재설정은 연령의 순서에 따른 삶의 단계에 대해서 어떤 수정을 요구하지 않으며, 실제로 각 단계가 긍정적 경향성과 부정적 영향성 사이에서 심리역동적 갈등을 포함하고 있다는 관점을 강조한다. 이미 에릭슨도 어떤 독자들이 자신의 생애주기 이론에 대해서 각 단계의 부정적 경향성(몇몇 발달심리학 책 중에도 동일한 경향이 있음)을 지나치게 축소시키는 경향이 있음을 안타깝게 여겼다. 나도 만약 삶의 단계를 10년 기간으로 설정하게 되면서 부정적 경향성과 관련된 삶의 경험이 더욱 간과될 가능성에 대해서 우려한다.

에릭슨의 생애주기 모델은 인간의 일생에 대한 이해에만 유용한 것은 아니다. 발달심리학 학위 과정과 교육학의 교과과정도 전형적으로 다양한 모델을 가지고 있고, 에릭슨의 모델의 결함은 흔히 알려져 있다. 그러나 그의 이론이 첫 번째로 생애 전체를 다루기 때문에 발달심리의 연구에서 지속적으로 영예로운 지위를 누리고 있다. 더 나아가서 그는 종교 연구에 대해서 그의 모델의 함의와 종교성에 상당한 관심을 보였다. 그렇다고 생애 전반에 대한 다른 모델도 반드시 에릭슨의 모델과 동일해야 의미가 있다고 생각할 필요는 없다. 다만 나는 에릭슨의 모델에 초점을 두면서 노령의 과정에서 겪는 삶의 변화에 대한 대처와 관련된 문제뿐만이 아니라 신앙의 순례자로서 일생의 여정을 실천하는 기독교인의 삶에 대한 이해의 변화와 관련된 문제에 관심이 있는 독자들을 위하여 이 책을 저술하였다.

◎ 영향력 있는 선구자: 프로이트와 셰익스피어

생애주기 모델과 그 단계에 관하여 논의하기 전에, 나는 간략하게 에릭슨이 지그문트 프로이트와 윌리엄 셰익스피어에게 빚을 지고 있다는 것을 말하고 싶다. 에릭슨은 생애주기 모델이 규정된 단계로 구성되어 있다는 생각을 프로이트에게서 얻었다. 그리고 생애주기 모델이 인간의 전 생애를 포괄할 수 있어야 한다는 생각은 셰익스피어에게서 얻었다.

프로이트와 발달 단계의 개념

프로이트는 유아기와 초기 아동기에 세 단계의 심리성적 발달단계를 제시하고 네 번째 단계를 후기 아동기에, 그리고 다섯 번째 단계는 청소년기에 속하게 했다. 첫 세 단계는 잘 알려진 대로 구강기, 항문기 그리고 성기기인데, 이 용어들은 아동들의 중요한 심리성적 발달에 초점을 둔다. 구강기에 유아 행동의 초점은 모성의 역할을 담당하는 이의 가슴에서 젖을 빠는 데에 모아진다. 항문기에 아동 행동의 초점은 부모의 도움으로 대소변의 배출을 조절하는 배변 처리와 관련된다. 그리고 성기기에 좀 더 나이가 든 아동은 자신의 성기에 상당한 관심을 갖게 된다.

네 번째 단계는 후기 아동기에 겪는 잠복기이다. '잠복'이라는 단어는 이 시기에 유아기와 초기 아동기의 심리성적 몰두가 상당히 잊혀져서 아동의 심리성적 발달이 안정된다는 프로이트의 관점을 반영한다. 그리고 특별히 성기기와 관련된 몰두는 청소년기라는 다섯 번째 단계의 거대한 활력과 함께 돌아온다(Kahn 2002, 33-54).

에릭슨의 생애주기 모델 중에서 특히 첫 다섯 단계는 프로이트의 심리성적 발달이론의 적용을 반영한다. 그러나 그는 심리성적 단계들에 대해서 심리사회적(psychosocial)과 관련된 의미에 더 큰 강조를 두기 원하기 때문에, 프로이트가 강조한 각 단계의 심리성적 '신체기관'들과 각각 상응하는 '심리사회적 양식'을 제시한다. 예를 들어서, 구강기는 통합적 양식, 항문기는 제거적 양식 그리고 성기기는 타인에게 접근하려는 침습적 양식을 포함한다(Erikson 1950, 67-92; 1963, 72-95).

일단 형성되면, 이 양식들은 각각 상응하는 신체기관의 영향을 벗어나서 독립적인 특성을 갖게 된다. 예를 들어서, 침습적 양식은 "신체적 공격을 통해서 타인의 신체 침범, 공격적 언어로 타인의 귀와 마음 침범, 강렬한 행동으로 공간 침입, 호기심에 불을 붙여 미지의 세계 침입하기" 등의 특성을 보이게 된다(Erikson 1959, 76).

에릭슨의 생애주기 모델에서 첫 다섯 단계가 프로이트의 심리성적 발달 단계 중 첫 다섯 단계에 상응하지만, 나름대로 많은 특성과 혁신을 포함하고 있어서 프로이트의 단계들이 가진 속성들과 직접적으로 연결되지 못한다. 더 나아가서 에릭슨의 단계 중 어떤 것들은 프로이트 이외에 다른 이론가들의 영향이 반영되어 있다. 예를 들어서, 에릭슨은 버클리에 있는 캘리포니아대학교에서 생애주기 모델을 개발할 때 엘스 프랭클-브런즈윅(Else Frenkel-Brunswik)의 동료로 함께 근무하였기 때문에 '생애 전반의 과정'에 대해서 그의 연구를 매우 잘 알고 있다(Friedman 1999). 그러나 에릭슨의 생애주기 모델에 프로이트처럼 근본적인 영향력을 끼친 이론가는 없다.

셰익스피어와 인간의 생애

윌리엄 셰익스피어(William Shakespeare)의 희곡 『뜻대로 하세요(As you like It)』 (2000, 44-45)도 에릭슨의 생애주기 모델의 형성에 중요한 역할을 하였다. 제2장 7막에 추방된 고위 공작과 그의 여러 귀족이 등장한다. 그리고 그중에 자크가 다음과 같이 말한다.

> 모든 세상은 무대이며,
> 모든 남자와 여자는 무대 위의 등장인물일 뿐이다.
> 그들은 각자 등장할 때가 있고 퇴장할 때가 있다.
> 분주할 때에는 한 명이 많은 역할을 맡을 수도 있지,
> [그는 마치 일곱 살 먹은 어린아이처럼 행동한다](44).

자크의 '일곱 살 먹은 어린아이처럼 행동하는 남자'라는 표현은 에릭슨의 『아동기와 사회(Childhood and Society)』(1963, 147)의 '남성이 겪는 여덟 시대(The Eight Ages of Man)'라는 제목의 장에서 더욱 분명하게 나타난다. 더 나아가서 세상이 무대라는 생각은 『아동기와 사회』(1950, 219) 초판의 '남성의 여덟 단계(The Eight Stages of Man)'라는 최초의 제목을 설명한다.

확실히 에릭슨은 그 자신의 개념과 이론에 대한 예를 들기 위해서, 셰익스피어에 대한 프로이트의 관점을 사용하는 데에 익숙하다. 그러나 셰익스피어의 작품에 주의를 기울이도록 이끄는 추진력은 그의 아내 조안(Joan)에게서 얻게 되었는지도 모른다. 에릭슨의 자서전 작가인 로렌스 J. 프리드만(Lawrence J. Friedman)에 따르면, 에릭슨의 아내는 "셰익스피어의 작품은 생의 초기의 인격 형성을 넘어선 단계의 등장인물들을 다루기 때문에 심리 발달과 관련된 주제에 있어서 프로이트보다 풍성하다."라고 강조하였다(1999, 218). 비록 에릭슨이 심리 발달과

관련된 주제에 대해서 셰익스피어가 프로이트보다 풍성하다는 아내의 판단을 따른 것처럼 보이지 않지만, "셰익스피어는 유아기부터 죽음에 이르기까지 생후 발달 단계에 대해서 언급하였을 뿐만 아니라 성적 관점을 넘어서서 사회·윤리적 관점에서 7개의 발달 단계를 구분하였다."(218)에서 알 수 있듯이 셰익스피어에 대한 열광에 사로잡힌 것처럼 보인다. 또한 그는 사람들은 "자크의 자서전을 언급하면서 에릭슨의 발달 단계와 요약표에 대한 초기 이론의 윤곽을 재구조화하는 것이 매우 흥미로움을 회고하게 되었다."(218)라고 말하기도 하였다.

　프리드만은 프로이트의 성적 발달에 대한 강조와 셰익스피어의 사회·윤리적 관점이 대조되는 듯이 설명하였지만, 프로이트 자신이 그랬던 것처럼 에릭슨은 두 관점이 상호 관련된다고 보았기 때문에 프리드만의 입장을 지지하지 않았던 것으로 보인다. 또한 자크의 다소 냉소적인 관점(당시에 망명생활을 했기 때문에 그럴 수도 있었을 것)과 인간의 전 생애에 대한 에릭슨의 조심스럽지만 희망적인 관점 사이에 근본적인 차이가 보인다. 그러나 자크의 글은 개인의 심리적 발달에 대한 에릭슨의 사회적 역할에 대한 강조와 관련해서 소중한 지지를 제공할 수도 있었을 것이다. 자크에게 사회적 역할은 유아기("양육자에게 안겨서 울고 토하기"), 변덕스러운 초등학생("티 없이 맑은 얼굴로 가방을 메고 있지만, 마치 달팽이가 기어가듯이 마지못해서 등교하는"), 연인("엉망으로 음조를 맞추어 노래를 불러서 연인이 '미간을 찌푸리게 만들어서' 마치 불 속에 던져진 듯이 탄식하는"), 군인("무조건적인 충성 맹세로 가슴을 채우고, 부러움을 살 정도로 표범처럼 멋진 턱수염을 기르고, 갑자기 전장의 한복판에 뛰어들어서 대포의 포신 속에서 비누방울처럼 힘없이 터져서 사라질 포탄과 같은 명예를 바라는"), 판사("둥글게 튀어나온 배를 고급 천으로 만든 법복으로 가리고, 위엄 있는 눈매와 잘 정돈된 수염과 현명한 듯한 눈빛에 교양을 갖춘 태도로"), 우스꽝스러운 노인("콧등에 안경을 걸치고, 한쪽 옆구리에 배낭을 붙이고, 조랑말을 타고, 허벅지는 바짝 움츠렸지만 그런대로 세상을 잘 헤쳐 나왔음을 자랑하는 듯한 크고 당당한 목소리로, 올라가지 않는 고음을 휘파람 불며, 간간이 담배를 한 모금 들이키며"), 그리고 마지막으로 노망기("삶이라는 이상야릇한 사건으로 가득 찬 무대에서의 마지막 등장의 시기로 점점 기억이 희미해지며, 시야도 가물가물해지고, 미각도 밋밋해지며, 모든 감각이 서서히 사라지는") 등으로 묘사된다(Shakespeare 2000, 44-45).

프란시스 E. 돌란(Frances E. Dolan)은 연극에 대한 도입부에서 자신의 연극 속의 대사가 당시의 "현실에서 아직 경험하지 않지만, 미래에 전개될 문화적 기대를 드러낸다"고 지적한다(xliii). 만약 그 대사가 문화적 기대를 반영한다면, 그 당시에는 미처 개념화되지 않았지만 인간의 삶에 대해서 앞서 언급한 5단계(판사로 표현되는 단계)에 이르기까지 성장하고, 6단계(우스꽝스러운 노인)부터 쇠퇴하며, 7단계의 망각(노망기)을 포함한다고 볼 수 있다. 그러나 연극 자체 내에서 마지막 무대에 연로한 하인으로 등장하는 아담은 '육체의 기력이 쇠하여도 도덕적 정진력은 성장할 수 있음'을 보여 준다. 그리고 그럼에도 불구하고 신체적으로 그리고 사회적으로 의지할 수 있는 사람은 타인에게 "윤리적 안내자"가 될 수 있다(xliv). 이 연극은 연설하는 노인에게 아첨하지 않는 묘사와 최소한 다른 한 명의 등장인물이 전체적인 메시지를 이해하게끔 돕는다.

돌란은 자크가 여성의 생애주기에 대해서 별로 언급하지 않았다고 말한다. "보통 남성에게 초점을 맞추고 있어서 연설은 남성의 삶과 다소 구별되는, 결혼(비록 결혼하지 않는 여성들도 많지만)과 모성을 향하여 형성될 것으로 기대되는 여성의 삶의 단계에 대해서 설명하지 못한다."(xliii) 반면에 그는 자크의 연설 서두에 '모든 남성과 여성'이라고 언급하였기 때문에, 만약 이 연설을 듣는 이들 중에 여성이 있었다면, 그가 여성의 역할에 대해서 남성과 동등한 의미의 평행적 연설을 하였을 것이라고 추론한다.

한편, 생애주기와 관련해서 자크의 연설과 에릭슨의 모델은 공통점이 많다. 둘 다 전 생애에 걸친 범위와 각각 구별 가능한 '세대'의 구분이 가능함을 강조하고, 개인의 삶이 주기적이어서 마지막 단계가 첫 단계로 회귀하는 특성을 보인다.

그럼에도 불구하고 에릭슨의 모델은 8단계로 구성된다. 왜 이런 차이가 발생할까? 부분적으로 에릭슨은 프로이트가 이미 형성해 놓은 이론의 토대 위에 자신의 생애주기 이론을 구성하였기 때문이다. 따라서 유아기와 청년기에 대해서 자크는 단지 두 단계(유아기와 학령기)만을 주장하였지만, 에릭슨은 5단계로 나누었다. 처음에 에릭슨은 생애주기에 대해서 7단계의 모델을 정립하였는데, 그 모델에서도 성인기에 대해서 단지 두 단계만을 할애하였다. 『완성된 생애주기(The Life Cycle Completed)』(Erikson & Erikson 1977)에서 조안 에릭슨은 남편의 최초의 모델은 성인기에 대한 두 단계(친밀감 대 소외, 통합 대 절망 또는 역거움)로 구성된 7단계였음을 강조한다.

그리고 계속해서 그녀는 남편의 모델이 7단계에서 8단계로 변화된 과정을 설명한다. 7단계 생애주기 이론을 주장할 당시에 그들 부부는 캘리포니아 버클리에 살고 있었다. 1970년대에 반세기 백악관 회담(Mid-century White House Conference)에서 아동기와 성인기의 삶의 단계에 대한 논문을 요청받게 되었다. 그 논문은 「건강한 성격의 성장과 위기(Growth and Crisis on Healthy Personality)」이였으며, 그 내용이 발전되어서 『정체성과 생애주기(Identity and the Life Cycle)』(Erikson 1959, 50-100)로 출판되었다. 백악관 회담이 있기 직전에, 에릭슨은 로스엔젤레스의 심리학자와 심리치료사 단체에게 7단계로 구성된 모델을 설명해 줄 것을 요청받았다. 조안은 그를 자동차에 태워서 사우스 샌프란시스코에 있는 기차역에 데려다주었다. 도중에 그들은 셰익스피어의 모델도 7단계라는 사실에 대해서 이야기를 나누었다. 그러나 이야기를 나누는 도중에 갑자기 조안이 셰익스피어가 많은 연극을 창작하였는데, 에릭슨의 세 번째 발달 단계에 해당되는 '연극 세대'에 대한 작품을 쓰지 않았음을 생각해 내게 되었다. 이런 조안의 생각은 셰익스피어가 자신의 삶에서 중요한 어떤 단계를 누락하였음을 암시하는 것이었다.

만약 셰익스피어가 그의 모델에서 무언가를 빼놓았다면, 에릭슨 부부의 발달 단계에서도 어떤 것이 생략되지 않았을까? 조안은 "그 놀라운 순간에 나는 무언가 잘못되었음을 알게 되었다. '우리 부부'는 아동기에 대한 단계를 잃어버렸었다."(3)라고 기록하였다. 7단계의 모델은 친밀감 대 소외감의 단계에서 중간 단계 없이 통합 대 절망 또는 역겨움의 단계로 넘어갔다. "분명히 60대와 70대 사이를 연결시키는 시기에 대한 단계가 필요했다."(3)에서 알 수 있듯이, 그 과정에서 자녀를 둔 부모의 시기와 같은 성인의 삶에서 필수적인 영역이 누락되었다. 그래서 그들은 약간의 여유 시간을 갖고 새로운 단계의 대략적인 틀을 만들어 내게 되었고, 7단계 모델을 8단계 모델로 '발전'시켰다.

그 당시를 회상해 보면, 40대 후반이었던 에릭슨의 이론이 성인 중년기가 누락된 모델로 굳어질 뻔하였다. 그러나 그의 모델이 유아기, 아동기 그리고 성인기에 대해서 강력한 지향성을 가지고 있었고, 그 당시에 성인기에 초점을 둔 다른 이론들에도 성인 중년기에 대한 설명이 거의 없었기 때문에 성인 중년기가 생략된 모델이 오히려 더 자연스럽게 이해될 수 있는 상황이었다. 버클리에 있는 집과 사우스 샌프란시스코에 있는 기차역 사이를 오가는 도중에 일어난 이 사건을 통하여, 에릭슨의 모델은 셰익스피어의 7단계의 틀에서 벗어나게 되었다.[2]

---

2 『남성 최고의 친구가 될 수 있는 일곱의 시기(The Seven Ages of Man's Best Friend)』(2005)에서, 얀 페넬(Jan Fennell)은 자크의 연설을 사용해서 개의 삶에 대한 자신의 모델을 만들어 낸다. 그 모델은 갓난 강아지(0~8주), 낯선 세상의 탐험자(8~12주), 장난꾼(13주~9개월), 부하(9~18개월), 위선자(18~28개원), 보호자(28개월~7년) 그리고 연금수령자(7년~사망)로 구성된다. 이 중에서 장난꾼(세 번째 단계)은 에릭슨의 아동기, 부하는 에릭슨의 학령기, 그리고 어떤 이들은 위선자가 에릭슨의 청소년기에 해당된다고 주장할 수도 있을 것이다. 에릭슨의 모델에서와 같이 강아지의 삶에 대한 모델에서도 처음 다섯 단계를 합한 시기가 비교적 짧다(28개월). 개의 평균수명이 6.7년(불독)부터 14.4년(조그마한 닥스훈트)의 범위를 가지기 때문에, 페넬은 보호자와 연금수령자 사이에 여덟 번째 단계를 첨가하기를 원했을 수 있다. 프린스턴 신학대학원의 동료는 목사기(presbyter ages)를 제안하고 싶어 했을 수 있다. 그러나 중년 남성 최고의 친구에 대한 특징을 반영하는 인물들은 거지, 애인, 파티에서 흥을 깨는 사람, 권력자, 가장 등으로 묘사될 수도 있다.

지금까지 에릭슨의 모델의 형성에 있어 두 가지 주요 영향력을 살펴보았으므로 이제 모델 자체에 관심을 두겠다.

◎ 삶의 8단계

에릭슨은 전 생애가 기간이 동일하지 않은 8단계로 구성되며, 각 단계는 긍정적 경향성과 부정적 경향성 사이의 역동적 상호작용 또는 갈등을 가지고 있다고 설명했다. 나는 '경향성'이 "분명하게 구분되는 특정한 방향 또는 행동을 향하여 움직이는 심리적 기질로서 특별히 내재적 특성과 습관이라는 결과로 나타남"을 뜻하기 때문에 이 단어를 사용한다(Agnes 2001, 1474). 따라서 경향은 단순히 행동, 감정 그리고 정신적인 면 중에서 어느 하나만을 의미하지 않고 일생동안 통합되는 심리적 기질을 뜻하며, 성향이 통합되는 과정은 긍정적일 수도 있고 부정적일 수도 있지만, 모두 삶에서 필수적인 역할을 하는 역동성을 가진다.

이런 경향의 여러 특성을 설명하는 명칭들은 시간이 지나면서 조금 변화되었지만 『완성된 생애주기(The Life Cycle Completed)』(Erikson & Erikson 1981)에서 최종적으로 정리되었다.

유아기: 기본적 신뢰 대 기본적 불신
초기 아동기: 자율성 대 수치심과 의심
놀이기: 주도권 대 죄책감
학령기: 근면성 대 열등감
청소년기: 정체성 대 정체성 혼란
초기 성인기: 친밀감 대 고립
성숙기: 성숙성 대 침체성

노년기: 통합 대 절망과 혐오감

에릭슨은 각 단계에 해당하는 특정한 나이를 지정하지 않았지만, 처음 5단계에 해당하는 기간은 비교적 구분하기가 쉽다. 처음 세 단계는 생후 5년 이내에 진행된다. 에릭슨에 의하면 첫 단계는 대략 출생부터 1세, 두 번째 단계는 1세부터 3세 6개월, 그리고 세 번째 단계는 3세 6개월부터 5세 또는 '보모학교'에서 '문법학교'로의 전학으로 끝난다(1959, 60, 75, 83-85). 네 번째 단계는 청소년기 단계까지 연결되는데, 아동기를 마치고 성인기가 시작되는 특성을 보인다(88-89).

아마도 에릭슨은 성인기가 12세 또는 13세 때쯤에 시작된다고 생각했을 것이다. 오늘날 발달이론은 전형적으로 청소년기를 초기(11~14세)와 말기(14~18세)로 구분한다. 에릭슨의 글을 보면 10대 말에 청소년기에서 성인기로 옮겨 간다는 데에 동의하는 듯이 보인다. 결국 첫 다섯 단계가 출생 후 20년이 지나기 전에 발생한다. 다른 한편으로, 정체성 대 정체성 혼란에 해당하는 시기는 정체성을 발견하는 과정이 수월하지 않아 지체될 수 있기에 일정하지 않아서, 20대 중반이나 심지어 그 이후에도 이 단계가 진행될 수도 있다. 따라서 5단계가 아직 진행 중인데 이미 6단계가 시작되어 두 단계의 시기가 겹치는 경우가 결코 드물지 않다.

여섯 번째 단계의 성인기가 마무리되고 일곱 번째 성숙의 단계가 시작되는 나이를 명확하게 정하는 것이 쉽지 않지만, 이 시기가 늦어도 40대에는 해당된다. 에릭슨이 첫 7단계 모델에서 이 시기가 발달 단계에서 누락되었다는 사실을 발견할 때에도 40대 중반이었다. 또한 에릭슨이 자서전에서 1975년에 자신이 73세가 되었을 때에 일곱 번째 단계에서 여덟 번째 단계로 옮겨 가게 되었음을 깨닫게 되었다고 밝힌다(Friedman, 19999, 428).

실제로 개인마다 독특한 형태와 구조의 삶을 살기 때문에 각 단계에 해당하는 연령이 고정적이지 않다는 관점은 이 모델의 장점 중 하나이다. 다른 한편으로,

성인기에 해당하는 단계들에 해당되는 연령대를 정하기가 모호하고 또 생애 초반에 대한 비중이 크다는 점을 감안할 때에 삶의 단계를 10년 기간으로 바라보는 관점의 입장을 취하는 것은 엄청난 유용성을 가진다. 에릭슨의 모델에서 각 단계가 긍정적 경향성과 부정적 경향성을 갖고 있다는 입장도 10년 기간으로 삶을 바라보는 관점에 적용되는데, 이것이 내가 이 책에서 가장 강조하려는 면이기도 한다.

위에서 밝혔듯이 이 책에서 말하는 10년 기간으로 삶을 바라보는 관점도 긍정적 경향성과 부정적 경향성 사이에서 역동적 상호작용을 포함한다. 에릭슨은 두 경향성 모두 건강한 발달로 통합된다고 생각했다. 예를 들어서, 유아기에 전혀 불신을 체험하지 않은 개인은 이후에 살아가면서 조그마한 사건을 경험하며 타인보다 외상을 겪게 될 가능성이 높아지기 때문에 건강한 발달 과정을 겪지 않았다고 본다. 에릭슨에 따르면 유아가 경험하는 신뢰는 불변의 상태로 경험되지 않고, 현실에서 연마되는 과정을 거쳐야 긍정적인 경향성으로 발전될 수 있다.

에릭슨은 긍정과 부정이라는 두 축 사이의 '비율'을 언급할 뿐이지, 어떤 비율이 가장 적절하다고 말하지 않았다. 그는 부정적 축도 필수적이라고 생각해서 이상적 비율은 부정적 비율이 100%도 아니고 0%도 아니라고 보았다. 나는 대략 긍정적 경향성의 비율은 70%, 부정적 경향성의 비율은 30%가 이상적 비율이라고 생각한다. 『노년기의 중요한 참여(Vital Involvement in Old Age)』에서 에릭슨, 에릭슨과 키브닉(Erikson, Erikson & Kivnick, 1986)은 발달 단계를 설명하는 도표에서 긍정적 경향성이 너무 높으면 부적응적이 되고 반대로 부정적 경향성이 너무 높아도 부적응적이 될 수 있음을 설명하면서 "비율"의 중요성을 강조하였다(45). 각 단계의 특징을 분별하는 용어들이 부여되었다. 예를 들어서, 세 번째 단계의 주도성 대 죄의식에서, 죄의식이 완전히 결여된 주도권은 무례한 태도를 야기할 수 있고, 반면에 과도한 죄의식은 내적 금지명령이라는 결과를 낳을 수 있다.

에릭슨이 '비율'이라는 개념에 부여한 중요성은 아무리 강조해도 지나치지 않다. 그는 자신의 모델을 설명할 때에 부정적 경향성에 대한 설명을 누락하지 않도록 상당한 주의를 기울였다. 『아동기와 사회』(1963)의 개정판에서 에릭슨은 생애주기에 대해서 "발달 단계에 대한 개념의 오용" 가능성을 암시하면서, 예를 들어서 "신뢰감(그리고 자세히 설명된 다른 모든 '긍정적' 감각)은 특정 시기에 완성되는 성취라는 관점도 그중의 하나"라고 강조한다(273). 사실 "어떤 작가들은 여러 단계들에 대한 성취의 규모를 강조하는 데 열성적이어서, 생애 전반에 걸쳐서 심리역동에서 '긍정적' 경향성과 동반되는 '부정적' 경향성(예: 기본적 불신)에 대한 설명을 생략해서 반쪽짜리 설명을 할 수 있다"(273-274).

이것은 마치 인간 육체의 신진대사가 "신체 기능이 자연스럽게 쇠퇴하는 과정 속에서 그 영속성을 유지하게 되듯이", 인격에 대한 부정적 경향성에 대한 설명이 생략되면 각 단계의 현실적 상태에 대한 왜곡이 발생하게 된다. 또한 "신체의 기능이 손상된 사람에 대해서 증세와 신체 기능을 진단하게 되듯이 인간 삶에서 겪는 모순과 비극적 잠재력을 더욱 분명하게 바라보아야 한다"(274).

에릭슨 자신도 "피상적 선함, 관계를 의식한 친절함 그리고 일상에서 꾸준히 요구되는 미덕"과 관련된 언어적 태도에 의해서 과거에 잘못된 해석을 거절하지 못하게 되었을 수 있음을 인정한다(274). 그러나 우리는 이런 공경할 만한 표현들에 대한 이러한 특별한 이해를 받아들이도록 강요받지 않았고, "지나가는 외향에도 불구하고 어떤 기본적 표현들은 본질적인 의미들"을 보유하고 있다(274). 다음 장에서 각 단계들에 대해서 설명하면서, 나는 사전적 의미와 에릭슨의 생애주기 모델의 문맥과 관련된 의미를 포함해 여러 표현에 대해서 특별한 주의를 기울일 것이다.

긍정적 및 부정적 경향성의 '비율'에 덧붙여서, 다음과 같이 몇 가지 중요한 원칙들이 있다. ① 새로운 단계는 이전 단계의 역동을 포함하기 때문에 두 단계의 역동이 상호작용하게 된다. ② 인간이 머리에 앞을 바라보는 눈을 가지고 있듯이, 한 단계의 역동이 충분히 드러나는 연령대에도 다음 단계의 역동이 서서히 꿈틀거릴 수 있다. ③ 이전 단계의 역동이 다음 단계에서도 영향을 끼친다. ④ 신체생리학적 능력이 심리사회적 경험과 도전과 연결되기 때문에, 한 단계에서 다음 단계로 이동할 때에 생리학적 능력이 중요한 역할을 한다. ⑤ 개인마다 특정 단계에 진입하는 시기에 연령의 차이가 있을 수 있으며, 문화적 전통이 그 원인이 될 수 있다. ⑥ 부정적 경향성에 대한 긍정적 경향성의 비율 또는 긍정적 경향성에 대한 부정적 경향성의 비율은 누적된다.

에릭슨은 흔히 특정 단계의 개인이 경험하는 긍정적 경향성과 부정적 경향성의 갈등을 표현하기 위해서 위기라는 단어를 사용하였다. 그러나 위기 자체가 부정적 의미의 단어가 아니다. 위기는 심리사회적 발달 속에서 중요한 변화가 일어날 때에 상처받게 될 가능성과 새로운 가능성이 발생하기 때문에 불가피하게 이전 단계의 안정성이 흔들리게 된다는 뜻을 가지고 있다.

◎ 미덕의 단계

에릭슨은 생애주기 이론에 두 개의 중요한 내용을 덧붙였다. 하나는 생애의 단계들과 관련된 "미덕의 단계"이다(Erikson 1964a). 다른 하나는 특정 단계에 대한 심리사회적 갈등과 일상의 습관과 생활방식(의례화됨) 사이의 상호관련성에 대한 설명이다(Erikson 1977). 미덕의 단계가 그의 생애 단계에 대한 논의에서 뚜렷하게 그 특성을 드러내고 나의 10년 기간의 생애 단계에 더욱 적합한 특성을 보이기 때문에 이 책에서는 에릭슨이 덧붙인 두 개의 주요 내용 중에 첫 번째에 초점을 둘 것이다.

에릭슨은 1960년 샌프란시스코의 정신분석연구소(Psychoanalystic Institute)와 시온산 병원에 보낸 글에서 미덕의 단계를 소개하였다. 그리고 나중에 이 글은 그 내용이 확대되어서『통찰과 책임감(Insight and Responsibility)』이라는 책에서 '인간의 강점과 세대의 주기(Human Strength and the Cycle of Generation)'(Erikson 1964a, 109-157)라는 제목의 장을 구성하게 되었다. 이 장은 지난 50년 동안 정신분석이 "개인의 생애주기와 세대의 순서 속에서 내재된 힘에 대해서 '비공식적' 이미지를 발전시켰다"는 관점을 설명한다(111). 이 장에서 그는 심리치료사가 어떤 환자가 "확인할 수 있을 정도로 질문에 답을 잘하거나 또는 부분적으로 향상이 되었다는 의미가 아니라 본질적으로 향상이 되었다"고 동의할 수 있는 상황들에 대해서 생각하고 있다(111-112). 다시 말해서, 환자의 증세가 감소하였거나 사라진 것이 아니라 "사랑과 삶에서, 집에서, 친구관계에서 그리고 사회인으로서 적합하면서 소신을 가진 어떤 것을 추구하며, 집중력을 잃지 않고, 더 나아가서 힘을 증가시킬 수 있다는" 매우 의미가 깊고 자명한 것을 관찰할 수 있는 내면의 힘을 갖추게 되었는지의 여부가 중요하다(112).

그는 삶의 단계만큼 내면의 힘과 관련된 단계도 다양하며, 각 삶의 단계에서 얻게 되는 최적의 인격 발달을 반영하는 능력을 분별할 수 있다고 생각하였다. 따라서 그는 8단계에 해당되는 희망(hope), 의지(will), 목적(purpose), 유능함(competence), 신실함(fidelity), 사랑(love), 돌봄(care) 그리고 지혜(wisdom)라는 8개의 내면의 힘을 제안하였다. 그리고 미덕(virtue)이라는 단어로 이 내면의 힘을 표현하며, 이 단어를 개인의 도덕이나 윤리적인 관점의 형성 이전에 이미 발생하는 근본적인 심리적 특성이라고 주장하였다. 그는 예를 들어서 "잘 보관된 약이나 음료와 같이 쇠퇴하지 않는 잠재력"과 같이 미덕을 내재적 힘 또는 능동적 심리적 기질로 정의한다(113). 다시 말해서, 이런 8개의 내면의 힘은 흔히 사용되는 '영성(spirituality)'이라는 표현과 같이 포괄적이라기보다는 개인의 영혼(spirit)과 관련된 개념이다. 그에 따르면 이런 내면의 힘을 보유한 사람은 순수한 생명력과 건전함을 감지하며 살아간다(112).

에릭슨은 각 발달 단계에 적절한 미덕을 정하고, 각 미덕에 대해서 한 문장의 공식을 제시한다. 이런 공식화 또는 정의를 내리는 작업은 각 단계의 긍정적 및 부정적 경향성의 상호 역동을 반영하고, 두 경향성 중에서 필수적으로 긍정적 경향성이 더 강력하다는 사실을 반영한다. 나는 여기에서 이런 공식을 제시하기 보다 개인의 삶의 단계에 대한 나의 논의에서 미덕을 구체화시켜 설명할 것이다. 이 과정에서 각 단계의 긍정적 또는 부정적 경향성의 상호 역동의 맥락 속에서 미덕들을 바라보도록 도울 것이다.

앞에서 살펴본 대로 에릭슨은 이 미덕을 영혼의 문제로 생각하였다. 각각의 미덕들을 삶의 10년 기간과 연결시켜서 보면, 웹스터 사전(Webster's New World College Dictionary, Agnes, ed, 2001)에서 "정체성, 인격 혹은 필수적 기질"로 규정하고 있는 자기의 발달을 통합하는 데 미덕들이 기여하고 있는 것으로 생각할 필요가 있다(1300). 『자아정체감: 청년과 위기(In Identity: Youth and Crisis)』에서, 에릭슨은 우리는 "다양한 자기를 통하여 복합적 자기를 구성한다."라고 강조하며, 이 자기는 우리가 "삶과 결부된" 몸, 인격 그리고 사회적 역할을 가지고 있다는 사실을 반영한다고 설명한다(217). 그리고 다양한 자기를 함께 모아서 "하나의 이성적으로 일관된 자기"로 유지하기 위해서 건강한 인격이 필요하다고 덧붙인다(217). 또한 그는 우리의 복합적 자기는 성경 속 인물 모세가 자기를 부르신 분이 누구인지 물어볼 때에 "나는 나다"(I AM WHO I AM, 출애굽기 3:14)라고 대답한 이에 의해서 인식되고 유효하게 된다고 말한다(220).

이 책의 각 장의 제목은 복합적 자기를 구성하는 다양한 자기에 상응시킨 미덕에 대한 나의 설명을 반영한다. 전체적으로 보면 다양한 자기는 이성적으로 일관되고 전반적으로 건강한 하나의 자기에 대한 모델을 제공한다. 만약 복합적 자기가 일관되고 건강하다면, 각각의 자기는 상응하는 10년의 시간 속에서 발전하게 된다. 그러나 각 단계의 심리사회적 역동과 관련해서 각 자기는 이전의 단계에서 서서히 모습을 나타내게 되고, 본 단계를 지나서 다음 단계에서 더 심화된 발전을 이루게 된다.

◎ 생애 단계의 도표

앞에서 나는 셰익스피어가 에릭슨에게 끼친 영향에 대해서 설명하였는데, 그때에 로렌스 J. 프리드만의 에릭슨에 대한 '점검 도표'에 대하여 언급하였다. 이 도표는 에릭슨이 후기에 각 단계에 상응하는 미덕에 대한 글과 이해력이 표현되어 있다(〈표 1〉 참조). 그러나 많은 표가 그렇듯이 각 미덕에 대한 설명을 충분히 제시하지 못하는 면도 가지고 있다. 『아동기와 사회』(Erikson 1963) 개정판에서 에릭슨은 여덟 번째 단계를 추가하고 생애 단계의 도표를 제시해서 전달하려는 의도를 설명한다.

> 그 도표가 성립되는 전제는 다음과 같다. ① 원칙적으로 인간의 인격은 사회적 활동 반경이 넓어지면서(widening social radius) 흥미를 가지게 되고, 인식이 깊어지고, 원하는 방향과 관련되어서 각 단계에 따라서 발달한다. ② 원칙적으로 사회는 인격 속에 잠재된 흥미를 충족시키고 계속 유지시키며, 또한 인격의 발달을 보호하고, 적절한 비율과 순서로 펼쳐지도록 돕는 경향이 있다(270).

그의 논문 「인간 생애주기(The Human Life Cycle)」(1987f)에서 호수에 돌을 던졌을 때에 물결 위에 만들어지는 동심원이 점점 커지듯이 인간이 성장하면서 겪게 되는 '사회적 활동 반경의 확장'을 만들어 내는 사회적 관계를 분별하는 도표가 제시된다. 이 도표에서 사회적 반경은 어머니-유아 관계에서 시작해서 노년기와 인류와의 관계로 끝나며 현실적으로 경험하는 인류의 한 부류와의 동일시를 포함한다. 비록 그가 인류의 모든 부류 가운데 한 부류의 구성원으로 소속되는 것의 중요성을 인식하지만, 또한 소위 '지배하도록 선택되었다는 환상을 지키기 위한' 인종, 민족, 탐욕 그리고 성별의 경향성인 '유사분류(pseudo-speciation)'에 비판적이다(Erikson 1987a).

심리사회적 위기(Psychosocial Crisis)

	1	2	3	4	5	6	7	8
노년기								통합 대 절망 역겨움 **지혜**
성인기							성숙성 대 침체성 **돌봄**	
초기- 성인기						친밀감 대 고립 **사랑**		
청소년 기					정체성 대 정체성 혼란 **신실함**			
학령기				근면성 대 열등감 **유능감**				
놀이기			주도권 대 죄의식 **목적**					
초기 아동기		자율성 대 수치심 **의지**						
유아기	기본적 신뢰 대 기본적 불신 **희망**							

	심리사회적 위기	미덕	중요한 관계의 반경
I	신뢰 대 불신	희망	모성 제공자
II	자율성 대 수치심. 의심	의지	부성 제공자
III	주도권 대 죄책감	목적	원가족
IV	근면성 대 열등감	유능	이웃, 학교
V	정체성 대 정체성 혼란	신실	동료 집단과 외부집단, 리더십의 모델
VI	친밀감 대 고립감	사랑	친구, 성, 경쟁, 협력의 파트너
VII	성숙성 대 침체성	돌봄	노동의 분업과 가사 분담
VIII	통합성 대 절망, 혐오감	지혜	'인류' '내가 속한 부류'

『아동기와 사회』(1963)의 개정판에서 도표의 유용성에 대해서 논의를 제시하였기 때문에, 에릭슨은 "도표는 미덕에 대해서 전반적 특성을 생각하도록 돕지만, 아동기의 훈련, 심리치료, 아동기에 대한 연구 등 여러 가지 방법론에 대한 정확한 정보를 제공하지 않는다."(270)라고 기술하였다. 더 나아가서 하나의 도표는 인간 정신 발달에 대한 특정한 관점을 설명하지만, 그렇다고 "심리사회적 발달에 대한 대략적 틀이 인간 실존과 관련된 다른 관점의 발달과 연관되지 않는다"고 보지 않도록 주의해야 한다(270). 또한 만약 도표에는 "각 단계별 갈등과 위기의 목록이 제시된다. 그러나 분명히 모든 발달 단계 자체가 위기의 연속이 아니지만, 각 단계가 어느 정도 고난을 통과하며 사회적 발달을 이루기 때문에, 한 단계에서 다른 단계로 향하는 전환기의 특성에서 진보와 후퇴, 통합과 지체 사이에서 '힘겨운 상황'이 결정적 순간이 된다."(270-271).

다른 관점으로 에릭슨의 생애순환 모델을 설명해 보자. 『지혜와 감각(Wisdom and the Senses)』(1988)에서 조안 에릭슨은 생애 발달 과정을 실뜨기 작업에 비유하였다. 그녀는 실뜨기 작업이라는 비유가 여러 발달 단계의 상호연관성과 상호조

직성을 잘 묘사하기 때문에 단계들의 통합의 의미를 강조한다고 말한다. 또한 그녀는 각 단계의 미덕의 힘에 적합한 색깔을 선택한다. 예를 들어서, 희망은 파란색, 의지는 오렌지색, 목적은 청록색, 능력은 노란색, 충성은 하늘색, 애정은 붉은 장미색, 돌봄은 연두색 그리고 지혜는 자주색과 연결시킨다. 회색은 부정적 경향성을 뜻한다(78).

그러나 도표의 발달 단계를 실뜨기 작업에 비유할 때는 생애의 순환적 특성을 묘사하기 어렵다. 이런 특성은 조안과 페이스 허블리(Faith Hubley)가 만든 〈누구나 회전목마를 탄다(Every Rides Carousal)〉(1975)라는 비디오에서 효과적으로 묘사한다(Hubley Studio,1975). 회전목마는 빙빙 돌아서 시작한 자리로 돌아간다. 그러나 회전목마를 타고 내릴 때에 사람들이 동시에 움직이지만, 인간 생애주기는 세대 간의 관련성을 전달한다. 에릭슨은 생애주기에서 특정 가족 또는 사회에서 특별히 여러 세대가 다른 때보다 더욱 밀접한 상호작용을 일으키게 되는 시기가 있는데 이 시기를 큰 톱니바퀴를 연결시켜 주는 작은 톱니바퀴라고 부른다.

마지막으로, 에릭슨은 하버드대학교에서 교수로 재직 중에 '인간 생애주기'라는 학부 과정에서 잉그마르 베르히만(Ingmar Bergman)의 영화 〈산딸기(Wild Strawberries)〉를 규칙적으로 사용하였다. 또한 그는 『의사 보리의 생애주기에 대한 회고(Reflections on Dr. Borg's Life Cycle)』(Erikson 1978)에서 그 영화에 대해서 언급하였다. 〈누구나 회전목마를 탄다〉와 달리, 이 영화는 현실의 배우의 삶을 소재로 삼아서, 의사 이삭 보리라는 중심 인물이 삶의 여정 속에서 만나는 인물들—아버지, 어머니, 아들, 며느리, 삼촌, 조카, 가정부, 그리고 낯선 사람들—의 사회적 역할에 초점을 둔다. 이 글은 한 남자가 생애 속에서 연기하는 역할에 대한 자크의 묘사와 어느 정도 유사성을 갖는다. 의사 보리는 계속해서 다른 인물들과 상호작용을 하며, 심지어 혼자서 지내는 순간에도 작고한 인물들과의 기억과 접촉한다.

◎ 이 책의 구성

이 책은 4부로 구성되어 있다. 제1부는 성인 전기(출생~19세)에 초점을 두고 있다. 제2부는 성인 초기(20~39세), 제3부는 중년기(40~69세), 그리고 제4부는 노년기(70~99세)에 초점을 둔다. 각 장은 10년 기간의 생애에 초점을 둔다.

첫 8단계는 에릭슨의 생애주기 모델을 따르기 때문에, 출생부터 89세까지의 범위를 포함한다. 그런데 80대까지 사는 사람들이 많고, 90대까지 사는 이들도 있으며, 드물게는 100세나 그 이상을 사는 사람들도 있다. 따라서 오늘날 발달 단계 연구에서는 이전에 비해서 독창적이고 현실을 반영하는 관점이 필요하다. 예를 들어서, 평균수명이 현재보다 적었던 시대에 만들어진 에릭슨의 8단계 이론에서 마지막 단계의 통합 대 절망과 혐오의 갈등이 100세에 이르기까지 수 10년 동안 변함없이 적용되어야 할까? 예를 들어서, 80세부터 생애주기가 다시 시작되어서 80세에 기본적 신뢰 대 기본적 불신을 적용하고, 90세에 자율성 대 수치와 의심의 단계가 시작된다고 제안할 수 있을까? 또는 기본 생애주기에서 노년기 인생 여정을 연장해서 두 단계 정도를 추가할 수 있을까?

이런 고민은 에릭슨의 아내 조안 에릭슨에 의해서 시작되었다. 1994년에 에릭슨이 향년 92세로 세상을 떠났을 때에, 그녀는 이전에 출판된『완성된 생애주기』(1982) 내용의 수정 작업을 시작하였다. 그리고 그녀가 90세가 되었을 때에 '제 9단계'라는 장을 추가하였다(Erikson & Erikson 1997, 105-114). 그리고 그 장에서 80대와 90대에 이전 모든 단계의 부정적 경향성이 "더 지배적인 위치"를 차지하는 경향이 있음을 제시하였다(160). 따라서 그녀는 아홉 번째 단계를 제시하였고, 이 단계에서 바로 직전의 여덟 번째 단계가 중요한 역할을 하며, 긍정성(근육 긴장 정상운동)과 부정성(근육긴장 이상운동)이 역전되는 경향성이 있음을 제시하였다. 그녀는 생애 마지막 시기는 두렵게 여겨질 수 있지만, "제9단계에서 노령자가 신체 기능의 쇠퇴 현상을 두려움 없이 수용할 수 있다면 성공적으로 초월적 노년기로 나아갈 수 있다"는 점을 강조하였다(114). 스웨덴의 노인학자 라스 톤 스탐(Lars Tornstam)이 만든 단어 초월적 노년기(gerotranscendence)는 노인들이 죽음이 다가오는 것을 예상하면서 '마음의 평화'를 유지하는 상태를 묘사하기 위해서 만들어 낸 단어이다(124).

나는 앞에서 설명한 논의와 삶을 10년 기간으로 바라보는 관점에 따라서 아홉 번째 단계(90세 이상)와 열 번째 단계(100세 이후)를 포함시켜서, 두 개의 새로운 심리사회적 갈등으로 허용 대 통제욕구와 90대의 우아함이라는 미덕을, 그리고 욕망 대 투쟁과 100세의 인내라는 미덕을 제시한다. 그리고 두 개의 갈등 속에 긍정적 경향성과 부정적 경향성의 적절한 '비율'은 초월적 노년기로 이끈다.

이 책의 에필로그에는 11단계(백세를 넘어서 초고령 장수를 누리는 이들)에 대하여 간략한 논의가 포함된다. 나는 내가 속한 종파가 구성원들이 100세나 그 이상의 생일을 맞았을 때에 출판한 『100세 클럽(The Club)』이라는 잡지의 제목을 이 단계에 대한 명칭으로 사용한다. 웹스터 사전(Agnes 2001)에서는 클럽을 "공통된 목적이나 상호 이익을 위해서 사람들이 정기적으로 모이는 단체"(278)라고 정의한다. 한편, 100세 클럽의 구성원들은 여러 곳에 흩어져 살고 있고 거동이 불편한 경우가 많아서, 잡지가 정기적으로 발간되기가 수월해 보이지 않는다. 또한 나이가 들면 정기적으로 서로 간의 공유된 이득을 충족시키는 단체에 가입하는 데에 다소 싫증이 나는 구성원들이 있기 마련이기에, 나도 그 나이 때에 클럽에 가입하게 될지 모르겠다. 그러나 지금은 나도 가입할 것이라고 생각한다.

마지막으로, 성별을 포함하는 언어 사용과 관련된 주제를 언급하려고 한다. 에릭슨은 1950년대부터 1960년대에 걸쳐서 저술 활동을 하였는데, 그때에 그가 '인류'를 의미하기 위해서 '남자(man)' 그리고 부모(양성으로 구성된)를 의미하기 위해서 '그(he)'라는 전통적 단어를 사용하다가, 1970년대에 성별을 포함하는 언어를 사용하려고 노력하였다. 예를 들어서, 1966년 「인간의 의례화에 대한 발생론(The Ontology of Ritualization)」(Erikson 1987, 575-594)이라는 글이 『장난감과 사유

(Toys and Reason)』에서 「일상에서의 의례화(Ritualization in Everyday Life)」라는 양성을 포함하는 제목으로 변경되었다(1977).

　그러나 에릭슨의 생애주기에 대한 주요 저술이 50대와 60대 초반에 기술되었고, 그의 글이 광범위하게 인용되었는데, 2007년에 출판된 책에서 양성을 포함하는 표현이 부족하다는 특성이 문제가 되었다. 그러나 나는 그의 글에서 양성을 포함하는 표현의 위반이 있음을 독자에게 알리거나 또는 그의 저술의 문장들을 수정하는 시도는 큰 이득이 없다고 결단하게 되었다. 때때로 나도 에릭슨의 글에 대해서 논평할 때에 남성 중심의 표현을 할 필요가 있다고 느끼지만, 가능하면 그런 시도를 피하였다. 폴 틸리히(Paul Tillich)의 『신앙의 역동성(Dynamics of Faith)』(1957)을 인용할 때에도 동일한 태도를 유지하였다.

10대를 지나면서

나의 20대는 전쟁의 폭풍우를 겪는 시기였다네. 그 폭풍우는 건물과 간판을 부수고 모든 숲도 원시적 고결한 자태도 파괴해 버려서, 그 고통에 숲들은 도움을 구하는 신음 소리를 내었지. 그러나 그 폭풍우는 사그러들지 않고 오히려 점점 강력해져서 마침내 인류 전체를 파멸시킬 듯이 맹렬하게 불어닥쳤지.

그 참혹한 시기를 지나서 30대가 되었을 때에, 어느덧 내 마음속에 잔잔한 지혜의 호수가 조금씩 형성되기 시작했지. 그러면서 나는 모든 약속의 성취 '시기'를 인내하며 기다리게 되었고, 삶 속에서 시행착오를 겪을수록 그 지혜의 호수는 점점 넓어졌네.

그런데 40대에 이르니 안개가 온 세상을 덮기 시작했지. 처음에 안개가 지면만 덮다가, 마침내 길을 안내하는 이들이 보이지 않을 정도로 피어올라 세상 전체를 덮어 버렸지.

50대에 이르게 되니, 어느덧 인생의 여정을 걷는 사람들의 위치가 다양해져서 그 간격이 서로 벌어지기 시작했지. 그들이 걸어왔던 무수한 길에는 다양한 안내판이 붙어 있고, 흩어져서 걸어가면서 각자 해가 져서 어둠을 맞이하게 되는 시기도 달라지게 되었네.

비로소 60대가 되면서 나의 지나간 인생의 여정 위에 찬란한 빛이 비추기 시작했지. 그 빛 속에서 그동안 친구들을 만났던 장소, 잠시 머물렀던 지혜의 호수 그리고 함께 길을 걸었던 이들을 감추었던 안개의 커튼으로 덮인 모든 인생의 여정이 한눈에 드러나게 되었지. 그제서야 나는 그 인생의 여정이 바로 천국으로 이어진 기나긴 통로였음을 깨닫게 되었네.

- 윌리엄 스태포드(William Stafford 1987, 110)

Part 1

성인 전기, 두 번의 성장

1. 첫 번째 성장, 0~9세
희망찬 자기

대부분의 미국인은 20세 이전의 10대들을 아직 성인이라고 보는 데에 동의하지 않는다. 19세기 말까지 이 연령대는 모두 아이들의 부류에 속하였다. 오늘날은 이 연령대보다 어리면 어린아이로 불리고, 이 연령대를 넘기면 청소년 또는 청년기로 불린다. 이런 관점에서 볼 때에 20세가 될 때까지 생의 첫해와 직전 해(19세)만 제외된다고 볼 수도 있다. 19세는 청소년은 아니지만 초기 성인도 아니라서 정확한 명칭을 부르기 모호한 면도 있다.

청소년기라는 개념은 G. 스탠리 홀(G. Stanley Hall)이 60세에 두 권으로 된 『청소년(Adolescence)』(Hall 1904)을 출판하면서 발전되었다. 그 이후로 아동기가 끝나고 청소년기가 시작되는 시기에 대한 관점이 꾸준히 변화하였지만, 현재에 정리된 관점에 따르면 초기 청소년기가 11세에 시작되어서 14세까지 계속되며, 후기 청소년기는 14세에 시작해서 18세에 끝난다.

여기에서 내가 제시하는 논의의 목적은 아동기가 끝나고 청소년기가 시작되는 시기 또는 청소년기가 끝나고 초기 성인기가 시작되는 시기에 대한 결정에서 좀 벗어난다. 지금 내가 제시하는 논의는 삶을 10년 기간으로 보는 첫 단계(출생~9세까지)에 대해서 기본적 신뢰와 기본적 불신의 갈등의 역동 그리고 두 번째 단계(10세~19세)에 대해서 자율성과 수치심 및 의심의 갈등의 역동에 초점을 두고 설명하는 데에 목적을 두고 있다.

나는 이 두 단계에 해당하는 약 20년이 성인 전기에 해당하며, 서로 중요한 관계를 맺고 있다고 본다. 이 두 단계는 제2막이 제1막에서 진행된 내용을 바탕으로 전개되기 때문에, 제1막을 잘 시청하지 못하면 제2막에서 일어나는 사건을 이해하기 힘들게 구성된 연극으로 비유할 수 있다.

앞의 서문에서 에릭슨의 생애주기 이론에 대한 개관이 제시되었다. 그러나 개인의 삶의 단계에 초점을 둘 때에 에릭슨이 각 단계에 부여한 명칭에 대하여 보다 세분화된 의미 파악이 필요하다. 어떤 경우에는 에릭슨의 단계에 대한 명칭의 의미가 자명하지만, 어떤 경우에는 모호하다. 다행히 에릭슨은 자신이 사용한 용어에 대해서 지속적으로 공을 들여서 그 의미를 설명하였다. 아마도 그가 독일에서 성장하여서 영어가 그의 모국어가 아니기 때문에 자신이 사용하는 용어의 의미를 분명하게 설명할 필요성이 있다고 생각한 듯 보인다. 특별히 그는 자신의 이론 8단계의 긍정적 경향성에 대해서 영어사전에서 통합이라는 단어를 발견해 사용하게 되었다고 강조하였다(Erikson 1950, 233). 따라서 앞으로 각 장에서 각 단계에 해당하는 인간의 힘 또는 미덕과 관련한 여러 용어에 대해 사전적 정의의 설명에서부터 심리사회적 발달과 관련된 에릭슨의 관점을 반영한 의미에 대한 설명으로 나아가는 동일한 과정을 따르려고 한다.

◎ 기본적 신뢰 대 기본적 불신 갈등

에릭슨에 따르면 출생 후 한 살 사이에 기본적 신뢰 대 기본적 불신의 갈등이 발생한다. 웹스터 사전에 신뢰(trust)에 대해서 여러 정의가 설명되어 있지만, 중요한 정의는 다음과 같다. ① "타인, 다른 사물, 신앙 등에 대한 정직성, 통합성, 의지할 수 있는 능력, 정의감 등", ② "자신감 있는 기대, 예감, 또는 희망(미래에도 신뢰할 수 있는)", ③ 예를 들어서, 어떤 사람, 기관 등에 대해서 "신뢰를 갖는 능력"(1537). 그리고 불신(mistrust)은 "신뢰 또는 자신감의 부족, 의혹, 의심"을 뜻한다(923).

따라서 첫 번째 정의는 신뢰가 타인과의 관계성을 포함한다고 강조한다. 이때에 타인의 범위에는 예를 들어 은행과 같은 기관, 자동차 같은 사물 등도 포함되지만, 여기에서 심리사회적 발달과 관련된 대인관계가 가장 중요하다. 두 번째 정의는 신뢰는 미래를 향한 것이며, 신뢰와 희망이 많은 공통점을 갖는다고 암시한다. 에릭슨도 이 두 번째 정의와 관련해 이 단계에서 희망을 인간의 힘 또는 미덕으로 지정했다. 세 번째 정의는 타인의 돌봄에 대한 가치로의 이전을 암시한다. 예를 들어서, 부모가 자녀를 보모나 유치원 교사에게 맡기는 경우와 관련된 특성을 보인다. 이 관점에서는 보다 근본적으로 신뢰는 모든 아기는 하나님의 자녀이며, 하나님이 당신의 아기를 부모나 다른 성인에게 돌보도록 맡기신다는 관점의 신념과 관련된다.

불신의 정의는 신뢰에 대한 앞의 첫 두 개의 정의, 특히 첫 번째 정의와 관련된다. 다만 자신감, 신앙, 의지와 같은 묘사 대신에는 자신감의 부족, 의심, 의혹이라는 표현을 채택한다. 신앙과 의심에 대해서는 많은 논의의 글이 제시되었다(예: Tillich 1957).

에릭슨은 『아동기와 사회(Childhood and Society)』(1950)의 기본적 신뢰 대 기본적 불신에 대한 설명에서 신뢰는 더욱 순수하고 자신감보다 더욱 상호성을 보이기 때문에 "유아에 대해서 자신감을 가지고 있다고 말하기보다 신뢰가 간다"라고 말하게 된다고 언급한다(220). 따라서 에릭슨이 최소한 유아와 관련해서 신뢰라는 표현을 할 때, 신뢰라는 단어의 사전적 정의에는 자신감의 의미도 내포되어 있어 나름의 어려움을 느낄 수 있다. 따라서 유아가 '확실한 신념'을 가지고 있다는 표현도 실제로 그렇다기보다 인지적으로 신뢰감이 형성되고 있다고 이해하는 것이 적합하다.

에릭슨은 신뢰의 일반적 상태는 유아가 "외부 공급자의 동일성과 연속성에 의지하는 법을 익히게 되는 것"이고, 이 과정에서 유아의 내면에 서서히 쌓여 가는 신뢰감은 "충동에 대처하는" 능력 안에서 반영된다. 그렇기에 시간이 지나면서 공급자는 유아를 돌볼 때에 "경계감을 느끼지 않게 된다"고 강조한다(220). 따라서 신뢰는 타인을 믿을 수 있다는 내면의 감각이나 인상을 포함하며, 신뢰감이 형성되면서 스스로 타인에게 신뢰를 주는 능력을 갖추게 된다.

에릭슨은『정체성과 생애주기(Identity and Life Cycle)』(1959)의 제2장에서 기본적 신뢰가 "생후 첫해의 경험을 통해서 자신과 타인에 대해서 갖추게 되는 태도"라고 설명한다(55-56). 그의 설명은 생애 첫해가 일생을 통해서 인간이 의지하게 될 기본적 신뢰를 갖출 수 있는지의 여부에 결정적인 시기이며, 신뢰가 "흔히 타인과 관련되어 적절하게 갖추어야 하는 신뢰감과 자신과 관련되어 신뢰를 줄 수 있는 기본적 감각"임을 함축하고 있다(56). 그가 신뢰를 '기본적'이라고 언급할 때에, 신뢰는 "아동기나 성인기에 특히 의식적으로 갖출 수 있는 역량이 아니다"라는 사실을 강조한다.

그렇다면 생애 첫해 동안에 어떤 경험이 신뢰를 발전시키는가? 에릭슨은『아동기와 사회』(1950)에서 "유아의 내면에서 사회적 신뢰가 형성되고 있음을 알려주는 첫 징표는 공급자의 편안한 수유, 숙면 그리고 원활한 배변활동이다."(219)라고 말한다. 더 나아가서 그는 "어머니가 다양한 육아를 제공할 때에 그 기법을 수용하는 능력의 증가와 조율의 경험이 생후의 미성숙한 항상성이 만들어 내는 불편함을 견딜 수 있도록 돕는다.”(219)라고 덧붙인다. 항상성은 “환경의 변화에 자연스럽게 적응하기 위해서 외적으로 반응하는 신체기관과 협응하는 내적 안정성의 유지”를 뜻한다(Agnes 2001, 682). 따라서 어머니의 육아 기법이 유아의 수용력의 증가와 더불어 유아가 내적 안정성을 얻는 역량을 발전시킨다.

에릭슨은 유아가 점차 몇 시간 동안 집중할 수 있는 경험 속에서 “익숙한 것을 발견할 수 있는 감각을 얻게 된다”고 강조한다(219). 이 감각은 특히 여러 사람 속에서 엄마를 분간하고 또한 엄마가 옆에 있다고 인식한다. 이 감각이 발전하면서, 유아는 외부 세계에서 엄마가 사라졌다가 다시 나타나는 반복 경험을 통하여 내면에 엄마와의 재회에 대한 확신이 자리 잡게 되면서 걱정과 분노 없이 엄마의 부재를 허용할 수 있는 능력을 갖추게 된다. 결과적으로 유아는 엄마가 부재할 때에도 다시 볼 수 있음을 신뢰하게 된다. 에릭슨은 유아가 얻게 되는 이런 신뢰를 ‘첫 사회적 성취’라고 부른다.

유아의 두 번째 사회적 성취도 신뢰할 만하게 될 수 있다. 이때에 유아는 충동을 억제하는 방법, 즉 충동을 어느 정도 통제해서 어머니가 젖을 먹이는 것을 쉽게 포기하지 않도록 해야 할 필요성이 있다. 여기에서 특히 에릭슨은 유아가 젖을 무는 버릇이 어머니로 하여금 젖을 먹일 때에 경계하게 하거나 심지어 유아가 아직 젖을 먹어야 할 때에 이유를 시작하게 만들 수 있음을 염두에 두고 있다. 따라서 유아의 기본적 불신은 어머니의 수유의 중단이 될 수 있으며, 이런 상황을 맞이하게 될 수도 있고 그렇지 않을 수도 있지만, 어쨌든 그 원인은 유아가 젖을 물고 싶은 충동을 통제할 수 있는지의 여부와 관계될 수 있다.

신뢰와 신뢰할 수 있음의 두 가지 성취는 기본적 신뢰를 위해서 동등하게 중요한 요소이다. 결과적으로 첫 번째 성취는 자신을 타인에게 맡기는 능력으로 이끌고, 두 번째 성취는 자신을 신뢰할 수 있는 능력으로 이끈다. 에릭슨이 강조하였듯이, 두 번의 성취는 생후 첫해에 비교적 일상적으로 겪게 되며, 유아와 엄마 또는 유아와 주요 돌봄자의 관계에서 발생하고, 생리학적 항상성의 실현과 관련된다. 그리고 두 가지 성취는 일평생에 걸쳐서 계속 발전된다.

『아동기와 사회』(1960) 개정판에서 에릭슨은 "인간의 생애주기 속에서 심리 발달은 연속적이기 때문에 이후의 단계에서 등장하는 위기는 사회의 기본적 요소들 중 하나와 특별한 관계를 갖게 된다."(250)라고 언급하였다. 생애 첫 단계에 있어서 이 기본적 요소는 종교이다. "생후에 등장하는 신뢰를 지지하는 부모의 신념은 일평생에 걸쳐서 종교적 조직 속에서 제도적 보호를 찾게 만든다(그리고 때때로 더 큰 적을 발견하기도 함). 모든 종교는 영적인 건강과 육적인 행운을 부여하는 제공자에게 규칙적으로 어린아이처럼 복종하는 예식을 가지고 있기 때문에", 생후의 돌봄을 통해서 갖추게 되는 신념은 실제로 기존 종교의 현실화에 시금석이 된다(250). 어린아이 같은 복종은 "모든 종교의 원시적 형태이며, 개인의 종교성의 저변에 깔린 특성"이기도 하다(250).

생애주기에서 이 단계에 대한 에릭슨의 저술에 근거해서, 신뢰 대 불신의 역동이 생의 첫 10년 동안에 중심이 된다고 설명할 수 있는 몇 가지 이유가 있다. 여기에 가장 분명한 두 가지 이유가 있다. 첫째, 에릭슨이 직접 밝혔듯이 인간은 오직 생후 첫해 동안에만 신뢰와 불신에 대한 기본적 성취를 경험할 수 있다. 그러나 그 이후 몇 년의 시간이 유아의 첫해와 연결되기 때문에, 아동기도 이 두 성취와 관련이 있을 것이라고 추론할 수 있는 충분한 이유가 있다. 따라서 생후 첫해 이후에 수년이 지나면서, 아동도 타인과의 관계에서 신뢰와 신뢰할 수 있음의 중요성을 점점 더 인식하게 된다. 그리고 생해 첫해에는 상상할 수 없었던 방식으로 이 기본적 성취들을 발전시킨다. 또한 불신을 일으키는 여러 상황을 점점 더 인식하게 되면서 그런 상황에 대처하는 전략을 개발한다. 따라서 신뢰 대 불신의 역동은 생후 첫 10년 동안 중심적 역할을 하게 된다고 주장할 수 있다.

둘째, 에릭슨은 종교가 기본적 신뢰에 대한 제도적 보호 장치라고 말한다. 생애 첫해 동안에 유아는 제도화된 종교의 존재를 인식하지 못하지만, 이후에 생애의 첫 10년이 펼쳐지면서 아동은 제도화된 종교적 표현에 참여하게 되거나 또는 또래 아동들이 참여하게 된다는 사실을 의식하게 된다. 이런 제도화의 중요한 강조는 생후 첫해에 경험하는 신뢰와 신뢰할 수 있음을 심화시킨다.

◎ 희망의 미덕

에릭슨은 기본적 신뢰 대 기본적 불신의 생애주기에 대해서 인간의 힘 또는 미덕을 희망으로 지정한다. 웹스터 사전은 희망을 "바라는 것이 일어날 것 같다는 느낌, 기대에 동반되는 소망"으로, 무기력은 "바라는 결과에 대해서 기대가 없는, 기대를 가질 수 있는 기미가 없는 것"으로 정의한다. 인간은 기대했던 결과가 일어날 것 같은 '느낌'을 가질 수 있다. 그러나 희망(hope)은 소망(desire)이라는 연료를 공급받아야 꺼지지 않기 때문에 수동적 감정은 아니다.

『인간의 강점과 세대의 주기(Human Strength and the Cycle of Generations)』에서 에릭슨은 생애 첫 단계와 연결시켜서 희망을 "존재의 시초에 특징을 지우는 어두운 충동에도 불구하고 열렬한 소원의 성취에 이를 수 있다는 지속되는 신념"이라고 정의함으로써 사전적 정의와 다소 구별하였다(118). 이런 관점의 희망에 대한 이해는 비록 자신에게 도움을 주는 이를 향한 행동이 타인으로 하여금 자신과의 관계에서 물러나게 하거나 자신이 원하는 것을 하지 못하도록 방해하게 만들 가능성이 있어도 자신이 원하는 것이 일어날 수 있다고 믿는다는 것을 암시한다.

다른 한편으로, 에릭슨은 유아에게서 희망의 특성을 분별하는 것은 결코 쉽지 않음을 인정한다. "건강한 유아에게 희망의 싹이 있다고 설명하려면, 그 근본 요소를 분별하거나 측정하는 것이 어렵다. 그러나 무기력한 아이를 발견하면, 희망의 부재가 무엇인지 알 수 있다."(115) 그러나 어려움에도 불구하고 희망은 "살아 있음의 상태에 내재된 가장 초기의 필수적인 미덕이기 때문에, 건강한 유아가 희망에 차도록 만드는 것이 무엇인지 분별할 수 있다. 다른 이들은 이런 가장 깊은 특성을 자신감이라고 불렀고, 나는 신뢰를 가장 초기의 긍정적 심리 사회적 태도라고 언급하였지만, 살아가면서 자신감이 상처를 입고 신뢰가 손상된 때에도 여전히 남아 있어야 한다"(115)고 에릭슨은 말했다. 한편으로 임상가들은 모든 희망을 잃은 성인은 "마치 죽은 듯한 상태(장기만 살아 있는)로 퇴행하며", 다른 한편으로 "성숙한 희망을 해부하면 그 안에 무엇인가가 있어서", 희망은 모든 미덕 중에서 "가장 어린아이같이 순수"하다고 말한다(115-116).

　희망의 중심 역동은 상호성이다. "유아의 미소는 어른도 미소 짓게 만들어 삶의 소원을 갖도록 이끌어서 내면의 희망에 영감을 불어넣는다."(116) 그러나 미소는 유아가 돌보는 이로 하여금 "상호성의 경험에 의해서 결속감을 준비하고 필요로 하게 만들고 누리게 함으로써" 내면의 힘을 일깨우는 방법들 중에 하나일 뿐이다(116). 따라서 유아는 단순히 어른의 관심과 돌봄을 수동적으로 받아들이기만 하는 존재가 아니다. 오히려 유아의 희망에 대한 필요성이 어른에게 수년 동안 지속될 수 있는 희망을 일깨운다.

　일단 희망이 기본적 경험의 특성으로 형성되면, 일상의 욕구 충족에 의존하지 않고도 지속되는 특성을 갖게 된다. 희망은 "인간의 성숙함의 본성 안에 자연스럽게 존재하기 때문에 희망이 있는지의 여부에 대한 증명에 얽매이지 않는다. 삶의 상황에 따른 구체적 희망은 이전에 희망과 관련된 사건이나 상태가 사라진 때에도 고요하지만 이전보다 고양된 새로운 희망으로 대체되었음이 증명된다"(117). 실제로 에릭슨은 삶의 어느 순간에 하나 이상의 희망을 가질 수 있으며, 계란과 같은 여러 개의 희망을 한 바구니에 넣지 말 것을 언급한다. 따라서 시간이 지나 "유아의 능동적 경험의 지평이 점차적으로 확장되면서, 각 단계에서 그 경험을 증명하고 보상하며 새로운 희망에 대한 영감을 불어넣는다. 동시에 유아는 충족되지 않은 희망을 포기하는 능력을 키우면서 그 희망을 보다 나은 미래의 전망으로 이전하는 능력을 갖춘다"(117). 그는 "상상할 수 있는 것을 꿈꾸고,

증명될 가능성이 있는 약속에 대한 기대를 훈련하는 방법을 배우며", 이런 방법으로 "변화된 현실에 맞서서 단순히 희망을 유지하는 것이 아니라 성숙시켜서, 믿음이 산을 움직이듯이 오히려 희망이 현실을 변화시킬 수 있음을 증명한다"(117).

　종교가 개인의 신뢰와 신뢰할 수 있음의 제도적 보호 장치라는 그의 관점과 일관되게, 에릭슨은 희망을 "종교적 정서"와 연결시키면서 희망이 "성인으로 하여금 정기적인 간구의 기도를 통하여 희망을 품는 태도의 회복으로 이끈다"고 강조한다(116). 그가 희망을 "존재의 시초에 특징짓는 어두운 충동에도 불구하고 열렬한 소원의 성취에 이를 수 있다는 지속되는 신념"으로 정의하였기 때문에, 그가 인간이 간구 기도를 통해서 희망을 품는 태도가 회복된다고 생각하는 이유를 알 수 있다. 종교적 정서는 우리 자신이 하나님의 은혜를 받기에 부족한 존재임에도 불구하고 열렬한 소원의 성취를 믿을 수 있는 근원이기 때문이다.

　에릭슨은 희망의 미덕에 대해서 "지나치게 주관적인 근거"는 "부적응된 낙관주의"이므로 바람직하지 않다는 입장으로 희망이라는 미덕에 대한 입장을 마무리 짓는다(118). 다시 말해서, 부적응된 낙관주의는 환경적 상황과 실현에 대한 공헌에 관계없이 자신의 욕구가 충족될 것이라고 전제하기 때문에 발생한다. 따라서 희망은 낙관주의와 동의어가 아니다. 실제로 낙관주의에 압도된 사람은 모든 일이 기대한 결과를 가져올 것이라고 믿기 때문에 희망을 가질 필요가 없다고 주장할 수 있다. 반쯤 물이 찬 유리잔에 대해서 낙관주의자는 "절반이나 물이 차 있다.", 비관주의자는 "절반이나 비어 있다.", 합리주의자는 "유리잔이 너무 크다.", 희망적 태도를 갖춘 이는 "언제나 유리잔에 물이 남아 있기를 기도하고, 그렇게 만들기 위해서 우리가 힘 닿는 데까지 일해 봅시다."라고 말한다.

◎ 샘: 어린 소년이 겪은 신경학적 위기

기본적 신뢰 대 기본적 불신 그리고 희망이라는 미덕에 대한 에릭슨의 견해를 설명하였기 때문에, 나는 삶의 첫 단계(0~10세)에 걸친 이 역동과 미덕의 발전에 초점을 두기 원한다. 나의 관점을 지지하기 위한 구체적 증거로서 3세에서 9세 사이의 아동들의 경험을 설명하는 데 집중하려고 한다.

여기에서 에릭슨의 『아동기와 사회』에 실린 사례 중에서 '어떤 아동이 겪은 신경계의 위기(A Neurological Crisis in a Small Boy)'(Erikson 1950, 21-34)를 설명하려고 한다.

에릭슨은 캘리포니아 대학의 심리치료 분과에서 일할 때에 샘을 만났고, 5세인 샘의 치료사가 되었다. 샘의 증상은 3세 때에 시작되었으며, 에릭슨 이전에 이미 2명의 치료사를 만났다. 그 당시에 에릭슨은 아동들을 대상으로 연극치료 기법을 자주 사용하고 있었다.

구체적으로 샘은 3세에 할머니가 돌아가신 직후부터 경련을 일으키곤 하였다. 첫 발작은 할머니가 돌아가시고 5일 후에 일어났으며, 두 번째 발작은 두 달후에 뒤뜰에서 죽은 두더지를 발견했을 때에 그리고 세 번째 발작은 또 두 달이 지난 후에 손에 잡고 있던 나비를 우연히 손으로 눌러 죽이게 되었을 때에 일어났다. 한편, 샘은 두 번째 발작 이후에 병원에서 정확한 원인을 파악할 수 없었고, 개인의 특이한 체질에 따른 경련 증상이라고 판명하고 있었다(아마도 샘의 좌뇌 손상을 원인으로 막연히 추측함). 그러다가 세 번째 경련 이후에 EEG 검사를 실시하였는데, 오히려 원인을 파악하기가 더욱 모호해졌고 "간질 증세일 가능성을 배제할 수 없음"이라는 소견으로 결론짓게 되었다(22).

에릭슨은 샘과 관련된 기록을 읽으면서, "시어머니의 방문은 샘의 어머니가 남편과 아들 샘을 잘 돌보고 있는지의 여부를 확인하는 검열의 의미를 지니고 있었다."라는 문구에서 특히 샘의 어머니가 새로운 지역에 이주한 직후에 샘의 친할머니의 방문에 지나치게 예민한 반응을 보였음을 알게 되었다(22). 할머니의 방문 전 샘의 어머니는 장난꾸러기 샘에게 할머니의 심장이 약하니 절대로 할머니를 놀라게 하지 않겠다는 다짐을 받았고, 처음에 샘은 어머니의 경고를 잘 따르는 듯이 보였다. 그런데 샘의 집에서 할머니가 머무는 기간이 길어지면서 에너지 넘치는 샘은 장난기를 억제하느라 지나치게 긴장하게 되면서 낯빛이 창백해졌다.

그러던 어느 날 샘의 어머니는 샘에게 할머니를 잘 보살피라고 말하고 외출을 한 후에 돌아와서 할머니가 지병인 심장마비로 쓰러져 있는 것을 발견하였다. 나중에 할머니로부터 샘이 의자에 올라가 뛰어내렸다는 말을 들었는데, "이런 샘의 행동은 고의로 어머니와의 약속을 어기고 할머니를 놀라게 한 사건으로 간주되었다"(22). 사실 샘의 할머니는 이미 지병을 앓고 있는 상황에서 샘의 집에 머무시다가 돌아가시게 되었는데, 할머니가 돌아가시고 5일이 지난 후에 샘은 갑자기 첫 경련을 일으키게 되었다.

한편, 어떤 설명하기 어려운 이유 때문인지 샘의 부모님은 샘에게 할머니가 돌아가셨다는 사실을 숨기고 먼 북쪽의 시애틀로 여행을 떠나셨다고 말했는데, 샘은 울면서 "왜 할머니가 저에게 작별 인사도 안 하고 떠나셨나요?"라고 물었다. 또한 할머니의 시신이 관 속에 놓여서 집 밖으로 운구될 때에도 샘의 부모님은 관 속에 할머니의 책들이 들어 있다고 더욱 강력한 거짓말을 하게 되었다. 그러나 샘은 할머니가 집에 올 때에 책을 가지고 오시지 않았음을 알고 있었고, 집에 모인 친척들이 눈물을 흘리는 광경을 목격하였다.

에릭슨이 샘의 어머니로부터 그런 이야기를 들었을 때에 에릭슨은 "샘이 어머니의 말을 믿었다는 진술을 의심하였다"(23). 이런 의심은 '어린 장난꾸러기'의 또 다른 말에서 확인되었다. 언젠가 샘의 어머니가 샘에게 그가 원하지 않는 것을 찾기 원한다고 말했을 때에, 샘은 엄마의 말을 비웃듯이 "그건 시애틀이라는 아주 먼 곳으로 가 버렸잖아요."라고 대답하였다(23). 실제로 샘은 치료 과정에서 연극 집단에 참여했을 때에 입구를 봉인한 사각형 모양의 박스를 쌓아 놓았다. "박스를 열 수 없도록 밀봉한 행동은 의심을 봉인해야 한다는 괴로움을 의미한다."(23)

그러다가 뒤늦게 샘의 어머니는 할머니가 돌아가셨다고 솔직하게 말을 하였는데, 그때에 샘은 어머니에게 "거짓말이에요. 할머니는 시애틀에 계시잖아요. 할머니를 만나러 갈 거예요."라고 대답하였다(23). 결국 샘은 처음에 어머니의 말을 믿지 않았지만, 막상 어머니가 처음에 말한 거짓말을 취소하고 진실을 이야기하자 그 진실을 받아들이기를 거부하게 되었다. 샘은 마치 어머니의 말은 그 내용이 사실이든 그렇지 않든 모두 믿기 싫다는 듯한 태도를 보였다.

에릭슨은 샘의 어머니와의 대화를 통해서 샘의 할머니가 집에 왔을 때에 샘은 천진한 장난기를 억압하게 되면서 유머 감각도 함께 상실하게 되었고, 성격도 공격적으로 변하게 되었음을 알게 되었다. 그 예로 할머니가 집에 머물 때에 샘이 친구가 피를 흘릴 정도로 공격한 벌로 외출 금지를 받게 된 사건을 들 수 있었다. 또 샘이 어머니에 인형을 던져서 어머니의 치아 한 개를 흔들리게 만들었고, 어머니는 샘에게 "전에 상상할 수 없었던 분노를 쏟아 내는 일이 발생하였다"(26).

치료를 받던 중에, 어느 날 에릭슨은 "샘의 자제력을 시험하기 위해서" 샘이 계속 도미노 게임에서 패하게 만들었다(25). 그러자 갑자기 샘이 자리에서 벌떡 일어나서 고무인형을 움켜쥐고는 에릭슨의 얼굴을 때렸다. 그 순간 샘의 눈동자는 초점이 없었으며, 속이 메스꺼워 토할 것 같은 태도를 보이다가 "마치 주문에 걸린 듯이" 갑자기 의식을 잃었다(25). 그리고 의식을 되찾자 다시 도미노 조각을 여러 개의 사각형으로 만들고, 다시 사각형을 쌓아서 할머니 관의 모형을 만들었다. 에릭슨은 샘에게 "네가 이런 모양을 만든 것은 마치 나를 때렸기 때문에 그 벌로 네가 죽어야 한다는 것을 의미하는 것 같다."라고 말했다. 그러자 샘이 "제가 죽음으로 벌을 받아야 하나요?"라고 물었고, 에릭슨은 "물론 그럴 필요가 없지. 그러나 네가 할머니를 죽게 만들었다고 생각해서 죽음으로 벌을 받아야 한다고 생각했을 것 같구나. 그래서 너는 학교에서도 계속 박스를 쌓았고, 오늘도 여전히 그렇게 하고 있네. 솔직히 경련이 일어날 때마다 죽게 될 것이라고 생각하였을 것 같구나."라고 말하였다. 그러자 샘은 "맞아요."라고 대답하였다(26).

에릭슨은 『아동기와 사회』(1959)의 첫 장에서 신체화 증상(샘의 경련)과 자아 과정(가족의 주거 변동에 따른 샘의 불안 경험과 할머니 방문의 현실을 수용하면서 장난기를 억제하려는 샘의 노력) 그리고 더 큰 사회적 과정(자신들만이 유대인으로 살아가게 될 도시로 이주하기로 결정하게 된 사실) 사이의 관계성에 대해서 이 사례를 제시한다(30-33).

한편, 나는 이 사례가 5세 된 아동의 기본적 신뢰 대 기본적 불신의 주제를 다루고 이 역동적 갈등이 유아기 이후부터 수년 동안 진행되었음을 반영하기 때문에 흥미를 느끼게 되었다. 특히 어머니의 거짓말은 어린 샘이 기본적 신뢰를 잃을 수도 있도록 위기를 조성하였다. 샘의 공격적 행동(장난 포함)은 자신의 신뢰가 흔들리고 있음을 알리는 신호였다. 할머니가 집에 오기 이전에 샘의 장난은 어두운 충동을 표출하는 수단이었는데, 장난을 억제하면서 어두운 충동이 반응적 행동으로 위협적으로 표출되었고, 내면에서 이전에 간직하고 있었던 신뢰가 흔들리게 되었다.

자신이 죽을지도 모른다는 두려움은 희망의 상실로 서서히 다가가고 있음을 암시하는 증표였다. 그러나 아직 샘은 희망이 완전히 부재한 상태의 "무기력한 아동"이 되지 않았다(Erikson 1964a, 115). 하지만 샘이 할머니와 관련해서 겪게 된 경련 증세와 사각형의 박스를 쌓아 두는 행동은 이전의 자신감이 상처를 입으면서 신뢰가 손상되었음을 의미한다. 그리고 샘이 어머니의 얼굴에 인형(정말 인형인지 의심이 됨)을 던진 공격적 행위도 샘의 어두운 충동을 무시한 것에 대한 강렬한 분노의 표시이다. 이런 샘의 공격적 행위로 인해 샘에 대한 어머니의 희망도 손상되어서 공격적 반응을 보이게 되었고, 이런 어머니의 행동은 다시 유아기 이후부터 샘과 유지했던 관계의 필수 요소인 신뢰를 위험하게 만들었다.

샘이 겪은 외상적 경험은 생의 첫 단계의 신뢰 대 불신 갈등의 고통을 겪게 만들었을 수 있으며, 만약 이 외상을 경험하지 않았으면 이후의 갈등에 좀 더 잘 대처할 수 있을 것이다. 비록 샘의 신뢰 대 불신의 갈등이 이 외상으로 악화되었지만, 그리고 그 외상에 대해서 자신을 비난하였지만, 이 외상의 경험이 없더라도 신뢰 대 불신의 갈등 자체를 겪지 않게 되지는 않았을 것이다. 사실 이 '어린 장난꾸러기'의 역할은 이 시기에 이미 할머니가 방문하시기 이전에 형성되었다.

나는 에릭슨이 어린 시절에 샘과 비슷한 경험을 하였기 때문에 그 책에서 샘의 사연을 강조하였을 것이라고 생각한다. 에릭슨의 어머니는 덴마크에서 사는 유대인이었는데 결혼한 지 겨우 수일이 지나서 남편이 의심스러운 금융 거래에 관여하고 있음을 발견하였다. 이로 인해 이혼한 후에는 다른 남자의 아이를 임신하고 코펜하겐을 떠나서 독일 남부 지방의 카를수르에라는 곳에 정착하게 되었고, 몇 달 후에 에릭슨이 태어나게 되었다. 에릭슨의 어머니는 에릭슨의 출생증명서에 이혼한 남편을 생부로 기록하였지만, 이미 이혼한 지 수년이 지났기 때문에 그것은 사실 거짓 기재였다. 에릭슨의 어머니는 출산 이후에 처음 몇 년 동안 혼자 에릭슨을 키우다가 소아과 의사의 청혼을 받아들여서, 그들 모자는 가정집과 병원이 한 건물에 있는 곳으로 이사를 갔고, 의사인 의붓아버지는 에릭슨에게 자신이 생부라고 주장하였다.

에릭슨은 그의 자전적 에세이(1975a)에서 거짓된 사실을 "받아들여야 했으며", "어머니와 단둘이 살았던 3세 이전의 기억을 잊게 되었다"고 말한다(27). 어린아이가 생후 첫 3년에 대한 기억을 실제로 잊을 수 있는지의 여부는 다소 의심스럽다. 또한 만약 에릭슨이 어머니와 의붓아버지의 주장을 믿는다고 해도, 친아버지와 떨어져 살아야 했던 이유와 어머니가 진료받을 때에만 자신을 의붓아버지의 집으로 데리고 갔는지의 여부를 의심스러워했을 것이다.

돌이켜 보면, 에릭슨은 어머니와 의붓아버지가 이런 속임수가 "효과적일 뿐만 아니라(그 당시 어린 에릭슨은 기만이라는 사실을 정확하게 분별하기 어려웠다) 아이가 편하게 지낼 수 있도록 할 것"이라고 생각했다고 말하였다(27). 그러나 에릭슨은 자라면서 자신의 "금발머리, 푸른 눈 그리고 또래보다 큰 키"의 외모를 보며 의붓아버지를 생부라고 믿기 어렵게 되었다(27). 한마디로 에릭슨의 외모는 유대인 부부의 혈통에서 나올 수 없는 스칸디나비아인의 특성을 보이고 있었다.

이때쯤부터 에릭슨의 어머니는 에릭슨의 아버지가 다른 사람이라고 말을 하였지만, 그 남자도 유대인이었기 때문에 에릭슨은 믿을 수 없었다. 그 후로도 어머니는 수차례 생부에 대하여 믿을 수 없는 말을 하였다. 마침내 에릭슨은 40대 후반에 진짜 생부를 찾기 위해서 노력하였고, Erik이라는 이름을 가진 남성 둘이 가장 가능성이 높다는 사실을 알게 되었지만, 결국 어느 한 명을 특정할 수 없었다(어머니도 생부가 누군지 정확하게 알지 못할 가능성도 있었다). 에릭슨이 74세가 되었을 때에, 그의 한 친구에게 "어머니는 생부가 누구인지 알고 싶어 했던 나에게 수없이 혼동시키는 신호를 보냈지."라고 고백하였다(Friedman 1999, 39).

한편, 생부에 대해서 거짓된 이야기를 반복해서 듣게 되었던 어린 에릭슨은 자신의 인식과 판단을 신뢰할 수 없는 것으로 바라보게 되었다. 그러나 성장하면서 에릭슨은 자신의 인식과 판단이 신뢰할 만하다는 증거를 수없이 얻게 되면서 어머니의 거짓된 정보 때문에 생부와 관련된 면에서만 자신의 인식이 유효하지 않다는 사실을 깨닫게 되었다. 웹스터 사전에서 신뢰의 첫 번째 정의에 따르면, 그는 어머니에 대한 "정직함 속에서 확고한 신념 또는 자신감"을 유지하는 데 큰 어려움을 겪고 있었고, 이 어려움은 어머니의 말과 증언에 대한 "믿음"과 "위안"에 영향을 끼쳤다(Agnes 2001, 1537). 오랜 세월이 흘러서 자전적 에세이를 쓰게 되었을 때에, 에릭슨은 어차피 의붓아버지의 집에 양자로 들어가서 살게 된 상황에서 자신이 "의붓아버지의 집에서 마음 편하게 지내도록 하기 위해서" 어머니가 거짓말을 하게 되었다고 말한다(27). 그러나 이런 관점은 어른들의 선택에 따른 것이지, 어린이가 스스로 선택한 것은 아니라는 점에서 매우 안타까울 수 있다.

샘도 비슷한 어려움에 처했다. 처음에 자신의 집에 올 때에 할머니가 책을 가지고 오지 않으셨는데, 어느 날 책을 담기에 너무 큰 상자를 보게 되었을 때에 그 상자에 할머니의 책이 담겨 있다는 믿기 어려운 말을 의심하지 못하고 수용해야만 했던 순간부터 더 이상 어머니의 말을 신뢰할 수 없게 되었다. 그러나 샘의 어머니는 에릭슨의 어머니와 달리 어느 정도 시간이 지난 후에 할머니가 돌아가셨음을 솔직하게 이야기했는데, 이미 샘은 어머니의 말을 사실로 받아들이기를 거부하였다. 그 이유는 무엇일까? 일단 어머니가 중대한 거짓말을 했기 때문에 더 이상 어머니를 신뢰할 수 없다는 의사 표시를 해야 했기 때문인가? 또는 너무 양심적이어서 처음 어머니의 말(비록 거짓이라고 해도)을 사실이라고 믿고 싶었기 때문인가? 또는 둘 다인가? 처음에 어머니가 샘에게 거짓말을 한 이유가 무엇인가? 어머니가 할머니의 심장마비로 인한 사망에 대해서 샘이 어느 정도 죄책감을 느끼길 원했다고 생각했기 때문인가? 또는 어머니가 어린 샘에게 건강이 좋지 않은 할머니를 돌보라는 부담을 준 것 때문에 괴로움을 겪고 있다고 생각했기 때문인가? 또는 둘 다인가?

논리적으로 분명한 한 가지 사실은 처음에 어머니의 거짓말 때문에 샘이 어머니와의 대화를 통해서 직접 자신의 죄책감을 표현하기 어려워 자신만의 방법으로 그것을 해결하게 되면서 할머니와 비슷한 호흡곤란을 동반한 신체 증상을 보이게 되었다는 점이다. 그의 어머니는 할머니가 심장 발작이 일어난 후에 호흡곤란을 피하기 위해서 베개를 여러 개 겹쳐 누워서 거의 앉아 있는 자세로 수면을 취하곤 하셨는데, 샘이 첫 경련을 일으키기 전날 밤에 할머니와 비슷한 자세로 잠자리에 들었다고 이야기함으로써 앞서 제시한 것과 같은 추론의 타당성을 뒷받침하였다. 또한 할머니가 심장 발작이 일어난 후에도 몇 개월을 더 살아 계셨기 때문에, 샘도 첫 호흡곤란을 겪은 후에 자신도 단지 잠시 사망이 유예되었을 것이라고 추측할 수 있다. 어쨌든 에릭슨은 샘과의 놀이를 통해서 샘이 할머니의 심장 발작에 대해서 자신이 책임이 있기 때문에 죽음으로써 그 대가를 치러야 한다고 믿었을 수 있음을 알게 되었다.

　따라서 신뢰 대 불신의 갈등 역동은 유아기 때보다 더욱 복합적이게 된다. 만약 여전히 어머니가 갈등의 역동에서 중심 인물이었다면, 그 갈등은 샘과 어머니의 관계에만 국한되지 않고 최소한 할머니, 어머니 그리고 샘이 모두 포함된 삼각관계가 될 수도 있었을 것이다. 그 삼각관계의 이면에는 겉으로 드러나지 않은 또 다른 갈등이 감추어져 있다. 샘의 할머니가 며느리(샘의 어머니)가 "남편과 아들을 잘 돌보고 있는지를 확인하기 위한" 방문을 하려고 했기 때문에 샘의 어머니가 매우 예민했다는 사실을 간과할 수 없다(22).

　그러나 에릭슨 자신과 관련된 점도 염두에 두어야 한다. 그는 샘이 경련을 일으키는 원인을 밝혀내야 하는 역할을 맡음으로써 이 가족의 갈등 역동의 또 다른 참여자가 되었다. 그러나 에릭슨은 단순히 문제를 진단하는 차원에 그치지 않았다. 그의 치료적 개입은 특히 샘이 도미노 게임에서 지도록 이끈 날에 샘의 신뢰의 회복을 위해서 중요한 역할을 수행하였다. 에릭슨은 샘으로 하여금 할머니가 돌아가셨다는 사실을 마음 편하게 이야기하도록 돕고, 더 나아가 샘이 할머니의 죽음과 관련해서 어떤 대가도 치를 필요가 없음을 일깨워 주었다. 이를 통해 어린 소년(샘)이 갈등 속의 인물에서 신뢰할 수 있는 인물로 변하게 되었다. 그 과정에서 샘은 스스로 진실을 직면할 수 없다고 생각하는 동안에 자신에 대해서 잃어버렸던 신뢰할 수 있음의 감각을 회복하기 시작하였다.

　더 나아가서 부분적으로 에릭슨이 자신의 내면에서 고통받는 어린 소년을 봄으로 인해 샘에게도 신뢰받을 수 있는 인물이 될 역량을 가지고 있다면, 이 신뢰 대 불신의 갈등에 또 다른 관계가 있을 수 있다. 어린 두 소년 모두 각각 자신의 어머니로부터 무조건적인 신뢰를 받을 수 있다는 인식을 가지고 있었으나, 그것을 얻지 못해 무기력에 빠지게 되었다는 공통점을 가지고 있다. 그러나 에릭슨(1994a)은 희망에 대해서 다음과 같이 말한다.

유아의 능동적 경험의 수평이 서서히 넓어짐에 따라서 각 단계에서 그 경험은 새로운 희망적인 태도를 선사한다. 동시에 유아는 성취되지 않은 희망을 새로운 기대로 대체하면서 포기할 줄 아는 능력을 발전시킨다. 그래서 상상력을 가지고 꿈을 꾸면서도 성취 가능한 것을 기대하는 훈련을 하게 된다(117).

어린 소년이 어두운 충동과 분노를 통제할 수 없어서 고무인형으로 어른을 때렸지만, 그 어른이 소년의 입장을 전적으로 이해한다고 말한 그날에 그 소년은 새롭고 차별화된 희망의 싹을 틔울 수 있었다.

이 사례에 대한 나의 논의에서도 물론 중심 역동은 신뢰 대 불신이며 이 역동에 적합한 미덕은 희망이라는 점을 보여 주려고 시도하였다. 그러나 이 사례는 도입부에서 언급한 대로 삶을 10년 기간에 따라서 설명하는 이유가 반드시 에릭슨의 삶의 단계에 대한 관점에 오류가 있기 때문이 아니라는 나의 관점을 지지하기 때문에 소중하다.

에릭슨의 사례에 대한 분석에서는 샘이 할머니에게 행한 자신의 행동과 관련된 죄책감을 자주 언급하였으며, 또한 일상에서 삶의 의욕과 활력을 상실하고 창백해졌으며, 그 결과로 의식을 잃게 되었음을 강조하였다. 샘이 3세부터 5세까지의 나이에 속하였다는 사실을 감안하여 볼 때에, 최초에 에릭슨은 샘의 역동을 주도권 대 죄책감의 단계로 배정하고 싶어 했을 것 같아 보였으며, 그런 관점을 타당하였던 것으로 보인다.

그러나 나는 이 사례에서 신뢰 대 불신이 중심이 되거나 또는 저변에 깔린 갈등의 역동이며, 이 갈등은 생의 첫해 유아기의 경험에 해당하는 기본적 형태라기보다는 오히려 복합적임을 강조하고 싶다. 그 이유는 주로 이 사례에 포함된 관계가 단순히 기본적 형태의 역동의 갈등에 해당하는 두 사람만의 관계가 아니라는 데에 있다.

더 나아가서 사례에 포함된 관계가 다자적이라는 특성과 더불어 사례의 언어도 갈등의 복합성에 중요한 역할을 한다. 샘은 눈으로 목격한 사건(검고 큰 상자와 친척들이 눈물을 흘리는 광경)과 어머니의 설명 사이에서 불일치를 경험한다. 특히 샘은 처음에 어머니의 말이 사실이라고 믿고 싶었기 때문에, 이 불일치는 해결하기 힘든 신뢰 대 불신의 딜레마를 제공한다. 이런 상황과 관련해서 다음과 같은 옛 이야기가 중요한 의미를 전해 준다. 모티는 귀가해서 아내와 가장 친한 친구 에디를 발견하는데, 그 둘은 발가벗은 채로 침대에 나란히 누워 있었다. 모티가 무언가 말을 하려는 순간에 에디가 침대에서 뛰어내리며, "친구, 어떤 말을 하든지 간에 나를 믿을 건가? 아니면 자네 눈을 믿을 건가?"라고 말했다.

다른 한편으로, 이 사례에서 언어는 또한 딜레마를 해결하는 데에 결정적인 역할을 한다. 에릭슨이 놀이 파트너였던 자신을 샘이 때렸을 때 그 대가로 샘이 자신이 죽어야 한다고 생각하고 있음을 관찰하였다고 말하였을 때에 샘이 "제가 죽어야만 하나요?"라는 반응을 보였고, 에릭슨은 "물론, 아니지. 그러나 너는 할머니가 돌아가셔서 너도 죽어야 한다고 생각했음에 틀림없어."라고 대답한다. 이런 에릭슨의 말은 샘이 장난을 조금 쳤음에도 불구하고 죽음으로 그 대가를 치러야 한다는 생각(바로 샘이 할머니의 죽음을 확신하고 하고 싶었던 표현)에 도전하고, 상대방의 말을 신뢰할 수 있음을 일깨워 준다. 바로 자신의 생각이 옳지 않았고 그런 사실을 일깨워 주었던 상대방에 대한 신뢰를 회복하면서 샘의 신체 증상은 사라지게 되었다.

프로이트(Sigmund Freud)는 『정신분석에 대한 입문 강의(Introductory Lectires on Psycho-Anaysis)』(1966)에서 환자들의 친척이 갖고 있는 회의를 빈번히 마주쳤다고 말한다. 그들은 "대화를 통하여 증세가 완화될 수 있다"는 사실을 의심하였다(20). 그러나 프로이트는 언어의 힘에 주목하도록 이끌었다. "언어는 태고부터 지금까지 마술의 주문과 같은 신비한 힘을 가지고 있다. 따라서 언어는 인간을 지복으로 이끌 수도 있고, 반대로 절망의 나락으로 떨어뜨릴 수도 있다."(20) 나는 프로이트의 이 말에 언어는 인간에게 지속되는 깊은 신뢰감을 만들어 낼 수 있고, 반대로 고치려고 노력해도 소멸되기 어려운 불신으로 이끌 수도 있다고 덧붙이고 싶다.

◎ 신뢰 대 불신의 역동에 대한 또 다른 사례

에릭슨이 치료사가 되었을 때에 샘은 겨우 5세였다. 따라서 이 사례는 생의 첫 10년의 전반부에 신뢰 대 불신의 역동을 겪게 된 소년에게 초점을 두고 있다. 그러나 생의 첫 10년의 후반부에 신뢰 대 불신에 대한 비슷한 사례를 많이 들 수 있다. 여기에서 성 어거스틴(St. Augustine)이 40대 초반에 쓴 자서전인 『고백록 (Confession)』(1960)에서 시작해서 몇 가지 사례를 언급하려고 한다.

어거스틴이 학교를 다닐 때에, 그는 "학습지체" 때문에 교사로부터 심하게 매를 맞았다(51). 이 경험 자체도 매우 힘든 일이었지만, 그의 부모님이 "아들이 교사로 인해 고통받는 광경을 지켜보면서 웃고 있었다"는 사실이 더욱 비참함을 안겨 주었다(52). 그는 자신과 친구가 학교에서 더욱 열심히 학업에 매진해야 한다는 사실을 깨달았지만, 오히려 놀이에 더욱 빠져들었다. 그는 그런 놀이에 탐닉하는 어린아이들의 기질에 대해서, "어른들은 자신들이 어렸을 때에 행했던 행동과 동일한 짓을 저지르는 아이들을 혼내고 쫓아내 버렸다. 어른들은 아이들이 벌인 일들을 별 관심을 기울이지 않고 단순히 처벌하면서 자신들의 사소한 걱정은 중대한 업무로 부른다."(52)라고 기록하였다.

그는 학교를 다니면서 매질을 수차례 당하면서 하나님께 기도하기 시작하였다. "저의 도움이시며 피난처이시여, 저는 어린 소년이었을 때에 당신께 기도드리기 시작하였고, 기도 속에서 제 혀를 묶고 있던 결박을 끊었습니다. 어린 소년이 드리는 기도였지만 겪고 있는 괴로움은 결코 사소하지 않았으며, 학교에서

매질을 당하지 않도록 간구하였지만 당신은 저의 외침을 듣지 않으셨습니다."(52)

분명히 그가 보기에는 당시 어른들이 아이가 지킬 수 없는 엄격한 기준에 따라 가혹한 처벌을 내렸기 때문에, 그는 어른들에 대해서 불신을 가지게 되었다. 또한 그가 매질을 당할 때 부모님이 전혀 동정의 태도를 보여 주지 못했기 때문에 그 불신은 더욱 커지게 되었을 것이다. 가장 고통스러운 것은 매질을 당하지 않게 해 달라고 하나님에게 기도를 했는데, 응답을 받지 못했다는 것이었다. 결국 어린 어거스틴은 의지할 이가 전혀 없게 되었다. 결과적으로 그는 자신을 신뢰하지 않게 되었고, 그런 불신은 16세에 다른 소년들과 공모하여 이웃집의 정원에서 배를 훔치는 사건을 벌이게끔 이끌었다. 그는 이런 행위에 대해서 겪은 심적 고통에 대해서, "나는 우리 집에 이미 더 질 좋은 배가 충분히 있음에도 불구하고 절도 행각을 벌였다. 그러나 절도 행위를 함으로써 어떤 기쁨도 얻을 수 없었고, 단지 절도하는 현실적 죄악의 행위만이 남게 되었다."(70)라고 회고한다. 그만큼 당시에 어거스틴은 자신의 옳고 그름에 대한 판단을 신뢰할 수조차 없었다. 교사의 가혹한 매질은 유아기의 신뢰와 불신의 두 주요 과제의 성취를 저해했던 것이다.

『오랜 외로움(The Long Loneliness)』(1952)에서 가톨릭 사회사업운동(Catholoc Worker Movement)의 창립자인 도로시 데이(Dorothy Day)는 1906년 4월에 발생한 샌프란시스코의 지진 경험에 대해서 다음과 같이 말한다. 당시에 그녀는 18세였는데, 가족과 함께 샌프란시스코로에서 만을 건너야 도착할 수 있는 오클랜드에 살고 있었다. 그녀는 지진으로 "땅이 경련을 일으키며 뒤틀리며 엄청난 잔해를 동반하였다"고 회상한다(21). 그녀의 아버지는 오빠 둘을 침대에서 끌어내려서 갓난아기를 품에 안은 아내가 서 있는 정문으로 뛰어갔다. 그때 도로시는 곁에 있던 아기가 낚아채지듯이 사라져서, 텅 빈 채로 흔들리고 있는 커다란 청동 침대에 홀로 버려졌다(21).

그때 그녀는 자신이 현실에서 어떤 일이 일어나고 있는지 분명하게 인식하지 못하였다고 회상한다. "그러나 마음속이 혼란으로 가득 찼지만, 며칠 전 밤에 어머니가 제 방에서 침실로 가시다가 쓰러지셨고 아버지가 어머니를 안아서 침실로 데려가던 때에 경험하던 것과 같은 느낌을 받았습니다. 그 이후로 강건하고 쾌활하던 어머니가 병을 앓게 된 것과 지진은 제게 세상이 끝나는 듯한 비극을 경험하게 해 준 사건입니다."라고 회상했다(21).

그녀는 지진 이후에 악몽을 꾸게 되었고, "마치 하나님이 내 귀에 계속 시끄러운 소리를 들려주어서 두려움을 느끼고, 식은 땀을 흘리며, 어머니를 찾는 비명을 지르곤 하였다"고 회상한다(20). 지진 때문에 그녀의 아버지가 근무하던 신문사가 지진으로 불타고 무너져서, 지진이 일어나고 채 일주일도 되지 않아 가족 모두가 시카고로 이사를 가게 되었다.

데이가 불신을 경험하게 된 원인이 된 자연재해 사건의 부정적 영향은 그보다 며칠 전에 발생하였던 어머니의 기절 사건으로 더욱 악화되었다. 특히 지진이 일어날 때에 그녀가 혼자 집에 남게 된 원인에 대해서 정확히 알 수 없지만, 그 공포의 순간을 홀로 경험하게 되었다는 사실 자체가 엄청난 심리적 고통을 주었다. 그리고 지진이 일어난 후 급하게 오클랜드를 떠나게 된 것도 정원에서 즐겁게 놀고, 개울에서 앉아서 물소리를 즐기고, 이웃집 친구인 브래디와 함께 주일학교에 다니곤 하였던, 익숙하고 친근함을 느끼던 환경과 갑작스럽게 결별하게 되는 사건이 되어 버렸다.

그러나 데이는 지진과 관련해서, "지진에 의한 화재로 집을 잃은 이웃들과 함께 샌프란시스코를 떠났고, 캘리포니아에서 그들과 함께 정을 나누며 살았던 기억은 재난을 겪은 후에 행복을 안겨 준 경험이 되었습니다."라고 긍정적인 회상도 한다(21). 따라서 불신의 경험 속에서도 신뢰가 싹틀 수 있는 경험이 가능하며, 그녀는 성인이 된 이후에 타인들이 자신들의 내면에서 신뢰를 발견할 수 있도록 돕는 역할을 맡게 되었다. 가톨릭 사회사업운동의 창시자로서, 그녀는 집을 잃은 이들의 돌봄과 복지에 헌신하였다. 따라서 그녀는 자신이 겪은 고난을 극복하고 타인을 돕는 삶을 살게 된 모범을 보였다.[1]

『대초원과의 재회(Prairie Reunion)』에서 바바라 J. 스캇(Barbara J. Scott 1995)은 8세였던 1950년에 자살로 생을 마감한 아버지의 이야기를 말한다. 그녀의 아버지는 1943년에 아내와 한 살 배기 바바라와 세 살짜리 아들 바비를 남겨 두고 아이오와의 스카치 그로브를 떠나서 콜로라도로 갔다. 그리고 몇 달 후에 돌아와서 몇 주 머문 후에 다시 떠나서 영영 돌아오지 않았다. 이후에 그는 다른 곳에서 재혼을 해서 딸 셋을 두고 살게 된다. 그는 스카치 그로브와 60마일 떨어진 아이오와 루체른에서 두 번째 가정을 꾸렸고, 38세에 사망하였다.

그런데 바바라와 오빠가 아버지의 소식에 대해서 물으면, 어머니는 "아버지는 어젯밤에 돌아가셨어. 아버지가 불행하셨기 때문에 하나님이 데려가셨단다. 이제 하나님의 품안에서 행복하실 거야."(13)라고 대답하였다. 그리고 바바라가 자신들이 학교에 가지 않는 이유를 물으면, 어머니는 "너희가 아버지를 모르기 때문이지. 누가 물어보더라도 아버지가 누군지 모른다고 답을 하렴. 내 말 알아 듣겠지?"(13)라고 답하곤 하였다. 그날 등교버스에서 바바라는 "엄마는 말씀하셨지 / 아빠가 죽었다고 / 나는 울고 싶어 / 왜 그런지 모르지만 / 아빠가 누군지 모르거든 / 그냥 떠나셨다고들 하지"라는 시를 마음속에서 떠올렸다(15). 그리고 잊어버리기 전에 노트에 그것을 기록하였다. 그 이유는 2학년 담임선생님은 시를 칠판에 적게 해서 다른 친구들도 볼 수 있게 허락하셨지만 3학년 담임선생님은 수학 시간에 시를 쓰면 꾸짖으셨기 때문이었다.

---

1 윌리엄 제임스(William James)는 그 지진이 일어났을 때에 스탠퍼드 대학의 방문교수였는데, 지진의 여파가 샌프란시스코의 남쪽으로 35마일이나 떨어진 팰러앨토에서도 감지되었다. 그는 다음 날 기차를 타고 샌프란시스코로 가서 4시간을 보내고, 8일 후에 다시 그 도시로 돌아갔다 (James 1987, 1215–1222). 이 책의 초판은 『젊은 동행인(Youth's Companion)』(1906)인데, 그는 이 책에서 지진에 따른 황폐의 고통을 겪은 이들이 비록 모든 것을 잃은 현실을 맞이하였지만, 그들에게는 돕는 이들이 함께하였다는 사실과 그들이 보여 준 놀라운 회복력에 대해서 기록하였다.

바바라에게 신뢰와 불신의 문제는 아버지의 죽음에 대한 이유와 관련이 있었는데, 어머니는 바바라와 오빠에게 사람들이 물으면 아예 아버지를 모른다고 대답하라고 가르쳤다. 또한 바바라가 시를 기록하는 습관에 대해서 경험한 두 선생님의 정반대되는 태도도 신뢰와 불신의 형성에 영향을 미쳤다. 한편, 앞에서 언급한대로 바바라의 시는 '그냥 떠나셨다고들 하지'로 끝나는데, 『초원의 재회』에는 그녀가 40대에 이르기까지 아버지가 '떠나셨던' 진짜 이유를 찾기 위해서 끊임없이 노력하였던 흔적이 잘 나타나 있다.

◎ 우리와 같은 사람들의 평범한 이야기들

지금까지 내가 제시한 이야기들은 드라마 같은 이야기이지만 자서전에 기록된 것들이다. 그렇다면 특별한 사건이 없이 생의 첫 시기를 보내는 평범한 사람들도 신뢰와 불신의 주제와 관련된 경험을 한다고 생각할 수 있는가? 이런 경우에도 생의 첫 10년 기간에 따라서 신뢰와 불신의 주제에 해당된다고 말할 수 있는지에 대해서 나는 당연히 그렇다고 주장한다. 이 책을 읽는 독자들도 스스로 어린 시절을 자세하게 회고해 본다면, 다른 이들도 함께 생각해 볼 필요가 있을 만큼의 신뢰와 불신의 경험에 대해서 생각해 낼 수 있다고 본다.

나는 4세 때에 가족 모두가 친척을 마중하러 기차역에 갔던 것을 기억한다. 평소와 같이 기차는 연착되었고, 아버지와 형들과 나는 우리 시의 철도 서비스를 주관하는 두 회사에 의해서 유지되는 두 정거장 사이의 보도를 따라 걸었다. 보도에서 35피트 아래쪽으로 철로가 보였다. 아버지는 내가 철로를 더 잘 보기를 원할 것이라고 생각하고는 나를 번쩍 들어 올렸고, 나는 공중에서 아버지의 팔에 매달린 채로 철로를 내려다 보게 되었다. 나는 발이 땅이 닿게 내려 달라고 애원하였고, 아버지는 곧 내려 주셨지만 그동안의 짧은 순간이 영원한 것처럼 느껴졌다.

　이 이야기는 일상의 짧은 경험 같지만, 나에게 신뢰와 불신의 역동을 상징하는 심리적 영향을 주었다. 한편으로는 아버지의 팔 힘이 강하기 때문에 공중에 들린 나를 놓치거나 또는 일부러 나를 아래로 떨어뜨릴 수 있다는 생각은 전혀 하지 않았다. 그래서 이런 면에서 볼 때에 이 사건은 아버지에 대한 나의 신뢰감을 강화시키기도 하였다. 반면에 땅에서 35피트 떨어진 공중에 매달린 경험은 무서운 기억이기도 해서 그때에 아버지의 팔에서 미끄러져서 아래로 떨어지는 다양한 장면을 상상하게 되기도 하였다. 그중에서 기차 위로 떨어지는 장면은 자주 상상하게 되면서 두려움을 주기도 하였다. 어쨌든 상상이지만, 높은 곳에서 떨어지는 장면에 대한 생각은 나에게 신뢰할 수 없음을 경험하도록 이끌었다. 나는 아버지가 어른으로서 그런 행동을 한 이유에 대하여 늘 궁금하였다. 그래서 나는 어린아이에게 공포를 경험하게 만드는 그런 행동을 하지 않았다.

　혹시 아버지가 스트레스 때문에 일시적으로 판단 착오를 일으키셨던 것일까? 나보다 키가 더 컸던 형들만큼 나도 보다 넓은 시야를 경험할 수 있도록 돕겠다는 생각을 하셨던 것일까? 내가 위험을 견디면서 더 강인해지게끔 만드시겠다는 것이었을까? 만약 그렇다면 내가 오히려 더 극심한 공포를 느껴서 역효과를 가져왔다고 말할 수 있다. 이런 질문에 정확한 답을 내릴 수 없었지만, 수년이 지난 후에 나는 불신을 일으키는 생각을 점차 하지 않게 되었고, 신뢰와 희망을 유지하도록 돕는 생각이 더욱 강화되었다.

　내가 9세 때 경험한 일도 있다. 이 이야기는 신뢰 대 불신의 심리역동이 여러 인간관계를 포함할 수 있음을 의미한다. 그때에 내 남동생은 4세였는데, 그날 유난히 어머니와 갈등을 빚었다. 아버지가 퇴근하셨을 때, 어머니는 아버지에게 남동생을 돌보기가 너무 힘들었다고 말하였다. 그날 저녁에 나와 동생은 매우 긴장하게 되었다. 식사 때에 어떤 대화도 오가지 않았고 무거운 침묵만이 흐르고 있었으며, 식사를 마친 후에 부모님은 어디 가지 말고 남아 있으라고 말하였다. 그런데 갑자기 아버지는 차고에서 차를 꺼내시고 어머니는 외출을 하려고 하셨다. 부모님은 우리에게 차에 올라타라고 하셨고, 동생은 앞자리의 부모님 사이에 앉았고, 나와 두 형은 뒷자리에 앉았다. 아버지는 차를 몰아서 도로로 나가셨다. "어디로 가는 건가요?" 우리 중에 누군가 용기를 내어서 물었지만 아무 대답도 들을 수 없었다. 아버지는 계속 어디론가 운전을 하셨고, 그러는 사이에 어둠이 내리고 있었다.

그런데 오른쪽에서 어떤 건물이 시야에 들어오면서 우리는 두려움을 느껴서 배가 아파왔다. 그곳은 고아원이었다. 부모님은 동생을 그곳에 맡기려는 듯이 보였다. 아버지가 차를 멈추었을 때에 우리를 돌아보시고 "이제 정말 결단을 내릴 순간이 되었다."라고 말하셨다. 어머니는 차의 문을 여시고 동생을 데리고 내릴 준비를 하고 계셨다. 뒷자리에 앉은 우리 셋은 몸이 얼어붙었다. 나는 울먹이며 "동생을 보내지 마세요. 사실은 착한 아이예요. 한 번만 용서해 주세요."라고 애원하였다.

물론 나는 그날 밤에 부모님이 동생을 고아원에 보낼 생각이 없었음을 몰랐다. 그리고 동생은 고아원에 맡겨지지 않았지만, 확실히 이전보다 조심스럽게 행동하게 되었다. 그런데 수년이 지난 후에 동생은 그때에 고아원의 불빛에 꺼져 있었기 때문에 가족이 모두 말을 맞추고 자신을 그곳에 맡기려는 것처럼 일을 꾸민 것으로 의심이 들었지만 아무 말도 하지 않았다고 말하였다. 그러나 나는 처음에 부모님이 정말 동생을 고아원에 맡기려고 했지만, 나와 형제들이 애원해서 다시 한번 기회를 주시기로 결심한 것으로 생각한다고 분명히 대답하였다.

그 이후로 나는 동생과 그때의 일을 이야기하곤 하였다. 성장해서 동생은 변호사가 되었고, 나는 목사가 되었다. 그날 밤 내가 부모님을 신뢰하면서 애원하였던 태도가 하나님이 죄인에게 '한 번 더 기회를 주시기를' 간구하는 직업을 갖도록 이끌었던 것인가? 만약 그렇다면 나의 동생이 자신이 고아 출신이었음을 알게 되면서 길러 주신 부모를 살해하였던 젊은이에 대한 선처를 호소하던 어떤 변호사에 대한 이야기를 여러 번 하면서 스스로 변호사가 되어버린 것도 그날의 경험과 어떤 연관성이 있는 것은 아닐지 모르겠다.

그러나 비록 유머가 이런 두려움의 경험을 통항 고통을 경감시킬 수 있을지 모르지만, 마음 밭에서 불신의 가라지가 자라나서 신뢰의 밀의 성장을 방해하는 것을 근절할 수는 없을 것이다(마태복음 13:24-29). 앞에서 내가 4세 때에 경험한 일과 그 일을 통하여 경험한 불신을 서서히 극복하였던 방법과 같이, 이 이야기에서도 나와 동생은 각각 나름대로 희망의 원천이 되는 신뢰의 밀을 키울 때에, 원수가 뿌려 놓은 불신의 가라지를 지혜롭게 처리하는 방법을 실천하였던 것 같다. 생의 첫 10년의 마지막 때에 여러 원수를 만나게 되며, 희망을 키우면서, 각 원수들을 지혜롭게 대처하는 수단과 방법을 익히게 된다.[2]

◎ 희망찬 자기

아이들이 희망을 가지려는 내면의 성향을 표현하도록 허락받고 독려받는 곳에서, 그들은 합리적으로 일관되고 전체적으로 건강한 자기의 기반을 갖게 된다. 희망찬 자기의 가장 큰 적은 절망이다. 절망은 미래가 폐쇄되어 있고 소망하는 일이 이루어질 수 없다는 느낌으로, 미래에 대해서 어떤 기대도 갖지 못하게 되는 소망 부재의 무감각 상태로 이어질 수 있다.

그러나 에릭슨은 "희망은 신뢰의 기초 위에 발생한다."(Erikson 1964a, 118)라고

---

2 이 이야기는 또한 『어린이의 노래(The Child's Song)』(1995, 169–170)에 기록되어 있다. 『장례식을 통한 돌봄(Caring Through the Funeral)』(2004)에서 진 파울러(Gene Fowler)는 이 이야기와 관련해서 장례식 설교에서 천국에서 죽음이 완료되기 이전에 치유가 고인을 피해 버렸음을 강조하는. 여기에 언급하지 않은 관점을 말한 어떤 목회자에 대해서 말한다.

강조하고, 히브리서의 저자는 "믿음은 바라는 것들의 실상이요 보이지 않는 것들의 증거니"(히브리서 11:1)라고 말한다. 따라서 희망찬 자기가 생의 첫 10년 안에 형성된다고 말하는 것은 바로 이 시기에 신앙의 역량이 개발된다는 의미를 담고 있다. 물론 이 이 시기를 신앙의 기초가 형성되는 시기라고 단정하는 것은 무리가 있을 수 있지만, 예수님이 직접 "어린아이들을 용납하고 내게 오는 것을 금하지 말라 천국이 이런 사람의 것이니라 하시고"(마태복음 19:14)라고 말씀하신 의미를 생각할 필요가 있다. 또한 예수님은 "삼가 이 작은 자 중의 하나도 업신여기지 말라 너희에게 말하노니 그들의 천사들이 하늘에서 하늘에 계신 내 아버지의 얼굴을 항상 뵈옵느니라"(마태복음 18:10)라고 말씀하셨음을 기억할 필요가 있다. 따라서 어린아이들이 희망찬 자기를 소유할 수 있다고 생각할 충분한 이유가 있다. 그리고 그들에게 어른들이 신뢰할 수 있는 대상이 되고, 또한 그들이 자신을 신뢰할 수 있도록 돕는 지상의 천사가 될 수 있을 것이다.

2. 의지적 자기
두 번째 성장, 10대

우리가 '10대'라는 용어를 사용할 때에, 자연스럽게 대략 13세부터 19세까지의 시기를 생각하게 된다. 그런데 내가 이 책에서 제시하는 '10년(decade)'을 기준으로 생각한다면, 10세부터 19세까지가 10대에 해당된다. 따라서 이 기준에 따르면, 10세부터 12세까지의 3년 동안의 기간이 단순히 생의 첫 단계에서 연장된 기간이 아니라 두 번째 단계의 시작이라는 중요성을 갖는다. 어떤 의미에서 볼 때에, 생을 10년 기간으로 보는 관점은 아이가 자신을 보는 시각과 통한다. 그 이유는 아이에게 9세에서 한 살을 더 먹어서 10세가 되는 것은 중요한 변화를 의미하기 때문이다.

아이에게 매년의 생일은 매우 중요하기 때문에, 열 번째 생일을 축하하는 카드만이 특별하다고 보는 것은 타당하지 않을 수 있다. 그러나 '열 살이 되는 것의 위대함'에 대한 열 가지 이유를 제공하는 어떤 카드가 나의 관심을 끌었다. 그중에서 가장 큰 이유는 아이가 열 살쯤 되어야 주변에 돌아가는 상황에 대해서 전반적인 파악이 가능하게 되기 때문이다. 예를 들어서, 10세쯤 되면 새우를 먹을 때에 큰 새우를 고를 줄 알게 된다. 또한 13세쯤 되어야 신체의 균형이 잡힌다(발가락도 열 개, 손가락도 열 개, 인생도 10년!). 작년까지 나이가 한 자리 숫자였는데 열 살이 되면서 10점 만점의 10점을 얻는 것보다 더 완벽한 10세가 된다! 이런 관점에서 볼 때에 열 살이 되는 것은 위대한 경험이다. 이보다 더 신나는 일은 없다!

그러나 시인들은 열 살이 되는 경험에 대해서 더욱 포괄적인 시야를 가지고 있다. 리타 도브(Rita Dove; Harper & Walton, eds., 1994, 283)는 열 살이 되었을 때에 엄청난 압박감을 느끼게 되었다.

플래시 카드

수학 시간에 나는 엄청 빠르게 오렌지와 사과의 개수를 세었지.
아버지는 숫자를 반복해서 세다 보면
더욱 빨라진다고 하셨지만
선생님, 과연 그럴까요?

창밖으로 내다볼 수밖에 없는
선생님의 화단에는 꽃봉오리가 하나 피어나고,
꿀벌 한 마리가 그 촉촉한 봉오리 위를 윙윙거리고 날고 있구나.
튤립은 비가 많이 온 후에 언제나 땅 위로 구부러져 누워 있어서
집으로 오는 길에 잠시 꼿꼿이 세워 주었지.

아버지는 고된 하루를 마치면 무언가를 마시고
링컨의 자서전을 읽고 쉬셨지.
저녁을 먹은 후에 수학 숙제를 하며 머릿속이 캄캄해졌지.

잠자리에 들 때에도 나지막하게 숫자를 세는 목소리를 듣고,

다람쥐가 쳇바퀴를 굴리는 모습을 보면서도 나도 모르게 숫자를 세었

지.

열 살, 나는 계속 중얼거린다. 정말 열 살이 되었구나.

  그녀는 열 살이 되었을 때에 숫자 세는 법을 연습해야 했으며, 잠자리에 들기
전에 어떻게 하면 잘 셀 수 있을지 고민하게 되었다. 결국 아버지는 일과를 마치
고 집에 오시면 쉬셨지만, 그녀는 학교에서 집에 돌아오면 또 다른 버거운 일과
가 시작된다는 것을 알게 되었다.

  빌리 콜린스(Billy Collins 1995, 48-49)도 9~10세가 되면서 새로운 과제를 맞이하
게 되었다.

열 살이 되면서

이제 어떤 일을 해내야 한다는 부담을 온몸으로 느끼며,

배가 아플 때보다 더 심한 통증이 다가온다.

희미한 불빛을 벗 삼아 책을 읽으며 머리도 아프고,

마치 영혼이 홍역을 앓는 듯,

정신이 열병에 시달리는 듯,

내 혼이 수두로 부서지고 있구나.

남들은 나보고 아직 어리다고들 하지만,

그들은 어릴 때의 단순함의 기쁨을 잊어서 그런 말을 하는 것인가?

나이가 두 자리 숫자가 되면서 복잡함이 같이 왔구나.

침대에 누워서 9세까지의 추억을 떠올려 본다.

4세에는 아라비안 동화의 마술사였고,

눈에 안 보이게 모습을 감출 수도 있었는데,

우유를 한 잔만 마셔도 사라졌는데.

그리고 7세에는 용감한 군인이었고, 9세에는 왕자였는데.

지금 기껏 창가에 앉아서

오후의 햇빛을 쐬는 것으로 만족해야 하는구나.

작년까지 나무로 만든 집안에서

엄숙하게 앉아 있는 짓 따위는 하지 않았는데.

자전거가 뒷간에서 잠자는 일이 발생하다니,

이게 현실이구나.

찬란한 추억이 빛을 바래는구나.

이제 슬픈 인생이 시작되는구나.

신발을 신고 이곳저곳을 다니며 혼잣말을 해 본다.

상상 속의 친구들에게 작별인사를 고할 때가 되었구나.

나이가 두 자리 숫자가 되는 첫해구나.

어제까지만 해도 피부에 광채가 나는 존재였는데,

이제 삶의 무게에 눌려서 무릎을 꿇는 신세가 되었네.

'나이가 두 자리 숫자가 되는' 첫해는 생일 카드에 적힌 것과 달리 현실에서는 그리 기쁜 일만은 아니다. 그 순간 축하 카드를 받는 이면에 엄숙함, 일종의 슬픔, 상처받음의 경험이 있을 수 있다.

윌리엄 샌포드(William Sanford 1996, 21)는 20세가 될 때에도 유사한 상실감을 느낀다고 말한다.

10대여, 안녕

주인이 다른 데를 보는 사이에 나는 토끼를 쓰다듬었지,
내 손안에 그 부드럽고 큰 귀가 접히는 것을 느끼며.
누렇게 익은 밀밭이 수 마일 펼쳐져 있고,
잎들은 햇빛과 바람을 맞으며 시들고 있었지.

오늘까지 아직 여유를 즐길 수 있다(삼촌의 날이다). 여기는 (그의) 농
장이지.
일단 여기에서 우리의 여행을 잠시 멈추었지. 그러나 아버지가 다시
길을 떠나자고 하시면, 이 낙원인 농장을 떠나야만 하고.
아버지가 하시는 일을 물려받아야 하니까.

나도 아버지처럼 굳센 남자가 되어야지.
어차피 남자로 태어났으니까. 햇빛이 눈부시면
가느다랗게라도 뜨고 멀리 바라봐야 하고 말고. 바로 그거야.
이런 결심을 해야 하고 말고. 그러나 다시 토끼를 만지며 낭만에 빠지
지 못하겠지.

이 시는 미래를 바라보기 위한 10대 소년의 강인함과 힘을 강조한다. 그러나
토끼의 부드러운 털을 감상할 수 있는 정서를 두고 앞으로의 삶의 여정을 떠나
야 한다는 상실감에서 오는 슬픔도 느껴진다.

새로운 10년은 많은 것을 약속하면서도 불안을 안긴다. 나는 그중에서 자율
성 대 수치심 또는 의심의 갈등에 대한 역동을 언급하고자 한다. 이 단계에서 자
율적인 노력이 중요한 역할을 하지만, 수치심과 의심도 경험하게 된다. 그러나

이런 표현이 무엇을 의미하는가? 이 단계에서 중심적인 역할을 하는 자율성, 수치심 그리고 의심이라는 표현이 함축하는 의미는 무엇인가? 이 질문에 응답하기 위해서 이 단어들에 대한 사전적 뜻을 살펴보고, 에릭슨이 생애주기 이론에서 설명하는 것을 살펴보려고 한다. 그에게 이 표현들은 한 살에서 세 살 반 된 아이가 겪는 심리사회적 위기에 통합된다.

◎ 자율성 대 수치심과 의심 갈등

웹스터 사전에 따르면 자율성(autonomy)은 "자율적인 사실 또는 조건, 스스로 통제하는 것, 독립"으로 정의된다(Agnes 2001, 96). 이 정의는 "스스로 통제할 수 있음"과 "타인의 지배를 받지 않고 독립적으로 기능함"이라는 자율적 (autonomous)의 기본적 의미를 반영한다(96). 이 둘 중에서 '스스로 통제할 수 있음'이라는 첫 번째 정의는 자율성과 타율성의 구별을 반영한다. 타율성 (heteronomy)은 "타인의 법 또는 지배에 굴복함"을 뜻한다(669). 따라서 미국이 더 이상 영국 법의 지배를 받지 않겠다고 선언할 때에, 자율권을 갖겠다는 선포가 된다. 따라서 첫 번째 정의는 '타인의 지배를 받지 않고 독립적으로 기능함'이라는 자율성의 두 번째 정의보다 협소하다. 독립이라는 단어는 "자기통제"를 뜻하지만, 또한 "자기 자신 또는 자신의 능력, 판단 등의 요소에 의지함"이라는 두 개의 다른 의미를 내포할 수 있기 때문이다(725).

에릭슨의 저술을 읽는 이들 중에는 에릭슨이 자율성이라는 단어를 사용할 때 기본적으로 유일하게 또는 주로 자기 자신을 의지한다는 의미에서 독립의 뜻을 표현하고 있다고 추측할 수 있다. 그들은 자율성이라는 단어를 미국 사회에 널리 퍼진 "개인주의"와 연상시킬 수 있다(Capps 1993, 101-125). 그러나 에릭슨이 남자아이들은 독립을 지향하지만 여자아이들은 타인과의 관계성을 지향한다는 관점(Gilligan 1982, 11-12)에 따라서 자율성이라는 단어를 사용해서 남성 편향을 드러 낸다고 생각하게 되는 독자들도 있을 수 있다. 그런데 두 입장 모두 자율성에 대한 에릭슨의 두 번째 정의인 독립이라는 전제를 공유한다.

그러나 나는 에릭슨이 실제로 자기통제라는 또 다른 의미를 염두에 두고 있다고 믿는다. 그리고 이런 의미는 오늘날 널리 사용되지 않기 때문에 독자가 파악하지 못할 수 있다고 본다. 결국 앞에서 살펴보았듯이 자율성은 발달 도식에서 신뢰를 따르고, 에릭슨은 신뢰를 유아가 타인에 대해서 갖는 것이 아니라 신뢰할 수 있음의 의미로 자기 자신에 대해서도 갖는 심리적 특성이라고 이해한다. 다시 말해서, 유아가 신뢰를 가지고 있다는 것은 어느 정도 요구를 통제할 수 있는 능력을 갖추게 되어서 타인이 유아가 필요로 하는 것으로부터 물러나거나 또는 그것을 취소시키지 않게 한다는 것을 뜻한다. 따라서 두 번째 단계에서 자기통제는 첫 번째 단계의 신뢰할 수 있음의 토대 위에 형성되어서 그 범위를 넓히게 된다.

물론 아이가 성장하면서 자신을 의지하게 되면 이전에 타인이 담당하였던 기능을 스스로 실천하는 방법을 배우게 된다. 그러나 에릭슨은 아동의 관계성이 이전보다 줄어들게 된다고 말하지 않는다. 만약 아동이 스스로 의존하게 되면서 관계성이 줄어든다고 본다면 생애주기 이론에서 다음 단계는 이전 단계와의 연속선상에서 진행되며, 새로운 단계로 나아갈수록 사회적 상호작용이 넓어진다는 관점과 갈등을 빚게 된다. "인격은 신체기관의 발달이 예정대로 전개되고, 그 전개에 따른 발달을 인식하게 되어, 그만큼 관계의 상호작용이 활발해지고, 사회적 활동 반경이 넓어지게 되면서 발전된다고 말할 수 있다."(Erikson 1959, 52) 따라서 두 번째 단계에서 아동의 관계성의 방식은 변화를 일으킨다.

이 단계의 부정적 경향성은 수치심과 의심이다. 웹스터 사전(Agnes 2001)은 수치심(shame)에 대해서 몇 가지 정의를 내리고 있지만, "자기 자신 또는 가까운 관계의 타인에 대한 부적절한 행위, 무능력 등의 원인으로 타인의 존경심을 잃어

버렸다는 고통스러운 감정"이 가장 적절하다(1317). 아동 초기의 경우, 누군가가 대신 행동했다는 느낌 때문에 수치심을 느끼지 않을 것 같다. 수치심은 아동 자신의 부적절한 행위나 무능력 때문에 발생한다.

또한 앞서 제시한 정의는 타인의 존경심의 상실을 강조하지만, 자기 자신에 대한 존경심의 상실은 더 큰 고통스러운 감정을 만들어 낸다. 그럼에도 불구하고 자기 자신에 대한 존경심에 손상을 가했거나 그것을 상실했다는 인식은 유아기에는 기대하지 않았던 성취인 잘 발달된 자기에 대한 감각을 필요로 한다. 에릭슨에게 아동 초기에 수치심을 경험하는 경우는 근육, 특히 물건을 비교적 수월하게 다룰 수 있도록 하는 근육의 발달 정도, 아마도 가장 중요하게 그릇을 능숙하게 다룰 수 있는지의 여부를 포함할 것이다. 결국 이 시기는 프로이트의 항문기에 해당한다.

웹스터 사전은 의심에 대해서 "견해 또는 신념(opinion or belief)"과 관련된 관점에서 여러 정의를 내리고 있다(429). 이 정의는 아동 초기에 어느 정도 인지 발달이 진행되었음을 뜻한다. 나는 더 적절한 정의는 "불확실한 상태" "주저함" 또는 "염려나 공포"와 같은 인격의 일반적인 정신적 상태 또는 감정적 상태에 초점을 둔다고 생각한다(429). 삶의 단계에서 불확실성, 주저함 그리고 염려는 타인과의 불확실한 관계 때문만은 아니라 개인적 능력의 결여와도 관계된다. 따라서 의심이 주요한 역할로 활동하는 많은 경우는 "자신감 또는 자기 자신에 대한 믿음의 부족"으로 정의되는 자기의심을 포함한다(1301).

자율성 대 수치 그리고 의심에 대한 에릭슨의 더욱 포괄적인 논의는 『정체성과 생애주기(Identity and the Life Cycle)』(1959, 65-74)에서 이루어진다. 그 논의는 벤자민 스팍(Benjamin Spock)이 유아와 아동 돌봄에 대한 그의 유명한 저서(Spock 1946)에서 제시한 내용 일부의 요약에서 시작된다. 이 요약의 목적은 "어린 시절 가족과 토닥토닥 거렸던 일, 자그마한 승리 그리고 패배" 등을 기억할 수 있도록 도와주는 데에 있다(Erikson 1959, 65). 그런 기억들에는 오트밀의 맛에 대한 느낌,

집 안을 돌아다니며 마치 낯선 곳을 모험하는 듯한 호기심, 누군가에게 의지하고 싶으면서도 동시에 스스로 해결하고 싶은 경험, 부모님이 여기저기 어질러 놓은 집을 치우시던 장면, 부모님이 해로운 물건을 손이 닿지 않는 곳에 두던 장면, 홀로 외로움을 견디던 기억, 대변을 보고 그것을 만지작거리던 느낌, 공격성을 억제하던 순간, 물어뜯기, 부모님이 침대에서 행복해 하던 기억, 잠을 안 자서 부모님의 애를 태우던 장면 등이 있다(65-66). (이 내용은 스팍의 '한 살 때의 기억' 그리고 '어린아이 돌보기'라는 장에서 발췌한 것이다.)

에릭슨은 스팍의 책에서 이런 내용을 골라서 이 단계에서 발생하기 쉬운 '문제 전반'에 대하여 설명하려고 하였다. 또한 그는 이 책에 수록된 "어린아이 돌보기의 현실을 수월하게 이끄는 방법들"에 대하여 기술한 의사들의 '뛰어난 조언'과 '균형 잡힌 돌봄'에 대해서 찬사를 보냈다. 가장 중요한 것은 이 목록들이 "의지를 일관되게 유지하지 못하는 중간중간에 조절하기 힘든 심리적 힘들이 표현되는 예들을 잘 보여 주고 있어서, 초기 아동들이 부모나 또래와의 관계에서 충동의 조절이 수월하지 않음을 설명한다는 데에 있다"(66). 그러나 전반적으로 이 단계는 근육의 성숙과 '잡기'와 '놓기' 그리고 또 다른 수많은 초기 아동이 자율성을 발휘해서 취할 수 있는 행동 및 가치들에 대해서 갈등을 일으키는 행동 패턴을 조율할 수 있는 능력의 배양(무기력은 자신에 대해서 의심을 키우도록 이끎)과 관련해서 중요한 시기이다(66).[1]

따라서 이 단계에서 아동은 "협력과 독립된 의지" 그리고 "자기표현의 자유와 억압"의 긴장과 싸운다(66). 그리고 건강한 방식으로 이 긴장을 해결하는 습관은

---

[1] 에릭슨이 아기와 아동의 돌봄에 대해서 스팍의 책의 내용을 사용했다는 사실은 그의 생애주기 모델의 발전에 대한 그것의 영향에 대하여 흥미로운 질문을 제기한다. 에릭슨이 생애 각 단계에 대해서 대조되는 두 개의 역동을 나열한 것은 스팍의 '균형'에 상응하는 것이며, 스팍이 '육아의 준비'라는 장에서 부모가 "자신을 신뢰할 것"을 강조한 것(Spock 1946, 3-9)도 에릭슨이 생의 첫 단계에서 부모와 유아가 상호 간의 신뢰를 형성해야 한다는 초점과 일맥상통한다. 그러나 물론 에릭슨의 생애주기 이론에서는 프로이트와 셰익스피어의 영향이 훨씬 더 분명하게 나타난다.

"자존감을 상실하지 않고 자기통제하기"의 결과를 가져온다(66). 이런 자존감의 상실이 없는 자기통제감은 "영속되는 자율성의 형성"으로 이끈다(66). 반대로 무기력감, 자기통제감의 상실감 그리고 부모의 지나친 통제는 "영속되는 의심과 수치심의 형성"을 야기한다(68).

에릭슨은 첫 단계에서 획득한 기본적 신뢰와 두 번째 단계의 자율성 사이의 연결을 강조한다. 자율성이 발전하기 위해서는 아동에게 "첫 단계의 신뢰가 확고하게 발전하고 그 상태가 영속적"이어야 하기 때문이다(68). 아동은 내면에 스스로에 대한 신뢰를 유지해야 하고, 첫 단계에서 경험한 세계가 두 번째 단계에서 선택, 선택의 수정, 타인의 요청을 거부하고 스스로 주도해 보기를 수행하며 위험해지지 않음을 경험해야 한다. 어른은 두 번째 단계에서도 아동을 변함없이 신뢰해 주어야 한다. 어른의 이런 확고한 태도가 아동으로 하여금 때때로 경험하는 "미숙한 분별로 인한 혼돈의 상태"를 견디게 한다. 또한 "자신이 미숙한 채로 타인에게 드러난다는 노출감을 견디고 수치심, 의혹 등으로 부르는 부정적 느낌에 맞서 '자신의 발로 당당히 서기'를 원하는 소망을 꿋꿋이 유지할 수 있도록 돕는 든든한 지원군이 된다(68).

어른들의 확고함과 지지라는 두 가지 돌봄 태도는 에릭슨이 스팍 박사의 저서에서 발견한 '균형'과 일맥상통한다. 균형 잡힌 태도에 대해서 에릭슨이 "소아과 의사의 실천적이고 유익한 조언"이라고 한 것은 다음 권고를 추가한다. "이 단계의 아동들에 대해서 확고한 신뢰를 보내고 인내하라. 그러면 그 아동이 스스로에 대해서 확고한 신뢰를 가지고 인내하는 태도를 갖추게 될 것이다. 그 아동은 자부심과 자율성을 갖춘 인성을 소유하게 되며 타인에게도 자율성을 허락하고, 또 다른 모험의 길을 떠나게 될 것이다."(70) 그에 따르면 자율성이 결여된 부모의 지나친 통제를 받는 아동은 부모가 그렇게 함으로써 건강하게 성장할 것이라는 잘못된 예상을 벗어난다. 오히려 아동은 지나치게 자신을 옥죄게 되어서 다음 단계로 향하는 적절한 모험을 자신의 힘으로 감당하기 어렵게 된다.

에릭슨은 수치심이 "충분하게 연구되지 않는 유아적 감정이기 때문에", 수치심의 부정적 경향성에 대한 논의에 상당 부분을 할애한다(68). 그는 『아동기와 사회(Childhood and Society)』에서 게으른 수치심을 갖게 되는 중요 이유가 "문명이 너무 쉽게 죄책감에 흡수되어 버리기 때문"이라고 강조한다(1950, 223). 수치심이란 무엇인가? 사전적 정의에 따르면 수치심은 존경심의 상실을 뜻하지만, 에릭슨은 노출과 관련된 인식임을 강조한다. 따라서 수치심은 "자신이 타인의 시선에 완전히 노출되어 있다는 자기의식적 태도를 의미한다. 인간은 남의 눈에 보이기 마련이지만, 언제나 노출될 준비를 하고 있지는 않다"(1959, 68-69). 따라서 꿈에서 수치심은 "옷을 전혀 입지 않은 상태로 타인의 시선을 받게 되는 상황, 바지를 벗고 있는데 남이 방에 들어와서 놀라는 악몽" 등으로 표현되기 쉽다(69). 또한 수치심은 "얼굴을 땅에 묻고 싶은 충동에 쉽게 빠지게 만드는 방식" 등으로 표현된다(69). 수치심에 대한 에릭슨의 심리학과 관련된 문헌(Lewis 1992)에서도 노출에 대한 인식이 강조되고 있다.

특별히 에릭슨은 복종과 순응의 태도로 이끌기 위해서 어른들이 수치심을 이용한다는 데에 관심을 두고 있다. 이 단계에서 어른들은 아동에게 "아동이 성장하면서 몸이 커지고 힘이 세어진다는 인식에 대해서 자신이 한없이 작고 나약하다는 느낌을 심어 주는 방식"으로 수치심을 가한다(69). 더 나아가서, "너무 수치심을 많이 느끼면 사회적으로 적절한 도덕심을 키워주게 되지 않고, 타인의 눈에 뜨이지 않으면 교묘하게 수치심을 느끼지 않도록 합리화를 하면서 몰래 무례한 행동을 시도하게 만들 우려가 있다"고 덧붙여 말한다(69). 따라서 "어린이들이 견딜 수 없는 수치심을 경험하게 되면, 반항적인 태도를 보이게 된다(겉으로 용기있는 태도를 보이지 않거나 말로 표현하지 않아도)"(69).

결국 아동은 "자신의 몸, 욕구 그리고 소망이 악하고 더럽다고 여기도록 강요받고, 그런 행동에 대해서 심판을 받지 않는 오류가 존재한다고 믿게 되면" 자신의 품위를 지키려는 인내의 한계가 무너져 버린다. 이 한계의 막바지에 이르게 되면, 아동은 "상황에 대한 이해를 거부하고, 은밀히 타인의 입장에 대해 눈을 감아 버리고, 현실에서 악만이 존재한다고 생각하게 된다. 이런 관점에 생각이 고정되어 버리면 다른 시각이 떠나 버린다"(69).

에릭슨은 의심에 대해서『정체성과 생애주기』에서 분명한 논의를 제시하지 않으며,『아동기와 사회』에서 한 문단의 설명만 제시한다. 그러나 초기 아동의 의심은 자기 자신에 대한 의심이라는 나의 요점에 대해서 그의 논의는 지지의 입장을 취한다. 반면에 수치심은 노출되는 경험이며, 타인의 시선을 피해서 숨거나 땅에 묻히고 싶은 욕구의 표현인 반면에, 의심은 '등 뒤' 또는 '이면의 배후'에 대한 불안감에서 발생한다. 의심은 "공격적인 리비도의 특성이 등골과 척추를 타고 흐르면서 몸을 긴장시키는 방식"으로 나타날 수 있다(224). 반면에 수치심은 "아동의 외부로 내보이지 않지만, 타인의 의지에 굴복되는 방식으로 나타날 수 있다"(224).

따라서 '이면의 배후'에 대한 경험은 아동의 "인성의 어두운 면이 될 수 있고, 자율성에 대한 타인의 공격으로 경직된 태도의 반응으로 나타날 수 있다. 또한 의식적으로 자율성의 침해에 대해서 인식하지 못하면 겉으로 모든 일이 잘 되어 간다고 느끼면서도 장운동이 원활하지 못해서 배변장애 같은 증세를 경험하게 될 수도 있다(224). "기본적 불신감"은 이면에 보이지 않는 배후에 의해서 지배받는다는 경험을 통하여 형성되며, 장에서 오물이 제때에 배출되지 못하고 남아 있을 때의 불쾌감과 같은 느낌을 줄 수 있다. 그 당시에는 인식되지 못해도 "이후에 강박적으로 어떤 사실을 확인하려는 언어의 표현" 등으로 나타날 수 있다(224). 따라서 계속해서 신념과 관련된 의심에 대한 정의는 적절하다.

에릭슨은『정체성과 생애주기』(1959)의 자율성 대 수치심에 대한 논의에서 부모가 자녀로 하여금 자율성에 대한 순수한 감각을 키우도록 도와야 한다고 결론짓는다. 그는 "부모가 자녀에게 선사할 수 있는 자율성의 종류와 질은 자녀가 자신의 삶에서 스스로 만들어 내는 위엄과 인격적 독립감에 달려 있다. 신뢰감이 부모의 꾸준하고 현실적 신념의 반영인 것처럼 자율성의 감각도 개인으로서 부모의 위엄의 반영이다."(72)라고 주장하였다.

에릭슨은 『아동기와 사회』의 개정판(1963)에서 자율성에 대한 제도적 보호 장치는 "법과 질서의 원칙"이라고 설명한다(254). 일상의 상호작용에서 법원의 재판 제도에 이르기까지, "이 원칙은 개인의 특권과 그 한계 의무와 권리의 범위에까지 그 영향을 미친다"(254). 부모의 정당한 위엄과 법적 독립은 자녀에게 "아동기에 형성되는 자율성이 갖는 자부심이 이후의 삶에서 부당한 의심이나 수치심에 이르게 하지 않는다"(254). 따라서 자율성이 증대되기 위해서는 자신의 사회적 세계가 정의에 기반을 두고 있다는 신념을 갖출 수 있어야 한다.

◎ 의지의 미덕

에릭슨은 생애 두 번째 단계에 대해서 의지를 인간의 힘 또는 미덕으로 지정하였다. 웹스터 사전(Agnes 2001)에서 설명하는 의지에 대한 여러 정의는 두 개의 범주로 나뉜다. 첫째는 선택, 결정 또는 자신의 행동을 통제하는 능력을 강조한다. 둘째는 소망하는 결과를 확보하는 데에 이르도록 확장되는 힘과 결단력이다(1637). 웹스터 사전은 자신의 행동에 대해서 통제할 수 힘으로서의 의지와 "자기 마음에 드는 행동을 하기"로서의 고의(willfulness)를 구분한다.

미덕으로서 의지에 대한 에릭슨의 논의에서 구분되는 의지의 두 정의는 『인간의 강점과 세대의 주기(Human Strength and the Cycle of Generation)』(Erikson 1964a)에서 또한 언급된다. 그의 의지에 대한 이해는 의지가 초기 아동기에 형성된다는 입장을 반영한다. "의지는 유아기의 피할 수 없는 수치심과 의심의 경험에도 불구하고 자유로운 선택과 자기억제를 실천하기 위한 꺾이지 않는 결단력이다."(119) 여기에서 자유로운 선택과 자기억제라는 두 요소는 의지와 고의(계획적 의지)를 구분하는 기준이 된다. 따라서 그에 따르면 "유아는 감각과 근육이 발달하여 더욱 능동적인 활동을 할 수 있는 기회를 갖게 되면서 자기통제와 타인의 통제를 받아들이는 이중의 요구에 직면하게 된다. 의지를 실천하는 것은 고의를 뜻하는 것이 아니고, 욕구를 수용하는 데 있어서 스스로 판단하고 결정하는 역량이 서서히 함양된다는 것을 뜻한다"(118). 따라서 아동이 미숙한 형태이지만, 성인이 스스로 해내는 어떤 일을 하는 법을 배우는 것은 "의지를 실천하는 것은 자신이 할 수 있는 일을 스스로 해내고 할 수 없는 일은 스스로 포기함으로써, 어떤 경우에도 의지를 실천하는 것을 피하지 않게 되는 것이다"(118).

이 단계에서 부모-자녀 상호작용은 옥신각신하는 장면들의 연속으로 경험된다. 따라서 어떨 때에는 자녀가 승리하고 또 어떨 때에는 패배하는 경험을 골고루 갖게 되는 것이 중요하다. 아동은 실패를 통해서 "그가 '깊은 내면'에 간직했던 것을 선택할 때에 선택은 삶 속에 내재된 평가의 질의 일부이기 때문에 사건들에 의해서 미리 결정되었다는 모순을 받아들이는 법을 배울 수 있다"(119). 그러나 실패를 너무 많이 하게 되면, 그 경험은 "자신이 의지하는 대로 행동을 했든 또는 행동하게 되는 것을 의지하게 되었든 간에 깊은 수치심과 강박적 의심으로 이끈다"(119).

그러나 희망에 대한 감각이 주어진 희망을 물질화되는 데에 실패함에도 불구하고 끝까지 견디듯이, 의지에 대한 감각도 끝까지 견딘다. 흔히 어린아이가 의지를 가지고 실행에 몰두했던 일들은 "시험의 순간이 도달할 때에, 단념할 가치가 없는 듯 보이지 않으며, 오직 새로운 이슈를 선사할 만큼 충분한 성장과 발전을 제공하고, 모든 것에서 기대할 만한 현실은 환상보다 더욱 만족스럽고 흥미롭다는 것을 증명한다"(119).

의지가 미덕이라는 바로 그 생각은 아이는 근본적으로 선한 의지를 발전시킨다는 것을 의미한다. 따라서 에릭슨은 부모와 자녀 사이의 선한 의지의 유지는 "각자 의지를 적절하게 행사해서 서로 타협할 수 있는지의 여부에 달려있다"고 강조한다(119). 사려 깊은 부모 역할은 "점차적으로 의지를 통제하려는 자녀에게 의지를 제안하고 선한 의지로 변경하는 것과 같은 자기통제의 기능을 부여하기 마련이다"(119).

그러나 에릭슨은 의지의 미덕에 대한 논의를 선한 의지는 반드시 대가를 치르고 발전한다는 관찰로 결론을 내린다. 이때부터 아동은 인간이 어느 정도 자기모순적이고, 이런 점이 "은총에서 떨어져 나가는 특성"임을 인식하기 때문에 자기 이미지의 분열을 경험하기 마련이다(120). 아동의 내적 분열을 감안하여 볼 때에, "오직 사려 깊은 부모 역할만이 합리적이고 공정한 시민과 세상의 질서의 일부분임을 느끼며, 치유하는 정의감을 전달할 수 있다"(120).

생의 두 번째 단계에서 자율성 대 수치심과 의심 갈등을 발견할 수 있는 몇 가지 근거가 있다. 첫 번째 근거는 이 단계가 극적인 생리적 변화를 겪는 시기라는 데에 있다. 생의 두 번째 단계의 생리적 변화는 또래 집단과 권위를 가진 타인을 대하는 방식에 있어서 다른 시기보다 그 규모가 더 크다. 따라서 이전과 달리 개인의 성향에 따라서 부모와 어른에게 대항하는 신체적 반응을 보이게 될 수도 있다.

이런 신체적 반응의 변화는 특히 성적 발달에 따른 감정적 변화를 동반하고, 결국 타인의 지배에서 독립하고 자기통제의 기능을 원하도록 이끈다. 생의 두 번째 단계에서 발생하는 부모와 어린 자녀 사이의 전투는 부모와 20대 자녀 간에 일어날 수 있는 전쟁의 축소판이 될 수 있다. 두 번째 단계의 전투는 최소한 어린 자녀가 스스로 통제할 수 있는 능력을 갖추었는지를 부모 나름대로 의심하는 데에 그 원인이 있다. 이 시기의 자녀는 자주 스스로 통제할 수 있다고 주장하고, 부모가 자녀 스스로 신중하게 생각해서 올바른 행동을 할 수 있다는 사실을 믿어 주지 않는다고 불평하지만, 그들은 새로운 상황을 마주치게 되면 당황하게 되어서 어떻게 행동을 해야 할지 확신이 서지 않기 쉽다.

두 번째, 이 시기는 아동이 어른에게서 벗어나서 수치심을 경험하게 되며, 또래 집단 관계로 들어가게 된다. 특히 수치심의 경험은 성적인 분위기를 느끼는 순간과 연관이 되며, 이런 순간에 스스로 적절한 행동을 취할 수 있다는 확신을 가지지 못하고, 결국 무방비로 노출된다는 느낌을 갖게 된다. 견딜 수 없는 정도로 수치심을 경험하게 되면, 뻔뻔하게 되면서 그런 뻔뻔함이 공공연한 반항의 형태를 띠며, 보복적 행동으로 나타난다.

세 번째는 자율성에 대한 제도적 보호 장치이다. 법과 질서의 원리는 특별히 특권, 권리의 한계, 의무 그리고 권리의 비중을 적절하게 조율할 수 있는가에 대해서 예민성을 가진 청소년들의 관심을 끈다. 실제로 어떤 청소년들은 너무 일찍 법정에 서는 경험을 하게 된다. 어떤 청소년들은 현실의 일터에서 특권의 제한과 그에 따른 금전적 보수의 비율을 적절하게 조율하는 방식을 경험한다. 그러나 대부분의 청소년은 교육적 환경에서 사회적 헌신과 정의의 다양한 수준에 대해서 경험을 하게 된다. 따라서 교사가 자신에게 맡겨진 학생이 자율권을 행사하고 있다는 인식을 갖게 하는 것은 학생들은 이후 경험하게 될 사회의 평등, 공정 그리고 준법성의 보장과 관련된 인식에 영향을 준다.

◎ 스티브: "나는 현실에서 승리할 수 없어"

생의 두 번째 단계의 자율성 대 수치심과 의심 갈등 뚜렷한 예를 들어 보겠다. 이 사례의 주인공은 윌리엄 폴락(William Pollack)의 책『진짜 소년의 목소리(Real Boy's Voices)』(2000)라는 책에서 등장하는 스티브라는 이름의 10대 소년이다. 이 책에 실린 모든 사례는 인터뷰의 내용에 근거하지만, 인터뷰 진행자의 질문이나 논평은 실리지 않았다. 그 이유는 어른의 평가를 철저히 배제하고 소년들의 생생한 목소리만을 담으려는 저술의 의도 때문이다. 그러나 나는 이 사례에 대해서 생의 두 번째 단계의 자율성 대 수치심과 의심 갈등에 초점을 두어서 설명하기 위해서 어쩔 수 없이 스티브의 관점에 대한 나의 해석을 제시할 것이다.

사례에는 스티브에 대해서 12세이며 뉴잉글랜드의 교외에 살고 있다는 내용만 기록되어 있다. 스티브는 부모님과의 관계에 대해 "정말 괜찮아요."라고 평가하며 그의 이야기를 시작한다. 스티브는 "저는 사회, 책, 그 밖에 여러 주제에 대해서 부모님과 많은 대화를 나눕니다. 그런데 이야기를 나누다가 어떤 주제들, 예를 들어서 파티에 대해서 부모님이 '네 의견을 듣고 싶지 않다'고 하는 상황을 맞이하게 되곤 해요."라고 말한다(332). "어머니가 '그러니까 네가 파티에 갔잖아. 거기서 어떤 일이 있었니?'라고 말씀하시면, 저는 '그냥 파티였을 뿐이에요.'라고 대답해요. 다시 어머니가 '이 일에 관해서 서로 솔직하게 말을 해 보자'라고 하시면 마치 막상 파티에 참석한 저는 아무것도 모르고, 파티에 가지 않은 어머니가 모든 것을 속속들이 아시는 것같이 느껴집니다."(332)라고 설명한다.

스티브도 어머니에게 파티에 대해서 이야기하고 싶지만, 속속들이 말하고 싶지 않은 면도 있다. "전에도 이런 방식으로 이야기를 나누었지만, 어머니가 원하는 대로 되지 않았습니다. 어머니는 '모든 것을 솔직하게 말해라. 나는 솔직한 대화를 원하지만, 속이는 것이 있다면 불편해질 것이다. 그러니 솔직하게 말하는 편이 낫단다.'라고 말씀하십니다."(332) 결국 스티브는 "저와 부모님의 마음에 들지 않을 이야기는 하지 않게 돼요. 부모님은 저에 대해서 속속들이 알고 싶어서 모든 이야기를 듣기 원하시지만, 실제로 모든 것을 수용할 준비는 되어있지 않아요. 결국 솔직히 털어놓으면 저만 곤경에 빠지거든요."라고 대답한다(332).

스티브는 주말에 부모님이 동의하지 않을 '어떤 일'을 한다고만 말한다. 부모님이 집을 비워 주시고 자녀들이 친구들을 불러서 마음대로 파티를 열도록 허락하는 경우도 있음을 강조한다. 그러면 그들은 술과 약을 즐기기도 한다. 친구들의 부모들은 자녀를 파티에 보낼 때에 파티가 열릴 집에 부모가 있을지의 여부도 묻지 않는다. 그러나 스티브의 부모님은 파티가 열리는 집에서 부모님이 계신지 꼭 물어보고, 파티에 참석하는 친구들이 누구인지 일일이 아시기를 원한다. 스티브는 부모님이 "아직 항문기를 벗어나지 못하고, 특히 어머니는 고등학교 때에 조금도 일탈 행위를 해 본 적이 없어서 더욱 그런 것 같다"고 말한다 (332).

그는 최근에 어머니와의 사이에서 발생하였던 '충돌'에 대해서 말한다. 그는 최근 두 주 전에 참석했던 파티 때문에 '매우 분노'한다. 왜냐하면 그때 파티를 연 집에서 부모님이 계셨는데도, 자녀와 친구들이 연 파티에 대해서 그들이 자신의 부모님과 '매우 다른 방식'으로 바라보고 있음을 알게 되었기 때문이다. 그는 "부모님이 계신 집에서 친구들이 자유롭게 놀고 술과 그 이외의 것도 즐겼습니다."라고 말한다. 그런데 스티브는 "저는 친구들이 자유롭게 즐기는 정도에 비하면 상당히 자제하였어요. 그렇다고 저보다 과감하게 즐기는 친구들이 어리석다고 생각하지 않지만, 다만 책임지기 어려운 결과가 나올 수 있지요."라고 말한다(332).

스티브는 친구들은 자신이 참석하지 않는 다소 지나치게 즐기는 파티도 열었으며, 그 파티에 대해서 부모님이 알게 되었기 때문에 파티 참석에 대해서 신경을 쓰시게 되었는데, 한편 최근에 더욱 자주 파티가 열리게 되었다고 했다. 스티브가 자신이 선택해서 부모님이 계신 집에서 열리는 파티에 참석하려고 하겠다고 말하자, 어머니는 "그래. 너도 친구들이 하는 모든 것을 즐기고 싶겠지."라고 대답하였다. 스티브는 부모님에게 긍정도 부정도 하지 않고, "네. 저도 파티를 즐기고 싶어 해요."라고 대답하였다. 그러자 어머니는 "그렇겠지. 뭐든지 다 하고 싶겠지."라고 대답하였고, 스티브는 "어머니는 찬성하시거나 반대한다는 말씀을 하지 않으셨고, 저는 참석했습니다. 아마 반대하셔도 제가 갈 것이라고 생각하셨던 것 같습니다. 저는 밤늦게 돌아왔고, 그때에 파티에 대해서 어머니도 아무 말씀을 하시지 않았습니다."라고 말한다(333).

그런데 다음 날 저녁 때에 어머니가 파티에 대해서 들었다고 하시면서 눈썹을 치켜뜨셨다. 스티브는 그런 어머니에게 짜증이 나서, "왜 그런 표정을 지으시죠?

말씀을 해 주시면 좋을 것 같은데요. 아무 말씀도 하지 않고 그런 표정을 짓는 건 안 하면 안 될까요?"라고 말하였고, 어머니는 "방금 전에 어젯 밤 파티가 상당히 난잡하였다고 들었다. 도대체 어떤 일이 있었기에 그런 말이 나온 거니?"라고 물었다. 스티브는 "먼저 '난잡한'이라는 표현을 사용하셨고, 다음으로 무슨 일인지 알고 싶다고 하셨군요."라고 다시 말하였다. 어머니는 스티브가 몹시 화가 난 것을 보시고 "솔직히 모든 일을 속속들이 알고 싶은 것은 아니지만, 어쨌든 나는 네가 거기 간 것이 기분 나쁘다. 그리고 그 집의 부모님도 무책임한 것 같고."라고 대답하였다.

스티브는 이런 어머니의 대답이 정직하지 않고, 실제로 어젯밤 파티에서 일어난 일을 자세히 알고 싶으면서도 마치 아들을 '믿는 듯이 행동해서 파티에 참석하지 못하게 하기를 원하기 때문'이라고 생각한다. 그는 며칠 전에 그동안 있었던 파티에 대해서 자세히 말하였기 때문에 어머니의 이런 태도에 매우 마음이 상했다. 그래서 이번에는 "어머니는 저를 이해해 주시려고 하지 않으시는 것 같아요."라고 말하였고, 어머니는 "내가 무엇을 이해하지 못한다고 하는 거니? 내가 이해하지 못한다고 생각되는 것을 말해 보렴."이라고 대답하였다. 그러자 스티브는 "제가 어떤 말을 하든지, 그 말로 다시 제 마음을 상하게 하실 것을 알기 때문에 말하기 싫어요."라고 대답했고, 이렇게 대화가 끝났다. 그러나 스티브는 "다음에 다시 이 일에 대해서 이야기하고 싶습니다. 부모님에게 거짓을 말하고 싶지는 않아요."라고 덧붙여 말한다(333).

한번은 친구의 엄마가 스티브에게 "이 일에 관계된 너희 어머니의 생각을 완전히 이해하지 않는단다. 다만 케네스가 부모님들이 아는 아이들 중에, 아마 너와 친하면서 담배를 피기를 원하는 친구중에 몇 명을 만나기를 원하는 것 같다는 느낌이 드는구나. 나름 괜찮은 생각이겠지. 우리는 친구의 집이나 모텔에서 열리는 파티라면 가리지 않고 무조건 참석하는 것을 신중하지 못하다고 생각해서 반대하는 거란다."라고 말했다(334). 스티브는 "그렇지만 파티에서는 부모님과 나누지 못하는 진솔한 마음을 나눌 수 있어서, 마음껏 파티에 참석할 수 있는 친구들이 부럽습니다."라고 말한다(334). 결과적으로 스티브는 어머니가 어떤 모임에도 참석하기를 원하지 않는다고 느꼈다.

그는 어머니는 자신보다 "더욱 감정적이고", 자신이 "더욱 논리적이며", 자신의 논리가 어머니에 의해서 무시되었기 때문에 해결되지 못한 "감정의 응어리"를 가지고 있다고 생각한다고 말하였다(334). 보통 어머니와의 대화에서 그는 어머니의 반응에 대해서 "분명히 제가 이겼습니다. 어머니의 논리는 조금도 성립될 여지가 없습니다."라는 결론을 맺었다. 반면에 어머니는 "네 말은 신경 쓸 필요가 없지. 내가 엄마니까 무조건 이긴 거야."라고 대답을 하곤 한다. 그는 "결국 실제로 제가 이긴 건 아니라는 거죠."라고 결론을 맺는다(334).

스티브는 "결국 제가 이긴 건 아니라는 거죠."라는 말을 하는데, 이 말은 부모와 자녀의 사이에서 발생하는 작은 전투, 순간의 승리 또는 패배 그리고 자녀에게 작은 승리의 경험의 필요에 대한 에릭슨의 관점을 연상시킨다(1959, 65; 1964a, 119). 따라서 스티브가 부모님, 특히 어머니와의 관계에서 겪은 '정면 대결'은 자율성 대 수치심 그리고 의심의 갈등의 관점에 비추어서 이해할 수 있다.

앞에서 살펴본 대로, 자율성의 기본적 의미는 타인에 의해서 통제되지 않고, 독립적으로 행사할 수 있는 자기통제와 기능이라는 두 요소이다. 스티브는 자신의 신뢰성이라는 주제 하에 자기통제에 대한 의견을 제시한다. 이전에 그는 자신이 참석하는 파티에서 어떤 일이 일어나는지 어머니가 알고 있다고 생각하였고, 비록 어머니가 분명히 원하지 않으면서도 자신이 파티에 참석하도록 허락하는 것은 어머니가 '아들이 스스로 행동을 통제할 수 있어서 어리석은 짓을 하지 않을 것이라고 믿는' 사실에 근거하고 있다고 생각하였다. 그러나 테이블에서의 토론은 그를 "그때에 어머니가 사실은 저를 신뢰하지 않고, 파티에서 일어난 일을 알지 못한다는 사실이 드러났습니다."라는 다른 결론을 얻도록 이끌었다(333). 그이후로 그는 자신이 자기통제의 능력을 가지고 있지만, 어머니가 자신의 능력을 믿지 못하고 있음을 알게 되었다고 생각한다.

왜 그는 어머니가 자신이 참석한 파티에서 일어나는 일을 알지 못하고 있다고 추측하게 되었는가? 한 가지 근거는 그가 "어머니는 고등학교를 다닐 때에 이런 종류의 파티에 가본 적이 없다고 하셨어요."라고 말하듯이 어머니가 학창 시절에 어떠한 파티에도 참석한 경험이 없다는 사실 때문이다(332). 그는 어머니가 마치 고대어를 발음하듯이 '짜릿한(racy)'이라는 단어를 감정 없이 말하는 태도를 보고 어머니가 파티에 대해서 아는 것이 없다는 결론을 과감하게 내리게 되었다. 그의 말은 나름대로 일리가 있다. '짜릿한'이라는 단어는 "예상 밖에 일어나는 사건, 감추어져 있는, 야하다는 느낌(짜릿한 소설)"과 같은 의미를 가지고 있다(Agnes 2001, 1181). 다른 한편으로 그는 사실 어머니가 그 단어의 의미를 알고 있으면서도, 잘 모르는 듯한 표정을 보이며, 다소 가식적인 태도를 취하는 것일지도 모른다고 생각한다. 그 이유는 예전에 그가 파티에서 어떤 일이 일어나는지 부모님에게 설명하고, 자신도 그런 일을 경험했다고 말했다가 "크게 혼이 난 일"이 있기 때문이다(333). "정말 솔직하게 털어 놓을 수 있었으면 좋겠어요. 부모님께 거짓말하고 싶지는 않아요."라고 덧붙여 말하였다(333).

다른 말로 표현하면, 그는 '해도 되는 행동'과 '어리석은 행동'을 분별할 수 있기 때문에 파티에서도 자제할 능력이 있어서, 다른 친구들이 '어리석은 행동'을 하게 되어도 그런 행동에 동참하지 않을 수 있다고 믿는다. 아직 성인이 아니기 때문에 적절하게 행동할 필요가 있다고 생각한다. 그러나 어머니는 그가 '어리석은 행동'인지 아닌지 분별하지 못하기 때문에 파티에서 벌어지는 모든 일들의 영향을 받게 될 것이라고 걱정을 하고 있다. 어머니는 아들이 스스로 자제력을 가지고 있다고 믿고 있음을 알고 인정한다고 말하면서도 실제로 아들이 자제력을 행사하지 못할 것이라고 생각한다.

따라서 그의 이야기를 들어 보면, 그의 어머니는 아들이 자제력을 가지고 있다고 겉으로는 인정하는 듯하면서도 실제로는 자제력을 발휘하지 못할 것이라고 생각하는 이중적 태도를 보이고 있다. 그래서 "너는 파티에 참석하면 안 돼(비록 부모가 있는 집에서 파티를 열어도 부모가 일일이 벌어지는 일을 알 수 없기 때문에)"라고 무조건 고집을 피운다. 그리고 어머니는 반대하는 이유에 대해서 아들에게 솔직하게 털어놓고 대화하려고 하지 않기 때문에 이 이야기를 읽는 독자들도 어머니가 아들이 파티에 참석하는 이유에 대해서 충분히 설득시켰다고 생각하기 어렵고, 마치 모든 파티에서 '어리석은 행동'을 할 가능성이 높다고 생각하는 듯한 인상을 준다. 어머니는 아들에게 자제력을 발휘할 수 있음을 일깨우고 기회를 주지 않으려 하기 때문이다.

어머니는 스티브에게 브라이언의 부모가 집에 있어서야만 하고 "맞아. 무조건 부모가 집에 있어야지."라는 타협의 여지가 없는 반응을 보이고, 스티브가 표현한 대로 어머니의 '갈색 눈썹을 치뜨는' 모습은 스티브를 파티에 참석하게 하지 않겠다는 굳은 의지의 간접적 표현으로 보였다.

스티브와 어머니가 갈등을 겪는 이런 주제는 '타인의 통제 없이 독립적으로 기능하는'이라는 자율성의 두 번째 정의와 관련된다. 스티브는 "나도 브라이언의 파티에 대해서 들었어."라는 어머니의 말을 들었고, 눈썹을 치켜뜨면서 진솔하게 대화를 나누려고 하지 않는 상황을 경험하였다. 그는 "어머니가 정말 하고 싶은 말씀은 무엇인가요? 마음속의 생각을 솔직하게 말씀해 주세요."라고 물었고, 이런 그의 질문은 어머니로 하여금 아들의 또래들이 여는 파티는 전부 '난장판'이라고 표현하게 하였다. 이 표현은 마치 아들과 친구들은 파티에서 부적절한 행동을 하고 있다고 생각하고 있음을 의미하였다. 여기에서 어머니가 처한 모순(paradox)을 알 수 있다. 그 이유는 어머니는 파티에 대해서 이야기를 들어서 '일어난 일'을 들었다고 말하면서 실제로는 파티에서 어떤 일이 있었는지 정확히 모르기 때문이다. 그래서 아들은 어머니가 정말 파티에 대해서 정확히 알고 있는지 의문을 제기하게 되었다.

이런 어머니의 태도에 대해서, 나는 실제로 그녀가 고등학교 시절에 '이런 파티를 참석한 경험'이 없어서 그 또래의 파티에 대해서 알지 못하면서 아들과 친구들이 여는 파티에 대해서 상상에 기반을 두고 '난장판'이라고 말한 태도와 관련된 문제를 제기하고 싶다. 어떤 의미에서 어머니는 아들의 학창생활을 마치 자신의 것인 것처럼 대리 경험을 하면서, 한편으로는 도덕적으로 조금도 흠 잡을 수 없었던 자신에 대해서 자부심을 느끼면서도 다른 한편으로는 아들의 친구들처럼 다소 일탈적인 행동에 참여하고 싶은 무의식의 욕구를 느끼는 이중적 (ambiguous) 태도를 보이고 있다고 생각된다.

마지막 분석에서, 에릭슨의 독립 대 통제 문제는 '평등하지 않은 의지들 사이의 게릴라전'이라는 표현 또는 비유와 관련해서 볼 때에 스티브와 어머니 사이의 말싸움에서 스티브는 어머니가 "내가 네 엄마니까, 엄마가 시키는 대로 이번 게임에서 너는 무조건 져야 한다."고 말하며 카드 게임을 하는 듯이 느껴진다(1959, 66). 따라서 스티브의 입장에서는 어머니가 누가 이기고 패할지를 선포할 권력을 가지고 있기 때문에 자신이 말싸움에서 어머니를 이길 수 없다고 생각하게 된다. 한마디로 스티브는 '어머니와의 대화'에서 좌절감을 느끼고 있다. 바로 둘의 갈등은 통제의 주제와 관련되며, 어머니는 어떤 경우에도 통제력의 행사를 포기하지를 원하지 않는 것처럼 보인다. 그러나 실제로 스티브가 파티에 가게 되면 부모는 아들에 대한 통제력을 잃는 결과를 맞이하게 된다. 그러면 어머니는 아들이 '어리석은 행동'을 하지 않을 것이라고 믿지 못하기 때문에 다시 아들의 행동에 대해 통제력을 행사하기 위해서 말싸움으로 아들을 패배시키려고 시도하게 될 가능성이 높아진다.

따라서 독립 추구와 통제 간 갈등의 중심에서 언어의 사용이 뚜렷하게 눈에 띄게 되는 생의 두 번째 단계에서 자율성 대 수치심과 의심 갈등을 재배치 할 때에 중요한 변화가 일어난다. 물론 초기 아동기에 자녀는 언어를 습득하고 부모의 요구에 대해 언어를 사용해서 반대 의사를 표현하게 되는 경향을 보인다. 그러나 스티브는 말싸움에 참여할 수 있는 적절한 방법이 있다고 믿기 때문에 자신의 입장을 논리적으로 이해시키려고 노력해야 하며, 논리가 감정보다 중시되어야 한다고 생각한다. 다른 한편으로, 스티브는 자신이 감정적이 될 수 있기 때문에 반드시 일관적인 논리를 보이기는 어려움을 인정한다.

결과적으로 이 이야기의 언어를 사용한 대결에는 에릭슨이 생의 두 번째 단계에서 아동이 겪게 되는 내적 분열이 반영된다. 의지의 미덕에 대한 논의의 마지막 단락에서, 에릭슨은 생의 첫 단계에서 자녀를 자신의 것으로 인식하며 만족해 하는 어머니의 이미지를 반영하는 아동의 자기 이미지와 함께 제시되는 사랑스러운 "이상적(양가적이기 이전의) 어머니의 이미지"를 강조하는 데에 반해서, 생의 두 번째 단계는 "양가적으로 사랑받는 자기"에 반응하는 "통제하는 부모의 양가적으로 사랑받는 자기"를 소개한다(1964a, 120). 여기에서부터 "유능함과 무능함, 사랑스러움과 분노, 통합되거나 모순적인 자기가 내면에 자리를 잡게 된다"(120). 스티브는 나름대로 논리를 가지고 있다고 주장할 수 있지만, 그의 논리적 자기와 감정적 자기는 조화를 이루지 못하고, 어머니와의 언어적 대결은 이 두 가지의 분열을 반영한다.

그러나 뚜렷하게 드러난 그의 갈등이 어머니-아들 관계를 둘러싼 사례에 집중되기 때문에, 자율성 대 수치심과 의심 갈등은 분명하게 드러나지 않는 다양한 관계를 포함한다. 예를 들어서, 스티브와 어머니는 파티에 가는 것보다 데이트에 대해서 이야기를 하고 있었다. 예를 들어서, 폴락의 『진짜 소년의 목소리』에서 한 소년이 "어머니와의 관계에서 힘든 시간을 보낼" 때에 "그를 위로해 준" 소녀에 대해서 말한다(263). 그러나 스티브의 이야기에서 그는 파티와 관련해서 친구들의 부모님에 대해서 언급하였고, 이런 사실이 수치심의 주제를 이끈다. 스티브는 그가 참여하였던 파티를 연 친구들의 부모님에 대한 언급으로 어머니와의 '대결'을 시작한다. 즉, 친구들이 파티를 열 때에 그들의 부모님이 집에 계셨지만 "파티에 대해서 부정적으로 보지 않는 분들"이었기 때문에, 스티브도 친구들이 "상당히 책임감 있게 행동했다"고 느꼈다(332). 따라서 그는 친구들의 부모님이 "파티에 주의를 기울이지 않고 무책임하다"는 어머니의 언급에 도전할 이유를 가지고 있지 않다(333). 친구 부모님들의 무책임과 관련해서 스티브와 그의 어머니는 의견이 일치한다. 다만 책임감 있는 부모는 자녀들이 파티에서 어떤 행동을 하도록 허락할지와 관련해서 의견 차이를 보이고 있다.

　여기에서 스티브는 가장 친한 친구 케네스의 부모님이 제안한 "학교 과제를 충실히 하고 남은 시간도 유용하게 활용"하는 대신에 "많은 자유"를 허락하면서, "스스로 자유를 잘 사용할 것"을 강조하는 접근법을 찬성한다(333). 사실 케네스의 어머니는 스티브에게 "나로서는 너희가 개인적으로 자유롭게 선택하는 것과 관련해서 네 엄마의 입장을 전적으로 이해하지 않는단다."라고 말해서, 자녀들의 생활과 관련해서 그의 어머니만큼 제약적(스티브는 '항문기적'이라고 부름)이지 않다고 말하였다. 케네스의 어머니는 자녀들에 대해서 알고 싶은 것이 있으면서도 자녀들이 시시콜콜 이야기하지 않는 상황도 동시에 수용한다고 말한다. 케네스의 어머니는 자녀와 이런 관계를 유지하는 것이 자녀가 말하기 싫은데도 강압을 느껴서 마지못해 "친구 누구의 집에서 파티를 열어요." 또는 "어떤 호텔 6호실에서 파티가 열립니다."라고 말하는 부담을 주는 것보다 낫다고 생각한다고 말한다(334).

　그러나 이런 케네스 어머니의 태도가 스티브 어머니와 구체적으로 어떤 점이 다른가? 케네스의 어머니도 역시 스티브의 어머니처럼 부모님이 없는 장소에서 자녀들이 파티를 여는 것에 대해서 찬성하지 않는 듯 보인다. 만약 케네스의 어머니가 "네 엄마의 입장을 전적으로 이해하지 않는단다."라고 시작하지 않았다면, 자녀가 말하기 싫어하는 일에 대해서 알고 싶어 하는 두 어머니의 입장 차이가 거의 없을 것이라고 생각할 수 있다(스티브의 어머니도 물론 자녀가 무언가 말하지 않는 것을 용납하기 싫었지만, 스티브가 원하지 않는데도 시시콜콜하게 어머니에게 보고하고 싶어하지 않음을 알 수 있었다).

　그럼에도 불구하고 스티브는 어머니와의 대결에서 '이해한다'라는 단어(케네스의 어머니도 스티브 어머니의 입장에 대해서 동일하게 표현함)를 사용하였다. 그러나 스티브의 어머니는 스티브에게 "어머, 너는 정말 엄마를 정말 이해하지 않는구나."라고 반응하였다. 그러자 스티브는 "제가 무엇을 이해하지 않는다는 건가요? 말씀을 해 주세요!"라고 말하였는데, 그는 이런 어머니와의 상황에 대해서 수치심을 느꼈다고 언급하였다. 이런 상황에서 수치심을 느꼈다는 표현은 다소 지나칠 수 있지만, 스티브로서는 다른 사람도 아니고 바로 자신의 어머니가 자신의 마음을 헤아려 주지 못하였기 때문에 고통스러워서 그런 표현을 하게 된 것으로 생각한다. 좀 더 구체적으로 스티브는 자신의 행동, 능력 등에 대해서가 아니라 어머니의 말과 태도 때문에 그런 감정을 느끼게 되었다고 호소하고 있다. 앞에서 수치심의 사전적 정의에 대해서 살펴본 대로, 인간은 '자신과 가까운 관계에 있는 이'의 적절하지 않은 행동이나 무능력 때문에 존경심을 잃게 될 수 있다. 헬렌 머렐 린드(Helen Merrell Lynd)가 수치심에 대한 고전적 수업에서 언급한 대로, "타인에 대해서 느끼는 수치심의 충격은 자신에 대한 수치심보다 내면 깊은 곳에 도달한다"고 말할 수 있다(56).

스티브가 수치심을 느낀 또 다른 이유는 어머니가 "브라이언의 파티에 대해서 이야기를 들었다."라고 한 데서 알 수 있듯이 자신의 방식으로 파티에서 일어난 일을 알아보았다는 데에 있다. 이 말을 들으면서 스티브는 자연스럽게 어머니가 어떤 일을 알고 있는지 궁금하게 되었으며, 그 과정에서 어머니가 친구가 당황할 만한 어떤 말이나 행동을 하시지 않았는지 걱정하게 되었다. 그리고 스티브는 케네스의 어머니가 파티에 대해서 크게 걱정하지 않듯이, 솔직히 자신의 어머니도 파티에 대해서 별로 걱정하지 않으면서 마치 매우 큰 고민을 하고 있는 것처럼 위장하는 듯이 행동한다고 생각하게 되었다.

또한 스티브는 어머니가 자신을 대할 때에 어떤 일정한 원칙이 없다고 인식하게 되어서 역시 수치심을 느끼게 되었다. 어머니는 고등학교 시절에 어떤 파티에도 참석하지 않았다고 말하면서, 파티에 대해서 '난장판'이라는 표현을 사용하였다. 스티브는 이런 어머니의 행동에 대해서 받아들이기 어렵다고 말하며, 어머니가 그런 태도로 자신을 대하기 때문에 수치심을 느꼈다. 다시 말해서, 스티브는 다른 친구들이 자신의 어머니에 대해서 내린 평가 때문이 아니라 자신이 어머니에 대해서 스스로 내린 결론에 의해서 수치심을 느끼게 되었다. 스티브는 파티가 적절하든 그렇지 않든 간에 어쨌든 어머니는 파티에 대해서 제대로 알고 있지 않다고 생각하게 되었다. 반면에 케네스의 어머니는 최근 청소년들의 기호와 스타일을 잘 이해하는 것 같으니 자신의 어머니는 시대 감각이 뒤떨어진다고 생각되어서 자신과 어머니에 대해서 수치심을 느끼게 되었다.

그러나 이런 경향은 다른 관련된 문제를 일으킨다. 여기에서 다시 스티브는 자기의심의 의식에서 의심을 경험하지 않는다(적어도 파티에 참석하는 문제와 관련해서). 그는 두 주 전에 친구들이 파티에서 술 등을 마셨던 '어리석은 행동'을 하지 않을 것이라고 신뢰받고 있음을 안다. 사실 스티브는 자신이 믿을 수 있는 존재임을 알기 때문에 부모님도 그런 아들을 믿어 주어야 한다고 생각한다.

오히려 그의 의심은 어머니의 생각하는 방식과 감정을 표현하는 방식과 관련되어 있다. 이 짧은 이야기 속에서도 어머니의 말 속에는 다분히 모호함과 이중적 태도가 보여서 아들이 어머니를 신뢰하지 않는다. 아들은 어머니가 마음을 솔직히 털어놓고 논리적이고 합리적으로 대화를 하기 원한다. 그러나 어머니는 무언가 암시하는 태도(눈썹을 치켜뜨기)를 보이고, 과장의 표현("우리 집에서 그런 일이 발생했다면 넌 무사하지 못했을 거야." 또는 "어디서 그런 행동을 하면 가만두지 않을 테야.")을 사용한다. 아들은 "그 집에서는 우리 부모님에게서 느낄 수 없었던 진솔함을 느껴서 부러웠습니다."라고 말하면서 케네스의 어머니와 자신의 어머니를 비교한다(334).

그의 어머니가 암시하고, 이중적인 태도를 보이는 이유는 통제 욕구 때문임을 비교적 쉽게 알 수 있다. 특히 아들은 자신이 감정적으로 분노하는 행동을 할 것이 염려가 되는데, 어머니가 '양가적인 사랑'을 보이고 있다고 생각하기 때문이다. 앞에서 알 수 있듯이, 그는 논리적인 태도로 대화를 나누고 싶은데 어머니는 감정적으로 행동하도록 이끄는 경향이 있어서, 어머니와 대화할 때에 그는 '감정적 응어리'가 치솟는 듯이 느껴지곤 한다. 따라서 어머니와의 대화에서 감정적 반응에 비해서 논리적 태도가 빈약해진다. 결과적으로 그는 눈썹을 치켜뜨고, 과장된 언어 표현을 하는 어머니와의 대결에서 '감정적 응어리'를 느끼며, 대화를 시작한 것을 후회하곤 한다.

이 사례와 관련해서 에릭슨은 부모가 자녀로 하여금 자연스럽게 자율성을 발달시키도록 돕기 위해서 어떤 조언을 할 것인가? 아마도 그는 자녀는 부모가 그들의 삶에서 '위엄과 독립적 인격의 인식'을 보여 줌으로써 자녀가 자율성의 인식을 발전시키도록 도울 수 있다고 말할 것이다. 그러나 지금까지 살펴본 짧은 이야기에서 스티브의 어머니는 나름대로 위엄과 독립된 인격을 가지고 있다고 말할 수 있다. 그러나 아들의 파티 참여 문제와 관련해서는 그런 태도로 아들을 대하지 못하였다. 스티브는 파티 참여 이외의 다른 문제에서 "부모님과 좋은 관계"를 유지하고 있다고 말한다(332). 만약 어머니가 아들이 어머니와의 좋은 관계를 신뢰하고 있음을 정확히 인식하게 되고 아들이 스스로 품행을 절제할 수 있음을 믿게 된다면, 스티브와의 대화가 대결과 같은 양상으로 흐르도록 이끄는 태도를 취하지 않게 될 것이다.

마지막 분석에서 부모와 아들의 관계는 승자와 패자의 관계로 전락될 필요가 없다. 스티브가 두 주 전에 열렸던 파티에 대해서 그 집의 부모가 좀 더 신경을 썼어야 했고 그런 점에서 다소 무책임한 면이 있었다는 어머니의 관점을 수용한다는 사실이 두 사람에게 충분히 서로 이해하는 대화가 가능할 수 있음을 암시한다. 따라서 스티브의 어머니는 친구들이 했던 행동을 자제하였던 스티브가 비난을 받는다고 느껴서 자신을 방어하는 입장을 취하도록 강요할 필요가 없었다. 다시 말해서, 어머니와 아들이 공유하는 관점에 근거해서 스티브 스스로 지나친 행동을 하게 될 가능성이 높은 브라이언의 집에서 열리는 파티에 참여하지 않게

끔 선택하도록 이끌 수 있다. 그렇게 함으로써 어머니는 아들이 의지를 가지고 자유롭게 선택하고 자기절제를 실천하면서 여전히 부모님과 "상호 의지를 존중하는 좋은 관계"를 유지할 수 있음을 인식하도록 도울 수 있다(1994a, 119).

이 이야기의 서두에서 스티브의 "저는 이길 수 없어요."라는 탄식은 자율성 대 수치심과 의심 갈등이 이야기의 이면에 깔려 있음을 보여 주었다고 생각한다. 그리고 스티브가 케네스 부모님이 그들의 자녀를 대하는 방식에 대해서 묘사할 때 사용한 '자유'라는 표현은 그가 삶 속에서 자율성의 의미를 경험하지 못하고 있음을 암시한다.

◎ 마가릿: "누가 웃지 않고 쳐다만 보아도 수치심을 느끼며 머리 숙이게 돼요"

스티브의 자율성 대 수치심과 의심 갈등은 파티 참석의 여부에 초점이 맞추어졌는데, 이번 사례에서는 그것이 원하지 않는 임신과 관련된다. 그런데 파티의 참석 여부가 임신이라는 주제에 비해서 별로 중요하지 않다는 관점으로 두 이야기를 비교할 필요는 없다. 그 이유는 생의 두 번째 단계에서 각 개인은 각자 자신만의 경험에서 자율성 대 수치심과 의심 갈등을 겪게 되기 때문이다.

『잊고 싶다(Wanting to Forget)』(1996)에서 마가릿 무어맨(Margaret Moorman)은 버지니아주 알링턴에서 성장하였는데, 15세에 임신을 하게 되고 출산 후에 아들을 입양 보냈던 사연을 이야기한다. 그녀는 40세가 되어서 딸을 출산한 직후에 첫 출산한 아들의 양육을 포기한 것처럼 두 번째로 출산한 딸의 양육도 포기하게 될 것처럼 느껴져 극심한 불안을 겪게 되면서 이 이야기를 기록하게 되었다. 15세 때에 그녀의 임신은 언니가 18개월 동안 정신병원에 입원했다가 집으로 돌아오고, 또 첫해가 시작되기 전날 밤에 갑자기 아버지가 돌아가신 몇 개월 후에 일어났다. 아버지가 심장마비를 일으켰을 때에 어머니와 언니도 함께 집에 있었지만, 마가릿이 전화를 걸어서 구급차를 불렀고, 구급차가 오기까지 아버지가 숨을 거두는 순간을 지켜보았기 때문에 그때의 자신을 '강한 자'였다고 회상한다.

한편 그녀가 13세에 8학년이 되었을 때에 어머니는 사우스버지니아에서 휴가를 보낼 때 만났던 남자 대학생과의 교제를 적극 권장하였다. 수십 년이 흘러서 주디 블룸(Judy Blume)의 사춘기 직전기에 대한 책이 인기를 얻게 되었을 때에, 그녀의 어머니는 딸에게도 "남자 대학생과 밀회를 즐기고, 그를 옆에 두기 위해서 딸과 데이트를 허락하였던 어머니"에 대해서 책을 쓸 것을 제안하였다(25).

마가릿은 9학년이 되었을 때에 또래의 남학생을 사귀게 되었고, 파티에서 키스를 나누었지만, 그는 이전 남자 친구가 했던 '요구들' 중에 어떤 것도 원하지 않아 그녀는 "성관계의 압박에서 벗어나서 안도감"을 느꼈다(26). 그러나 사귄 지 얼마 지나지 않아서 헤어졌다. 그녀는 깊은 상실감을 느껴서 어느 춥고 외로운 밤에 옷장에서 면도칼을 꺼내서 왼쪽 손목을 살짝 그었다. 이후 부모에게 자해 사실을 알렸고, 근처 병원의 응급실로 옮겨졌다. 하지만 아무도 왜 그런 일을 벌였는지 묻지 않았고, 다만 어머니는 언니를 돌보아 주었던 정신과 의사를 만날 것을 권유하였다. 그녀는 잠시 생각한 이후에 어머니의 제안을 거절하였고, 자신이 언니처럼 되는 것과 정신을 똑바로 차리는 것 둘 중 하나를 선택해야만 한다고 생각하였다.

그녀는 아버지가 돌아가신 이후에 교회에서 만난 댄이라는 소년과 사귀기 시작하였고, 마음속 깊이 자리 잡고 있는 슬픔이 자신을 사로잡지 않게 하기 위해서, "부지런히 움직여서 마음속의 고통을 떨쳐내도록" 분주하게 살아야 한다고 생각했다(29). 이런 이유로 차의 뒷자석에서 댄과 수없이 목을 껴안고 애무를 하였으며, 4월에는 성관계를 갖기로 결심하고 멋진 첫날밤을 계획하였다. 그녀는 생리 주기를 점검해서 임신의 위험이 없는 날을 택하였지만, 나중에 자신의 계산에 착오가 있음을 알게 되었다. 한편, 댄은 레스토랑의 남자 화장실에 들러서 콘돔을 구입할 생각을 하였지만, 숲으로 떠나려고 차를 타면서 화장실에 콘돔을 파는 '기계'가 없었다고 말하였다.

그리고 마가릿은 자신이 7월경에 임신하였음을 알게 되었다. 그리고 임신을 하게 되어서 맨 앞의 성가대석에 앉는 것이 곤란할 수 있다고 생각되었고, 더 이상 성가대 봉사를 할 수 없어서 아동기 때부터 그때까지 다녔던 교회에 나가지 않아야 된다고 생각하게 되었다. "그때까지 연약하지만 믿음을 가지고 교회 봉사를 이어 나갔지만, 그 조그마한 믿음조차 포기하고 낙오자가 되기 시작하였습니다."(39)

7월중에 몇 번 마가릿과 댄은 어머니에게 결혼할 생각이라고 말하고 마침내 출산을 하게 되었다. 그때 어머니는 "어떻게 나에게 이런 짓을 하니? 제정신이니?"라고 분노를 폭발시키는 반응을 보였다(39). 그런데 4월경에 임신 사실을 알렸을 때에 어머니는 "세상에, 이젠 낙태를 하기에 너무 늦었구나. 왜 좀 더 일찍 말하지 않았니?"라고 말하였고, 그다음 날 마가릿의 어머니와 댄의 아버지가 번갈아 가면서 그들을 비난하고 훈계해서 굴욕으로 얼룩진 하루를 보내게 되었다. 다만 댄의 어머니는 어느 정도 위로를 해 주었다. "세 분의 부모님 중에서 댄의 어머니가 제가 어떻게 해야 할지 알려 주셨어요. 그때 저는 누가 엄한 표정으로 바라만 보아도 수치심을 느끼며 머리를 숙일 정도였습니다. 그러나 그분은 저를 그런 표정을 바라보지 않으셨고, 남편분이 저희에게 경멸하는 듯한 표정으로 '아이는 어떻게 키울 생각이지?'라고 물으셨을 때에 댄의 어머니도 저와 마찬가지로 무기력한 표정을 지었습니다."(40)

그 다음에 일어난 일련의 조치는 마가릿의 어머니와 댄의 아버지에 의해서 철저히 계획되고 실행되었다. 댄은 마가릿이 고등학교를 졸업하면 결혼식을 올리겠다고 약속을 하고 입대하고 2년간 떠나게 되었다. 그러나 그녀는 "무의식적으로 다른 계획을 생각하고 있었다"(60). 그녀는 자신의 어머니와 댄의 아버지가 원하는 대로 아이를 포기하고 입양시키기로 결심하였고, 그 지역에서 수준이 높기로 알려진 알링턴 고등학교에서 가르치기 위해서 남부 대학을 졸업한 젊은 여성들을 위한 사옥에서 출산 때까지 지내다가 사내아이를 출산하고는 입양 절차를 밟아 입양 시킨 후에 다시 학교로 돌아왔다.

그러나 학교에 돌아온 이후에 "친구들과 관계가 단절되었습니다."라고 마가릿은 말하였다. 또한 "저는 이미 아버지가 돌아가시기 전으로 그리고 임신 이전으로 돌아갈 수 없었습니다. 또한 마음속으로 원하였지만 친구들과의 이전 관계를 회복할 수 없었고 교회 성가대 활동도 할 수 없었습니다. 더 이상 열심히 공부하면서 지역 공동체에 봉사에 참여하였던 '착한 소녀'가 아니었습니다. 미래에 대한 꿈을 꾸면서 하루 하루 기대를 안고 살아가던 소녀가 아니었습니다. 이런 사실을 깨달으면서 제 마음은 산산조각 났습니다."라고 말했다(81). 어떤 선생님은 그녀를 "똑바로 쳐다보지도" 않았으나 한 여선생님은 예전과 동일하게 그녀를 대하여 주었다. 선생님은 영어를 가르치시는 셸톤 선생님이었는데, 그녀의 손을 잡아 주시고는 학교로 돌아와 주어서 기쁘다고 말하였다. 그녀는 마치 크게 힘들지 않게 학교생활을 하는 듯이 느꼈다. 다음 학기에 너새니얼 호손 (Nathaniel Hawthorne)의 『주홍글씨(Scarlet Letter)』를 배우게 되었는데, 셸톤 선생님은 자상하게 그녀에게 다음 작품을 배울 때까지 수업에 들어오지 않을 것을 권유하셨다.

이듬해 봄이 되면서 남자 친구가 치어리더 활동을 주선해 주면서 그녀의 마음은 많이 안정되었고, 한 주간의 실습을 거친 후에 여러 명의 치어리더 코치가 그녀가 입단 테스트를 받도록 추천하였다. 테스트를 받을 때에 체육관 한편의 긴 테이블에 5명의 선생님 판정팀이 앉아서 그녀를 호명하였으며, 그녀는 "테스트 시연"을 실시하였다(81). 그녀는 연습할 때에 미소를 지으면서 다른 소녀들과 함께 '웃음을 지어내는 동작'을 능숙하게 연출하였는데, 막상 테스트를 받을 때에 안면근육이 굳어져서 미소를 지을 수 없었다. "그때 판정을 맡으신 선생님들이 매우 불편한 표정으로 저를 보셨는데, 저는 비록 힘껏 동작을 하며 소리를 지르지만 결국 매우 부자연스러운 표정을 보이는 한 10대 소녀임을 인식하게 되었습니다."(81) 그때 그녀는 겉으로 행복해 보이듯 행동하였지만, 그런 자신의 태도가 매우 위선적이었음을 깨닫게 되었다. "저는 스스로 한심하다는 생각을 하게 되었습니다. 자기 자신을 존중하지 않으면서 어떤 일을 해야 하는 뚜렷한 목적을 찾을 수 없음을 깨닫게 되었습니다."(82)

　이제 어느덧 마가릿은 40대가 되었고, 그녀의 아들에 대해서 살필 수 있는 심리적 여유를 갖게 되었다. 그녀는 아들에게 관심의 편지를 보냈고, 아들은 자신의 일을 잘 감당하고 있으며, 다만 "어머니가 지나치게 걱정하게 될 수 있기 때문에" 당분간 만남은 자제하겠다는 내용의 답장을 보냈다(214). 그녀는 아들의 편지를 읽고 한편으로 안도하면서도, 손에서 놓지 못하고 읽고 또 읽었고, 그 내용을 반복해서 말하곤 하였다. 남편은 그런 아내의 태도가 안정적임을 보고 "그러다가 편지가 닳아 없어지겠네."라고 말하였다(214). 그녀는 다시 대학에 복학하였지만 여러 과목을 수강하는 것이 힘들어서 주로 정신보건에 관련 과목의 수강에 집중하였다. 당시에 그녀의 언니는 양극성장애로 진단받게 되었다(Moorman, 1992). 마침내 그녀의 이야기는 감사로 끝맺는다. "요즘 저는 매일 밤 오랫동안 하고 싶었던 '주님, 베풀어주신 모든 은혜에 감사드립니다. 딸과 아들의 삶을 이끌어주셔서 감사드립니다.'라는 감사의 기도를 드리며 잠자리에 듭니다."(214)

　이 이야기는 수치심과 의심의 경험 속에서 힘겹게 자율성이 발전하게 된 개인의 사연을 잘 소개한다. 마가릿의 수치심과 상실된 자기존중감은 옛 친구과 대부분의 선생님과의 관계가 끊어지면서 대인 관계가 극적으로 변화되었다. 더욱 중요한 것은 그녀 스스로 자신이 고등학교의 윤리적 기준을 지킬 수 없었다는 인식이었다. 이와 비슷하게, 수치심의 뒤꿈치에 자리 잡고 있는 종교적 의심은 그녀로 하여금 교회와 자신이 성장하고 댄과 만났던 공동체를 떠나게 하였다.

　그러나 그녀가 성장할 때 가지고 있었던 신앙에 대한 불신보다 더욱 깊었던 것은 그녀 자신에 대한 의심이었다. 이 의심은 자신이 '강한 자'라는 자기인식을 감싸고 있던 자율성에 대한 확신의 상실을 반영하였다. 그녀의 아버지가 돌아가셨던 밤에 일어난 일을 근거로 살펴볼 때에, 그녀는 그 자리에 어머니와 언니가 있었지만 그들에게는 강하고 결정적 순간에 감정을 통제하면서 필요한 일을 과감히 실행하는 누군가가 필요하였음을 깨달았다. 그녀가 댄과 사귈 때에 자신이 상황을 통제할 수 있어서, 자신과 댄이 충동적이지 않고 신중한 태도로 성관계를 맺어서 임신을 예방할 수 있을 것이라고 믿었다. 그러나 그녀는 배란기에 대한 계산 착오로 임신을 하게 되면서 스스로를 통제할 수 있는 능력이 빈약함을 깨닫게 되었다. 이 실수의 경험이 자기의심을 갖도록 이끌었다.

그러나 이후의 상당한 기간 동안 고통을 인내하며, 꾸준한 노력을 통하여 마가릿의 자율성이 새롭게 발전하였으며, 이 이야기를 읽는 이들도 상실된 듯 보이는 자율성도 삶의 경험 속에서 서서히 회복될 수 있음을 함께 관찰하게 된다. 자율성에 대한 이 이야기는 인간의 자율성이 외적 힘에 스스로 종속하며 내맡기는 데에서 얻을 수 있는 것이 아니라 자신의 자유를 제한하고 어떤 행동을 선택하며 스스로 운명에 맞서려는 노력을 통하여 얻어질 수 있음을 일깨워 준다.

이런 관점은 에릭슨이 인간이 흔히 실패를 경험하면서도 "실존적 상황에서 어떤 사건을 통하여 낙담을 예감하는 운명 같은 것을 느끼지만 그런 운명에 거스르는 것은 가능할 것 같지 않아서 모순같이 보일 수 있어도 살아 있는 존재의 내면에서 결코 소멸되지 않는 선택의 결단을 통하여 운명을 바꾸겠다는 태도에서 자율성이 관찰될 수 있다"고 말한다(1964a, 199). 바로 마가릿의 삶에서 이런 자율성의 생명력이 발견되며, 그녀는 스스로 자율성을 키워 나가면서 어느덧 잠자리에 들면서 오랫동안 하고 싶었던 감사의 표현으로 "주님, 그동안 베풀어 주신 모든 은혜에 감사드립니다."라고 말하게 되었다.

◎ 의지적 자기

　생의 초기에 의지의 미덕이 자리를 잡는다면, 그 미덕에 대한 논의는 부모와 자녀 사이의 의지의 갈등에 초점을 두는 경향이 있다. 카를 E. 픽하르트(Carl E. Pickhardt)는 그의 저서(2005)에서 바로 이 갈등을 중심 주제로 다루는데, 부모가 '굳은 의지를 갖춘 자녀'로 키울 것을 권유한다. 그러나 그는 이 의지의 미덕과 관련된 갈등이 능동성을 갖춘 영성으로 변형될 수 있으며, "부모들이 겉보기에 스스로 능동성을 갖추었다고 생각할 수 있지만, 실제로는 그렇지 않은 경우가 많아서 자녀에게 능동성을 키우도록 이끌기 힘들 수 있다."(60)라고 말한다.

　스티브와 마가릿의 사례는 능동성의 발전이 스스로 기대하고 자발적인 영성에 따라 선택하는 행동과 밀접한 관련이 있음을 잘 설명한다. 더 나아가서 이 과정의 진행이 그리 어렵지 않다고 확신할 수 없지만, 우리의 내면에 능동성을 추구하는 경향이 내재하며, 예를 들어서 마가릿에게 따뜻한 관심을 베풀어 주고, 손을 잡아 주고, 수업 참여에 대해서 배려해 준 셸톤 선생님과 같은 이의 도움으로 그 물꼬가 트일 필요가 있다.

성인 초기, 두 번의 성장

3. 세 번째 성장, 20대
목적 지향적 자기

    20세에 접어드는 것을 '알리는' 생일 카드는 100세를 앞둔 이들을 위한 카드를 찾는 것보다 더욱 어렵다. 생일 카드를 만드는 이들이 100세에 접어드는 사람들이 20세가 되는 사람들보다 적다고 생각하기 때문이 아니라, 미국 문화에서 20세에서 21세가 되는 것을 '알리는' 것을 더욱 중시하기 때문이다. 법률에 따르면 스물한 살부터 식당이나 술집에서 술을 구입하거나 마실 수 있기 때문이다. 21세의 생일을 축하하는 어떤 생일 카드에는 "생의 스물한 번째 생일날을 집에서 보내는 사람들이 많습니다. 그들은 낙오자라고 불립니다. 집에서 나와서 기쁘게 생일을 축하하십시오!"라고 쓰여 있다.

    다른 스물한 번째 생일 축하 카드는 "당신의 친구, 가족, 직장 동료, 술집의 바텐더, 술집 가드, 경찰, 판사 등 모든 이가 당신이 21세가 되기를 고대합니다."라고 쓰여 있다. 이 문구는 21세가 되면 신중하게 행동해야 할 필요가 있음을 암시하지만, 기본적으로 술집에서 합법적으로 술을 마실 수 있음을 알려 주고 있다. 또 다른 카드는 스물한 번째 생일이 오기까지 정말 오랫동안 기다렸음을 알리며, "당신은 드디어 술집에 드나들 수 있는 어엿한 남성이 되었습니다."라는 농담이 섞인 문구가 적혀 있다.

21세가 되면서 선거권을 갖게 되었던 과거에, 확실히 투표를 할 수 있고 합법적으로 술을 구입할 수 있게 되었다는 사실은 자신의 행동에 대해서 스스로 책임을 질 수 있으며, 더 이상 부모가 대신 빚을 갚아 주지 않게 되었음을 의미한다. 이제 자유 의사에 따라 결정하고 스스로 살아갈 능력이 있다는 보장을 받게된 것이다. 그러나 오늘날은 18세부터 투표권이 주어지기 때문에 이전보다 그의미가 조금 약해졌는데, 그럼에도 불구하고 술을 구입할 수 있다는 사실은 엄연히 스스로 책임지는 어른이 되었음을 암시한다.

한편, 이 책은 삶의 기간을 10년 기준으로 강조하므로 21세에 대해서 지나치게 많이 설명하는 것은 다소 본론에서 어긋날 수 있다. 솔직히 21세가 중요한 삶의 전환점이 된다는 의미를 담은 생일 축하 카드의 문구는 전통적 지혜와 관련되기보다 이제 10대를 완전히 벗어났음을 의미하는 데에 더욱 중요성이 크다. 이런 의미에서 21세가 된다는 것은 20세에 막 접어드는 경험보다 더욱 의미가 깊은 삶의 사건이다.

에릭슨의 생애주기 이론에 따라서, 삶의 세 번째 단계에 대해서 주도권 대 죄책감의 갈등이라는 주제를 다룰 것이다. 에릭슨의 초기 도식에 따르면, 이 갈등은 학령기 이전의 놀이기(3세에서 5세 반)에 일어난다. 에릭슨이 1940년대에 생애주기 이론을 설계할 때에는 유치원이나 놀이방에 다니는 아이들이 거의 없었다. 만약 그 시대에 유치원이나 놀이방이 널리 퍼졌다면, 그런 사회적 변화를 감안하여 그의 모델을 정립하였을 것이라고 생각한다. 그러나 그의 시대에 유치원이나 놀이방 시설이 별로 없었기 때문에 그는 놀이기에서 학령기로 이어지는 아동의 경험을 강조하게 되었다. 이런 의미에서 주도권 대 죄책감의 주제를 삶의 세번째 단계에 배치하는 것이 부적절할 수 있다. 따라서 우리는 원래 주도권 대 죄책감의 주제가 놀이기에서부터 시작한다는 사실을 염두에 두면서, 이런 관점에서 스무 번째의 생일이 아니라 일 년 후에 해당되는 스물한 번째의 생일을 집에서 보내지 말고, 밖에 나가서 친구들과 함께 축하할 것을 권유하는 생일 축하 카드의 문구의 의미를 이해할 수 있다.

◎ 주도권 대 죄책감 갈등

웹스터 사전에서는 주도권(initiative)을 "첫 단계나 움직이기 시작하는 행동, 시작하거나 발생하는 반응" 그리고 "강요받지 않고 생각하거나 행동하는 능력"으로 정의한다(Agnes 2001, 735). 그리고 죄책감(guilt)은 "잘못을 저지르거나 법규를 위반한 상태" 그리고 "자신이 잘못을 저질렀다는 생각 때문에 자책하는 고통스러운 감정"이라고 정의한다(632). 여기에서 무엇이 잘못의 내용을 구성하는가? 본질적으로 "기존의 표준, 이전의 언약, 주어진 의도 등과 불일치"하는 것을 뜻한다(1653). 따라서 주도권 대 죄책감은 대부분 수동적인 관찰자가 아니라 능동적인 행위 또는 행위자에 초점을 둔다. 또한 어떤 일을 시작하거나, 일으키거나 또는 자신의 행동에 대해서 해명을 하도록 책임감을 지우는 것과 관련이 있다. 그 개인은 타인의 지시나 요구를 기다리지 않고 자신의 의지로 행동을 하였기 때문에 실수를 하거나 판단의 오류를 범하거나 의도된 결과를 성취하는 데에 실패하기 쉽다. 이런 일이 발생하면, 그 개인은 타인에게 잘못을 전가하기 어렵다. 따라서 그 개인이 자신에게 정직하면 실제로 자책감을 갖게 되는 것이 불가피하다.

에릭슨은 『아동기와 사회(Childhood and Society)』(1963)의 주도권과 죄책감에 대한 논의의 첫 문단에서 "주도권은 능동적으로 움직이기 위한 목적에서 일을 떠맡고, 계획하고, '공격적'이 되는 특성을 가지며", 전 단계의 자율성 위에 구축된다고 강조한다. 또한 그는 『정체성과 생애주기(Identity and the Life Cycle)』에서 주도권의 발달과 관련해 ① 아동이 더욱 자유롭고 강력하게 움직이면서 더 넓은 범위의 목표를 설정하는 방법을 배우기, ② 아동의 언어 감각이 사물의 이치에 대해서 제대로 이해할 수 있게 되면서, 제대로 이해하지 못하게 되면 의문을 제기할 수 있게 되기, ③ 언어와 동작의 협응이 수많은 이치에 대한 아동의 상상력을 넓히도록 허락해서, 꿈꾸고 생각했던 것 때문에 두려움을 느끼게 되는 것을 피할 수 없게 되기라는 세 가지의 강한 능력을 제시한다(75). 따라서 운동 능력, 언어 그리고 상상력은 아동의 주도권의 능력에 초점이 맞추어진다.

주도권의 감각이 발달되고 있다는 가장 중요한 증거는 "아동이 잉여 에너지를 자유롭게 사용하면서 재빨리 실수를 잊고, 심지어 위험해 보여도 주저하지 않고 목표를 향해서 한층 더 노력을 기울이면서 원하는 것에 접근한다"에서 알 수 있듯이, 아동이 '자기활동적'으로 보이는 데에 있다(75). 에릭슨은 주변을 돌아다닐 수 있는 아동의 능력을 특별히 강조한다. 약 3세를 마칠 무렵에 아동이 걸을 수 있게 되지만, "개인의 독특한 인성의 관점에서 볼 때에 잠깐 동안이라도 스스로 어떤 성과를 달성하거나 목표를 이루었다고 할 때에야" 진정 홀로 걷게 되었다고 말할 수 있다(75). 한편, 아동이 4세가 되면서 "스스로 감당할 수 있는 범위 내에서 중력을 느끼면서 걷기도 하고 뛰기도 하며, 그런 행동을 의식하지 않고 원하는 일에 몰두할 수 있게 된다"(75).

삶의 두 번째 단계에서 아동이 물건을 정돈하고 소리가 날 정도로 세게 던지는 데에 익숙하게 되면, 세 번째 단계에서 타인의 신체에 접근한다. 예를 들어 귀를 만지는 행동을 시도하게 되며, 공격적인 말로 마음을 상하게 하기도 하며, 힘을 쏟아 움직여서 타인의 공간에 침입하기도 하고, 초보적인 방식이지만 성적인 호기심을 보이기도 한다. 두 번째 단계에서 '참기' '방출하기'가 중요한 사회적 과제라면, 세 번째 단계에서는 '시도해 보기'가 경쟁, 목표를 포기하지 않기와 성취의 즐거움 등이 포함된 중요한 사회적 양식이다.

자율성에 대한 투쟁이 더 어린 경쟁자들(형제자매 등)을 물리치는 데에 초점이 맞추어지면, 주도권에 대한 투쟁은 "자신보다 앞에 있어서 자신이 주도해서 원하는 목표를 선점할 수 있는 기대되는 경쟁자라는 개념을 끄집어내는" 기능을 한다(79). 따라서 더 나이가 많은 형제자매들과의 경쟁이 더욱 분명한 형태로 드러나지만, 한쪽 부모에게 호감을 얻고 싶어서 다른 한쪽의 부모와 경쟁을 시도하게 된다.

이런 경쟁의식과 질투는 이 삶의 단계에 대해서 죄책감, 부정적 경향을 이끌어 낸다. 에릭슨은 아동이 가지게 되는 모든 주도권 성취의 시도가 반드시 적절하게 의도되지 않음을 강조한다. 심지어 어떤 의도들은 파괴적이기도 하다. 그러나 에릭슨은 아동과 상호작용을 하는 어른이 "아동기의 갈등과 염려에 대해서 배울 수" 있다면 아동의 발달에서 그런 어른들도 아이들이 "평화롭게 주도권을 형성하도록" 도울수 있음을 밝힌다(79). 또한 이 단계 동안에는 아동이 부모 목소리의 내면화에서 시작해서 스스로 발달시킨 양심이 중요한 역할을 한다.

에릭슨은『아동기와 사회』(1950)에서 양심의 발달은 아동의 심리가 "풍부한 성장 가능성을 영속시키는 유아기의 세팅과 자기관찰, 자기규제 그리고 자기처벌을 지지하고 증가시키는 영속적 세팅"으로 분열되었음을 의미함을 강조한다(255). 그는『정체성과 생애주기』(1959)에서 양심이 "개인적 감각에서 도덕성의 초석"이라고 강조한다(80). 그는 너무 느슨하고 허용적인 양심을 가진 아동이 있음을 인식하며, 특히 아동이 "전반적인 금지의 지점에서 자신을 억제하는 법을 배운" 아동들에게서 관찰되는 "양심이 원시적이고, 잔인하고, 타협이 되지 않는" 아동에 대해서 염려를 한다. 그런 아동들은 부모가 요구하는 행동을 문자 그대로 해석하는 방식을 발달시키거나 부모가 가르친 양심대로 살아가지 않는 것처럼 보이기 때문에 깊은 퇴행과 극도의 분노를 발달시키기도 한다(80).

에릭슨은 아동기의 처벌적 양심이 상당한 영향을 끼친다는 사실을 설명한다. 예를 들어서, 아동기의 자기억제는 어른이 "내면의 능력이나 상상력 그리고 감정에 부응하며 살아가는 것"을 금지할 수 있다(81). 이런 경향은 "어떤 대가를 치

르더라도 활동성을 지향하고 주도권을 행사하는 멋진 쇼로서의 삶"을 표현하려
는 보상으로 이끌 수 있다(81). 그는 자신의 개인적인 특성이 아니라 자신이 현재
하는 일 또는 앞으로 할 일의 가치를 통하여 가치를 느끼는 어른들이 많음을 강
조한다. 그들의 내면의 속박은 "심지어 휴식하는 순간에도 언제나 질주하는 엔
진과 같은 열정은 이 시기에 발생할 수 있다고 수없이 논의된 심인성 질병의 발
생에 강력하게 기억한다"(81). 여기에서 에릭슨은 40년대 또는 50년대쯤에 되어
서, 오늘날 우리가 흔하게 듣는 스트레스의 정신적·생리적 영향에 대해서 상기
할 것을 예상한다.

『아동기와 사회』(1963)개정판의 마지막 문단은 주도권과 죄책감에 대한 결정
적으로 긍정적인 강조로 끝맺는다. 그는 아동이 "더욱 재빠르고 열정적으로" 그
리고 "의무와 실행의 감각에서 더욱 커 가는" 방법을 배우는 또 다른 단계가 없음
을 언급한다(258). 아동은 "구축하고 계획을 세우려는 목적으로 다른 아동과 기
꺼이 협력하려는 능력을 가지고 있으며" 또한 "선생님으로부터 이익을 얻고, 이
상적 인물들을 모방하려고 한다"(258). 그는 『정체성과 생애주기』(1959)에서 이런
이상적 인물들을 "경찰, 정원사 그리고 배관공과 같이 아동이 이해할 수 있는 직
업"을 대변하는 사람들로 언급한다(81-82). 유치원은 놀이를 통해서 상호 나누고
협력할 것을 강조하고, 아이들이 선생님이 들려주는 이야기를 듣고 장난감을 사
용해서 상상력을 활용하여 생산적 어른과 협력하도록 격려한다.

에릭슨은 아동의 놀이에 대한 『장난감과 사유』(1977)에서의 논의 마지막 부분
에서 가장 간략하고 최선의 놀이 실행의 공식은 플라톤의 법(Law)에서 드러난다
고 말한다. 그는 플라톤이 "모든 인간과 동물의 어린 생명체가 도약하고자 하는
욕구에 맞춘 진실된 놀이의 모델을 이해한다"고 강조하며, "진정된 도약을 위해
서, 발판에서 뛰고 안정되게 착지하는 방법을 익혀야 한다."(17)라고 말한다. 또
한 그에 따르면 "중력을 견디면서 정해진 규칙하에 재량이 주어진 상황"에서의
평가는 "놀이가 행해지는 모든 곳에서 단순히 반복과 습관화를 뛰어넘은 놀라운

실행이 관찰되기 마련이며, 당연히 최초의 시도에서 경험된 결과는 정복되는"
의미를 뜻한다(17).

　　따라서 아동(그리고 어른)의 내면에서 만들어지는 심각한 양심에서 공공연하게
보이는 금지명령에 반해서, 풍부한 놀이는 본성의 융통성 있는 법칙이 내재되어
있음을 인식한다. 플라톤의 도약에 대한 이미지는 신체적 움직임을 함축하지만,
아동이 성장하고 청년이 되어 가면서 언어와 상상력은 인간의 사회적 삶의 모든
형식 안에서 직면하는 주어진 한계에 의해 허용되는 재량을 시험하기 위한 것들
을 제공하기 더 쉽다.

　　『아동기와 사회』(1963)의 개정판에서, 에릭슨은 주도권 대 죄책감과 연관된 제
도적 형식은 사회의 "경제적 윤리"라고 설명한다(258). 그의 설명에 따르면 "주도
권이 모든 행동과의 필수 부분이며, 인간은 어떤 것을 배우고 어떤 행동을 하든
간에 주도권의 인식이 필요하지만", 주도권이라는 단어는 "산업적 함의"를 가지
고 있다(255). 또한 그는 『장난감과 사유』(1977)에서 놀이기는 극장에서 연극을 연
출하는 것과 같은 행동을 보이는 시기라고 말한다(98-103). 앞서 제시한 그의 두
설명은 『아동기와 사회』(1963)에서 경제적 윤리가 어린 아동들의 "어른에 대한 이
상화는 마치 동화책에서 영웅들을 대치한 것처럼 이상화시킨 어른들의 제복, 직
업적 기능에 대한 동경의 형식으로 나타난다"는 관찰된 내용을 포함한다(258).
따라서 경제적 윤리는 어른이 입고 있는 제복, 사회적 기능 등으로 아동들에게
이상화되어서 인식되며, 반면에 드라마의 윤리는 아동의 상상력을 붙잡는 영웅
의 모습으로 드러나서 아동이 영웅적 삶을 동경하도록 격려한다.

◎ 목적의 미덕

　　에릭슨은 『인간의 강점과 세대의 주기(Human Strength and the Cycle of Generation)』

(1964a)에서 생애주기의 세 번째 단계에 목적의 미덕을 배정한다. 웹스터 사전에 따르면, 목적(purpose)은 ① "얻거나 행하려는 어떤 것", ② "결심 또는 결단", ③ "어떤 것이 존재하거나 완료된 대상, 더 이상 눈에 보이지 않음" 등으로 정의된다. 목적적(purposeful)이라는 단어는 "세분화된 목표를 단호하게 거냥함" 또는 "세분화된 결과를 향함" 등을 뜻한다. 따라서 목적적 행동이나 활동은 "의미를 상실함"이 아니며, 반면에 목적 없음(purposeless)은 목표가 없는 행동이나 활동을 뜻한다(Agnes 2001, 1165). 따라서 주도권(initiative)은 행동하지 않음 또는 수동성과 반대되는 행동의 실행 또는 활동을 포함하며, 목적은 그런 실행이나 활동이 충분한 이유와 합당한 목표를 향하고 있다는 의미도 추가되었음을 함의한다. 다른 말로 표현해서, 행동의 목적은 단순히 행동을 한다는 의미만을 포함하지 않는다.

목적의 미덕이 주도권 대 죄책감의 단계에서 발생한다는 그의 관점을 다시 살펴보면, 에릭슨(1964a)은 목적을 "죄책감과 처벌에 대한 공포를 돋보이게 함으로써 유아기 환상의 패배에 의해서 금지되지 않은 가치 있는 목표를 구체화하고 추구하는 용기"로 이해한다(122). 이런 정의를 정교화시키기 위해서, 그는 목적을 "환상에 의해서 목표 지향적이지만 환상적이지 않고, 죄책감으로 인해 제약을 받지만 금지되지 않으며, 도덕적으로 제한받지만 윤리적으로 활동적인 것"이라고 말한다(122). 물론 이 말은 아동이 표현하는 목적이 어른의 목적에 비해서 단순함을 의미한다. 다른 한편으로, "어른의 목적에 대한 감각이 아동기의 놀이에서 발생하기 때문에, 가장 높은 목적이 무엇인지 고려할 때에 놀이 활동과 역할 활동의 잔여물이 남아 있기 마련이다"(122).

에릭슨은 목적이 이전 단계의 의지의 미덕에 기반을 두고 있음을 강조한다. 의지는 확실한 목적에 시각을 고정하도록 훈련받을 필요가 있으며, 그렇지 못할 경우에 자유분방함의 수준으로 악화될 수 있다. 여기에서 목적이 등장한다. 아동에게 놀이는 목적이 형성되기 위한 기초가 되는 맥락이다. "아동은 놀이를 통하여 생각하고, 계획하고, 어른이 되기 위한 청사진을 제공받고, 우주의 축소판을 경험하고, 여러 방법을 실험하며, 과거의 실패를 돌아보고, 다양한 기대를 검증한다."(1964a, 120)

인형의 세계에서 아동은 과거를 "연기해 내고", "반복되는 주제의 무수한 변형 속에서 기대에 의해서 실패를 극복하기 시작한다"(120). (제1장에서 우리는 에릭슨이 샘이라고 불리는 5세 소년의 이야기를 통하여, 치료적 작업 속에서 과거를 연기해 내는 아동의 경향을 사용하는 방법을 살펴보았다.) 더 나아가서 더 나이가 많은 이들의 다양한 역할 이미지들을 취함으로써, "믿게 만드는 자신의 영역 안에서 실제로 연장자들처럼 행동해 봄으로써 운명이 이끌기 이전에 미리 나이 든 사람들의 역할에 대해서 느껴 보는 기회를 발견할 수 있다"(120-121).

어떤 어른들은 이 시기의 아동이 "실제로 할 일과 그 일과 관련된 목적 등 현실적으로 배워야 할 것에 대해서 진지한 의도로 놀이를 하는 데에 시간을 보낸다"고 생각한다(121). 이렇게 생각하는 부모는 아동의 유치원 교사로 하여금 "더욱 진지한", "더욱 유용한" 자료를 교과과정에 포함시키도록 강요할 수 있다고 생각한다. 그러나 에릭슨의 관점에 따르면 그들은 "내적 그리고 외적 세계에서 서로를 연결시키는 방법을 배워야 하는 한 동물의 내면에서 재현하는 놀이에 대한 혁명적 필요성, 공동체에서의 협동과 역할 분배 그리고 주어진 기술 내에서 추구되는 목적"을 과소평가한다(121).

나는 여러 가지 이유에서 주도권 대 죄책감 갈등을 생의 세 번째 단계에 배치하는 것을 제안한다. 첫째, 오늘날 미국 문화에서 성인이 삶의 기본적 필요를 충족하기 위해서 주로 부모에게만 의존해야 하는 시기가 지나갔기 때문이다. 이런 현상은 직장과 전문직(전업주부도 포함)에 정착할 필요가 있음을 의미한다. 다른 말로 하면, 이제 타인—부모, 형제자매, 친구 그리고 기타 관심을 가지는 성인들—에 의해서 강요되지 않고, 직장인이 되고, 삶의 중요한 결정을 내릴 수 있는 책임을 지는 주도권에 초점을 둔 삶을 살아가는 시대가 되었다. 에릭슨이 경제

적 윤리를 이 단계의 제도적 안전장치로 표현한 것은 생의 세 번째 단계의 주도
권 대 죄책감 갈등의 재배치를 지지하는 태도이다.

둘째, 특히 생의 세 번째 10년은 자신과 관련된 일에만 집착해서 허우적거리
듯 살게 될 경우 죄를 짓기 쉬운 시기이다. 어떤 20대들은 삶에서 정말 하고 싶
은 일이 무엇인지 이해하는 데 상당히 어려움을 겪기도 하고, 특히 직업의 결정
과 관련된 결정에서 문제처럼 보이기도 한다. 20대 때에 이런 결정에 시간이 많
이 걸릴수록 죄를 짓게 될 가능성은 높아진다. 앞에서 살펴보았듯이, 잘못은 기
존의 표준, 이전의 약속, 또는 주어진 의도와 일치하지 않는 어떤 행동을 뜻한다.
20대 중간에 직업 결정의 실패가 기존의 표준과 불일치하는 것은 아니지만, 주
변 사람들이 동정해 주고 기다려 주어도 스스로 내면에 죄를 지은 것 같은 부담
을 느끼기 쉽다. 『정체성과 생애주기』(1959, 19)와 『자아정체감: 청년과 위기
(Identity: Youth and Crisis)』(1968, 131)에서 에릭슨은 아서 밀러의 『세일즈맨의 죽음
(Death of a Salesman)』에서 윌리 로맨의 아들 비프가 어머니에게 "어머니, 견딜 수
없어요. 이런 삶을 견딜 수 없어요."라고 한 고백을 인용한다.[1]

셋째, 주도권 대 죄책감을 생의 세 번째 10년에 배치하는 이유는 에릭슨이 그
단계에서 어릴 때에 인형으로 영웅의 역할(예: 소방관이나 군인)을 해 보았던 경험
또는 영웅이나 위험과 위협에 빠진 약한 동물을 구해 주는 강한 동물에 대한 이
야기에서 얻었던 영감을 실제 삶에서 실천해 보기 시작하는 듯한 느낌을 갖게
되기 때문이다.

이런 실제 삶에서 연기를 하는 듯한 느낌은 다니엘 레빈슨이 『남자가 겪는 인

---

1 비프는 34세로, 더 이상 인생의 세 번째 10년인 20대가 아니다. 그는 동생 해피에게 고등학교
졸업 이후 7, 8년 동안 이런저런 일을 해 보았는데 '미래를 보장'받기 위하여 '다른 동료들'과 경쟁
하는 일이 싫어졌다고 말한다. 최근에 그는 텍사스의 말 농장에서 일을 하며, 그 일이 "미래를 보
장"하지 않음을 깨닫고 집으로 돌아왔다(Miller 1976, 22). 따라서 생의 세 번째 10년은 남은 삶의
미래를 준비해야 하는 시기로 여겨진다.

생의 사계절(The Seasons of a Man's Life)』(1978)에서, 꿈을 형성하고 살아 내는 발전적 과업으로 설명된다(91). 원시적 형태에서, 그것은 어른의 세계에서 자기의 모호한 느낌이다. "흥분과 활력을 일으키는 상상력의 가능성을 가진 가시적 장면으로 표현되지만", "내용을 정확하게 설명하는 것은 쉽지 않고 현실과 연결시키기 위해서 부단한 노력이 요구된다"(91). 이런 초기 단계에서 엄청난 업적과 특별한 영광을 얻는 위대한 예술가, 거물 기업인, 뛰어난 운동선수나 천재 같은 지식인 또는 현실적으로 영감을 주는 뛰어난 기술자, 가정에서 역할을 멋지게 감당하는 아버지, 공동체에서 존경받는 지도자 등의 영웅 신화처럼 '극적인 형식'으로 표현된다. 초기에 어떤 형식을 보이게 되든 간에, "청년은 더욱 위대한 정의와 그 꿈을 살아 내는 방법을 발견해야 하는" 발달적 과업을 가지게 된다(91). 레빈슨의『여자가 겪는 인생의 사계절(The Seasons of a Woman's Life)』(1997)에서는 젊은 여성의 유사한 꿈 형성과 살아 내기의 과업에 대해서 설명한다(231-233).

넷째로, 이전의 생의 두 번째 단계와 잘 연결되면서, 많은 20대의 투쟁속에서 금지 대 주도권의 갈등과 관련되기도 한다. 목적에 대한 사전적 정의는 개인이 단호하게 세분화된 목표를 겨냥하고 그 목표가 개인에게 의미가 있을 때에 특히 적절하다. 그러나 에릭슨이 언급하였듯이, 금지명령은 의도적 주도권에 강력한 위협을 제공한다.『정체성과 생애주기』(1959)에서 그는 아동의 양심이 이런 목표를 향하는 것을 허락하지 않을 수 있음을 강조한다. 타협되지 않는 양심은 어떤 아동들에게 "전반적인 금지명령에 스스로를 얽매는 방법을 배우는" 원인을 제공하고, 아동 초기에 이런 자기억제는 어른이 되었을 때에 "내면의 능력이나 상상력과 감정의 힘을 실현하고 살아가는 것"을 금지할 수 있다(80-81).

금지명령은 양심에 근거를 두고 흥미 부족이나 다른 제한적(신체적 또는 정신적) 요소에 근거를 두지 않기 때문에 세분화된 목표의 실현을 향해서 일을 할 때에 발생하는 죄책감의 인식에 근거를 둔다. 금지명령은 내면에서 발생하지만 목적에 대한 외적인 위협이다. 이 금지명령이 "풍부한 성장 잠재력에 침투하기 때문에" 아동의 더욱 자연스러운 "유아적 심리"에 반대해서 "자기관찰, 자기안내 그리고 자기처벌을 지지하고 증가"시키는 "부모의 심리"의 내면화에서 파생된다 (1950, 225).

생의 세 번째 단계에서 에릭슨이 직업을 얻기 위해서 노력한 경험은 이런 내적 금지명령의 영향을 설명한다. 따라서 앞으로 나는 그의 주도권 대 죄책감에 대한 더욱 생생하고 자세한 예를 설명하려고 한다.

◎ 에릭: 금지명령에 시달리는 예술가

에릭슨이 어머니와 단둘이 살았던 생후 첫 3년 동안, 어머니의 가장 친한 친구들은 인근 지역에서 사람들의 일상적인 삶을 그리는 화가들이었다. 그의 자전적 에세이(1075)에서 에릭슨은 이 화가들을 "생의 첫 남성상의 내면화"라고 말한다(27). 그리고 학교와 회당을 다니게 되면서 18세에 고등학교(Gymnasium)를 졸업하고 미술학과에 입학했지만 졸업하기까지 오랜 시간이 걸렸다. 그의 사례에서 이 세월 동안 그가 자신을 영감이 넘치는 화가라고 생각하였음이 드러난다.

그는 자신의 삶을 돌아보면서 이 시기가 "중요한 훈련기"로 "내면의 감동을 추적하는 기본 연습을 할 수 있던 때"이며, 커다란 나무 조각에 작품을 남기면서 "화가의 기본적인 예술 감각과 기교를 익히던 시기"라고 간주한다(28). 그는 반 고흐의 마음을 사로잡았던 미적 감각을 얻기 위해서 이탈리아로 여행을 갔지만, 바로 그곳에서 심리적 문제가 시작되었다. 로렌스 J. 프리드만(Lawrence J. Friedman)은 에릭슨에 대한 전기(1999)에서 에릭슨이 '다양한 색깔로 그림을 채색하는 방법을 배운 적이 없다'는 사실을 깨닫고 극심한 슬픔을 느끼게 되었다고 말한다. 에릭슨은 흑백으로 채색된 스케치와 나무 조각의 수준을 넘고 싶었고, 화가로서의 경력을 시작하고 싶었다. 그러나 그는 "'내적 금지명령'에 시달려서 다양한 색깔을 활용하는 화법을 배우는 능력을 키울 수 없었다"고 회고한다(47). 그러다가 마침내 화가로서의 경력을 거의 포기한 상태로 플로렌스에 정착했다.

에릭슨은 이탈리아 여행을 하는 동안에 커다란 스케치용 책을 가지고 다녔지만, 그 안에는 추상적이고, 철학적이고, 마구잡이로 그려서 어떤 통일된 주제를 나타낼 수 없는 점들만이 가득했다. 그는 23세에 고향인 카를스루에로 돌아와서 절망적인 심정으로 2, 3년을 보냈는데, 그 시기의 자신을 "예술 활동에 방해를 받아서 전혀 제 역할을 못하는 화가"라고 표현했다. 덧붙여서 "아주 오랫동안 화판 위에 무언가를 그릴 엄두를 내지 못하고 심지어 걷기조차 힘들었다"고 말하며, "자신이 존재하지 않는 듯한 느낌"에 자주 시달렸다고 언급한다(Friedman 1999, 36).

그러던 중에 피터 블로스(Peter Blos)라는 옛 친구가 비엔나의 도로시 벌링햄 (Dorothy Burlingham) 학교에 와서 아이들의 초상화를 그려 달라고 요청하면서, 그는 지역의 화가이자 그림 그리는 법을 가르치는 교사가 될 가능성을 생각하기 시작하였다. 그는 이 요청 이면의 동기에 대해서 알지 못하였다. 그 학교는 몸이 불편한 아동과 그들의 부모 그리고 비엔나에서 정신분석을 받는 아동들을 위한 시설 운영을 시작하였다. 에릭슨이 받은 초청장에는 새로 설립된 학교에서 교사로서 근무할 것인지 결정할 수 있는 기회에 대해서 기재되어 있었다. 나중에 그는 "언젠가 나치는 너의 쪼개진 자기가 너를 바닥으로 끌고 갈 때에 물위로 고개를 내밀 수 있도록 붙잡아 주는 한 명의 친구가 바로 생명의 구원자라고 말하였다."라는 내용이 적힌 블로스의 추천서에 대해서 기록하였다(Friedman 1999, 56).

에릭은 비엔나에 가서 아이들과 부모의 초상화를 그렸으며, 교사 자리를 제안받았다. 그리고 프로이트 학파와 인연을 맺게 되었으며, 프로이트의 딸 안나 프로이트(Anna Freud)의 격려를 받으며 정신분석가로서의 경력을 시작할 것을 권유받았지만 처음에 망설였다. 그러나 시도하기로 결심하면서, 27세에 학교에서 교사로 생활하면서 안나 프로이트에게 분석가로서의 훈련을 받게 되었다.

에릭슨이 화가로서 채색 작업을 할 수 없었던 원인에 대해서 설명하면서, 금지라는 용어를 사용하게 되었다. 웹스터 사전은 금지(inhibition)를 "어떤 행동, 감정 또는 생각이 떠오르지 않게 하거나 억제하는 정신 또는 심리 과정"으로 정의한다(Agnes 2001, 735). 따라서 에릭슨이 채색을 하지 못하는 문제에는 단순히 기술적인 능력을 넘어서는 보다 깊은 이유가 있음을 짐작할 수 있다. 『노년기의 중요한 참여(Vital Involvement in Old Age)』(Erikson, Erikson, & Kivnick 1986)에서 도표는 생의 각 단계에 대한 부적응과 해로운 경향을 설명하며, 긍정적 차원의 남용으로 인한 부적응 발생과 부정적 차원의 남용으로 인한 해로움 발생을 언급한다. 이 도표에서 금지는 주도권 대 죄책감의 단계에서 해를 끼치는 경향이며, 무자비함을 부적응의 경향으로 설명한다(45). 따라서 "놀이기라는 세 번째 단계에서 죄책감을 충분히 느끼는 능력으로서 균형 잡히지 않은 주도권은 지나치게 쉽게 죄책감을 느끼지 못하는 무자비함을 간과할 수 있으며" "죄책감에 대한 과도한 경향과 그에 따른 목적의 손상은 해로운 자기금지라는 결과로 이끈다"(43).

무엇이 에릭슨의 금지 이면에 있었는가? 그의 자전적 에세이에 따르면, 에릭슨은 계부가 "자신과 같이 의사가 되기를 기대했지만, 나는 예술가나 문학가로서의 영감을 키우는 젊은이들과 같이 부유했던 집안이 제공하는 모든 것에서 완전히 자유롭고 싶었다"고 고백한다(1975, 27-28). 따라서 그가 화가가 되기를 원했던 시기에 경험했던 금지는 어머니에게 계부가 생부라는 말을 들으면서 성장하였던 어린 시절에 계부가 자신에게 가졌던 '당연한 기대'를 감사하게 여기지 않고 거부하면서 갖게 되었던 죄책감에 의해서 촉진되었다. 그러나 나중에 에릭슨은 어머니와 계부가 "재촉하지 않고 내가 스스로 갈 길을 결정하도록 기다려 준 데에 대해서 감사한다"고 말하였지만, 다른 한편으로 점점 계부가 자신을 키우면서 "이해하기 힘든 이상한 남자아이"라고 생각하면서 짜증을 냈던 기억도 서술한다. 프리드만이 언급하듯이, 에릭슨은 그의 어머니가 "은행을 경영하는 먼 곳에 떨어진 친척을 통하여 그가 상당한 돈을 받도록" 하였다는 사실을 알았더라면 더욱 불편하였을 것이다(Friedman 1999, 48).

결국 에릭슨은 소아과 의사가 되지 못하였다. 그러나 그의 자전적 에세이에서 "아동기에 대한 정신분석적 조망과의 첫 번째 친숙함은 도로시 벌링햄 학교에서 교사로서 매일 아동들과 접촉하던 시기와 우연히 일치한다."라고 언급한다(1975, 29). 그는 아동분석가로 경력을 시작해서 놀이치료의 중요성을 강조하였다. 그러나 경력은 그가 소망하였던 예술가의 경력이 아니었으며, 계부가 원하였던 소아과 의사로서의 경력도 아니었다. 그러나 그가 받아들일 수 있는 조건의 일이 있으며, 그는 주도권과 목적의식을 가지고 이 경력에 몰두할 수 있었다.

따라서 에릭슨이 20대에 직업에 치열하게 노력을 기울이게 된 것은 주도권 대 죄책감 갈등의 좋은 예이다. 그는 예술가가 되기 위한 첫 단계에 접어들었다는 데에 주도의식을 느꼈다. 그러나 그는 예술학교의 정규과정을 밟지 않았으며, 별로 노력을 기울이지 않으면서 수년을 보냈다. 추론해 보면, 그는 다른 사람에게 인상을 주는 그림을 그리기 위한 기본 과정을 마칠 능력이 있었고, 계부도 그의 재능을 인정하고 화가로서의 길을 가도록 격려할 수 있었을 것이다. 그러나 그는 스스로 자신이 열망하던 화가가 될 수 있다는 정확한 확신을 얻을 수 없었기 때문에 화가로서의 경력을 밟을 수 없었다. 지속적으로 화가가 되기 위한 수련 과정을 거치기 위해서는 단순히 그림 그리는 기법만으로 충분하지 않았고, 내면에 죄책감의 영향력이 더욱 컸기 때문이다.

의심할 여지 없이, 그의 어머니로부터 그가 받은 경제적 지원은 계부 몰래 진행되었으며 더 나아가서 그가 계부의 돈을 받으면서 계부가 원하는 경력을 쌓는 것이 아니라 자신이 원하는 다른 경력을 추구하고 있었다는 사실이 죄책감을 더욱 증폭시켰다. 따라서 죄책감은 그가 '화가가 되겠다면서 전혀 아무 노력도 하지 않는다'는 사실에서 발생할 수밖에 없었다. 그는 마침내 화가의 꿈을 접고 집으로 돌아왔을 때에 절망 속에서 수개월을 보냈으며, 현실에서 아무 노력도 기울이지 않았으면서도 상상 속에서 화가가 되고 또 가르치는 자신의 모습을 상상하곤 하였다.

그의 인용은 프리드리히 니체(Friedrich Nietsche)의 '분열된 자아'라는 표현에서 나온 것이다. 그의 자아는 끔찍하게 산산조각이 났다. 마침내 그가 놀이치료에 초점을 둔 아동분석가로서의 경력을 시작하였을 때에, 한편으로 계부가 그에게 원하였던 아동을 돌보는 역할도 수행하게 되고 다른 한편으로 그가 원하였던 미술 감각을 실천하는 역할을 아동들의 놀이치료에서 실행할 수 있게 되면서 분열된 자기가 치유되었다. 전문가로서의 그의 활동 안에서 그는 "내면의 역량"과 "상상력과 감정의 힘"을 실현하며 살 수 있었다(1959, 81).

◎ 샐리: "내가 무엇을 해야 할지 알려 주세요!"

다니엘 레빈슨은 『여자가 겪는 인생의 사계절』(1996)에서 1935년과 1945년 사이에 태어난 45명의 여성에 대한 심도 있는 전기적 인터뷰에 근거를 둔 연구에서 발견된 내용을 제시한다. 인터뷰는 1980년부터 1982년까지 실시되었으며, 인터뷰 당시 여성들의 나이는 35~45세에 해당되었다. 이 여성들은 각각 15명으로 구성된 전업주부, 기관 및 금융업 종사자 및 교직 종사자의 세 집단으로 나누어졌다. 이 연구는 레빈슨이 이전에 남성을 대상으로 실시하였던 연구의 타당성 (분명하게 구분되는 패턴과 그 패턴 사이에 존재하는 중간기로 구성된 생의 모델)을 재확인시켜 주었다. 나는 생의 세 번째 단계에서 주도권 대 죄책감에 대한 그의 사례를 예로 사용할 것이다.

샐리 울포드(가명)는 교직 종사자 집단에 속하는 고등학교 교사로서 아버지와 같이 회계사가 되기를 원했다. "그러나 아버지는 저에게 실망감을 안겨 주었습니다. 아버지는 여성들에게도 회계사로 일할 기회가 주어져도 여성들은 그 일에 싫증을 느끼게 된다고 말했습니다. 또 아버지는 제가 회계사를 포기한 뒤에 결혼을 해서 재미있게 살아야 한다고 생각하셨습니다. 아버지가 젊었을 때에는 보통 여성들이 그렇게 살았던 것 같습니다. 제 주변 분들은 제가 직장 갖기를 원하지 않았지요. 저는 직장생활을 하고 싶었지만 진지하게 시도할 수 없었습니다"(209).

그녀는 대학에 입학했지만, 21세에 학업을 중단했을 때에, "내가 할 일이 무엇일까? 누가 좀 제게 알려 주세요! 마치 절벽을 내려다보면서 어떻게 움직여야 피할 수 있는지 모르는 것 같습니다. 결국 다른 여성들처럼 결혼을 하면 세상이 끝날 것 같았습니다."(251)라고 말했다. 그녀는 이혼 후 친정으로 돌아와서 홀로된 어머니와 생활을 하였다. "23세는 제 인생에서 가장 암울한 때였습니다. 집에서 홀어머니와 생활하며 2년 동안 공부를 해서 대학을 졸업했습니다. 그동안 어머니를 돌보면서 어머니가 하셨던 자원봉사 일을 했고, 정식으로 취업하지 못하였습니다. 남자도 만나 보곤 하였지만 진지한 관계로 발전하지는 않았습니다."(280)

"그러다가 이 남자를 만나게 되었습니다"(280). 그녀의 친구들은 그 남자를 좋게 보는 것 같았고, 그는 그런대로 '상냥한' 듯 보였으며, 자원봉사 일도 싫증이 날 즈음이었다. 그녀는 스스로 '너무 분주하게 살았어. 결국 결혼 이외에 할 일이 있겠어? 모든 일상이 제자리를 찾으려면 아이를 낳고 가족을 돌보는 거야.'라고 생각했다(280). 그래서 그 남자와 약혼을 하였다. 그런데 바로 그때에 친구를 통하여 은행원으로 취업을 하게 되었다. "저는 정말 기대가 되었어요!"(280). 그녀는 정말 기대가 가득하였고, 파혼하기로 결심하였다. 그러나 어머니와 약혼자가 결혼을 하도록 강요하였다. "저는 그들의 요구에 굴복하지 않았습니다. 저는 그동안 제가 정말 결혼하기를 원하지 않았음을 그때에 제대로 깨달았습니다"(280). 마침내 그녀는 결혼을 3주 앞두고 파혼을 하게 되었다. 어머니는 어찌할 바를 모르셨고, 샐리는 "도대체 내가 무슨 일을 한 거지? 취업을 하려고 결혼을 포기하다니!"라고 스스로 말하다가 결국 "저는 상당한 죄책감을 느끼게 되었지만 직장을 선택하였습니다."(280)라고 인정하였다.

그로부터 1년이 지나서 25세가 되었을 때에 그녀는 친정에서 독립하였다. "저는 대학교를 다닐 때를 제외하고 집을 벗어난 적이 없었습니다. 처음에는 마치 어머니와의 관계가 단절되는 듯한 두려움도 느꼈지만, 독립하고 싶었고 혼자 여행도 다니고 싶었습니다."(280) 그리고 28세에 결혼을 하였지만 4년이 지나도록 피임을 하였으며, 직장생활에 충실하고 여가생활도 즐겼다. 마침내 그녀는 32세에 자녀를 낳았다.

생의 세 번째 단계와 관련해서, 샐리는 주도권 대 죄책감의 갈등을 겪었다. 대학을 졸업한 이후에는 주도권을 별로 행사하지 않았다. 만약 주도권을 "시작과 발생에 대한 첫 단계, 반응성을 취하는 행동" 그리고 "강요받지 않고 생각하고 행동할 수 있는 능력"으로 정의한다면(Agnes 2001, 735), 샐리는 주도권을 경험하지 않았다고 말할 수 있다. 오히려 어떤 일의 시작 또는 발생에 대한 반응은 타인의 몫이었다. 샐리가 "내가 할 일이 무엇이죠? 누가 좀 제게 알려 주세요!…… 어떤 일부터 시작해야 할지 모르겠어요."라고 말하였기 때문이다.

그녀의 아버지의 계획은 그녀가 대학에 가서 그곳에서 배우자를 만나라는 것이었지만, 그 계획대로 일이 진행되지 않았다. 다른 또래 여성들과 달리 그녀는 결혼하지 않았고, 자신이 다른 계획을 실천하고 싶다는 사실을 깨닫게 되었다. 그리고 친정으로 돌아와서 어머니를 돌보며 어머니가 했던 자원봉사 일을 하게 되었다. 그런 삶은 자신이 진정 원하던 것이 아니었기 때문에 그녀에게 23세는 "정말 암울한 시기"였다(280). 남자도 만났지만, "만남도 진지하게 진행되지 않았다"(280). 이 시기에 대한 이런 표현은 삶에서 주도권을 실행할 수 없었음을 증명한다.

"그러다가 이 남자를 만나게 되었습니다." 그녀는 자원봉사 일에 싫증도 느끼면서 "삶에서 결혼 이외에 다른 할 일이 없다"고 결심하게 되었고, 교제하던 남자와 약혼을 하게 되었다. 마치 그녀가 친정집에 돌아와서 어머니와 살게 되는 과정에서와 같이, 이때의 약혼도 주도권을 행사한 결정은 아니었다. 샐리는 친구들이 자신이 교제하는 남성을 괜찮은 것으로 보았지만, 그와의 결혼이 기대되지도 않았고 단지 결혼, 출산, 집안일에 몰두하기로 선택한 것으로 생각되었다. 불과 몇 년 전만 하더라도 그녀는 아버지에게 회계사가 되고 싶다는 의사를 분명하게 밝혔다. 만약 아버지가 적극적으로 승낙을 하였다면, 그녀는 회계사가 되기로 목표를 세우고 그에 맞는 교육과정을 거쳐서 졸업 후에 전문 경력에 들어가도록 역량을 키웠을 것이다.

그러나 바로 이때에 한 친구를 통하여 은행 취업의 기회를 얻게 되었다. 그러나 이런 상황조차도 타인이 보기에 괜찮은 변화였지만, 그녀 자신이 주도권을 적극 행사하는 기회는 아니었다. 그러나 직장생활을 시작하면서 그녀는 자신이 하는 일에 흥미를 갖게 되었다. 아마 샐리는 고등학교 때에 아버지가 억눌러 버렸던 주도권의 행사를 다시 시도하는 계기가 되었을 것이다. 그러나 취업을 앞둔 상황에서도 그녀 자신의 수동적 태도가 불편함을 주는 요소였으며, 어머니와 약혼자는 이미 계획한 대로 결혼할 것을 강요하였다. 그녀의 결혼에 관한 한 어머니와 약혼자가 주도권을 행사하고 있었다.

그러나 바로 그때에 지금까지 보이지 못하였던 자율성의 독특성이 발현되었다. 샐리는 결혼을 원하지 않는다고 분명하게 표현하게 되었다. 동시에 자율성의 표현은 그녀가 자신의 행동에 대해서 '마음에 원하는 것과 실제 행동하는 것이 매우 불일치'한다는 통찰을 얻게 되었다. 그리고 그녀는 스스로 "취업을 위해서 결혼을 포기하다니?"라고 자신의 행동에 대해서 의식하기 시작한다.

물론 그녀는 이런 행동에 대해서 죄책감을 느꼈다. 의도를 가지고 파혼한 것은 그녀가 속한 사회에서 기존의 관습, 중요한 사전 약속을 깨는 것과 같은 행동이었다. 그러나 성인이 되어서 처음으로 올바르다고 생각하는 확신을 이룰 수 있도록 스스로에게 선택을 할 수 있는 여유를 허락하였다. 비록 그녀는 마음속에 죄책감이 들지만, 결국 타인들에게 스스로 삶에서 주도권을 행사할 능력이 있음을 표현하였다. 나는 은행원으로서의 일이 그녀로 하여금 고등학교 때에 회계사가 되는 과정을 걷지 못하게 되면서 포기하였던 주도권을 행사하는 소중한 기회를 선사하였다고 생각한다. 단어 자체가 의미하듯이 주도권은 그녀의 아버지가 말하고 행동하는 것을 따르는 데에 있지 않았다.

다음으로, 그녀는 친정집을 떠나는 방식으로 주도권을 행사하였다. "어머니와의 관계가 단절되는 듯한 두려움도 느꼈지만, 저는 독립을 분명히 원하였습니다." 에릭슨이 지적하였듯이 주도권은 자율성을 가지고 어떤 일을 계획하고 실행하고, 여러 방식으로 일을 추진함으로써 삶의 목표의 범위를 넓히는 것을 포함한다. 만약 친정집에서 계속 살았다면 주도권 행사를 실행하기 어려웠을 것이다.

샐리는 25세에 주도권 행사의 실행을 감행하였다. 레빈슨은 연구 대상이 된 많은 여성이 25세에 중요한 삶의 변화를 이루었음을 강조한다. 그는 이런 경향을 "25세 때의 변화"라고 부른다(97-99). 비록 그가 이전에 남자를 대상으로 실시한 연구에서는 이런 '변화'를 발견하지 못하였지만, 그는 남자에게도 이런 경향이 존재할 것이라고 믿는다. 다만 이 변화가 삶 속에서 "결혼, 재혼, 출산, 취업, 학업의 연장, 특별한 삶의 한계에 대해서 더 높거나 더 낮은 선택을 하기" 등 속에 자연스럽게 숨어 있어서 뚜렷하게 구분되지 않을 뿐이다(98). 다시 말해서, 특별히 구분되는 선택들은 삶에서 일반적으로 겪게 된다고 생각되는 앞에서 언급한 일 가운데 속해 있기 때문이다. 반면에 샐리의 사례에서 "그녀는 자신이 원하는 삶이 기존의 삶과 분명히 구분되며, 자신이 소망을 따르는 과정의 삶을 선택하였다"(98). 다음 장에서 샐리의 이야기를 다시 언급할 것이다.

◎ 웬디: "저는 제 자신의 힘을 유지하기로 결심했어요"

웬디 루이스(가명)는 레빈슨의 연구 대상에서 생의 세 번째 단계에서 주도권 대 죄책감의 갈등을 겪은 15명의 전업주부 중 한 명이다. 웬디는 "저는 고등학교 때에 우등생이었고, 법대에 입학하려고 했습니다. 그런데 부모님과 저는 제가 다른 일을 할 수 있다고 줄곧 느꼈습니다."라는 말로 자신의 이야기를 시작한다 (Levinson 1996, 76). 그녀는 17세에 고등학교를 졸업하고 "전문대에 입학해서 열심히 학업에 매진하였다"(76).

그런데 그녀는 18세에 미래의 남편이 될 남자를 만나게 되었다. 그 남자의 이름은 행크로 그녀보다 네 살이 더 많았으며, 피아노를 연주하고, 최신형 포르쉐를 타고 다니는 보기 드문 멋쟁이였다. 그녀는 "우리가 만난 지 두 주 만에 행크는 저에게 청혼을 했고, 저는 제가 그를 깊이 사랑하는지 확신할 수 없었지만 그가 좋은 신랑감이라고 생각해서 곧바로 약혼식을 올렸습니다."라고 말하였다 (76). 행크는 웬디의 고향에 있는 대학원에 다니고 있었고, 웬디의 가족에게 사랑을 느꼈으며, 웬디의 가족도 그에게 호감을 가졌다. 그래서 약혼 후에 두 사람은 웬디의 가족과 함께 생활을 하였다. 웬디가 2학년이 되었을 때에 집 근처의 대학으로 전학을 하였고, 웬디, 행크 그리고 웬디의 부모님이 모두 함께 생활하게 되었다.

웬디는 대학 2년과 3학년 사이의 여름방학 때에 19세의 나이로 결혼을 하였고, 그녀의 부모님이 그녀와 남편의 학비를 모두 부담하였다. 그들은 침실이 하나인 원룸에서 결혼생활을 하였다. 행크는 풀타임으로 일을 하며 밤에 학교를 다녔고, 그녀는 낮에 학교에 다니며 밤에 근무를 하였다. "우리는 학교를 다니고 생활비를 버느라 매우 바빠서 출퇴근을 하면서 잠시 얼굴을 보곤 하였습니다."(76) 웬디는 19세에 임신을 해서 20세에 딸 그웬을 출산하였다. 그녀는 비록 출산 계획대로 임신한 것은 아니지만, "아이를 원하고 있었고 속도위반"은 아니다. 한편으로, 그녀는 여전히 로스쿨에 입학할 계획을 가지고 있었다. "우리는 일과 학업 모두 잘 해낼 수 있을 것이라고 생각했어요. 정말 어리석었죠!"라고 그녀는 말하였다(76). 출산 이후 그녀는 파트타임으로 일하며, 학교를 다녔으며, 어머니가 그웬을 돌보았다. "이듬해에 결혼생활은 더욱 어려워졌습니다. 우리가 너무 바빠졌거든요. 말다툼도 많이 하고요. 생일도 지나간 이후에 기억을 할 정도였으니까요. 학교 가고, 일하고, 아이를 돌보며 아무 생각이 없었어요."(76)

그녀는 22세에 대학 3학년이 되었을 때에 로스쿨에 지원하였고, 입학 허가를 받았지만 다시 임신하게 되어서 출산 계획에 실패하게 되었다. "그때에 마지못해 출산 결정을 하였습니다. 출산 계획이 틀어졌다는 것을 알았지만, 로스쿨보다 가족을 갖는 쪽을 택하였던 겁니다."(76) "로스쿨 입학을 지원하면서, 아이를 갖는다는 것 자체가 모순이었지요."라고 웬디가 말하였다. "부모님은 로스쿨 입학을 지지하셨고, 부모님을 실망시켜 드릴 수 없었기 때문에 잠시 로스쿨 입학을 미루겠다고(결국은 영원히 포기하게 되었지만) 변명하였던 것으로 기억이 납니다."(76-77) 그때 어머니는 이미 손녀 그웬을 돌보고 있었지만, 앞으로 손주 한 명을 더 키울 수 있다고 말씀하셨다. 어머니는 이미 딸이 다시 임신했다는 사실을 전혀 모른 채 그렇게 말했다. 그러자 웬디는 "사실 지금 아이를 갖고 있어요."라고 고백하였고, "그때 그런 말을 한 것이 그 이후에 두고 보아도 잘한 결정이라고 생각하고 있다"고 말하였다(77).

웬디의 생의 세 번째 단계의 후반부도 소용돌이 같은 생활 속에서 지나갔다. 그 시기에 어머니도 심장병으로 돌아가셨다. 웬디는 25세부터 27세까지 어머니 간병을 하였지만 "감정적으로 교감을 해 주지 못하였다"고 말한다(129). 그녀는 마지못해서 어머니를 포기하였다. "어머니를 방 안에 눕히고는 제대로 간호하지 못했습니다. 아직도 저는 어머니의 사진을 똑바로 쳐다보지 못합니다."(129) 그녀는 당시에 '다른 많은 일을 처리하고 가족도 돌보아야 했기 때문에' 어머니에게 감정적 에너지 쏟기를 회피한 것 같다고 생각하였다. 그녀는 6세 이하의 자녀

셋을 둔 다른 엄마들처럼 양육의 덫에 빠져든 것 같이' 느껴졌다. 맏이였던 그웬은 완전히 고집불통 아이였다. 웬디는 그웬을 다룰 수 없었고, 가끔씩 싸우기도 하였다. 그 당시에 그녀는 '철저히 자신을 내어 버리고 다른 사람'이라고 느꼈다.

그러나 그녀가 그웬과의 사이에서 겪은 가장 큰 어려움은 아버지 행크와 딸 그웬 간의 갈등이었다. 행크는 자신이 경영하는 컴퓨터 사업체를 개업하고 부모로부터 충분한 경제적 도움을 얻지 못해서 우울해하고 있었다. "그는 그웬에게 적절한 훈육이나 애정을 제공하지 못했습니다. 그는 그웬에게 자주 화를 내고 손찌검을 하곤 했죠. 그럴 때마다 정말 무서웠습니다. 그 당시를 돌아보면, 제가 가족을 돌보면서 아빠와 딸이 싸우지 않도록 말리다 보니 마치 아빠와 딸의 갈등이 엄마와 딸의 갈등인 것처럼 보이게 되었습니다."(129)

어머니가 돌아가신 이후에 상황은 더욱 나빠졌다. 웬디의 할아버지께서 몸이 편찮아지셨다. "우리는 할아버지를 요양원으로 보내기로 결정했습니다."라고 웬디가 말했다. "할아버지가 며느리(웬디의 어머니)을 잃고 나서 절망적인 상실감에 시달리고 있었기 때문에 그런 결정은 너무 가혹했던 것으로 생각됩니다. 할아버지는 따뜻한 돌봄이 필요했지만, 어머니가 돌아가신 이후에 홀로 남편과 아이들을 돌보아야 했던 저로서는 어쩔 수가 없었습니다. 저는 전투에 나선 군인처럼 가족을 돌보았지만, 남편의 우울에 의한 극단적인 감정을 감당할 수 없었습니다."(129)

그리고 그녀가 28세 되었을 때에, 행크는 뇌종양을 앓게 되어서 수개월 동안 입원하게 되었다. 그녀는 "그전까지 간신히 버티다가 남편이 큰 병을 앓게 되자 무너져 내렸지요. 세 아이와 할아버지를 돌봐야 했기 때문에 도저히 남편을 간병할 여유가 없었고, 병세가 호전되는지, 아니면 악화되는지도 점검할 수 없었습니다."라고 말했다(130). 그녀는 친정아버지에게 연락해서 "할아버지를 위해서 요양원을 알아봐 달라고 부탁하였고, 아버지는 그녀의 부탁을 들어주었다"(130). 그리고 석 달 후에 아버지는 돌아가셨다.

한편, 행크는 사업에 대한 걱정 때문에 회복이 더뎠고, 웬디는 차츰 남편의 사업에 대해서도 신경을 쓸 여유가 생겼다. 그래서 고객에게 연락을 해서, "사업을 유지하기 위해서 제가 남편 대신 일을 도맡아 하고 있어요."라며 남편이 처한 상황을 설명도 하고, 직접 주문도 처리했다(130). 그러는 동안 행크는 점점 심각한 우울에 빠져들고 더 자주 분노했다. 그래서 가족 전체가 상담을 받게 되었다. "그 당시 제가 겪은 가장 힘든 일은 사업의 경영이었습니다. 남편은 상황이 어쩔 수 없다고 생각하면서도 제가 그의 일을 도맡을수록 더욱 무기력해졌고, 우울해지고, 화를 내곤 하였습니다. 저도 남편에게 모든 일을 혼자 해야 한다고 따지며 짜증을 냈습니다."(130) 다른 한편으로, 그녀는 "제가 그 모든 일을 다 감당할 수 있게 되면서 상황이 변하고 있었습니다. 결혼 전에는 타인은 생각하지 않고 저 자신만 생각하고 제가 유능하다고 느꼈지만, 결혼하고 몇 년간 가족을 돌보면서 완전히 달라졌습니다. 그런데 남편 대신 사업을 운영하게 되면서 결혼 전에 주도적으로 생활하던 태도가 다시 나타나게 되었습니다."라고 말했다(130).

나중에 남편이 건강을 되찾고 다시 사업을 운영하게 되었을 때에 그녀가 사업에 관여하지 않기를 원했지만, 웬디는 '사업에서 별로 손 떼고 싶지 않았다'고 했다. "바로 그 이유 때문에 처음으로 큰 갈등을 겪게 되었습니다. 그는 제가 자기의 말을 순종하게 해서 자존감을 세우고 싶었습니다. 그러나 그때 저는 더 이상 과거의 제가 아니었습니다. 저는 원하는 것을 주장하기로 결단했습니다. 마치 둘 중에 어느 한 명이 승리해야 하는 것과 같은 상황을 겪었습니다."(130)

한편, 셋째 아이가 두 살이 되었을 때에 웬디는 "다시 임신할 때"라고 생각하게 되었다(130). 그러나 다시 행크가 심각한 병을 앓게 되었다. 그녀는 "정말 넷째 아이를 원하였지만", 만약 남편이 병으로 세상을 떠나게 되면 홀로 그 아이를 낳아서 키울 수 없음을 깨닫게 되었다. 또한 남편이 건강이 회복되어도, 또 다른 아이를 낳아서 기르게 되는 상황이 부담이 될 것임을 깨닫게 되었다. 그래서 그녀는 "더 이상 아이를 갖지 않기로 마음먹었다". 그런데 그녀가 30세가 되었을 때에 넷째 아이를 갖지 않은 사실에 대해서 뚜렷하게 의식되는 깊은 상실감을 느끼게 되었다. 그러면서 때때로 남편과의 결혼생활에 대해서, "남편이 고민하게 되는 모든 문제를 저도 함께 떠안고, 남편이 원하는 것을 다 들어주어야 하는 삶을 살고 있다는 생각을 하게 되었습니다. 저는 왜 나는 이렇게 살아야 할까, 왜 어머니는 돌아가셔야 했나, 왜 남편은 심각한 병을 앓아야 했나, 왜 나는 내가 원하는 삶을 살 수 없었을까라는 생각을 하게 되었습니다."라고 말했다.(130)

그녀가 30세가 되고 2년을 지내는 동안에 중요한 변화가 일어났다. 정신적으로 엄마보다 힘들게 살았던 딸 그웬이 집을 떠나서 기숙학교에 들어가게 되었고, 막내 아이도 초등학교에 입학하게 되었다. 웬디는 "집에서 살림하는 것이 맞지 않아서 삶이 지루해졌다"(131). 그녀는 먼지를 턴다든가 청소를 하는 일에 관심을 잃게 되었고, 남편도 집에 있는 시간이 많았지만 역시 집안일을 전혀 하지 않았다. 남편은 "완전히 가정 일은 아내의 몫이라고 확고하게 믿고 있었고, 이런 남편의 태도가 웬디로 하여금 더욱 가사에 흥미를 잃게 만들었다"(13). 그러나 그녀는 30대가 될 때까지 이런 속마음을 표현하지 않았으며, 30대 후반이 되어서야 가사에서 자유롭게 되었다(131). 행크는 웬디가 직장생활을 해서 가사 수입에 보태기를 원하였고, 웬디도 그에 동의하였다. 그녀는 "우리는 함께 일을 할 수 있는 방법을 찾을 수 없었지만, 결국 제 나름대로 유능함을 느낄 다른 직장이 필요했습니다."라고 말하였다(131).

그녀는 32세에 풀타임으로 취업을 하였다. 사장이 그녀에게 프로젝트에 대해서 가르치고, 책임자로 앉히고 떠났다. "비록 제가 독립적인 방식으로 수준 높게 일을 해냈지만, 상당히 오랜 시간 동안 그 프로젝트가 진행되었기 때문에, 저는 마치 공장 생산 라인의 한 근무자같이 느껴졌습니다. 더 흥미를 가지고 일하고 싶었지만, 아직 그 일에 대해서 전문가가 될 수 없었습니다."(131)

33세쯤 되었을 때에 삶이 더욱 안정되어 갔다. 그때에 그웬이 기숙사에서 집으로 돌아왔고, 그들 가족은 학군이 좋은 곳에 꽤 괜찮은 집을 구입했다. "아직

고생이 끝난 것은 아니었지만, 새로운 곳에서 삶을 시작하게 되었습니다."(131)

웬디는 샐리와 성격이 정반대였다. 그녀는 주도권을 행사하기 좋아하고, 자율성에 대한 욕구가 강하였고, 특히 독립적인 삶을 소중히 여겼다. 그래서 마치 그녀가 가족과 관련된 여러 결정권을 행사하는 듯 보였다. 특히 자녀들과 관련된 일들은 그녀가 전적으로 결정하는 듯이 보였다. 피임과 출산 시기의 조정도 그녀가 원하는 대로 선택하였다. 따라서 그녀는 "첫 단계 또는 다음 단계"를 시도하기 또는 "어떤 일을 시작하거나 일으킬 책임"을 떠맡았다(Agnes 2001, 735).

그러나 내가 웬디의 이야기에서 목적의 미덕에 대해서 빠뜨렸다. 확실히 그녀는 상당한 "결단력과 단호함"을 보여 주지만, "목적과 결과와 부합하는 일의 종료"에 대한 인식이 부족하였다(Agnes 2001, 1165). 그런 계획성과 전체를 조망하는 관점의 상대적 부족이 '나는 어떤 일이든 할 수 있다'는 신념에서 파생될 수도 있었다. 어떤 일이든 할 수 있다는 신념은 특별한 목표에 집중하는 목적지향성의 결여를 이끌 수 있기 때문에, 그런 관점에서 하게 되는 일은 의미 없는 결과로 나타날 수 있다(1165). 아이를 갖겠다는 그녀의 '결정'이 다소 무의식적이기 때문에, 출산 자체는 '올바른 결정'이더라도 깊은 생각없이 진행되었기에 아이를 출산하고 2년도 안 되어서 다시 아이를 갖고 싶은 충동이 일어났다고 볼 수 있다. 그녀의 결혼에서도 이런 특성이 나타났다. 일생을 함께 살겠다는 결정을 하기에는 두 주간의 만남을 통해서 충분히 서로를 알아 가기 어려우며, 행크가 피아노를 연주하고 최신 포르쉐를 가지고 있다고 해서 감동을 주는 성격을 가졌다고 생각하는 것은 피상적인 이해일 수 있기 때문이다.

웬디는 독립적인 삶을 매우 소중히 여겼기 때문에 자율성에 대한 인식이 매우 강한 듯 보였고, 의지를 실행하는 데에 매우 익숙한 편이었다. 그러나 에릭슨이 언급하였듯이, 의지는 잘 훈련이 되어야 삶의 중심이 되는 목표를 향하는 목적 지향적인 특성을 보이게 되며, 그렇지 않을 때에는 고집스러움으로 악화될 수 있다(1964, 120). 웬디가 자신의 이야기를 하며 틈틈이 스스로 내린 해석에 따르면, 특히 컴퓨터 사업에 대해서 남편과의 관계에서 갈등을 빚게 된 것도 바로 이런 고집스러운 특성에서 찾을 수 있다. 일단 자신이 할 수 있는 일이라고 생각되면, 남편의 의견을 따르기가 어려운 면이 드러났다. 또한 딸 그웬도 아버지와의 관계에서 어머니의 고집스러움을 판박이처럼 보여 주었다.

목적에 의해서 다듬어지지 않은 주도권은 자신이 감당할 수 있는 범위를 넘어서서 무리하게 만들 수 있다. 분명히 웬디는 6세 이하의 세 자녀를 돌보고, 남편과 남편의 사업을 맡은 상황에서도 어머니가 돌아가신 이후에 어머니의 요청에 따라서 할아버지를 돌보는 일을 떠맡았지만, 그녀의 아버지는 그 부담을 감당할 수 없었고 원하지도 않았다. 그런 상황에서도 그녀는 아이를 더 갖고 싶다는 생각을 하였으며, 이런 생각은 매우 비현실적임이 여실히 드러나서 포기할 수밖에 없었다. 여기에서 알 수 있듯이 '모든 일을 할 수 있다'는 그녀의 신념은 삶에서 의미 있는 구체적 목표에 집중하는 진지한 목적 지향적 태도를 갖는 데에 어려움을 주었으며, 그녀가 여러 가지 일을 하면서 분주하게 살도록 이끌 뿐이었다.

그렇다면 모든 일을 할 수 있다는 확신의 이면에 무엇이 있을까? 외면적으로 양립되기 어려운 직장생활과 육아에 대한 내면의 깊은 갈등에 그 뿌리가 있다. 웬디의 어머니는 자신이 이루지 못한 '전문직 여성'의 삶을 딸이 성취하기를 원하였지만, 바로 취업을 준비해야 하는 시기에 웬디는 아기를 갖고 싶었다. 동시에 그녀는 '육아'가 생각하는 것보다 많은 시간과 힘을 요구한다는 사실을 알지 못하였다. 먼저 그웬이 태어난 해에 웬디는 결국 어머니에게 육아의 짐을 떠맡겨야 했다. 그리고 자신은 '전업주부'에 적합하지 않다고 생각하였다. 20대에 자신에 대한 잘못된 이해와 결정 사이의 명백한 모순은 일과 육아의 병행을 간절히 원하였지만 이루지 못한 어머니의 딜레마의 반복이었다. 이런 딜레마가 생의 세 번째 단계에서도 해결되지 못하였다.

이런 웬디의 이야기에 대한 나의 언급에서 죄책감과 관련된 것은 없다. 그 이유는 죄책감은 "기존의 표준, 이전의 질서, 주어진 의도 등과 일치하지 않는 어떤 것"이라는 정의(Agnes 2001, 1653)에 비추어 볼 때에, 아마도 웬디가 자신이 잘못한 것이 없다는 생각 때문에 그런지 자신의 이야기에서 죄책감과 관련된 언급은 별로 없었기 때문이다. 그 이유는 어떤 의미에서 부분적으로 웬디가 행크와 결혼하겠다는 의도 이외에 기존의 표준, 이전의 질서 그리고 주어진 의도와 일치하지 않는 일을 했다고 주장하기 어렵기 때문이다. 결과적으로 그들은 약속한 대로 결혼을 했고, 그 이후의 결혼생활에서 죄책감을 느낄 만하게 어떤 잘못을 저질렀다는 충분한 사실을 발견하기 어렵다. 또한 웬디는 남편과 아이들을 돌보면서도 남편의 사업을 운영해서, 정말로 칭찬받을 만할 정도로 주도권의 역량을 보여 주었다. 그런데 웬디의 이야기 속에서 남편이 이런 아내의 노고에 대해서 별로 칭찬한 것으로 보이지 않는다.

특히 그들의 갈등은 전통적으로 내려온 남성과 여성의 역할과 관련이 있으며, 아내의 역할이 '전업주부'라는 행크의 가치관에도 불구하고 그녀는 남편의 사업을 잘 운영하였다. 만약에 그들이 부모의 재촉에 영향을 덜 받고 서둘러 결혼식을 올리지 않았다면, 결혼 이전에 서로의 능력에 대해서 충분히 인식할 수 있었을 것이다. 그런 경우에 갈등이 발생하더라도 반드시 '남녀의 고정된 역할론'을 고수하는 방식으로 행동할 필요가 없음을 수용하고, 각자가 가지고 있는 능력을 감안하여 상황의 변화에 유연하게 적응하도록 의견 타협을 할 수 있었을 것이다.

이 장에 제시된 사례들은 놀이기에 보편적으로 주도권 대 죄책감의 갈등이 경험된다는 에릭슨의 관점에 도전하지 않으며, 다만 생의 세 번째 단계 가운데 주도권 대 죄책감의 갈등이 발생할 수 있음을 설명한다. 생의 세 번째 단계는 이전보다 다소 수동적이라면 주도권의 감각을 발전시키기 위해서 특별히 중요하며, 어떤 잘못을 저지르게 되면 그 잘못을 인정하고 죄책감에 의해서 주도권이 다듬어지고, 주도권의 감각이 억압되지 않은 죄책감과 도덕적으로 제한받지만 윤리적으로 능동적이며, 환상적이지는 않지만 환상에 의해서 목표를 지향하는 힘이라고 할 수 있는 목적 감각에 의해서 인도받는 시기이다(Erikson 1964a, 120).

에릭, 샐리 그리고 웬디의 삶은 생의 세 번째 단계 동안 인생의 항로를 유지하는 데에 어려움이 있음을 보여 준다. 그러나 놀이기로서 이 시기를 각자의 방식을 통하여 바라보는 중요성도 나타낸다. 놀이기는 모든 생물, 동물 그리고 인간이 도약하는 욕구를 느끼는 때이다. 그러나 제대로 된 도약을 하기 위해서 자신이 밟고 있는 땅을 도약대로 이용하는 방법과 안전하고 다시 도약할 수 있도록 착지하는 방법을 배워야 한다. 또한 중력의 제한 속에서 도약을 위한 준비와 도약사이의 짧은 여유를 잘 활용하는 법, 일을 더 잘 해내는 법을 익혀야 한다. 무엇보다도 도약을 하면서 예상치 못했던 즐거움이 있으며, 최선을 다했을 때에 "풋내기의 서툰 동작이 능숙해지며 신성이 깃든 여유를 누리게 된다"는 사실을 기억하자(Erikson 1977, 17).

◎ 목적 지향적 자기

에릭슨의 도식에서 희망은 분명히 소망하는 결과의 달성에 대한 믿음이며 의지는 자기제한과 자유선택의 행사를 위한 결단으로 영성과 목적의 힘을 발전시키기 위해서 필요한 선구자의 역할을 한다. 앞에서 살펴보았듯이, 에릭슨에 따르면 목적은 "유아의 환상의 실패, 죄책감 그리고 처벌 공포의 포장에 의해서 억제되지 않는 가치 있는 목표를 형상화하고 추구하는 용기"로 정의된다(1964a, 122).

에릭슨 자신의 사례 그리고 샐리와 웬디의 사례는 생의 세 번째 단계에서 목적지향성의 발전 안에 금지의 무기력하게 만드는 역할의 예가 나타난다. 이 시기의 금지시키는 요소는 이전 단계의 실패에 기인한 실패에 대한 예상, 부모와 삶에서 영향을 끼친 인물의 기대와 갈등을 빚는 목표의 추구에 대한 죄책감 또는 사회적 기대와 그에 따른 역할 그리고 이러한 기대에 대한 저항과 위반에 대한 처벌받음(타인, 사회적 전통과 과정, 하나님이 부여하신 운명에 의한)에 대한 공포를 포함한다. 에릭, 샐리와 웬디는 20대에 독특한 방식으로 목적지향성의 감각과 영성의 발전에 대한 위협에 반응하였고, 목적 지향적 자기가 되는 데에 성공한 정도에 있어서 거의 통일성을 보이지 않았다. 그러나 세 사례 모두 목적지향성이 자신의 양심 안에 "내적 통일성"의 실현을 필요로 하며, 다음 순서로 자신의 목적과 목표의 추구에 있어서 "내적 자유"를 허락한다(121-122). 다른 말로 표현하면, 인간은 타인의 반대에도 불구하고 자신에게 '적합한' 것이 무엇인지 알아내면서, '양심'을 갖춘 삶의 목적 안에 매진할 수 있는 능력을 필요로 한다.

삶 속에서 자신의 '목적'의 발견에 10년의 시간을 선용할 필요가 있는 주요한 이유는 그런 '내적 통일'의 실현과 그에 따른 '내적 자유'가 하룻밤 사이에 일어날 수 없기 때문이다. 따라서 삶의 목적을 찾기 위해서 몸부림치는 젊은이들에게 연장자들은 시간이 넉넉하다는 말로 위로를 줄 수 있다. 그러나 동시에 연장자들은 젊은이들에게 순서대로 짜인 인생 계획을 주입하지 않도록 주의할 필요가 있다. 왜냐하면 정말 중요한 유일한 시계는 각자의 내면에서 다르게 작동하기 때문이다.

네 번째 성장, 30대

4. 유능한 자기

오늘날 생일 카드를 보면, 네 번째 10년 (30~39세) 기간은 전혀 새로운 시대를 여는 것처럼 보인다. 그것은 한 사람이 자유로운 청소년기에서 벗어나 책임감 있는 성인이 되는 것을 의미한다. 20대에 이미 중대한 책임을 떠맡았음에도 불구하고 인정받지 못했던 이유는, 아마도 이들이 좋든 싫든 실험적이며, 지속적인 깊은 헌신을 하지 않는 사람들처럼 여겨졌기 때문이다.

여기에 전형적인 서른 살이 되는 사람들을 위한 몇 가지 생일 카드 문구가 있다. "안심하세요. 서른이 된다고 인생이 끝나는 것은 아니예요. 그냥 젊은 나이일 뿐입니다." 또는 "서른 살이란 무엇일까요? 서른 살은 10대들이 당신들을 구시대적인 사람으로 생각하게 된다는 것을 알게 되고, 그래도 마흔 살이 되는 것보다는 낫다는 말을 들으면서 술집에서 더 이상 생일 카드를 받지 못하게 되는 나이지요. 또한 콘서트에 가면 두통을 경험하고, 집에 가 보면 어울리는 가구를 소유하고 있기도 하는 나이예요." 그리고 다음과 같은 희망적인 생각도 있다.

"만일 쉰 살이 새로운 서른 살이라면, 서른 살은 새로운 열 살이 되어야 해요. 그래서 피구 게임과 주스 한 팩이 필요하지 않을까요?" 하지만 50세가 되는 사람의 생일 카드에 있는 내용이 이 장의 주제를 표현하는 데 가장 가깝다. "10년 주기에 대한 5개의 소망: 나는 열 살에 조랑말을 원했고, 스무 살에 술을 원했으며, 서른살에 월급인상을 원했고 마흔살에 나는 휴가를 원했으며, 쉰살에는 내가 무엇을 원하는지 잊어버렸어요."

나는 봉급이 인상되기를 원한다. 이 소망은 인생의 네 번째 10년 기간에 해당하는 30대들을 일터에서 한참 일하고 있는 근로자로 간주하고 있음을 반영하는 것이다. 30대들은 주로 고위직이 아닌 그 아래 직위에 속해 있다. 몇몇의 직장 환경에서는 30대들이 최고의 성과를 내지만 그들이 공식적으로 인정받거나 보상을 받는 경우는 거의 없다.

◎ 근면성 대 열등감 갈등

웹스터 사전에서는 근면성(industry)을 "성실하고 꾸준한 노력, 일에 대한 변함없는 근면함 혹은 응용" 그리고 "체계적인 일, 끊임없는 작업"으로 정의한다(Agnes 2001, 729).

성실함(diligence)은 "변함없고 주의 깊은 노력"과 "인내심"을 말한다(404). 비록 근면성의 반대가 게으름이나 나태함인 것처럼 보일지라도, 에릭슨이 열등감이라는 단어를 선택한 것은 상대적으로 통제할 수 없는 환경에서 오는 자신의 부족함에 대한 감각 때문이다. 그로 인하여 근면하게 기능할 수 없다는 것이다. 사전에 따르면 열등감(interiority)은 "낮은 수준 혹은 순서, 지위, 등급 등에서의 낮음" "품질이 불량한" 그리고 "평균 이하"를 의미한다(731).

에릭슨은 『정체성과 생애주기』(1959)에서 학령기에 해당하는 단계를 모든 문화권에서 아동들이 "체계적인 교육을 받기 시작하는" 시기라고 언급한다(83). 이와 같은 체계적인 교육이 반드시 학교에서만 이루어지는 것을 의미하지는 않는다. 하지만 일반적으로 학교에서 체계적인 교육이 이루어진다. 전문화된 직업을 가진 사회에서 아동은 "가능한 한 가장 많은 직업을 위한 가장 광범위한 기본 교육을 받는다." 그리고 "전문화가 많이 될수록, 분명한 목표 수립에 대한 계획이 복잡해지고, 그리고 사회 현실이 더 복잡해질수록 아버지와 어머니의 역할이 더 모호해진다"(83).

이 시기는 또한 아동들이 실제로 "자신들이 스스로 생각하지 못했던 것들을 모험을 통하여 성취하는 법을 가볍고도 강하게 학습하는 단계이며, 단순하게 놀이와 환상에 의해서만 학습하는 것이 아니라 현실, 실용성, 논리를 통해서도 배움을 얻게 되는" 시간이다(84). 모든 아동은 환상 놀이에서 혼자 남겨질 필요가 있고, 상상력을 가지고 환상 속에서 놀이하는 시간이 필요하다. 그러나 시간이 흘러 조만간 아동들은 "그들이 유용한 존재이고, 일을 해낼 수 있고, 심지어 잘하고 완벽하게 할 수 있다는 인식을 가지지 못하게 되면 불만이 생기고 언짢게 된다. 이것이 바로 내가 근면성이라고 부르는 것이다"(86). 이 단계에서 아동은 "생산성을 통해서 인정받는 법을 배운다. 그리고 도구 세계의 비유기체적 법칙에 자신을 적응시킨다. 아동은 생산적인 상황에서 열망과 몰입하는 개체가 될 수 있다." 그리고 "꾸준한 관심과 열성적인 노력으로 일을 완성하는 기쁨"을 발전시킨다(86).

에릭슨은 『아동기와 사회』(1950)에서 이 단계에서의 일차적인 위험성을 논하는데, 이 위험성은 "부적당함과 열등감"에 처하는 것이다(227). 만일 아동이 "도구를 사용하는 또래들과의 사이에서 자신의 도구 사용과 능력 혹은 자신의 지위에 관하여 절망한다면, 그의 자아 경계는 고통받는다. 그리고 아동은 같은 영역의 도구 세계에 자신들을 동화하려고 하는 또래들과 동일시하려는 초기의 노력에 대한 희망을 포기할 수도 있다"(227). 그리고 나서 그는 자신이 "불운하게도 평범하다"고 여길 수 있다(227).

『정체성과 생애주기』(1959)에서 에릭슨은 이 단계에서 아동에게 발생할 수 있는 위험성을 피하기 위한 필수적인 것으로 교사의 선택과 훈련을 제시한다. 첫 번째 위험은 "결코 도움이 되지 않을 것이라고 하는 감정, 즉 열등감"이다(87). 아이들에게 일어날 수 있는 두 번째 위험성은 "너무 도덕적인 선생님에게 열심히 자신을 동일시하거나 또는 선생님에게 애완동물처럼 순종하게 되는 것이다. 따라서 너무 이른 나이에 아동이 자신이 될 수 있는 모습이 되기보다는 오직 착한 작은 일꾼이나 훌륭한 조력자가 될 경향성이 있다"(87-88). 세 번째이며 가장 흔한 위험성은 "학교에 다니는 오랜 시간 동안 성취의 즐거움이나 적어도 한 가지 일은 잘해 낼 수 있다는 자부심을 획득하지 못하는"것이다(88). 이 세 가지 위험성을 식별해 내는 데 있어서, 에릭슨은 아동이 자신을 할 수 있는 일과 일어날 수 있는 일에 비추어 목표를 너무 낮게 설정하거나, 자신의 성취를 부담스런 짐이 되는 것으로 간주할 때 열등감이 명확하게 드러날 수 있다고 말한다.

『아동기와 사회』(1963)의 개정판에서 에릭슨은 근면성 대 열등감의 제도적인 보호 장치가 당시 사회의 "과학 기술적 정신"이라고 제안한다. 이 정신은 "노동력과 차등적인 기회의 분배 의식"을 포함한다(260). 이런 요인들은 성인이 되면서 점점 더 명백해진다. "차등적 기회"의 효과들은 사회적 선호도와 편견들의 영향을 느끼기 시작하게 될 때 명확해진다. 그리고 이러한 요소들에 의해 주어진 우선순위는 개인의 업무 능력 그 자체보다 더 중요하게 고려된다(260).

그러나 성인은 또 다른 더 근본적인 위험성, 즉 "자신의 한계 및 단지 자신의 업무에서 바라보는 시야의 제약"에 직면하게 된다(260-261). 만일 그가 "일하는 것을 단지 그의 의무로만 받아들이고, 그의 유일한 가치의 기준이 '어떤 일을 하는가'에만 있다면, 그는 기술을 이용하는 위치에 있는 사람들과 그 기술에 대한 생각 없는 노예 및 순응주의자가 될 수도 있다"(261). 따라서 『노년기의 중요한 참여(Vital Involvement in Old Age)』(Erikson, Erikson & Kivnick 1986)에서 도표는 이 단

계의 부적응적 경향성이 편협한 기교이며, 악덕의 기질은 무기력이라는 사실을
가리킨다(45).

◎ 유능감의 미덕

에릭슨은 이 단계에서 유능감이라는 덕목을 부여한다. 웹스터 사전에서는 '유
능함(competence)'을 "능숙한 조건 또는 만족할 만한 질"로 정의한다. 그리고 '유
능한(competent)'은 "좋은 자격을 갖춘, 적합한(유능한 의사)" "충분한, 적절한(법에
대한 적절한 이해)"으로 정의한다(Agnes 2001, 298).

에릭슨은 『인간의 강점과 세대의 주기』(1964a)에서 유능감의 의미를 "결국 기
술이 되는 것을 특징짓는 것"이라고 제시한다(123). "단지 희미하게 예상되는 과
업의 미래를 예측하는" 소망, 의지 및 목적의 기초를 획득한 아동은 이제 "기술적
인 생활 방식의 정체성으로 이끄는 기본적인 방법들"을 보게 될 필요가 있다
(123). 학교에서 "아동이 자기 생각의 구조와 신체적 움직임을 이용함에 있어서
어떤 '작용'이 일어나는지가 도구적인 '작업'과 협력적 만남의 '작업(지속적인 중요
성에 대한 자기검증)'에서 발견될 수 있다"(123). 이 단계에 있는 아동은 "다양한 전
문화에 대한 준비가 되어 있다. 그리고 실제적이든 신화적이든 이상적인 사례들
을 통하여 그의 기대에 적합하고 교훈을 주는 성인들과 협력적인 친구들과의 만
남을 통한 '생산성의 정신'에 따라 매우 열심히 기술을 배울 것이다"(124). 아동의
"수용 능력 발달은 기술을 잘 배울 수 있는 사고력과 기본적 도구를 활용할 수 있
게 만들어 준다"(124). 그러므로 "사리분별과 역량의 기초는 아동에게 있어서 '강
력한 자아'가 형성되어 있지 않을지라도 미래를 위한 기술을 준비하게 해준다.
그것이 없다면 아동은 그의 장비에 대한 열등감을 느끼고 그의 수용력 안에서
다룰 수 있는 현실의 반경이 증가하는 것에 대하여 자신의 능력이 못 미친다는

사실에 한계를 느끼게 된다"(124). 한마디로 아동은 압도당함을 느낀다.

따라서 에릭슨은 유능감을 "아동의 열등함에도 손상받지 않고 과업을 완수할 수 있는 재주와 지능의 자유로운 발휘"로 이해한다. "유능감은 기술이나 장비 사용에 협력적으로 참여할 수 있는 기초가 되고 이어서 도구와 기술의 논리에 의존하게 된다."(124) 사실 유능감이란 개인이 그의 근면성으로부터 좋은 결과를 가져오고, 그가 하는 일에 아주 적합하다는 것을 말한다. 에릭슨(1958)은 이전에 마틴 루터(Martin Luther)에 대한 정신분석 연구를 통해 그가 언급했던 다음의 내용에서 유능감에 대한 이해를 나타내고 있다.

> 만약 그들이 너무 많은 내적인 비용을 들여서 일을 잘하는 것이라면, 많은 개인은 그들이 하고 있는 그 일들을 하지 말아야 할 수도 있다. 능률적인 면에서는 일을 잘하는 것이 좋을 수 있지만 나쁜 일이 될 수도 있다. 요점은 일을 얼마나 능률적으로 하느냐가 아니라, 노동자가 자신의 신념 속에서 그가 하는 일이 그의 삶에 얼마나 좋으냐이다(220).

에릭슨은 루터가 장인의 관점을 가졌다고 제안했다. 그는 "하나의 기술이 또 다른 기술만큼 개인의 완벽을 위해 좋은 방법이라고 여겼으나 잠재적으로 개인의 삶에 나쁜 감옥과 같이 될 수도 있다"고 생각했다(220).

학령기(5~12세)가 이전 단계보다 시간적으로 길다는 사실에도 불구하고, 이 기간은 근면성에 대한 가장 기본적인 경험만을 허용한다. 이 시기는 다른 사람들과 함께 그리고 동시에 일하는 것을 배우는 근본적인 발달 과업과의 투쟁을 알려 준다.

내가 볼 때, 그러한 학습이 중점적으로 중요한 10년 기간은 "근면"과 "인내"를 모두 필요로 하는 "체계적인 일"과 "직업 고용"으로 정착하는 삶의 네 번째 10년 기간(30대)이다(Agnes 2001, 729, 404). 이 기간은 한 개인이 노동자로 인식하는(직업인)것을 확립하게 되고 앞날을 위한 기반을 형성하는 시기이다. 확실히 거의 모든 사람은 네 번째 10년 기간(30대) 이전부터 노동자로 일해 오고 있었다. 생일 카드에서 알 수 있듯이, 20대는 재미와 게임을 추구하는 근심걱정 없는 세대라는 것은 사실이 아니다. 하지만 30대는 특정한 형태의 일에 헌신하며 자신이 하는 일에 대하여 유능감을 느끼게 되는 시기를 말한다. 주요한 직업 변화는 나중에 일어날 수 있다. 그러나 이런 변화가 발생할 때 그것은 이례적이며, 삶의 과정에 변화가 일어나고, 커다란 위험성을 안게 될 수도 있다고 믿을 수 있다.

이러한 위험에 대한 감각은 30대와 20대 간의 중요한 차이점이다. 20대는 변화가 위험이라는 인식을 가지지 않을 수 있다. 그 대신 변화를 일으키지 않는 것이 더 위험한 것일 수 있다. 스티브 던(Stephen Dunn 2000, 55-56)의 시가 이 점을 잘 보여 준다. 던은 24세에서 27세 사이에 카피라이터로서 나비스코(National Biscuit Company, 쿠키회사)에서 일했다.

마지막 시간

어리숙한 친구 프랭크는
퇴근 시간을 앞두고도
자기 파티션에 앉아
전화로 과자를 팔고 있다.

25세라는 나이에 나는
부모님의 바람만으로 온 이 직장에서
승진하려고 안간힘을 쓰고 있다.

있어 보이는 정장 차림으로 있는 우리는

치열한 '과자' 마케팅 회의가 끝난 뒤

상사 호레이스의 선택에 따라

자리에 돌아와 즐거워하거나 시무룩해한다.

호레이스는 격없이 대하지만

일에는 냉정한 사람이다.

퇴근 시간 19분 전

내선 전화가 울리고

호레이스는 나를 부른다.

퇴근의 발목을 잡는 이 상황을 우리는 웃고 넘어간다.

내가 정말 이 '부름'에 응답해야 할까?

내 상황을 돌아보고 나의 재정 상태를 생각하며

난 웃으면서 대답한다. 네. 네. 네

호레이스의 인생 이야기에 영혼 없는 대답을 하고 있다.

간식거리를 파는 인생, 과자에 대한 인생관과 아이디어들이

한 귀에서 다른 귀로 흘러간다.

방에서 나오고 엘리베이터에서 내려갈 때

기쁨의 한숨이 나온다.

내일을 꿈꾸고 있는 나는

지금 나의 두려움이 떠나가고 있다.

지하철 종착역에 도착할 때쯤이면 내 꿈이 이루어져 있겠지.

정신을 차려 가고 있을 때

나지막히 혼잣말을 중얼거린다. "그만둬야겠다."

스스로 다짐한다. "기필코 이 말을 해야지."

던은 25세에 그의 직장 나비스코를 떠나게 될 것이라는 사실을 깨달았다. 다니엘 J. 레빈슨은 여성들에 관한 연구에서 25세의 변환기가 있다는 것을 발견하였고, 이 결과는 남성들에게도 동일하게 존재한다고 믿었다(Levinson 1996, 98). 던은 이 사실을 확신하고 있는 중이었다.

그러나 30대 인생 기간 혹은 그 이후에 유사한 직업 경력의 변화가 일어날지라도 이러한 변화는 이례적인 것이다. 레빈슨(1978)은 40명의 남성에 관한 연구에서 5명의 남성은 그들의 직업 경로를 바꾸었고, 다른 3명은 20대에 가졌던 그들의 고용불안이 30대까지 계속되고 있다는 사실을 발견했다. 나머지 사람은 계속해서 동일한 직업군에서 일하게 되었는데 그중 22명은 승진을 하였고, 7명은 제자리에 있었으며, 나머지 3명은 그들이 예전에 했던 일과 완전히 다른 새로운 일을 하였다. 다음의 예시는 레빈슨의 연구 사례에서 가져온 것이다.

◎ 빌: "나는 내가 어떤 길로 가고 있는지를 몰랐어요"

빌 폴슨(가명)은 레빈슨의『남자가 겪는 인생의 사계절』(1978)에 등장하는 인물 중의 한 명이다. 빌 폴슨의 삶은 청소년기부터 40대 중반까지 제시된다. 남성 40명의 표본은 1969년에 선택되었다. 그들은 1923년에서 1934년 사이에 태어났기 때문에 처음 인터뷰를 했을 때 그들의 나이는 35세에서 46세 사이였을 것이다. 폴슨은 인터뷰를 한 사람들 중에서 비교적 나이가 든 편이었다. 레빈슨은 30대 남성들 중 "안정된 삶의 구조에서 실패하거나 내리막길을 걷게 된" 범주에 그를 넣고 있다(152). 따라서 그는 근면성 대 열등감 갈등으로 어려움을 겪고 있으며, 네 번째 10년 기간(30대)에서 유능감을 유지하기 위해 고군분투하는 사람의 훌륭한 예 중 하나이다.

빌은 1925년에 태어났으며 브루클린의 베이 리지 구역에 있는 스칸디나비아와 아일랜드 사람들의 공동체에서 자랐다. 그의 할머니는 어린 시절 노르웨이에서 미국으로 건너왔는데, 그녀는 어린 시절 그에게 중요한 인물이었다. 온 가족이 할머니를 중심으로 돌아갔다. 할머니와 빌의 어머니 사이에는 끊임없는 마찰이 있었다. 빌은 만일 할머니와 어머니가 한 지붕 아래 거하게 되면 큰 문제가 일어나게 된다는 믿음을 점점 갖게 되었다. 걱정이 많고 매우 신경질적이고 예민한 그의 어머니는 그에 대해서는 다소 보호적이고 관대했던 반면에 그의 할머니는 그의 일생에 규율과 삶의 체계를 제공했다. 그의 할머니는 여름 동안 뉴욕 북부 지역에서 하숙집을 운영했고, 빌과 그의 어머니와 여동생은 그곳에서 여름을 보내곤 했다. 그의 어머니는 직원으로 일했고, 빌은 하숙집과 농장 주변의 많은 잡일, 즉 닭들을 돌보고, 소들에게 젖을 먹이고, 건초를 들여오는 일 등을 맡았다. "힘들지만 행복한 삶"이었다(126).

빌의 아버지는 야심이 없는 선한 사람이었고 평범한 삶에 만족하며 정착했다. 38년 동안 그는 월가의 증권 중개회사에서 사무원으로 일했다. 그는 매우 상식적인 사람이었으며, 관심과 충고를 하는 데 있어서 관대한 사람이었다. 문제가 생겼을 때 빌과 아버지는 앉아서 이야기를 나누곤 했다. 빌에 따르면 "그는 아버지라기보다 친구"였다(127). 그는 빌이 원하는 것을 이루어 주진 못했지만 친절한 빌의 "최고의 친구"였다(127).

빌은 할머니의 야심, 열심, 강인함, 공정성에 대한 관심에 감탄했다. 빌은 할머니처럼 더 나은 삶을 만들기 위해서 일했다. 그의 어머니처럼 그는 자신이 원할 때 원하는 것을 받고자 하는 소망과 포기하고 돌봄을 받고자 하는 소망을 위하여 계속적으로 투쟁을 벌이곤 했다. 빌은 아버지처럼 세상과의 평화를 이루기 위해 노력하고 평범한 삶에 정착하고자 노력했다. 그는 성인기 삶 속에서 가족을 기쁨과 만족의 주요한 원천으로 여겼으며, 자신의 취미를 즐기고자 했다(127).

그는 18세 생일이 지나고 곧바로 징집되었다. 1년 반 동안 제2차 세계대전에 참가했다. 그는 전방을 감시하는 역할을 맡았다. 적의 포격을 탐지하는 전방 초소를 세우는 것이 그의 임무였다. 그는 프랑스를 거쳐 독일로 이동하는 부대에 속해 있었다. 많은 다른 참전용사와 빌은 종전 후 일반 시민의 삶으로 적응하는 데 어려움을 겪었다. 빌은 아무것도 하지 않은 채 몇 달 동안을 보낸 후 그는 가장 친한 친구와 그의 동생과 함께 대학에 가기로 결정을 했다. 그들은 뉴욕주립 농업대학이 기술학부를 개설하기 시작했다는 것을 알게 되었고, 그래서 지원하여 합격하게 되었다. 그들은 전기 작업을 배우기로 결심하였고 세 사람 모두 우수한 학생들이 되었다.

2년제 대학 프로그램의 마지막 해에, 그는 두 살 위인 '룻'이라는 여인을 만났다. 그는 그녀와 공통점이 많다고 느꼈다. 그래서 그녀와 만나는 것을 즐거워했다. 그러나 빌에 따르면 빌의 어머니는 그의 결혼을 반대했다. 왜냐하면 빌의 어머니는 룻이 빌을 그녀로부터 빼앗아 가고 있다고 느꼈기 때문이다. 그래서 그녀는 아들을 계속 붙잡아 두고 싶어 했다. 빌이 결혼할 정도로 충분히 '성숙'한지에 대한 빌과 룻의 논의도 의문이 들게 만들었다. 게다가 빌은 개신교신자였고, 룻은 가톨릭 신자였다. 그래서 룻은 빌이 개종하기를 원했다. 결국 그는 그의 어머니를 거역하고 가톨릭에서 가르침을 받아 개종하였다. 그리고 23세가 되던 해인 1949년에 룻과 결혼했다.

빌은 그의 고향 브루클린에서 약 65마일 떨어진 롱아일랜드로 이사했다. 그들이 결혼했을 때 빌은 IBM에서 일하고 있었고, 뉴욕 시내로 통근하고 있었다. 비록 그는 그의 일을 좋아했지만 출퇴근이 너무 힘들다는 것을 알았고 룻과는 더 많은 시간을 보내기 원했다. 그래서 그는 1년 후에 일을 그만두고 롱아일랜드 조명회사에서 6년간 근무했다. 그는 전화교환기를 통하여 긴급전화를 받아 현장에 수리공을 보내는 '영예로운 전화교환원'으로서 일을 시작했다. 그는 작업 교대 중 하나를 담당하는 '특별한 서비스를 제공하는 전화교환원'으로 발전하였다. 그는 위험성을 다루는 일의 형태로부터 만족을 얻지는 못했다. 그러나 그 직업은 그에게 안정성과 많은 보수 및 즉각적인 필요들을 채워 주었다.

반면, 그 일은 그의 삶을 발전시키지 못했다. 그 일에서 그가 전공한 전자공학이나 IBM에서 훈련받은 것들은 사용하지 못했다. 뿐만 아니라 그 일은 롱아일랜드 조명회사에서 다른 직책으로 이동할 수 있는 준비를 하게 해 주지도 못했다. 그래서 그 일에 6년 이상 종사했지만 그의 일은 직업적으로 퇴보하는 걸음으로 판명되고 말았다. 그 일은 그의 관심사를 편협하게 만들었고, 새로운 기술을 습득하지 못하게 했으며, 직업 경력을 쌓을 수 있는 역량을 기를 수 있는 기회를 거의 불가능하게 만들었다.

이 기간 동안 빌의 장모는 빌 부부와 함께 지냈다. 빌은 그녀가 빌을 대했던 것처럼 장모를 매우 좋아했다. 빌의 장모는 직장생활에서 겪는 어려움이나 혹은 빌과 룻이 직면하여 결정할 일이 있을 때 조언을 해 주곤 했다. 빌의 아버지가 했던 것과 유사하게 말이다. 예를 들어, 빌은 집을 살 때와 같이 불확실하다고 느낄 때 그의 아버지에게 전화를 걸었고, 그의 아버지 역시 기꺼이 조언을 해 주었다. 빌과 룻이 아이를 갖기 원했지만 가질 수 없었기에 빌은 다음과 같이 고백했다. "선한 주님께서는 그 당시 우리에게 아이를 주는 것은 적합하지 않다고 여긴 것 같습니다."(131) 그들의 불임에 대하여 설명할 수 있는 신체 건강상의 이유가 딱히 없었기 때문에, 그들은 두 사람 중 누군가에게 문제가 있지는 않을까 하는 걱정을 하게 되었다. 그래서 결혼 이후 초기 몇 년 동안은 이 문제에 대한 긴장감이 이어졌다.

빌이 스물아홉이 되던 해에, 일련의 여러 사건은 빌이 감당하기에 힘든 책임과 손실을 안겨다 주었다. 빌의 아버지는 몇 달간 병마에 시달린 이후 53세의 나이로 돌아가셨다. 그 일로 빌은 큰 상실감을 겪게 되었다. "그 당시 1~2년 동안 나는 거의 신경쇠약에 만신창이가 되었어요."(132) 그 당시 빌의 어머니는 아들과 며느리와 함께 이사를 하게 되었다. 룻은 마침내 임신하였지만 자신의 임신에 관하여 걱정했다. 뿐만 아니라 시어머니와 함께 살아야 하는 것에 대해서도 마음이 편하지 않았다. 빌의 어머니는 스스로를 돌볼 수 없었고 빌과 룻이 할 수 있는 것보다 더 많은 보살핌을 요구했다.

빌은 어머니에게 요양원에서 사는 것을 제안했다. 그러나 그녀는 완강히 반대했다. 나머지 가족도 빌이 어머니에게 요양원에 가서 살도록 제안한 것에 대해서 매우 화가 났다. 결국 빌의 어머니는 계속 빌 부부와 함께 살게 되었고 상황은 악화되었다. "그 일은 내 아내를 매우 예민하고 피폐하게 만들었어요. 어머니는 마음의 벽을 쌓았으며 전혀 말을 하지 않으셨어요. 그래서 나는 거의 폭발하기 일보직전이 되었지요."(132) 면담에 임했던 룻은 그 당시 그녀가 그 상황을 마주 대하기 힘들었기 때문에 "자살을 시도했다"고 말했다(132). 임신 9개월째에 결국 뱃속의 아이는 유산되었다.

빌과 룻은 마음에 고통과 분노가 쌓여 어머니에게 여동생과 살 것을 권유했다. 어머니는 처음에는 아들 빌이 자신을 사랑하지 않는다고 거절했지만 결국 빌의 여동생 집으로 가게 되었다. 빌 자신은 가족 안에서 가장으로서의 역할에 실패했다고 느꼈다. 빌 역시 다른 가족과 마찬가지로 어머니의 여생을 돌보는 것이 자신에게 달려 있다고 생각했다. 그러나 그는 그것을 감당할 수 없었다(133). 다른 가족은 그 후 거의 10년 동안 빌과 연락을 하지 않았다. 이 혼란기에 빌의 장모는 그들과 함께 살면서 병을 얻었고, 1년 동안 병석에 누워 있다가 결국은 죽음을 맞이했다. 빌의 아버지만큼 장모는 빌을 대단히 좋아했다. 그래서 그녀가 죽었을 때 빌은 큰 상실감을 느꼈다. 그 일로 빌은 술을 많이 마시기 시작했는데, 그것이 그의 일에까지 영향을 미치게 되었다. 그는 직장을 잃을까 봐 걱정하기 시작했다. 다음은 빌의 고백이다. "구명조끼 없이 마치 바다 한가운데 떠 있는 것 같았어요. 나는 내가 어디로 가야 할지 방향을 잡을 수 없었어요."(133)

이 기간 동안 룻의 오빠는 빌에게 도움이 되었다. 룻의 오빠는 어머니가 아팠을 때 오리건으로부터 롱아일랜드로 왔는데 그는 아내와 이혼하게 되어 몇 달 동안 빌과 룻과 함께 살게 되었다. 그러고 나서 곧 재혼을 했고 플로리다로 이사를 했으며 마음에 드는 새로운 직업을 구하게 되었다. 자리를 잡게 되자 그는 빌과 룻에게 그와 함께 살기를 권유했고 두 사람은 이사를 하기로 결정했다. 31세의 나이에 빌은 변화를 맞이할 준비가 되어 있었다. 빌은 롱아일랜드에서 일이 잘 풀리지 않는다고 생각되어 다른 지역으로 가서 다시 시작하고 싶었다. 그런 면에서 플로리다는 다른 어떤 곳보다 새로 시작하기에 좋아 보였다.

그러나 플로리다에서 모든 것을 다시 시작한다는 것은 그에게 힘든 일이었다. 그는 냉장고 판매업자를 위한 서비스 기술자로 6개월을 일했다. 그러고 나서 건축회사에서 빈약한 임금을 받으며 8개월을 더 일했다(134). 그 당시 볼스 앤드 화이트(Bowles & White)라는 컴퓨터 회사가 포트로더데일에 새로운 공장을 열었는데, 빌은 그 공장 일자리에 지원을 하게 되었다. 그는 과거 IBM에서 일한 전력으로 볼스 앤드 화이트에 고용되었고, 회사의 새 컴퓨터 운영에 관한 것들을 배우기 위해 보스턴으로 보내졌다. 이후 그는 포트로더데일의 회사로 되돌아왔다. 그가 되돌아왔을 때 그는 그 회사의 연구개발 센터에서 최초의 IBM 컴퓨터 운영자였고, 그래서 그 사실에 대단히 고무되었다. 서른두 살에 그는 그동안의 경력과 기술을 활용할 수 있는 직책을 갖게 되었으며 승진 기회를 제공받을 수 있는 회사에서 일하게 된 것이다. 그는 앞날을 내다보며 자신의 미래를 계획하고 있었다. 빌의 새 직장은 지난 3년 동안의 위기와 혼돈 상태가 종료되었음을 보여 주었다. 회사의 운영에 있어서 데이터 처리가 중요해지면서 빌은 감독자의 역할을 더 맡기 시작했다. 그는 신입 사원들에게 컴퓨터 작동법을 가르쳤고 그들의 업무에 대한 지도감독을 하게 되었다. 그의 역할은 숙련된 프로그래머가 작성한 것을 가져와서 운영자들이 이해할 수 있도록 만들어 주는 것이다. 그래서 그는 각 그룹이 서로를 이해할 수 있도록 도우면서 자신을 근로자와 관리자의 연결고리로 간주했다. 그는 자신을 목회자, 중재자, 고해 신부로 표현했다. 그의 직업적 목표는 전체 정보처리 부서의 지도감독자가 되는 것이었다.

빌이 서른세 살이었을 때 룻은 다시 임신을 하게 되었고, 이번에는 성공적으로 출산을 하게 되었다. 룻의 표현에 따르면 그들의 아들 피트의 탄생은 그들에게 계속 나아갈 수 있는 목적과 무언가를 구축할 수 있는 방향성을 제공해 주었다. 그녀는 "피트가 태어나기 전에는 우리의 삶이 완전하지 못했어요."라고 덧붙여 말했다(283). 빌은 피트에게 친구이면서도 아버지가 되고자 노력했다. 그러나 룻의 관점에서 보면 빌이 피트에게 '안 된다'고 말하지 못했기 때문에 피트의 버릇이 나빠지게 되었다. 그 결과, 피트는 아버지 빌의 '약함'을 이용했다(283).

빌이 서른다섯 살이었을 때, 그들은 아름답고 편안한 집을 장만했고, 낚시에 매우 열광하게 되었다. 이 시기가 그의 생애에서 행복한 시간이었다. 그는 만족스러운 직업, 아름다운 가정과 가족 그리고 즐거운 여가 활동을 누렸다. 이 행복한 시간은 그가 서른여덟 살이 될 때까지 계속되었다. 서른여덟 살 무렵 그의 어머니는 오랜 가족 간의 말다툼 끝에 플로리다로 이사를 왔다. 빌의 어머니는 근처의 아파트에 살면서, 아들에게 무리하고 대단히 힘든 요구를 했다. 그녀의 존재는 다시 빌과 룻 사이에서 갈등의 원인이 되었다. 시어머니에 대한 긴장 때문에 룻은 궤양이 생겨 병원에 입원하게 되었다. 마침내 빌은 어머니와 함께 지낸 지 6개월 만에 어머니의 존재가 아내를 견딜 수 없게 만든다는 것을 깨달았다. 그래서 다시 어머니를 버지니아에 있는 그의 여동생 집으로 돌려보냈다. 그 후 가족은 어머니를 요양원에 모시기로 결정했다.

서른아홉 살이 되었을 때, 빌은 자신이 지도감독자의 위치에서 더 승진할 것이라고 느꼈다. 그는 자신이 경영에 대한 경험이나 훈련을 받은 적은 없다고 생각했지만, 스스로 일을 잘 수행했으며 회사로부터 긍지와 격려를 얻었다고 느꼈다. 그는 회사로부터 더 큰 책임과 권한을 부여받아 조직의 더 높은 상급자가 되기를 원했다. 그러나 얼마되지 않아 빌은 자신의 회사(볼스 앤드 화이트)에서 그가 도달할 수 있는 곳까지 승진했으며 더 이상 승진하기 어렵다는 것을 명확하게 알게 되었다.

그는 어떻게 해야 할까? 그가 현재 가진 것에 안주해야 할까, 아니면 그가 원하는 것을 다른 곳에서 찾기 위해 애써야 할까? 그는 이에 대한 결정을 내리기 위해서 고민하는 동안 가슴 통증이 생겼다. 그래서 자신이 심장병에 걸렸을 것이라고 확신하게 되었다. 하지만 다행히 광범위한 의학적 검사 결과 '신경성' 근육 통증이었다. 빌은 심장병이 없다는 사실에 안도하면서도 더 높은 직급으로 승진하지 못한 것에 대한 심리적 손상이 있다는 것을 깨달았다. 그는 술을 줄이고 담배를 끊으려고 애쓰며 자신의 몸을 더 잘 돌보려고 노력했다. 그후 마흔 살에 빌은 주도성을 가지고 룻과 함께 북쪽 지방으로 이사하기로 결심했다. 뉴욕에서 일이 잘 풀리지 않아 플로리다로 이사했던 것처럼, 그는 지금 뉴욕으로의 복귀도 동일하게 자신에게 유리한 결과를 가져올 것이라고 일종의 도박처럼 결정했다. 따라서 지난 10년은 빌이 위험한 진로를 개척했던 시간으로 마감하게 되었다.

30대 생일 카드는 그들이 원하는 것이 삶의 전진이라는 것을 잘 보여 준다. 빌 폴슨의 삶은 그의 30대를 통하여 이것을 잘 말해 준다. 빌의 경우 승진이 제공해 주는 책임과 인정을 원했기 때문에, 그의 사례에서 승진은 30대의 모습을 잘 보여 준다. 빌에게 20대의 시간 동안은 승진의 이슈가 없었다. 20대 내내 빌은 직업이 안정감을 주고 좋은 급여, 당면한 필요를 충족시켜 준다는 사실에 만족했다. 사실 빌은 그의 세 번째 10년 기간인 20대에 시작했던 일들을 통하여 성취하게 된 것에 충분히 만족했다. 그는 20대 기간 동안 2년제 대학을 마치고 결혼을 했으며, 삶의 안정감을 얻었고, 좋은 급여를 주는 직업을 얻게 되었다. 빌은 그의 인생 네 번째 10년 기간인 30대를 시작했을 때 그의 계획대로 삶의 안정성을 제공하는 합당한 기회가 생기고 인생에 관한 그의 시야를 고정할 수 있는 길이 열릴 것이라고 생각했다.

플로리다에서 그의 첫해는 대체로 순탄하지 않았다. 그러나 그가 32세에 컴퓨터 회사인 볼스 앤드 화이트에 고용되자 직업적으로 상승 궤도를 달릴 수 있을 거라는 꿈을 꾸기 시작했다. 그러나 아주 단순하게도 그의 이런 생각은 이루어 지지 않았다. 30대가 끝날 무렵, 그가 30대 초에 출발했을 때보다 더 진전되지는 못했다. 그리고 이제 38세가 되었다.

에릭슨의 근면성 대 열등감 갈등은 빌에게 무슨 일이 일어났는지를 이해하는 데 도움을 준다. 앞에서도 지적한 바와 같이, 진짜 근면성이 기능하지 못하는 열등감은 자기 자신의 부적당함에서 기인한다고 생각하는 것과 상대적으로 통제가 어려운 환경에서 일어나는 것으로 전해진다. 빌은 자신의 경영훈련이 부족하고 그런 훈련이 없으면 경영 참여가 어렵다는 것을 뼈아프게 알게 되었다. 그러나 동시에 그는 자신의 능력이 다른 사람보다 월등히 뛰어나며 자신이 가진 기술력을 바탕으로 승진해야 한다고 생각했다. 빌은 인생의 네 번째 10년 기간인 30대가 지속되었을 때, 다른 사람들은 승진하고 자신은 그들에게 뒤떨어진다는 생각으로 자신의 지위가 낮아진 것 같은 무게감을 느꼈다.

우리는 빌이 그의 아버지가 15세에 고용된 이래 53세로 돌아가실 때까지 한 직장에서 어떻게 평생 일할 수 있었는지에 대해서 궁금해했을 거라고 상상해 볼 수 있다. 그러나 그의 아버지는 경제 대공황기에 직업을 얻었기 때문에 매우 행운이었다고 느낀 반면 빌의 30대(1954~1964년)는 경제적 번영의 시기였다. 또한 빌은 그의 집에서 어머니를 잘 돌보지 못한 것과 그로 인해서 전통적인 '가장'의 책임을 수행하는 데 실패했다고 느껴 다른 가족 구성원들에게 열등감을 느끼게 되었다.

그러므로 빌의 열등감 문제는 자신이 할 수 있는 일이나 될 수 있는 것에 비추어 목표를 너무 낮게 설정한 것이 아니라 다음 단계로 발전할 수 있는 기회 자체가 제공되지 않은 것이다. 레빈슨은 빌이 컴퓨터 운영에 관한 지도감독자로서 그의 역할에 대한 설명 속에 '자기기만의 이야기'가 있음을 주목한다. 그리고 빌의 성격적 요인이 그가 원했던 인정을 얻는 데 실패한 것으로 본다. "그는 노동자와 경영자를 중재하는 데 대한 그의 재능을 과장했다." 그리고 "자신의 직업을 사무원으로 생각하고 싶지 않았기 때문에 자신의 승진 가능성에 대해 지나치게 희망했다"(282). 따라서 "그가 직장생활에서 자리를 잡았을 때 미래에 일어날 문제의 씨앗을 뿌리고 있었던 것이다"(282). 30대 후반에 빌은 다른 모든 사람보다 자신의 능력이 우월하다고 느꼈다. 그리고 아마도 전체 부서의 감독자가 될 것이라고 느꼈다. "그 일이 실현되지도 않았는데" 그는 "나는 다른 모든 사람보다 우월하다는 인상을 주고 주변을 서성거리곤 했어요."라고 말했다(284). 아마도 상급 경영자들이 이 행동을 목격했을 것이고 그가 승진에서 고려되지 않은 한 요인이 되었을 것이다. 아무튼 열등감은 빌의 30대 전체를 지배했다. 그의 열등감은 그의 노동이 "낮은 질" 혹은 "평균 이하"여서가 아니라 높은 지위를 가져야 한다는 사실로부터 기인한 것이다(Agnes 2001, 731).

이런 열등감은 그의 근면성에 직접적인 영향을 끼쳤다. 사실 빌의 직업생활에 대한 레빈슨의 묘사는 새롭게 발전시킨 그의 근면성이 컴퓨터 기술과 연관되었다는 사실을 설명하고 있지는 않는다. 대신에 근면성은 월가에서 사무원으로 일한 그의 아버지 일과 같이 따분하고 재미없는 것처럼 여겨진다. 에릭슨(1959)의 설명에 따르면 "생산적인 환경에 몰입하여 열망을 가진 존재"가 되고 "지속적인 관심과 끈기 있는 근면함으로 일을 완성하는 기쁨"을 경험하는 아동은 없다(86). 물론 이것은 빌이 하는 일 자체의 특징을 반영하는 것일 수 있다. 특별히 그가 회사 업무에서 정보를 처리하는 마지막 단계에서 일을 하기 때문이다. 그 일은 단순히 지루한 일이었다. 그것은 그가 야전포병의 전방 감시자였을 때 군대에서 했던 위험하지만 흥미로운 일과는 거리가 멀었다. 따라서 웹스터 사전이 근면성을 "진지하고, 꾸준한 노력, 일에 대한 한결같은 성실함 또는 열심" 및 "체계적인 일, 끊임없는 작업"으로 정의한 것(Agnes 2001, 729)은 아버지의 근면성(게다가 빌의 열등감에 대한 인식의 상대적 결핍)을 특징으로 하고 있다. 그러나 빌은 근면성에 대한 에릭슨의 역동적인 이해와 유사한 것을 갈망, 몰입, 기쁨과 관련지어 더 찾으려고 노력했다. 하지만 이것은 찾기 힘든 것으로 증명되었다. 빌의 열등감의 원인이 된 것은 아들과의 관계 문제였다. 그가 바라던 대로 아들과의 관계가 이루어지지 않았기 때문이다. 룻은 빌과 피트가 서로 대단히 좋아한다고 강조한다. 빌과 피트가 서로 싸우고 났을 때 피트는 자신의 방에 들어가 문을 닫는다. 그래도 한 시간 정도만 지나면 두 사람은 아무 일도 없었다는 듯이 나와서 서로 대화를 한다. 그러나 빌이 자신의 아버지에 대해 깊은 감정—"최고의 친구" "아버지 보다는 단짝"—을 가졌던 것에 비하여, 아들 피트는 아버지 빌에 대하여 그 정도의 감정을 가지고 있지는 않았다. 그 뒤로 빌의 어머니가 플로리다로 이사왔을 때 그가 '가장'의 역할을 수행할 수 있는 두 번째 기회가 있었다. 그럼에도 첫 번째 상황처럼 나쁘게 전환되었다. 그의 어머니가 자신의 아파트에서 생활한 것은 지난번과 똑같았다.

레빈슨은 빌을 "안정적인 삶의 구조 속에서 쇠퇴했거나 실패했던" 30대 남성 6명 속에 포함시켰다(152). 빌은 다른 사람들과의 비교에서 '보통의 실패자'였다. 30대 남성들의 범주에 해당하는 대부분이 30대 중반부터 30대 후반까지 그들의 최대 한계에 도달했다는 점에서 빌의 삶은 독특하지 않았다고 레빈슨은 가리킨다. 몇 명의 대학교수는 30대 후반에 종신교수직에서 거부당하게 되어 어쩔 수 없이 다른 직업을 찾아야 했다. 그러는 동안 한 명은 회사 내에서 좌천성 승진 발령이 났다. 따라서 이들 7명은 에릭슨(1963)이 특정 사회의 "기술 윤리"에서 논의했던 "차등적 기회"에 직면하게 되었다(260).

충분히 흥미로운 사실은 빌이 관리자의 자리에 오르지 못함으로써 미래에 당할 굴욕을 피하게 되었다는 것이다. 왜냐하면 레빈슨이 지적했듯이, "기업에서 관리직의 자리는 중간관리자 15명 또는 20명당 최고관리자가 한 명 정도 배치되는 피라미드 구조"이고 "경영 문화는 상향 승진에 중요한 가치를 두고 있어서 대부분의 중간 관리자는 중간 정도에서 충격적인 정도의 실패를 경험하는 불행한 운명을 맞게 되어 있기 때문이다"(155). 이와 같은 사실은 중간관리자와 말단 사무직원 사이를 중재하는 데 특별히 자신이 유능하다고 생각하는 30대 남성(빌과 같은)에게는 작은 위안이 될 수 있을 것이다.

빌은 서른아홉 살이 되었을 때 초조한 긴장감으로 가슴 통증이 생기자 자신의 상황에 대하여 뭔가 조치를 취해야 할 필요가 있다고 생각했다. 에릭슨은 『청년 루터(Young Man Luther)』(1958)에서 "만일 개인들이 너무 많은 정신적 에너지 소모를 통해서 일을 잘해야 한다면 그 일은 하지 않는 것이 좋다."(220)라고 언급한다. 에릭슨은 루터가 작센 지방의 부원장인 슈타우피츠(Staupitz) 박사를 영적 멘토로 모시고 있음을 강조했다. 그는 루터의 신분에 대하여 아버지와 같은 후원자가 되고 치료적인 지혜로 그를 대했다(17, 165, 37). 빌 폴슨은 그렇지 못했다. 레빈슨 박사가 지적했듯이 빌은 성인 세상에 자리 잡을 수 있도록 그를 도울 수 있는 멘토를 결코 발견하지 못했다(135). 사실 유년기부터 현재에 이르기까지 "그에게 영감을 주어 성인의 삶을 위한 모델링을 제공해 준 사람이 없었다"(127). 그는 할머니의 생활 방식에 감탄을 했지만 할머니의 삶을 열망하지는 않았다. 그는 아버지를 사랑하고 존경했지만 소박한 정착생활에 대해서는 비판적이었다. "빌이 모방하기를 원했던 존경받는 선생님, 친척 또는 친구는 없었다. 대체로 그의 세상은 그에게 본보기를 거의 제공하지 못했다."(127)

다음 장에서는 빌 폴슨의 40대 인생 이야기를 계속하려고 한다. 빌 폴슨은 결국 아버지의 경향성, 즉 삶에서 당연하게 받아들일 수 있는 것은 받아들이고 더 이상 노력하지 않았던 삶을 재평가하게 된다. 레빈슨의 표현에 따르면 그의 아버지처럼 빌은 세상에서 평화를 만들기 위해서 그리고 평범한 곳에 정착하기 위해서 노력할 것이다(127). 예수께서 탕자에 대해 말씀하셨듯이(누가복음 15:17) "그러나 그가 스스로 돌이켰을 때……" 우리 또한 보게 될 것인데, 빌의 다섯 번째 10년 기간인 40대는 아주 큰 갈등과 고통의 기간이었다.

◎ 샐리: "내가 여태껏 한 일 중 가장 완벽한 일이에요"

제3장에서 샐리 울포드에 관하여 그녀가 32세에 가정을 꾸리기로 결심을 했고, 7년 동안 대형 은행에서 일했으며, 4년 동안 결혼생활을 했다고 언급했다. 그녀가 임신을 하기로 결정한 것은 오랜 시간 동안의 개인적 시간표—"30대란 가정을 꾸리기에는 너무 늦은 시간"—에 따른 것이며, 또한 그녀가 직업 경력의 난관에 봉착했다는 것을 깨달았기 때문이다. 다니엘 레빈슨(1996)은 다음과 같이 설명한다. "그녀는 대기업에서 거의 10년 동안 일했다. 그리고 거듭된 보장에도 불구하고 승진을 하지 못했다. 그녀는 마침내 자신이 장래성이 없는 직장에 있다는 것을 이해하기 시작했다."(359) 그러나 그녀가 임신을 하지 못했기 때문에 3년 더 직장생활을 해야 했다. "그녀는 애 엄마가 되기 직전의 상태에 머무르고 있었기 때문에, 비록 그녀를 침체되게 만든 직장이지만 그것을 그만두고 새로운 직장을 구할 수는 없었다. 그녀는 마침내 35세에 임신을 하게 되었고, 잠시나마 기업 환경을 떠날 준비가 되었다."(359)

샐리는 44세의 나이에 인터뷰를 하게 되었을 때 자신의 회사생활을 되돌아보았다.

> 나는 36세에 내 첫아이가 태어났을 때 회사를 그만두게 되었습니다. 나는 인정도, 직함도, 급여도 제대로 받지 못한 채 13년 동안 같은 회사에서 근무했어요. 나의 직업적 경력 개발에는 많은 장애물이 있었습니다. 만일 내가 계속 일했다면 나는 많은 분노를 경험하게 됐을 거예요(387).

그녀는 계속해서 아이를 갖게 된 것에 대해서 이야기했다. "여러분이 아이를 갖기 전에는 그것이 얼마나 성취감을 주는 일인지 알 수 없을 거라 생각해요. 나는 아들이 태어났을 때 정말 최고의 기분이었어요. 내가 여태까지 해왔던 일 중

에 최고로 완벽한 일이었지요."(387)

동시에 그녀는 "집중력이 길지 않은 어린아이들과 함께 항상 시간을 보내는 것은 정말 지루해요."라고도 말했다. 또한 덧붙여 말했다. "나이 많은 엄마로 산다는 것은 고립감을 느끼게 해요. 내게 이런 것들은 내 삶을 너무 제한적으로 만들었어요. 내가 아이들을 혼자 남겨 두고 떠나기에는 여전히 많은 시간이 남아 있어요."(387) 갇혀 있다고 느낀 그녀는 40세가 되었을 때 그녀 자신의 회사를 경영하기 시작했다. 그리고 그때에 그녀는 다음과 같이 말했다.

> 나는 양쪽 삶(아이를 양육하는 일과 직장에서 일하는 것)의 장점을 결합하고자 노력하고 있습니다. 우선적으로 나는 엄마로서의 정체성을 느껴요. 그리고 내 삶에 있어서 자녀를 양육하는 것은 최고의 일이라고 생각해요. 또한 나는 직장생활을 하기를 원했어요. 그리고 그곳에서 존경받기를 원했답니다. 그러나 그것은 매우 힘든 일이었지요. …… 나는 금융회사에서 직장을 잃지 않고 전문가로 인정받고 싶었어요. 하지만 그들은 나를 전문가로 생각하지 않았습니다. 그리고 직장생활을 하지 않는 엄마들 역시도 나를 온전히 양육자로 받아들이지 않는 것 같아요. 누구도 내가 어디에 속해 있는지 확신하지 못하고 있는 것 같아요(387).

그녀는 결론을 맺었다. "나는 점차 내 경력을 쌓게 될 시간을 갖기 원해요. 나는 과거처럼 큰 경력을 갖게 되지는 못하겠지요. 그러나 나는 많은 흥미로운 일을 하면서 바쁘게 지내려고 해요."(388)

빌 폴슨과 마찬가지로 샐리 울포드는 30대의 그녀 삶에서 근면성 대 열등감 갈등의 열등감 측면을 경험하고 있었다. 그녀는 자신의 노동력이 질적으로 저하되고 평균 이하라고 느끼지는 않았다. 단지 그녀는 지위와 신분의 측면에서 적절한 인정을 받지 못했던 것이다. 그녀는 "나의 경력 개발에는 많은 장애물이 있었어요."라고 표현했다(387). 그녀는 이런 장애물들이 무엇인지를 말하지 않았지만, 자신이 회사 경영진에 의해 차별적인 대우를 받은 희생양이 되었다는 사실을 밝히면 많은 분노가 일어날 수 있다고 말했다. 그녀가 이제까지 해 왔던 어떤 일들보다 아기를 출산한 일이 '더 완벽한' 일이었다고 언급한 것은 높은 업무 수준을 유지하고 일을 잘한다는 것이 필연적으로 인정받는 결과를 내는 것이 아니라는 점을 암시해 주고 있다. 사실 냉소주의자들은 일을 잘해 내는 것이 인정, 승진, 급여 인상 등과 같은 것들과 아무런 연관성이 없을 수 있다고 주장할 것이다.

샐리는 30대 초반 엄마가 되기로 마음의 결심을 했다. 엄마가 되면서 그녀는 '직업 경쟁'의 환경에서 벗어나 오늘날 세계에서, 아기를 양육하는 엄마의 삶이 비록 사회적 지위는 낮지만 높은 상징적 가치를 지니고 사회적으로 덕이 되는 역할을 맡게 된 것이다. 게다가 그녀는 '고령의 산모'였다. 그런 까닭에 그녀가 알고 지내던 주변의 산모들이 비교적 젊은 이유로 그녀는 사회적으로 고립감을 느꼈다. 웬디 루이스(3장에서 소개된 레빈슨의 연구에 제시된 다른 여성)는 스무 살에 첫아이를 낳았고 스물일곱 살에 세 아이의 어머니가 되었다. 샐리가 첫번째 아이를 출산했을 때, 웬디 루이스의 첫 아이는 고등학교에 재학 중이고 15세였다. 덧붙여서 샐리가 그녀의 삶에서 엄마가 된 것을 최고의 일로 여겼지만 또한 혼란스러움도 있었다.

그래서 샐리는 30대의 10년이 끝날 무렵 직업 세계로 돌아가고자 결심했지만 그녀 자신의 방법으로 사업을 시작함으로써 일터에 복귀하게 되었다. 그녀는 자신의 회사를 혼자 경영하기 시작했기 때문에 당장은 직급이 없다는 것을 인식하게 되었다. 하지만 에릭슨(1964a)이 말한 "생산의 정신"에 그녀 자신이 참여한 것으로 여기며 일했다(124). 이제 그녀는 "자신을 흥미롭게 만드는 다양한 일"에 국한시켜서 일했다(388). 그녀가 '큰 경력'을 가지려던 꿈을 접은 사실은 다음의 고대 시(시편 131편)를 통해 잘 표현된다(RSV 번역).

시편 131편

여호와여 내 마음이 교만하지 아니하고

내 눈이 오만하지 아니하오며

내가 큰일과 감당하지 못할 놀라운 일을 하려고 힘쓰지 아니하나이다.

실로 내가 내 영혼으로 고요하고 평온하게 하기를 젖 뗀 아이가

그의 어머니 품에 있음 같게 하였나니 내 영혼이 젖 뗀 아이와 같도다.

이 시편은 어머니였던 한 여성에 의해 쓰인 것[1]으로 샐리의 상황을 잘 묘사해 주고 있다. 따라서 '큰 경력'을 갈망했던 샐리의 태도 변화는 그녀가 지금까지 해온 그 어떤 일도 아들을 낳는 것만큼 완벽하지 않았다는 통찰에 의해 영감을 받게 된 것이다. 그녀의 내면에서 새로운 삶이 시작되면서, 근면성 대 열등감 사이의 역동적인 갈등의 변화도 시작되고 있었고, 더불어 유능감에 대한 새로운 인식도 생겨나고 있었다. 에릭슨이 인생 주기의 첫 단계 토론에서 지적한 것처럼, 유아와 어머니 사이에서 발생하는 상호 인식은 앞으로 이어지는 이야기 모두의 인식에 관한 모델이 된다. 샐리는 자녀를 출산함으로 말미암아 아이의 엄마로서 인정을 받게 되었고, 바로 그녀의 삶이 이 인정에 의해 존재하게 되었다. 그리고 만일 그녀가 자녀를 키우는 일에 있어서 경영자들의 지원 없이도 가능하다면 결국 그녀가 자신의 회사를 경영하지 못할 이유가 어디 있겠는가?

---

1 성경 시편 전문가로 인정받는 패트릭 D. 밀러(Patrick D. Miller)는 시편 131편이 여성에 의해 쓰였다고 설명한다. 어머니라는 히브리어 단어를 사용한 것이 자기반영적 의미를 갖고 있다는 사실에 근거하여 주장한 것이다.

◎ 유능한 자기

『인간의 강점과 세대의 주기』(1964a)에서 에릭슨은 하버드대학교의 임상심리
학 교수였던 그의 친구 로버트 W. 화이트(Robert W. White)가 제시했던 유능감은
"모든 생활 속에서 활동적인 원리"였음을 언급한다(122). 그러나 에릭슨은 덧붙
여 '모든 생명을 견인하는' 질적 요소는 생애주기의 한 단계에서 그것의 '위기'를
가져야 하며, 이런 위기는 네 번째 단계에서도 발생한다고 제안한다. 같은 추론
에 따라 나는 네 번째 10년 기간(30대)에 유능감을 부여해 왔다.

　화이트는 그의 글 「대인관계의 유능감(Sense of Interpersonal Competence)」에서,
다른 사람과의 상호작용에 대한 필요성에 초점을 맞추고 있다. 그는 "다른 사람
을 향한 행동은 의식적으로 혹은 무의식적으로 의도된 것이며, 어떤 종류의 영
향을 미치고, 이렇게 생산된 영향의 정도는 유능감을 측정하는 척도가 될 수 있
다."(73)라고 지적한다. 인과 관계적 상호작용에서는 유능감의 요소가 미미하게
작용할 수 있지만 중요한 문제에 처했을 때는 유능감이 훨씬 더 큰 역할을 한다.
"만일 우리가 도움을 구하거나 제공하려고 한다면, 사랑받기를 원하거나 주기를
원한다면, 공격을 막거나 공격성을 표현하기 원한다면, 타인의 영향을 거부하거
나 영향을 발휘하기 원한다면, 우리 행동의 실효성은 중요한 관심사이다."(73)

　빌 폴슨과 샐리 울포드의 사례는 그들 자신과 다른 사람들에게 유능한 사람으
로 인정받는 것이 얼마나 중요한지를 보여 준다. 이 사례들은 인생의 네 번째
10년 기간을 살아가는 30대들이 가족 및 일과 관련된 다양한 인간관계 속에서
유능함을 기대받는다는 사실을 잘 보여 주고 있다. 그리고 모든 관계 속에서 유
능함을 성취하는 것이 매우 어렵다는 것을 보여 준다. 빌 폴슨은 가장으로서의
역할에서는 유능감을 얻지 못했다. 그의 직장에서 상사들은 그의 대인관계 역량
은 이미 그가 하고 있는 일에 대해서는 적합하다고 생각했지만 그가 열망했던
직위에는 적합하지 않다고 생각했다. 샐리 울포드는 그녀의 상사에게 직장에서

보상을 받아야 할 만큼 대단히 유능한 전문가라는 사실을 확신시키는 일에서 어려움을 겪었다. 그리고 다른 엄마들은 그녀가 늦은 나이에 애 엄마가 되었기 때문에 유능한 아기 엄마라고 간주하지 않았다. 웬디 루이스는 30대 후반에 남편의 사업에 대하여 '용인'했었고 외부에서의 일을 구하기 시작했다. 왜냐하면 그녀는 "유능감을 얻기 위해 자유로울 수 있는 장소가 필요했기 때문이다"(Levinson 1996, 131).

이렇게 화이트는 관찰을 통해서 인간관계의 유능감이 "커다란 만족을 주기도 하고 막대한 좌절감"을 남기기도 한다는 결론으로 글을 마무리한다(93). 샐리 울포드는 확실히 좌절감을 느꼈을 것이다. 44세의 나이에 인터뷰를 했을 때, 그녀는 다음과 같이 말했다. "나는 이 시점에서 양쪽 세상(엄마로서의 삶과 직장생활)의 장점을 결합시키려고 노력 중이었어요. 대체로 나는 엄마로서의 정체성을 느끼고 그것이 내 삶에서 가장 최고의 일이라고 생각해요. 하지만 나는 직장생활을 하기 원하고 세상에서 존경받기를 기대했어요. 그러나 그것은 매우 어려운 일이었죠. 나의 좌절감은 작년 봄에 몸무게를 20파운드를 감량한 후에 다시 과식할 정도로 커졌어요."(Levinson 1997, 387)

그런 좌절감은 에릭슨이 『청년 루터』(1958)에서 좋은 일은 "너무 큰 내적 비용"을 지불해야 한다는 주의 깊은 조언을 한 것을 떠올리게 한다(220). 따라서 유능감을 유지하기 위해서는 오늘 우리가 살고 있는 것을 인식해야 한다. 심리학적으로 말하자면 유능감은 우리의 수단을 넘어서는, 현재 우리가 아직 소유하고 있지 않는 미래의 심리적 자원을 빌려올 수 있는 때를 인식할 수 있는 능력에 달려 있다. 그러한 때에 우리는 잘라 내고 잡고 있던 것을 놓는 행위를 통해서 우리 자신의 유능함을 증명한다.

Part 3

중년기, 세 번의 성장

5. 다섯 번째 성장, 40대
신실한 자기

40대가 된 사람들을 위한 오늘 이 시대의 생일 카드는 사람은 더 이상 젊지 않다는 의미를 제시한다. 예를 들면 "40세를 축하합니다. 그러나 기억하세요! 당신은 오직 단 한 번만 젊은 시절이 있을 뿐입니다. 그래서 몸 상태는 어떠세요?" 노인과 관련된 신체적 변화는 40대 동안 에 일어날 수 있는 변화와 섞여 있다. 예를 들어, 또 다른 카드는 다음과 같이 기록하고 있다. "40대에게 부치는 시. 40세는 즐겁습니다. 40세는 말쑥합니다. 40세는 발에 난 건막류와 티눈입니다. 40세는 멋지고, 40세는 배불뚝이가 되며, 40세는 신체가 지옥에 갈 정도로 형편없어지지요. 40세는 실용적이고 멋집니다. 40세가 되면 침을 흘리기 시작하고 방귀를 뀌는 세대를 의미합니다. 더 말하고 싶지만 그러면 격려가 되지 않을 것 같아요."

40세의 나이는 젊은 것 같지만 나이가 든 것이라는 생각이 상당히 확립되어 있다. 비록 이런 생각이 인생의 다섯 번째 10년(40대)을 맞이할 때 다소 시기상조 인 것처럼 보일 수 있지만 10년이 끝나는 시점에서 이것을 반박하는 것은 꽤 어렵다. 이것이 사실이라면, 젊음과 나이 듦에 대한 수많은 사전적 정의를 고려하는 것이 유용할 수 있다. 여기 젊음(Young)에 대한 몇 가지 더 적절한 정의가 있다. ① "생명 또는 성장의 초기 단계에 있는 상태", ② "품질, 외모 또는 행동에서 젊음의 특성, 신선한, 활기찬, 강한, 살아 있는, 활동적인", ③ "초기 단계에서 진보했거나 발전된 것이 아닌 최근에 시작된", ④ "경험 혹은 실천이 결핍된, 미성숙한, 가공하지 않은, 무지한, 덜 익은"(Agnes 2001, 1662). 다음은 나이 듦(old)에 대한 몇 가지 적절한 정의이다. ① "오랜 시간 동안 살았거나 혹은 오랜 시간 동안 존재함, 나이 듦", ② "노인들에 속한, 노인들과 유사한, 노인들의 특성, 구체적으로 판단과 지혜 등에서의 성숙", ③ "오랜 시간 동안 사용된 것, 노화 혹은 사용으로 닳아 해진, 추레한", ④ "오랜 경험이나 실천해 온 것(이 작업에 노련한 사람)", 그리고 ⑤ "특별히 반복 또는 단조로움의 결과로 귀찮고 짜증스러운 것 등(끊임없는 수다가 이루어짐)"(1003-1004).

이러한 정의들은 젊음과 나이 듦의 양쪽에 관하여 긍정적인 측면과 부정적인 측면이 있다는 것을 시사한다. 젊다는 것은 강함, 신선함, 활기, 생동감, 활동성 등을 내포하지만 경험 부족, 미숙함, 무지를 내포하기도 한다. 나이 든다는 것은 늙고, 더이상 새롭지 않고, 낡고, 짜증스럽고 단조롭다는 것을 의미하지만 판단력과 지혜, 오랜 경험과 실천의 성숙함을 의미하기도 한다. 아마도 40세가 되는 사람을 바라보는 좋은 방법은 그의 미성숙함이 서툰 일이나 어리석은 행동에 대한 설득적인 변명이 안 되는 것이며, 그가 성숙한 판단을 내릴 때는 조숙함의 표시로 생각하지 않는 것이다. 이제 내가 인생의 다섯 번째 10년 기간 (40대)에 할당했던 역동적인 정체성 대 정체성 혼란 갈등의 주제로 전환하려고 한다.

◎ 정체성 대 정체성 혼란 갈등

웹스터 사전은 정체성(identity)이라는 단어에 대한 두 가지 정의를 가지고 있다. 첫째는 집단 혹은 집합체에 초점을 맞춘다. 즉, 정체성은 "동일하거나 정확하게 유사한 상태의 조건 혹은 사실, 똑같음, 동일함(관심이 유사한 것으로 합쳐진 집단과 같은)"을 의미한다(Agnes 2001, 708). 둘째는 개인에게 초점을 맞춘 것으로 다음 세 가지 의미를 가지고 있다. ① "구체적인 사람 혹은 사물의 존재에 관한 조건이나 사실, 개성", ② "개인의 자각에 필수적으로 간주되는 것과 총체적으로 고려되는 개인의 인격과 자질들", ③ "묘사되거나 주장된 사람 혹은 사물과 동일한 조건의 상태"를 의미한다(708).

나는 정체성의 두 번째 정의에 관한 세 가지 의미를 구별하고자 한다. 그 내용은 다음과 같다. 첫 번째 의미는 "나는 나다. 그리고 나를 다르게 생각한다는 것은 잘못된 일이다."라는 선언이다. 두 번째 의미는 "내 존재 그대로의 나를 만드는 것들이 있다. 만일 내가 그것들을 잃어버린다면 나는 정말로 내가 되지 않을 것이다."라는 확언이다. 세 번째 의미는 "당신이 묘사하는 그 사람이 내가 정말로 맞다."는 확인이다. 첫 번째 의미는 신원 착오, 신원 도용, 일란성 쌍둥이에 대한 혼동 등의 문제들에 적용될 것이다. 두 번째 의미는 실직, 정신적 혹은 신체적 장애, 다른 외상적 경험 혹은 쇠약하게 만든 경험으로 인해 한 사람이 일시적이거나 영구적으로 자신이 누구인지에 관하여 핵심적이거나 중요한 것을 잃었다고 느끼는 상황과 연관될 것이다. 다시 말해서, 이런 것들이 없다면 나는 더 이상 나 자신을 인식하지 못하게 된다. 세 번째는 만약 누군가가 "내 인생을 함께하기 위하여 찾고 있는 사람은 '……일 수 있는 사람'"이라고 말한다면, 그 설명을 듣고 난 후에 "그건 바로 나예요. 내가 바로 당신이 찾는 유일한 사람이에요."라고 적극적으로 조치를 취하며 선언하는 상황에 관한 것이다. 또는 다음과 같은 설명일 수도 있다. "성공적인 지원자는 다음 …… 요건이 필요하다." 그리고 자격

요건 목록을 읽으면서 당신은 '그게 바로 나야. 마치 그들이 나를 위해서 이 일을 만든 것 같아.'라고 생각하게 된다. 불행하게도, 이렇게 생각하는 사람들에게 세 번째 의미는 집단 혹은 집합체에 초점을 맞춘 정체성의 정의를 흐리게 한다. 이것은 여러 혹은 많은 다른 사람이 아주 똑같이 자신이 해당된다는 주장을 할 수도 있고 잘못 오해하거나 그렇지 않을 수도 있다.

따라서 정체성의 두 번째 정의에 관한 첫 번째, 두 번째 의미들이 가장 중요하다. 내가 생각하기에 이 개념들을 에릭슨이 정체성이라는 단어를 소개할 때 마음속에 염두에 두고 있었던 것 같다. 이런 이유로 먼저 나는 나다라는 것은 나를 나 자신이 되게 만든다. 다른 한편으로, 그는 집단 또는 집합체를 동일하게 중요한 정체성의 측면으로 생각했다. 『자아정체감: 청년과 위기』(1968)에서 에릭슨은 "의심할 여지 없이 한 가지 행동을 한다는 사실을 깨닫게 되었을 때 정체성이 어떤 느낌인지를 강력하게 주장하는" 두 가지 공식을 보여 준다(19).

개인에게 초점을 맞춘 정체성에 관한 첫 번째 공식은 윌리엄 제임스(William James)가 그의 아내에게 보낸 편지에서 발췌할 수 있다. "사람의 인격은 우연히 그를 만났을 때 그 자신을 가장 깊숙이 그리고 진지하고도 활발하게 살아 있다고 느낀 정신적 혹은 도덕적 태도에서 식별할 수 있다. 그러한 순간에 이야기하고 말하는 내면의 목소리가 있다. '이것이 진짜 나예요!'"(19) 에릭슨에 따르면 제임스가 여기에서 묘사하는 것은 "활기찬 동일성과 연속성에 대한 주관적 인식"이다(19).

정체성에 관한 두 번째 공식은 집단에 대한 개인의 친밀감에 초점을 맞춘다. 지그문트 프로이트가 비엔나에 있는 언약의 자녀들(B'nai B'rith)이라는 단체에서 했던 강연의 내용이다. 프로이트는 1897년에 직업적으로 고립감을 느끼고 있을 때 '언약의 자녀들' 지방 지부에 들어갔고, 1924년 그 협회는 프로이트가 70세가 되었을 때 영광스런 생일 축하를 해 주었다. 그는 유대인의 종교적 신념이나 민족적 자부심을 공유하지 않았다고 고백했지만, 다른 일들은 계속해서 그를 그의 조상들에게 묶어 놓았다. 그에 따르면, "모호한 감정적 힘들이 강하면 강할수록 말로 표현되기 어려울 수 있다." 뿐만 아니라 "내적 정체성에 대한 분명한 인식, 보편적인 정신 구조에 속한 안전한 사생활"이 있다(20). 특별한 교회 전통에서 성장한 사람들은 그 후에 그것을 떠났지만, 그럼에도 불구하고 자신의 정체성을 계속해서 유지하면 프로이트가 무엇을 말하는지 알게 될 것이다. 그러나 성인으로서 그들이 이 전통에서 자라지 않았음에도 불구하고 가정에서 느끼는 교회 전통을 발견했다.

에릭슨이 제시하는 이 두 가지 공식은 우리가 정체성에 관하여 이해하고자 할 때는 개인의 핵심뿐만 아니라 공동체적 문화의 핵심에 자리 잡은 과정을 다루는 것임을 가리킨다. 상당히 중요하게도, 정체성 위기(에릭슨이 만든 용어)에 관한 웹스터 사전의 정의는 두 가지 요소를 모두 포함하고 있다. 따라서 정체성 위기(identity crisis)는 "자기 자신에 관한 불확실한 감정의 상태로, 특별히 청소년기에 붕괴되는 경험이나, 빠른 변화의 상태 아래에서 성장한 결과로 발생하는 것"을 말한다(Agnes 2001, 708).

에릭슨(1959)은『정체성과 생애주기』에서 정체성 대 정체성 혼란 단계는 이전 단계와 관련하여 중요한 발달을 나타낸다고 강조한다. "사춘기와 청소년기에 이전에 의존했던 모든 동일성과 연속성은 다시 의심을 받게 되는데, 초기 아동기와 같이 신체 성장의 속도가 빠르고 완전히 새로운 신체적 성숙도가 추가되기 때문이다."(88-89) 따라서 "새로운 연속성 및 동일성을 찾는 과정에서 일부 청소년은 이전에 겪었던 많은 위기를 다시 해결해야 한다"(89). 에릭슨은 또한 이 단계에서 청소년들이 현재 "그들의 사회적 역할을 강화하려는 시도에 관심을 보이고 있으며" 또한 "때때로 병적이고도 흥미롭게 그들이 느끼는 것과 비교하여 다른 사람들의 눈에 보이는 것에 관심이 있고, 초기에 구축된 역할과 기술을 오늘날의 이상적 모델과 연결하는 방법에 관한 질문을 가지고 있다"고 한다(89). '이상적인 모델'은 청소년들이 모방하려는 것을 제공하는 사람이나 역할을 의미한다.

『아동기와 사회』(1950)에서 에릭슨은 아동 자신이 누구인지에 대한 인식을 통합하는 것에 대한 중요성을 말하고, 아동은 자신이 사회 속에서 인정받고 적절한 사람이 될 수 있기를 열망한다고 강조한다. 그리고 이러한 통합은 전형적으로 직업 선택을 중심으로 이루어져야 한다고 제안한다(228). 제3장에서 우리는 샐리 울포드의 아버지가 자신의 딸이 회계사가 되려고 하는 열망을 어떻게 억눌렀는지를 보았다. 그녀의 아버지는 회계사라는 직업에서 여성들이 남성보다 훨씬 더 재미없고 지루한 역할을 맡아 일한다고 느꼈기 때문이다. 우리는 또한 에릭슨의 사례에서도 비슷한 경우를 보았다. 에릭슨은 예술가가 되고자 하는 열망을 가지고 있었지만 그의 의붓아버지는 자신처럼 에릭슨이 지역 소아과 의사가 되기를 바랐다. 그래서 에릭슨은 의붓아버지에 의해서 그의 열망이 가로 막히고 말았다. 이런 젊은이들에게는 자신의 통합이 그 나이를 지나 다음 세대의 10년까지 계속되고 오래 걸릴 수도 있다.

에릭슨은 이 단계의 부정적 경향성에 대하여 여러 가지 용어를 사용하였다. 처음에는 역할 혼미(role diffusion, 1950)를 쓰기 시작했고, 다음에는 정체성 혼미(identity diffusion, 1959), 다음에는 역할 혼란(role confusion, 1963), 마지막으로 정체성 혼란(identity confusion, 1968)이라는 용어를 사용했다. 전문적인 용어의 변화에도 불구하고, 인생에서 자신의 역할을 찾는 것이 어렵다는 에릭슨의 원래 강조는 부정적인 경향성과 신뢰할 수 있는 정체성 발달에 대한 위협의 중심 요소로 남아 있었다. 에릭슨이『정체성과 생애주기』에서 언급했듯이, "미국 사춘기의 끊임없는 표준화에 의해 떠맡겨지거나 혹은 강요된 몇 가지 역할에 의해 어리둥절한 사춘기 이후의 젊은이들은 하나의 방식 혹은 다양한 방식으로 도망친다"(91). 다른 말로 하면, 개인의 핵심 가치와 공동체 문화의 핵심 가치는 접촉하지 못한다. 왜냐하면 자신의 내적인 핵심에 상응하는 역할이 없기 때문이거나, 자신의 내적인 핵심 가치에 상응하는 역할을 취하는 것이 내적인 방해로 금지되거나, 외적인 방해로 제한되기 때문이거나 또는 개인의 내적 핵심 가치의 다양한 측면에 상응하는 다양한 역할들 사이에서 결정할 수 없기 때문이다.

　세 번째 사례에서 윌리엄 제임스(William James)의 인용은 적절하다. 제임스(1992)는 그의 저서 『위인과 환경(Great Men and Their Environment)』에서 "청년이 사업을 시작할 것인지, 봉사의 직무를 수행할 것인지는 어떤 특정한 날 이전에 수행된 결정에 달려 있다. 그는 계산소에서 제공된 자리를 차지하고 헌신하게 된다."(626)라고 언급했다. 그러고 나서 다음과 같이 기술했다.

　　한때 매우 가까이 위치해 있었던 다른 경력들 중에서 습관, 지식들은 점차 그의 가능성 사이에서조차 고려되지 않는다. 처음에 그는 결정적인 시간에 그가 없애 버린 자아가 둘 중에서 더 알맞은 것이 아닐 수도 있다는 의심을 가끔씩 할 수도 있지만, 세월이 흐르면서 그런 질문 자체가 사라지고, 한때 그렇게 생생했던 오래된 대안적 자아는 꿈보다 덜 중요한 것으로 시들해진다(626).

　똑같이 그럴듯하고 가능한 또 다른 것에 대해 하나의 직업 경로를 채택하는 것은 사실 부분적인 자해의 행위처럼 보일 수 있다. 그리고 왜 그 결정에 대하여 상당한 망설임과 지연, 고뇌가 있을 수 있는지를 설명하는 데 도움이 될 수 있다.

　이것은 에릭슨이 『아동기와 사회』(1963)개정판에서 소개한 지불유예(moratorium) 개념으로 이어진다. 에릭슨은 지불유예 개념을 다음과 같이 설명한다. "청소년의 사고는 근본적으로 아동기와 성인기 사이에 위치해 있으며 아동이 학습하는 도덕성과 성인기에 발달되는 윤리 사이에 있는 심리사회적 단계, 즉 지불유예의 정신 상태이다. 이것은 관념적인 생각이다."(263) 웹스터 사전은 지불유예 개념을 "어떤 특정한 활동에 대하여 권위에 의한 지연 또는 중단"으로 정의한다. 그리고 이념(ideology)은 "개인, 계층 등의 사고방식 또는 신조, 의견을 의미하며, 구체적으로 특별한 정치적, 경제적 또는 사회적 체계를 기본으로 하는 생각의 덩어리를 의미한다"(Agnes 2001, 936, 708). 따라서 에릭슨은 "청소년들은 또래 친구들로부터 인정받기를 열망하고, 동시에 의례, 신념, 프로그램 등이 무엇이 악하고 이상하고 해로운지를 분명하게 밝혀 주어 청소년들의 마음을 결정하도록 준비시켜 주며, 그들을 위해 가장 분명하게 말해 주는 사회의 이념적 조망이 있다."(263)라고 말한다. 지불유예 기간은 청소년들이 다른 청소년들과의 모임에서 다른 이념들을 시험해 볼 수 있게 하고, 무엇이 그럴듯한지 그리고 무엇이 믿을 만한 가치가 있는지에 관하여 예비적일지라도 어떤 결정에 이르게 한다.

에릭슨은 『청년 루터』(1958)의 서문에서 정치적 혹은 경제적 체계가 아닌 종교적 체계에 초점을 맞출 것이라고 언급하고 있다. 왜냐하면 루터에게는 종교가 자신의 정체성을 추구하는 과정에서 사회와 지적 환경의 기반이 되었기 때문이었다(22). 이후 장에서 그는 이전 글을 인용한다. 에릭슨(1956)은 '자아 정체성의 문제'를 다음과 같이 지적했다. "이 세대의 집단 구성원들에게 이념은 모호한 내적 상태와 정체성 갈등의 결과로 발생한 긴급한 질문들에 대하여 몹시 단순하지만 분명한 대답들을 제공한다."(42) 따라서 세 번째 단계(20대)와 네 번째 단계(30대)에 상응하는 문화적 관점이 경제성과 기술 윤리라면, 이념 윤리는 정체성 대 정체성 혼란의 다섯 번째 단계에서 동일한 목적을 제공한다.

◎ 신실함의 미덕

에릭슨은 신실함의 미덕을 이 단계에 배정한다. 웹스터 사전은 신실함(fidelity)을 "임무에 대한 신실한 헌신 또는 개인의 의무 혹은 서약에 대한 헌신, 충성심, 충실함"으로 정의한다(Agnes 2001, 526). 에릭슨은 『인간의 강점과 세대의 주기』(1964a)에서 신실함은 "가치 체계의 필연적인 모순에도 불구하고 자유롭게 서약한 충성을 지탱할 수 있는 능력"이라고 진술한다(125). 이런 능력으로부터 필연적으로 제기되는 질문들은 다음과 같다. "개인은 누구에게 혹은 어떤 것에 충성과 신뢰를 서약하는가?" 그리고 "그런 맹세가 개인과 타인들에게 얼마나 이익이 되고 비용이 드는가?"

'신실함'에 관한 논의에서 에릭슨은 청소년의 성적 발달과 그 결과로 생기는 어려움을 특별히 다음과 같이 언급하면서 강조한다. "청소년의 자아 균형은 청소년이 성인의 질서 속에서 자신의 자리를 준비하는 동안, 성기관이 새롭게 성숙함으로 말미암아 일부 혹은 모든 기능을 보류시켜야 하는 이중적 불확실성으로 인하여 확실히 어려움에 처하게 된다."(124-125) 이 시기에는 충동성과 강박적 구속의 교대로 잘 알려져 있지만 "내적 일관성과 지속적인 가치에 대한 이념적 추구는 항상 감지될 수 있다"(125). 만일 정체성이 본질적으로 내적인 일관성과 연관이 있다면, 정체성의 초석인 신실함은 진정한 정체성이 있는 영속적인 가치들과 관련이 있다(125). 정체성의 초석으로서 신실함은 "이념을 확실하게 하는 것과 또래들이 긍정하는 것으로부터 고무된다"(125). 청소년기에 신실함의 기반인 진리는 여러 가지 방법으로 그 자체를 검증 한다.

> 현실을 제공함에 있어서 높은 의무감, 정확성 그리고 진실성, 진정성으로서 진실함의 감정, 충성심, '진실함'의 특성, 게임의 규칙에서 공정성, 그리고 마지막으로 헌신 속에 함축된 모든 것, 즉 저주에 빠진 반역자들의 운명적 영향과 함께 자유롭지만 구속력 있는 맹세(126).

비록 도덕적 힘을 위해서 정체성과 신실함이 필요할지라도, 정체성과 신실함은 그 자체로 도덕적 힘을 제공하지는 않는다. 성인들은 청소년이 제공할 수 있는 충성심의 내용과 부인해야 할 가치 있는 목적을 제공해야 한다. 문화가 청소년의 기질 속으로 들어갈 때, "성인들 또한 젊음의 활력을 그들의 혈액 속에 흡수한다"(126). 따라서 청소년기는 "사회 진화의 과정에서 필수적인 재생기"이다. 왜냐하면 청소년은 "그들이 진실하다고 느끼는 것은 보존하고 재생의 중요성을 상실해 버린 것은 정정하거나 타파하는 데 충성심과 에너지를 선택적으로 사용하기 때문이다"(126). 청소년은 기존의 이념이나 지배적인 이념에 충실할 수도 있고, "때가 지난 신체 재생"에 대해서는 충성심을 새롭게 바꾸거나 규준에서 벗어나기로 결심할 수도 있다(126). 그러므로 신실함은 다양한 형태를 취할 수 있다. 그러나 그것이 어떤 형태를 취하든지 간에 신실함은 동일한 이념에 참여하는 동료들, 동료들의 긍정과 이념에 대한 확정을 필요로 한다.

이 책의 독자들은 에릭슨이 종교적 신앙과 실천을 적용하기 위해 이념이라는 단어를 사용한 것에 대하여 약간의 반대 의견을 가질 수도 있다. 사람들은 종교가 보편적인 혹은 영원한 진리를 주장하기 때문에 비이념적인 것이라고 주장하고 싶어 할 수도 있다. 이 주장에 대하여 에릭슨은 설득력을 갖기 위해서는 종교를 포함한 어떤 신념 체계도 "집단적 혹은 개별적 정체성을 지지할 만큼 충분히 확실한 세계적 이미지를 창조할" 필요가 있다고 응답할 것이다(1958, 22). 말하자면 청소년은 자신이 살아가는 세상을 이해할 필요가 있고, 세상에 투자할 의미를 가지고 나서 그다음에 투자할 필요가 있다. 신념 체계라는 영원한 진리만을 가지고 호소하는 것은 불충분하다. 신념 체계는 청소년들에게 살아 있는 진리로서 그리고 신실함과 충성의 가치로서 감명을 줄 필요가 있다.

에릭슨은 생애주기의 두 번째 10년 기간(10대)의 정체성 대 정체성 혼란 갈등의 위치를 찾아낸 설득력 있는 주장을 한다. 나는 이 기간 동안 이런 갈등에 대한 기본적인 고심이 있다는 생각에 이의를 제기하고 싶지 않다. 동시에 나는 인생의 다섯 번째 10년 기간(40대)은 영원히 지속되는 정체성을 실현하기 위한 노력의 시기라고 생각한다. 웹스터 사전에서 "특별히 자신의 특징, 목적, 태생에 관한 자기 감정의 불확실한 상태"라고 정의한 것(Agnes 2001, 708)과 같은 심각한 '정체성 위기'를 겪는 시간은 10년 정도이다. 결국 사람은 충분히 오래 살게 되면 현재의 자신과 변화하고 있는 자신을 나타내는 다소 뚜렷한 인상을 가지게 된다.

바로 이러한 인상들은 특별히 자신의 특징(도덕적 힘, 자기훈련, 태도 등), 삶의 목표(삶의 목표를 추구하는 데 얼마나 효과적이었는지, 그것들이 개정되거나 수정되어야 하는지, 그것들이 자기 존재의 핵심을 반영하고 있는지 등) 그리고 태생(그것들이 어떻게 개인이 열망하는 사람으로 발전할 수 있도록 촉진시키는지 혹은 지연시키는지, 그것들이 인생의 후반기에 더 효과적으로 사용할 수 있는 미개발된 자원을 공급할 수 있는지 등)에 관하여 개인이 어떻게 느끼는지에 따라 불확실성을 낳을 수도 있다.

청년기와 노년기 사이를 잇는 다리 위에 서 있다고 말한다면, 대략적으로 여행한 길과 아직 남아 있는 길의 중간 정도에 있다. 그렇다면 잠시 동안 멈추어 서서 자기반성을 한다는 것이 일리가 있다. 대부분의 개인 자서전은 중년기에 쓰이며, 미래를 위한 준비 작업을 위하여 자신의 과거를 탐색하는 데 목적이 있다. 만일 어떤 문학 장르가 기본적으로 정체성 대 정체성 혼란 갈등에 관한 것이라면, 개인 자서전은 확실히 그런 장르가 맞다. 그런 까닭에 어거스틴이 43세에서 47세 사이에 썼던 최초의 개인 자서전 『고백록(confession)』(1960)은 작가의 종교적 투쟁에 초점이 맞추어진 것으로 중요한 의미가 있다.

◎ 불안 증상을 가진 참전용사의 귀환

정체성과 정체성 혼란 갈등이 삶의 다섯 번째 10년 기간인 40대(40~49세)의 중심이라는 나의 제안은 에릭슨이 '정체성 위기'라는 용어를 사용하기 시작했을 때가 그의 인생 다섯 번째 10년 기간에 해당하는 40대였다는 점에 주목한 것이다. 그는 『자아정체감: 청년과 위기』(1968)의 서문에서 다음과 같이 언급하고 있다. "'정체성 위기'라는 용어는 내가 정확하게 기억하기로, 제2차 세계 대전 동안 시온산 참전군인 재활병원에서 특별한 임상적 목적을 위하여 처음으로 사용되었다."(1-17) 에릭슨의 임상적 관점에서 대부분의 환자는 "포탄으로 인한 충격"을 받거나 꾀병을 부리지는 않았다. 그 대신에 그들은 "개인적인 동일성과 역사적인 연속성을 잃어버렸다"(17). 그들은 "자아의 '내부기관'만이 책임"을 질 수 있는 "그 중심부의 통제에서 장애"를 입었다(17). 그래서 그들은 "자아정체성"의 상실로 고통을 겪고 있었다(17).

　에릭슨은 41세였던 1943년에 참전군인 재활병원에서 일하기 시작했다. 이 병원의 목적은 '신경 불안정' '포탄으로 인한 충격' 또는 '정신신경증'으로 군대 병원에서 퇴원했던 미국 참전군인들의 단기치료였다. 연방정부와 군 당국자들 그리고 많은 공공기관 종사자들은 겉으로는 건강해 보이지만 높은 정신 질환에 시달리는 미군 장병들로 인하여 몹시 고통스러워했다. 여러 명의 베이 지역 분석가들은 시간제 봉사직에 채용되었다. 그래서 에릭슨도 심리와 아동 지도를 위한 컨설턴트로 임명되었다.

　직원 회의에서 그는 대부분의 참전군인에 대한 병리학적 진단에 동의하지 않았다. 그는 그들의 문제가 "극적인 삶의 역사적 변화" 경험에서 비롯되었다고 주장했다(Friedman 1999, 160). 참전군인들의 일반적 삶은 붕괴되었다. 그들은 가족과 사랑하는 사람들과 떨어져 있어야 했고, 친숙한 공동체에서 낯설고도 먼 지역으로 옮겨졌다. 그리고 생명을 앗아 가는 전쟁의 광경과 소리를 포함한 전쟁의 상황을 겪어야 했다. 에릭슨의 전기작가 프리드만은 다음과 같이 표현한다. "그들은 본질적으로 쇠약하게 되어서 개인적 항상성과 개인사의 연속성을 상실하여 '정체성 위기'를 경험하고 있었다. 그들은 중요한 것에 관하여 대처하고 그 외의 것들에 대해서는 무시할 수 있는, 수천 개의 다양한 자극을 조율할 수 있는 온전한 자아 능력인 자아 종합성을 가질 수 없었다."(160-61) 따라서 "정체성 위기"는 자신이 어떤지에 대한 인식, 자신이 어디에 속해 있는지를 아는 것에 대한 의식, 그리고 자신이 무엇을 하기 원하는지에 대한 감각이 결여되어 있음을 나타낸다(161).

　1945년에 저술된 논문에서 에릭슨(1987d)은 다음과 같이 지적했다.

여러 사례에서 '정신 신경증'에 대한 진단이 환자들의 열등감, 임무를
함께 수행했던 동료들에 대한 죄책감 그리고 그들의 정신 상태가 온전
한지에 대한 의심등을 야기했다고 지적했다. 무수히 많은 미 진단된 신
경증 환자가 허용된 평상시의 작업을 수행하고 있었기 때문에, 이들에
대한 진단은 불합리하게도 지역 사회의 일부 개인과 집단에게는 경제
적 낙인을 초래하게 되었다(614).

에릭슨은 또한 "모든 신경증 환자가 병원에 입원했다가 퇴원하는 부분을 약
점으로 여겨 의심하며 수군거리는 현상"이 있다고 언급했다(615). "전시에는 전
쟁을 벌이는 데 있어 모든 약점은 사기 진작에 위험한 것으로 보아 일반적으로
비난하려는 경향성"이 있으며, 군대에서는 "군복무 전 직업에 대한 미련을 정리
하는 것"에 최고의 가치를 부여한다(615). 그러나 마지막까지 직업경력에 대한
미련을 버리지 못하고 붙들었던 병사들은 "'겁쟁이' 또는 '쓸모없는 사람'이라고
하는 독설과 열의에 찬 비난을 들었다. 이런 비난은 그들의 실패에 가장 가깝게
있었던 사람들로부터의 평가이다. 그래서 그들은 그것을 수용하지 못했다"(615).
전쟁 동안 이런 비난은 목적을 가진다. 그러나 "전쟁이 끝난 지금, 비난이나 의
심은 의미가 없다. 군대로부터 파면된 강자의 양심은 이미 과중한 부담을 지고
있고 약자들은 비난으로부터 배우지 못할 것이다"(615).
에릭슨은 "미국의 가족생활과 미국 경제의 회복탄력성은 혼란을 겪은 수많은
사람을 점진적으로 재흡수"할지라도, 직업 경력의 지리학적 변동 또는 중단은
"경쟁적 체계에서" 위험스러운 일이라고 경고했다(615-616). 군복무를 위해 소집
된 한 남성은 평소 그가 해 오던 "그 일을 정리하기를 원했고, 그의 친구가 우울
하지 않기를 바랐다"(그의 친구가 같은 감정을 느꼈을 것이라고 확신하는 한). 그러나 그
가 싫어했던 한 가지는 "속는 자가 되는 것"이다(616). 많은 장병은 그들의 옛 직
장이 다른 사람들에게 주어졌고, 군복무를 하는 동안에 자신들이 사기 어려운

집을 다른 사람들이 샀다는 사실을 알게 되었다. 그들은 사실 '속은' 느낌을 갖게 된 것이다. 따라서 집으로 돌아왔을 때 소수의 참전군인들만이 "전쟁 중에 그러한 심각한 걱정을 하지 않았으며", 대부분의 참전군인은 이런 걱정을 잊어버리기 위하여 집을 장만하거나 옛 직장에 다시 취직하기를 원할 것이다(616).

에릭슨의 보고서는 참전군인들의 불안에 대하여 일상적인 증상을 기록한 목록으로 결론을 맺는다. 초조함, 불면증, 성적 불감증 또는 일시적 발기 불능, 비정상적 분노 폭발 외에도, 그들은 전쟁 전에 잘 숙달된 단순한 업무에 관해서도 기억상실, 우유부단, 비현실성을 포함한 가볍지만 혼란스런 비현실적 느낌을 가질 수도 있다. 심지어 이런 증상들이 전쟁 이전에 발생하여 그들의 첫 번째 직장생활까지 계속 지속된 채 남아 있을 수 있다. 또한 다음과 같은 곤혹스러운 모순과 양면성이 있을 수도 있다. "어떤 남성들은 지나치게 활동적이고, 공격적이며, 수다스럽게 된다. 또 다른 남성들은 침묵하고, 기분 변화가 심하고 수동적일 수 있다. 나머지 다른 남성들은 양극단 사이에서 오갈 수 있다. 일순간에 그들은 자신들의 경험을 쏟아 낼 것이며 그다음에는 작은 질문에도 분노할 것이다."(616) 게다가 어떤 사람들은 그들이 스스로 무엇을 해야 하는지 모를 수도 있다. 하지만 그들이 무엇을 해야 한다고 제안을 받는다면 화가 날 수도 있다. 또 어떤 사람들은 특별히 그들의 아내에게 매우 의존적일 수 있다. 그러나 자신들이 의존적이라는 사실을 인식할 때 화가 난다. 어떤 이들은 그들이 떠나서 일을 발견하기 원하지만, 그들이 떠난 이후로 어떤 일도 이루지 못했다고 불평한다. 어떤 사람은 군대를 싫어하지만, 그들의 특별한 군복에 관해서 폄하하는 발언을 할 때는 분개한다. 또 어떤 사람은 연속성을 갈망하지만 변화는 없다. 마지막으로, 어떤 사람들은 질투심이 많을 수 있지만 신뢰는 없으며, 어떤 사람들은 젊게 행동하지만 늙어 보일 수도 있다(616).

나는 인생의 다섯 번째 10년 기간인 40대의 참전군인들은 더 만성적인 질환과 덜 심각한 것을 예민하고 극단적인 형태로 경험하고 있는 중이라고 제안한다. 만일 참전군인들이 전쟁 이전에 경험했던 세상과 전쟁 이후에 경험한 세상 사이에서 역사적인 불연속성을 경험하고 있었다면, 다섯 번째 10년 기간인 40대는 청년기와 성인기 사이를 구분하며, 청년기에서 성인기로 가로지르는 필연적 시간이기 때문에 청년기와 성인기 사이의 전혀 다른 시간적 불연속성의 시기로 안내한다. 사람들은 이런 구분을 넘어설 때, 자신이 어디에 있었는지(시작과 이후의 발전) 그리고 어디로 향하고 있는지(목적)에 대한 생각을 편안하게 검토한다. 에릭슨의 언급에 따르면 인간은 '위기'를 경험한다. "위기"는 "임박한 재앙"을 의미하는 것이 아니라 "발달이 진행되어야 할 때 성장, 회복, 분화의 자원들을 모아주는 필수적인 전환점, 중요한 순간을 표명한다"(16).

『아동기와 사회』에서 에릭슨은 '해병대원의 전투 위기'라는 제목의 사례를 소개한다. 정신 신경증 사상자로서 군대에서 제대한 30세 교사에 관한 이야기이다. 의무대원인 그는 누군가가 기관단총을 그의 손에 밀어 넣었을 때, 전투를 하는 동안 부러뜨려 버렸다. 에릭슨은 보훈 재활 병원에서 그와 이야기를 나누었고, 그가 14세 이후로 어머니를 보지 못했다는 것을 알게 되었다. 과거에 그의 어머니는 술에 취하여 분노한 상태에서 그에게 총을 겨누었다. 그는 그 총을 움켜쥐고 부러뜨려 그것을 창밖으로 던져 버렸다. 그리고 나서 그는 집을 나왔고 다시는 집으로 돌아가지 않았다(36-37). 그 이후 즉시 그는 앞으로 절대 술을 마시지 않고 총을 만지지 않겠다고 엄숙하게 맹세를 했다. 총을 만지지 않겠다는 두 번째 맹세는 그의 소대가 남태평양의 해변에서 맹렬한 적의 포격을 받고 있던 날 밤 뜻하지 않게 깨져 버렸다.

삶의 다섯 번째 10년 기간(40대)에 속한 사람들은 '전투 위기'를 경험하고 있지는 않다. 그러나 40대 사람들이 겪고 있는 삶과 이 해병대원이 갑작스런 형태로 경험하고 있는 것 사이에는 유사점이 있다. 그날 밤 그의 경험은 14세 때의 외상적 경험으로 인하여 조심스럽게 형성된 그의 자아에 균열을 일으켰다. 그리고 그는 그날 밤 전쟁의 긴급 사태 때문에 어쩔 수 없는 자신의 모습을 형성하게 되었다. 이 균열은 인생의 다섯 번째 10년 기간인 40대에 발생하는 파손보다 더 심 각했다. 하지만 만일 40대의 누군가가 이런 도전에 대처할 수 없다면 이런 파열 은 훨씬 더 위협적일 수 있다. 윌리엄 폴슨의 생애 다섯 번째 10년 기간(40대)의 삶은 제시된 몇 가지 도전을 설명하고 있다.

◎ 빌: "나는 지금 약간 나이가 좀 많이 든 것처럼 느껴요"

우리가 앞 장에서 빌 폴슨의 이야기(Levinson, 1978)를 마무리할 때, 그는 꿈과 희망을 잃은 볼스 앤드 화이트 컴퓨터 회사에서 떠나기로 결심했다. 그리고 빌 자신, 그의 아내 룻과 아들 피트는 다시 북쪽으로 이사했다. 그는 자신에 대한 확 신이 없는 채 다시 시작하기로 마음을 먹고 플로리다를 떠났다.

그들의 이동은 잘 시작되었다. 가족은 뉴욕 지역의 한 아파트로 이사했다. 그 는 항공우주 산업의 모의실험 장치를 만드는 공장에 딸린 빙(Bing)이라는 컴퓨터 분야의 회사에서 좋은 일자리를 얻었다. 젊은 기술자인 그의 상사는 그를 좋아 했다. 그의 상사가 뉴욕 햄튼에 있는 또 다른 공장으로 직장을 옮겼을 때, 그는 빌 을 초대하여 함께 일하게 되었다. 햄튼에서 그는 컴퓨터 응용에 관한 모든 문서 파일을 담당했고 소프트웨어를 구매했다. 햄튼에서의 첫 3개월 근무 기간에 그 는 아폴로 우주선의 모의실험 개발에 관여하게 되었다. 그와 그의 가족은 그가 달 탐사 모형을 작업하는 동안 텍사스에서 8개월을 보냈다. 그리고 나서 그는 두 번째 LEM 모의실험 장치의 설치를 위하여 케이프 케네디로 갔다. 이것은 그에 게 흥미진진한 시간이었고, 그의 경력에 있어 많은 면에서 정점이었다. 마흔두 살에, 그는 안정적이었지만 본질적으로 희망이 없었던 플로리다에서의 직장생 활을 떠난 그의 도박이 성과를 거두었다고 느꼈다(285-286).

그러나 그때 모든 것이 갑자기 안 좋아지게 되었다. 그의 상사는 F-111전투기를 위한 모의실험 장치를 개발하는 한 프로그램의 상무이사로 임명되는데 그는 빌에게 함께 일하자고 요청했다. 프로젝트를 시작한 지 몇 달이 지난 후, 빌은 자신의 선택이 잘못되었다는 것을 깨달았다. 그 프로젝트는 실패하고 있었고, 그는 기대했던 감독관으로 승진하지 못했다. 그리고 그의 상사는 그 회사를 떠나게 되었다. 그러한 기업의 심각한 어려움 속에서 빙은 웨스턴 코퍼레이션 (Western Corporation)과 합병했다. 그 과정에서 수많은 직원이 해고당했고, 빌도 그들 중의 한 명이 되었다. 마흔두 살에 그는 실업자가 되었다. 절망하던 그는 코네티컷에 있는 P-E 회사에서 일자리를 얻었다. 그러나 7개월 후에 정부 계약이 만료되어 그는 다시 실업자가 되었다. 그 당시에 빌은 "이렇게 계속 살 수는 없어."라고 생각했다(286).

그러던 중 빌의 아파트 단지에 살던 한 남성으로부터 "나는 당신이 일자리를 찾고 있다는 것을 알고 있습니다."라고 하는 말을 들었다(286). 그날 저녁 그들은 함께 자리를 했고, 다른 남성은 그가 자신의 회사를 매각하고 빌을 고용할 수도 있다는 이력서를 빌을 위해 작성해 주었다. 그 계획은 효력이 있었다. 44세에 빌은 유나이티드 일렉트로닉스(United Electronics)에서 일하게 되었다. 그 이력서는 빌이 품질관리 경험이 있었다는 인상을 주었다. 그래서 그는 품질관리 엔지니어로 채용되었다. 그는 경험해 보지 못한 자리에 배치되었다. 그가 일을 시작했을 때 그 회사는 품질관리 프로그램을 전혀 가지고 있지 않았다. 그래서 그는 "미친 사람처럼 그 공장을 이리저리 바쁘게 뛰어다녔다"(287).

더구나 그 회사는 새로 생겨난 회사여서 정착에 애를 먹었고, 노동자들과 임원들 사이에 상당한 갈등이 있었다. 빌은 자신이 노동자와 경영자들 사이의 평화를 위해 노력하는 중재적 위치에 있다고 생각했다. 그는 중재자로서의 기술이 자신을 승진시킬 것이라고 믿었다. 그리고 그의 상사가 그를 품질관리 책임자로 훈련시키고 있다고 느꼈다. 그는 중재자로서의 일을 하는 것이 '타당한 선택'이었다고 느꼈다. 그러나 그는 또한 그의 성격이 방해가 될 수 있음을 인정했다.

나는 나 자신의 고유한 개인적 기질, 내가 사람들과 대화하는 방식이 그대로 전달되기보다 그렇지 않을 수 있다고 생각되어 걱정이 됩니다. 나는 내 입장 때문에 내가 마치 그들보다 위에 있는 것 같은 인상을 일부 사람에게 주는 것 같아요. 만일 내가 이렇게 비쳐진다면, 예전에도 한번 이런 말을 들은 적이 있는데, 그것은 내 의도가 아닙니다(287).

그는 또한 "경영진의 관점에서 일하기보다는 노동자 계층, 하위 계층을 생각하고 관리하는 경향성이 있다"고 인정했다. 그리고 "높은 사람" 대신에 "낮은 사람을 향할" 때, "이전에 대처해야 했던 것보다 더 큰 책임"이 주어지고 자리를 얻게 된다고 언급했다(287). 레빈슨의 관점에서 보면, 빌이 품질관리 책임자로 자리를 맡을 수 있는지에 관하여 요청받는다면, "빌조차도 자기 자신에 대한 확신과 설득력이 없어 보였다"(287).

빌의 결혼과 가족도 또한 걱정거리였다. 룻은 인터뷰 진행자에게 빌이 그들 가정의 세 사람을 위하여 더 나은 삶을 만들고 싶어 하는지를 알고 있었지만, 그가 문제를 해결할 수 없을 것이라는 느낌을 가지기 시작했다고 말했다. 그들 삶 전체의 혼란은 가정을 조금씩 약화시키기 시작하였다. 어느 날 저녁에 그들은 친구들을 방문했는데, 그곳에서 논쟁을 하게 되었다. 빌은 화가 나서 그 집 밖으로 쿵쿵거리며 뛰쳐나갔다. 만일 빌이 화가 나서 불만을 표출하려고 영원히 나가 버린다면, 이런 행동은 "모든 것의 끝이라"는 것을 룻은 알았다(288). 다행히도 빌은 10분 후에 되돌아왔지만, 룻에게 이 일은 어떻게 그들의 결혼생활이 파괴될 수 있는지를 증명해 주는 사건이었다.

또 다른 문제는 그들이 플로리다에 있는 그들의 집을 매우 그리워했다는 것이다. 그들은 특별히 자신들이 아파트 단지에 거주하고 있다는 사실을 싫어했다. 왜냐하면 빌의 소득 수준과 직업 불안정성이 그들 소유의 집을 구입할 수 없다는 것을 의미했기 때문이다. 또한 직장생활을 하고 있었던 룻은 출근하고 퇴근

하는 것에 대한 기대가 전혀 없었다. 그녀는 절망의 감정으로 싸우고 있을 뿐이었다. "이 상황을 나는 그냥 받아들일 뿐이에요. 내가 겪어야 할 일이라고 생각해요. 나는 더 이상 기대하지 않습니다. 왜냐하면 그 일들이 잘 풀리지 않으면 아마도 나는 너무 실망할 것이기 때문입니다."(288)

빌의 건강 문제도 주요한 관심사였다. 의사는 폐를 검사한 결과 "저 아래는 상태가 별로 좋지 않아 보이네요"라고 말했다. 그러나 그는 담배를 쉽사리 끊지 못했다. 그 당시에 그는 유나이티드 일렉트로닉스에서 단지 몇 개월 일한 후에 해고되었다. 그리고 다시 일자리를 찾기 위한 고통스러운 구직 활동을 시작했다. 4개월 후에 그는 자신의 집에서 60마일이나 거리가 떨어져 있음에도 불구하고 그 일자리를 잡았다. 당시(1970년)의 취업 시장을 감안하면 매우 운 좋게 일자리를 구한 셈이었다. 그곳은 작은 공장이었는데, 그는 그 공장의 품질관리 분야에서 유일한 노동자였다. 일에는 긴장감이 감돌았고 매일 통근하는 것은 어려운 일이었다. 아버지가 돌아가셔서 힘들었던 나날 이후 처음으로 심각하게 술을 마시기 시작했다.

마흔다섯 번째 생일을 앞둔 어느 월요일 아침 5시 30분에 깼을 때, 그는 자신의 뒷통수에서 타는 듯한 느낌이 들었다. 룻은 그를 병원으로 데려갔고, 신경외사 의사가 호출되었다. 두 번의 혈관조영술을 통해 그에게 뇌출혈이 일어났다는 것을 알았지만, 그 위치를 찾을 수 없었다. 빌은 병원에서 한 달 동안 입원했음에도 아무것도 발견하지 못한 채 집으로 돌아갔다. 그리고 일주일 정도 집에 있다가 거실에서 쓰러져 병원으로 되돌아 왔다. 다행히 이번에는 무엇이 문제인지를 발견해 냈고 신경외과 의사가 수술해서 뇌출혈 발생 부위를 치료할 수 있었다. 그는 거의 3개월 동안 병원에 있었다. 외과 의사는 나중에 그에게 "매우 운이 좋았고 그가 수술받을 수 있게 된 것을 하나님께 감사해야 한다"고 말했다(289). 의사는 3월에 수술했는데, 빠르면 그가 11월 달에는 직장에 복귀할 수 있다고 말했다.

빌은 이제 아주 많은 문제에 직면했다. 그는 입원보험을 들었지만 외과 수술 비로 3천 달러를 지불해야 했다. 그는 사회안전보험이나 군인 연금 자격을 갖고 있지 않았다. 그는 여전히 회사에 고용된 상태였기 때문에 실업급여를 받을 수 없었다. 그의 상사는 몇 달 후에 그가 돌아올 수 있도록 고용 상태를 유지해 주기로 약속했지만, 그가 드디어 회사에 돌아올 수 있다고 말했을 때는 회사가 그를 대신하여 다른 사람을 구했고 공석이 없다고 말했다. 이런 상황을 알고 빌은 실업급여를 신청했다. 그러나 그는 성탄절 이브 때까지 실업급여를 받을 수 없었다. 그 이후 1년 넘게 그는 여전히 실업자였다.

46세의 나이를 마지막으로 인터뷰를 했을 때, 빌은 극도로 무뚝뚝하게 자신의 상황을 평가했다. "여전히 자리를 잡지 못해서 신경이 쓰입니다. 그리고 가까운 장래에도 어떤 일이 일어날 것 같지는 않아 보입니다."(289) 이어서 그는 아내가 일을 하고 있었고, 만일 그녀가 아니었다면, "가족의 삶은 지옥이었을 것"이라고 말했다(289). 그러나 그는 아내가 가족을 부양하는 유일한 사람이라는 것과 그가 가족의 생계를 책임질 수 없다는 사실로 인해 매우 자괴감을 느꼈다. 그는 "나는 가족의 행복에 기여하고 있지 않다는 생각이 들어요. 실업급여를 제외하고는 수입이 없거든요. 나에게 실업급여는 소득원이 아니에요. 나는 실업급여에 유일하게 기대어 사는 것을 좋아하지 않아요."(289)라고 말했다.

빌은 지역 신문들이 많은 일자리를 광고한다는 것을 알고 있었다. 그러나 그때 그는 탄식하며 말했다. "이 회사들은 나 같은 사람과 일하는 것을 원하지 않습니다." "그들은 당신을 채용하기를 원하지 않고, 빌 당신은 그 이유를 잘 모르겠다는 거네요!" "글쎄요, 내가 생각하는 이유는 세 가지예요. 첫째, 나는 특별한 배경이 없어요. 둘째, 나는 학위가 없습니다. 또한 나이가 너무 많아요." "또한 셋째는 당신의 건강문제인 것 같네요. 빌 당신은 뇌출혈이 있었지만 충분히 회복되었다고 말했어요. 하지만 회사들은 당신의 뇌출혈만 볼 뿐이죠. 그래서 그들은 당신에게 기회를 주려고 하지 않지요." "나는 도대체 어떻게 해야 할지 모르겠어요. 막다른 벽에 부딪힌 것 같습니다."(289).

그 때까지 빌은 1년 이상 실업 상태에 있었다. 그는 거의 마흔일곱 살이었다. 레빈슨은 다음과 같이 논평했다. "그는 활기차게 직장을 구하려고 노력했지만 성공하지 못했고, 그가 원했던 직장을 얻을 가능성은 희박했다. 그는 하급직의 일자리를 받아들일 것인지에 대해서 고군분투하고 있었다. 자신과 미래에 대한 그의 감정에 중요한 변화가 일어났다."(290) 빌은 그의 현재 생각을 다음과 같이 묘사했다.

> 저는 지금 현재를 위해 살아갑니다. 하나님, 만일 기꺼이 제게 좋은 일자리가 주어진다면 제 생애의 남은 삶을 그 일을 하며 살기 원합니다. 그런데 잘 모르겠어요. 다른 한편으로, 제가 한 달 정도 일해 보고 나서 그 일이 제게 적합하지 않다고 생각되면 다른 일을 찾을 수도 있을 것 같습니다. 그러나 저는 이제 그렇게 살기 싫습니다. 짧은 시간 안에 한 직장에서 다른 직장으로 옮기기에는 제 나이가 너무 많습니다. 지난 3~4년 동안 이런 일들이 반복해서 일어났습니다. 저는 제 자신에게 화가 날 뿐만 아니라 가족의 화목과 행복을 망친 것 같아서 기분이 좋지 않습니다(290).

빌은 직장을 한 곳에서 다른 곳으로 옮기고 1년에 두세 번 이사를 해서 그의 아내가 정신적으로 불안에 시달리게 되었다고 계속해서 이야기했다(290). 그는 그의 많은 것 중에서 자신의 아들 교육이 현재 가장 중요하다고 말했다. "만일 제가 자주 이사를 한다면 아들의 교육은 힘들어질 것입니다. 그래서 나는 그런 일이 일어나기를 원치 않습니다."(290) 그는 덧붙여 말했다. "내가 이 문제를 해결할 수 있는 유일한 방법은 작은 회사의 좋은 자리를 얻거나 또는 내가 거짓말을 하지 않고 허세를 부리지 않아도 되는 대기업 자리를 얻는 것입니다"(290). 그는 유나이트드 일렉트로닉스 일하면서 허세에 관한 교훈을 배웠다.

레빈슨은 비록 빌의 현재 상황이 음울하고 절망적으로 보일지라도, 빌이 그의 인생관에 몇 가지 중요한 변화를 경험했으며, 좀 더 현실적이고 희망적인 자기평가에 이르게 되었다고 생각했다.

> 처음으로 그는 자신에 대한 욕심을 부리기보다는 그가 할 수 있는 작은 일에 정착하는 것에 대해 이야기했다. 그의 주된 관심사는 관리직으로 승진하는 것이 아니었다. 그러한 꿈은 버렸다. 그는 그의 가족에게 정착된 삶과 안정적인 수입을 줄 수 있는 좋은 대우를 해 주는 적은 규모의 직장에 안주할 준비가 되어 있었다(290).

"그는 확실하게 자신이 뿌리내리지를 못한다는 것과 외로움과 패배의 감정을 느꼈다." 그리고 "자포자기의 감정은 절망으로 변했다"(291). 동시에 "그는 자신과 자신의 능력에 대한 비판적 평가를 하고 있었기 때문에 중요한 발전이 일어나고 있었다"(291). 유나이티드 일렉트로닉스에서 일하면서, "빌은 자신이 결코 관리자가 될 수 없다는 사실과 40세의 나이에 일종의 내기에서 졌다는 사실을 받아들이기 시작했다."

> 그러나 그가 이런 열망을 포기한 것은 그가 경제적인 목표에 안주하고 다른 만족을 추구할 수 있다는 희망과 함께였다. 47세의 빌 폴슨이 겸손하게 미래를 계획하고 있다는 증거이다. 그의 질병은 그로 하여금 삶의 현실을 마주하도록 강제하고 또한 그것을 붙잡을 수 있도록 만들어 주었다. 그는 세상과 화해하고, 삶의 환상을 내려놓으며, 가족을 위해 안정된 삶을 공급할 준비가 된 것처럼 보였다(291).

레빈슨의 관점에서 보면, 빌의 삶은 비록 우울했지만 끝난 것은 아니었다.

◎ 빌의 정체성 위기

많은 사람은 빌이 지난 몇 년 동안 겪었던 것을 '중년의 위기'라고 부를 것이다. 레빈슨도 이 의견에 반대하지 않을 것이다. '중년의 위기'에 대한 다양한 논의에서 레빈슨은 '중년의 위기'란 35세부터 45세까지의 '중년의 나이'에 겪게 되는 큰 어려움의 시기라고 언급한다. 그러나 그는 "중년의 전환기"에 해당하는 40대 초반의 시기에 발생하는 위기에 대하여는 '중년의 위기'라는 용어 사용을 선호하지 않았다(Levinson 1978, 159). 빌이 그의 삶에서 겪은 것을 '중년의 위기'가 아니라고 볼 이유는 없다. 그러나 동시에 40대에 겪는 변화를 레빈슨이 묘사한 것처럼 '중년의 위기'보다 "정체성 위기"로 바라본다면 40대 경험에 대한 몇 가지 중요한 통찰을 얻을 수 있다.

지금까지 본 것처럼 에릭슨(1968)은 "위기"를 "임박한 재앙"이 아닌 "발달이 하나의 방식 혹은 다른 방식으로 진행될 때 성장, 회복, 분화의 자원을 안내하는 필요한 전환점, 결정적 순간"으로 본다(16). 폴슨은 뇌출혈과 죽음으로부터의 아슬아슬한 탈출 이후에 '전환점' 또는 '결정적 순간'에 이르게 되었다. 그의 상황에 대한 고통스럽고도 솔직한 진단은 그가 충분히 이 사실을 인식하고 있음을 말해준다. 이번 위기는 '정체성 위기'의 모든 특징을 가지고 있다. 웹스터 사전의 정체성에 관한 다양한 정의 중에서, 이 위기의 가장 중심적인 것은 "개인의 자기인식에 필수적이며 공통적으로 고려되는 개인의 자질과 인격"에 초점을 맞춘 것에 해당한다(Agnes 2001, 708).

입원하기 전에 빌은 자신의 능력과 전망에 대해 어느 정도의 자기기만이 있었다. 어떤 사람들은 그의 기만이 대단했다고 말하기도 한다. 레빈슨은 빌이 플로

리다에 있는 볼스 앤드 화이트 컴퓨터 회사에서 일하고 있었을 때 그에게 자기
기만의 경향성이 있다는 사실에 주목했다.

> 곧 그는 정보처리 부서의 전체 관리자가 되기를 열망했다. 빌 폴슨의
> 삶에 대한 묘사에는 자기기만의 이야기가 가득했다. 그는 노동자와 경
> 영진 사이에서 중재에 대한 그의 재능을 과장했다. 그는 자신을 일반
> 사원으로 생각하고 싶지 않았기 때문에 승진 가능성에 대해 과도한 기
> 대를 걸고 있었다. 그 결과, 그는 그 직장에서 자리를 잡으면서 미래에
> 일어날 문제의 가능성에 대한 씨앗을 뿌리고 있었던 것이다(Levinson
> 1978, 282).

　그러나 입원과 회복의 결과로, 그는 자신을 있는 그대로 보고 본질적으로 누
구인지를 알려고 노력하는 것 같아 보였다.
　한 사람으로서, 한 노동자로서 그 자신에 대한 자기이해는 유나이티드 일렉트
로닉스에서 실직하고 다른 회사의 품질관리 전문가로 고용되었을 때 현실적인
문제가 되었다. 뿐만 아니라 이 일자리도 결국 실직하게 되었다. 웹스터 사전은
정체성을 "사람이나 사물이 설명되거나 주장하는 것과 같은 조건"으로 정의한다
(Agnes 2001, 708). 물론 빌은 그의 유나이티드 일렉트로닉스 이력서가 그의 훈련
과 경력을 잘못 전달하고 있다는 것을 잘 알고 있었다. 그는 자신의 이력서에 기
재한 그 사람이 아니었다. 이제 두 개의 직업을 모두 잃은 후에, 그는 좋은 일자
리 찾기를 희망하고 있다. "나는 내가 허세 부리지 않고, 거짓말하지 않고 일할
수 있는 곳을 원해요."(290) 지난 몇 년 동안 위장된 정체성에 기초하여 일할 수
있었던 그는, 이제 자신이 정말로 누구인가에 기초하여 일을 찾을 수 있기를 희
망하고 있다. 에릭슨(1950)이 말한 것처럼, 그는 희망하는 회사들이 자신에게 일
자리를 제안할 것이고, 자신이 할 수 있다고 여기며, 자신을 그렇게 생각해 주는

사람들과 함께하기를 열망하는 것과 지금 그의 현실적 모습을 통합하는 것이 중요하다는 것을 깨닫고 있다(228).

빌에게 일어나는 또 다른 변화는 그의 가족과 관련이 있다. 아내 룻은 그의 가족 생계를 책임지는 유일한 봉급생활자이기 때문에 큰 어려움에 직면해 있었다. 그래서 그는 아내 룻에 관하여 진심으로 걱정했다. 그는 또한 그들의 빈번한 이사가 아들 피트의 교육에 미칠 영향에 관하여 걱정하고 있다. 대가족의 가장이라는 생각과 책임을 포기한 지 오래된 그는 그의 직계가족에 대한 충성을 다하기 시작했다. 가족에 대한 그의 충성심은 아내 룻이 아니었다면 가족이 매우 어려운 상황에 처했을 것이라는 자각으로부터 증가하였다(285). 다시 말해서 그는 남편으로서, 아버지로서의 의무감만을 가지고 가족을 부양할 수 있다는 인식에서 벗어나 충성심과 신실함을 새롭게 발견하게 되었다. 이 경험은 그에게 겸손함과 충실함이 강점이라는 것을 가르쳐 주었다. 수년 동안 그들은 갈등과 어려움이 있었지만, 그와 룻은 서로에게 충성을 다했다.

어떤 의미에서 그는 어느 때보다도 그의 아버지가 지혜로웠음을 깨닫게 된다. 젊은 시절, 그는 아버지의 관심과 조언 그리고 상식과 관대함을 소중히 여겼다. 그러나 아버지가 평생 같은 직장에서 일하신 것과 주당 봉급이 10달러 이상을 넘지 못했다는 사실에는 신경이 쓰였다. 지금 40대 중반의 나이에, 그는 모험을 떠안기보다 아버지가 안정을 더 선호한 것처럼 자신도 그렇게 돌아가기 시작했다. 하지만 그가 "만일 좋은 일자리가 찾아온다면 나는 남은 생애를 바쳐 일할 수도 있습니다." 혹은 "나는 한 달 또는 그 이상 일해 보고 나서 만일 그 일이 내게 맞지 않는다면 새로운 일을 찾아 떠날 수도 있습니다."와 같이 말한 것을 보면 그는 이 지점에서 다소 불확실한 측면이 있다(290). 그는 생전 처음으로 후자의 전망이 마음에 들지 않는다고 말할 수 있었다. 왜냐하면 그가 짧은 시간 안에 새로운 직업을 찾아 떠나기에는 이제 너무 나이가 많이 들었기 때문이다(290). 이러한 경우에 분별 있는 판단력을 지닌 옛 가르침은 전적으로 적절해 보인다.

◎ 두 번째 탄생

만일 빌이 정말로 단기간에 한 직장에서 다른 직장으로 옮기기에는 나이가 너무 들었다고 믿는다면, 나는 한 개인이 더 이상 젊지 않다는 것을 깨닫게 된 진짜 축복 중의 하나라고 결론지을 것이다. 게다가 그의 '정체성 위기'는 앞서 인용했던 고대 시인의 관점과 적어도 영혼의 공감대를 형성하고 있다(시편 131편).

오 주여 내 마음이 교만하지 아니하고
내 눈이 오만하지 아니하오며
내가 큰일과 감당하지 못할 놀라운 일을 하려고 힘쓰지 아니하나이다
실로 내가 내 영혼으로 고요하고 평온하게 하기를 젖 뗀 아이가
그의 어머니 품에 있음 같게 하였나니 내 영혼이 젖 뗀 아이와 같도다

어머니의 가슴에 안겨 있는 아이의 이미지는 빌이 그의 인생에서 질문하고 있는 '중요한 순간'임을 보여 준다. 그의 질문은 예수가 니고데모에게 사람은 '다시 태어날' 필요가 있다고 말했을 때 니고데모가 예수께 질문한 내용을 암시한다. "니고데모가 이르되 사람이 늙으면 어떻게 날 수 있사옵나이까 두 번째 모태에 들어갔다가 날 수 있사옵나이까?"(요한복음 3:4)

니고데모의 질문은 확실히 수사적인 질문이었다. 니고데모는 어머니의 자궁에 다시 들어가는 것이 육체적으로 불가능하다는 것을 잘 알고 있었다. 예수께서 대답하셨다. "진실로 네게 이르노니 사람이 물과 성령으로 나지 아니하면 하나님의 나라에 들어갈 수 없느니라. 육으로 난 것은 육이요 영으로 난 것은 영이니"(요한복음 3:5-6). 첫 번째 탄생은 자궁 속 물에 의한 것이고, 두 번째 탄생은 영적인 것을 의미한다.

종교심리학의 회심에 관한 주제에서 제임스 R. 스크럭스와 윌리엄 G. T. 더글

라스(James R. Scrpggs & William G. T. Douglas, 1977)는 다른 어떤 측면보다 회심의 연령에 대한 연구가 더 많이 있었다고 언급하면서 회심을 위한 '적절한 나이'에 대한 논의를 하고 있다. 초기 저술가들은 청소년기를 회심에 관한 가장 가능성 높은 나이로 보는 데 만장일치로 동의했다(259). 그러나 그들이 또한 1959년 발표된 로버트 페름(Robert Ferm)의 세 가지 연구를 인용했을 때, 이 연구는 평균 회심 연령을 41세, 43세, 46세로 보고하고 있다. 스크럭스와 더글라스는 이 두 가지 결과물 사이의 충돌을 해결하기 위한 시도로, 에릭슨의 생애주기 모델을 인용하여 정체성 위기는 "중년기에 통합성 위기의 형태로 반복된다"는 것을 제시한다. 따라서 "사춘기 정체성 위기와 중년기 통합성 위기는 회심을 위한 적절한 시점을 구성할 수 있다고 에릭슨의 이론으로부터 타당하다는 결론을 맺는다"(260).

그들은 중년기에 통합성 위기가 있다고 보았는데, 그것은 오해한 것이다. 왜냐하면 에릭슨은 노년기에 통합성이 자리한다고 보았기 때문이다. 그러나 인생의 다섯 번째 10년 기간인 40대에 정체성 대 정체성 혼란 갈등이 있다고 보는 나의 재배치는 앞에서 언급한 두 가지 결과물을 조화시킬 수 있다. 왜냐하면 40대는 정체성 걱정으로 갈등하고 있으며, 영적인 재탄생을 위한 '적절한 시기'에 해당하기 때문이다. 니고데모가 예수께 어떻게 사람이 나이 들어 다시 태어날 수 있는지 물었던 것을 생각해 보라. 사람은 자신이 40대가 되기 전까지는 '나이 먹은' 것으로 생각하지 않는다. 그래서 니고데모의 질문이 실존적 상황에서 연관성을 갖게 되는 인생의 첫 번째 시간이 바로 40대인 셈이다. 40대가 된 사람은 니고데모처럼 자신이 나이 들었음을 생각하며, 어떻게 나이가 들어 다시 태어날 수 있느냐는 질문에 동의할 수 있다.

빌은 그의 인생의 전반부를 그의 어머니의 아들로 살았다. 30대 후반까지는 여전히 어머니를 사랑한다는 것을 증명하기 위해 노력하며 살았다. 그러나 빌의 어머니가 요양원에 들어갔을 때, 그가 어머니를 돌보는 시간은 끝이 났다. 그의 다섯 번째 10년 기간인 40대에 그가 다시 새로운 삶을 시작할 수 있는 시간이 되었다. 이것이 가능할 수 있었던 가장 직접적인 증거는 뇌출혈로부터 생존했다는 것과 완전히 회복되었다는 것이다. 그의 외과 의사는 그가 회복 될 수 있었던 것을 하나님께 감사하라고 했다. "좋으신 하나님"이 그를 돌보고 있었다는 사실보다 더 강력한 경험적 증거는 없다(Levinson 1978, 290).**1**

◎ 신실한 자기

에릭슨은 그의 논문 「갈릴리 사람의 격언과 '나'의 인식(The Galilean Sayings and the Sense of 'I')」(1981)에서 12년 동안 혈루증을 앓아 온 여인의 이야기를 비평한다. 그는 예수가 그녀의 손길에 대해 "너의 믿음이 너를 낫게 했다"(누가복음 8:48)고 응답한 것에 주목한다. 그리고 덧붙여 킹 제임스 버전(KJV) 성경에서는 예수가 그녀를 '딸'이라고 부르며, 그녀의 믿음이 그녀를 "완전"하게 낫도록 만들었다는 점에 주목한다. 뿐만 아니라 예수는 "모든 전인적 치유와 사랑"을 강조하고 있다는 것에 집중한다(342). 에릭슨은 또한 누가복음 15장 11~32절에 나오는 방탕한 아들 비유를 말하면서 "비유에 나타난 두 가지 분명한 요소는 우리로 하여금 잃

---

1 C. H. 도드(C. H. Dodd 1933)는 『심리학적 접근: 바울의 마음(The Mind of Paul: A Psychological Approach)』에서 사도 바울이 첫 번째 회심을 시작하여 그 과정을 완료했을 때 '두 번째 회심'을 경험했다고 주장한다. 도드는 고린도후서 12장에서 "내가 약할 그때에 나는 강합니다"라고 하는 바울의 고백이 "그가 굴욕의 깊이에서 얼마나 그가 확고한 근거를 발견했는지를 보여 주고 있다"고 지적한다. 그리고 바울이 "피할 수 없는 장애와 그의 위신에 상처를 주는 반전 등으로 고통을 겪는 동안, 그는 개인적 주장의 포기로부터 오는 영적인 자유와 힘을 잃어버리고 있었지만 그가 그의 한계를 받아들였을 때 새롭게 해방되었다"는 점 때문에 "깊은 심리적 진리"를 표현하고 있다고 주장한다(104). 윌리엄 제임스(1986)는 랄프 왈도 에머슨(Ralph Waldo Emerson)의 탄생 100주년 기념사에서 에머슨에 관하여 말했다. "그는 드물게 자신의 천재성에 대한 한계를 잘 알고 있거나 혹은 한계성 속에 변함없이 천재성을 유지하고 있었다."(1119)

어버린 아들과 동생에 대한 지나친 관심을 염려했던 큰 아들을 교대로 공감하게 만든다"고 강조한다(354). 하지만 그때 에릭슨은 그 비유를 다른 방식으로 들여다보려고 고민한다. "결국 이 비유는 양쪽 형제 모두가 우리 속에 존재하고 있다는 것을 깨닫도록 공평하게 구성되어 있다"는 것이다(354-355). 두 자매에 관한 이야기도 마찬가지이다. 주의 깊은 마리아와 산만한 마르다의 이야기 역시 같은 초점을 제공한다(누가복음 10:38-42).

만일 우리가 에릭슨이 해석한 '전인적 치유의 특징'과 두 형제가 '우리 속에 모두 있다'는 의견을 결합한다면, 신뢰할 수 있는 자아란 우리 자신에게 진실하게 대하는 자아를 말하며, 우리가 아닌 것을 주장하지도 않고 마치 우리가 다른 두 사람인 것처럼 행동하지도 않는 자아를 말한다는 것을 알 수 있다. 따라서 믿을 만한 자아란 우리의 본질적 정체성에 충실할 수 있도록 도와주는 자아이며, 그 결과 타인에 대하여 헌신할 수 있고 우리가 스스로 만든 사회적 역할의 필수적인 과업에 헌신할 수 있는 충성스러운 자아를 말한다.

인생의 다섯 번째 10년 기간인 40대의 나이에 충성스러운 자아가 부각되어야 한다는 것은 특별히 적절하다. 왜냐하면 앞에서도 언급했듯이 이 시기가 젊음과 나이 듦의 양쪽 모두에 위치해 있다는 사실의 결과를 처음으로 직면하는 10년의 기간이기 때문이다. 우마차 혹은 기차의 객차를 끄는 두 말이 다른 연령일 때, 그 말들이 함께 잘 끌 수 있을지에 대한 의문에 대한 해답은 충성스러운 자아(self)의 설득 능력에 달려 있는 것과 비슷하다. 자기 자신에 대한 충성스러움이란 "직무에 대한 충성스러운 헌신 혹은 의무나 맹세에 대한 믿음직스러운 헌신"인데, 이것을 젊은 사람과 나이 든 사람 모두가 동의하여 설득이 되는 것과 같은 원리이다(Agnes 2001, 526). 한 자아가 다른 자아를 무너뜨릴 수 없다. 특별히 다른 자아가 자신의 필수 요소인 경우는 더욱 그렇다. 충성스러운 자아는 복합적인 자기(Self) 속에 있는 자아로서, 우리 자신에게 진실해 지는 것의 중요성을 일깨워 주는 자아이다.

6. 사랑을 베푸는 자기

여섯 번째 성장, 50대

새로운 세대에 진입한 사람에게 주는 생일 카드는 사람들로 하여금 새로운 10년의 신체적 변화에 들어가는 것을 생각하게 만든다. 그래서 10~20년 후에 나타날 변화의 모습을 과장되게 표현하는 경우가 많다. 50대에 들어서는 사람들을 향해 건네는 전형적인 생일 축하 문구가 있다. "침대 밖으로 나가는 것의 고통, 당신의 머리 위에 앉은 회색 머리카락, 주름, 스테로이드, 피하지방, 밤마다 몇 번씩 하는 소변 보기, 통증이 계속되고 속이 편치 않은 축 늘어진 몸의 일부들. 너무나 고약한 냄새를 풍기는 50대에 들어선 것을 환영합니다!" 또는 이런 문구가 있다. "50대는 당신의 구두끈을 묶기 위해 몸을 숙일 때입니다. 그리고 '내가 여기에서 의기소침해 있을 때 그밖의 무엇을 할 수 있을까요?'라고 질문할 때입니다." 혹은 "항상 섹스에 관한 생각에 머물러 있는 50대들을 향하여 뭐라고 부를까요? 향수 애호가들이여!"

다른 카드들의 문구는 다음과 같을 수도 있다. "당신은 50세입니다! 나쁜 소식은 당신의 생일을 맞이하여 당신은 약간의 은발 머리카락과 주름을 가진 나이에 도달했다는 것입니다. 좋은 소식은 당신의 모든 친구가 이러한 것을 알아차리기 전에 벌써 50세에 도달했다는 사실입니다." 또는 이런 문구도 있습니다. "나는 영국 여왕인데요. 50세는 새로운 40세일 뿐이에요." 실제로 여왕의 생일 카드 목록에 있는 사람이라면 이런 생일 축하 인사를 받지는 않을 것이다. 만일 그들이 이 카드에 묘사된 그대로를 믿는다면 그 자체가 그들은 50세가 되었다는 증거일 수 있다. 그래서 마침내 어떤 카드는 나이 들어 감에 대한 몇 가지 증거가 나이를 되돌릴 수 없다는 것을 보여 주고 있다. "50세 생일 요정은 당신의 생일을 축하합니다. 나는 당신의 한 가지 소원을 들어줄 것입니다. …… 기적은 안 되고 소원만 가능합니다."

만일 생일 카드들이 50세가 되는 고통을 누그러뜨리기 위해 껄끄러운 유머를 다소 사용한다면, 시인 빌리 콜린스(1995, 46-47)는 역설에 의존한다.

50세를 앞두고

50번째 생일 하루 전.
50세라는 숫자만으로도 충분히 충격적이다.
배가 불뚝 나온 5라는 숫자, 그 위에 모자의 챙,
그 뒤를 따르는 숫자 0.
동그란 안경, 유령선의 창문,
그 창문에 손을 넣듯 허공에 팔을 넣고 휘저어도
아무것도 잡히지도 느껴지지도 않는다.

이 어둠 속에서 나는 꿈을 꾸리라.
집 뒤에서 시를 읊는 나무들의 소리를 들으리라.
아무것도 입지 않은 대자연,

봄의 긴 가지와 같은 소리로 중얼거리는 대자연.

나는 내 마음이 항해하길 원한다.

의식의 호수에 불어오는 바람에 민감하게 반응하는 항해를

그러나 나는 큰 숫자를 계속 그린다. 둥글고 벅찬.

사람이 많은 길가에 50불 지폐를 떨어뜨린다.

50파운드나 되는 모래가방을 어깨에 메고 다닌다.

50마리나 되는 한 살배기 말들이 들판에서 뛰어오는 것을 본다.

지난 50년은 도박같이 허무하게 느껴진다.

나는 타인의 고난을 묵상해 보려 노력한다.

예를 들어 윌리엄 텔 서곡 중

지속된 불면증으로 인해

근대 불면증의 아버지라 불리는 시인.

근대 자장가의 아버지라 인정받는 브람스의 삶을 아무리 묵상해 보아도,

5와 0의 숫자를 떨쳐 버릴 수 없다.

침대와 옷장 손잡이에 앉아 있는 밤의 땅 속 요정.

새벽. 나는 다시 가톨릭 신자가 된다.

교구의 가장 오래된 복사다.

중백의(역자 주: 성직자나 성가대가 입는 옷), 카속(역자 주: 성직자들
이 입는, 보통 검은색이나 주홍색의 옷), 향로, 양초들.

그리고 첫 번째 빛이 창문을 미끄러질 때, 그날은 고통스런 하나의 신
　비가 된다.

유년기 정원에서의 고통과 십자가,

단어로부터 X(역자 주: 10을 의미함)라는 철자가 제거되어 십자가에 못

박혔다.

어두운 하늘을 가로지르는 모든 번개에 경탄하며

나머지 철자는 돌로 만들어진 언덕 위에 증인들로 서 있다.

콜린스는 나이 50세가 된다는 생각은 잠들지 못하는 밤의 근거가 되고, 50이라는 숫자에 강박관념을 갖게 되며, 50이라는 숫자가 그의 인생에 암시하는 모든 면을 생각한다고 전한다. 새벽이 다가올 때, 그는 유년기 시절 종교로 되돌아간 것처럼 느낀다. 그러나 이것은 그에게 어떤 의미의 평화도 가져다주지 않는다. 그것은 단지 그에게 전통의 바로 그 심장에서 고통과 고뇌를 연상시킨다. 한편, 이 시의 독자들은 50세가 되는 것을 십자가에 못박히는 것과 연관 짓는 것이 다소 극단적이라고 느낄 수도 있다. 그런데 시인의 이성적인 생각이 잘 맞을 수도 있다. 그의 내면의 주인은 인생 여정의 절반 이상이 그에게 남아 있다고 말하고 있다.

「50세가 됨(Turning Fifty)」이라는 시에서, 스티븐 던(Stephen Dunn 1994, 264-265)은 인생에서 또 다른 10년으로 진입하는 것의 의미에 관하여 자신 또는 자신의 생각에 관하여 직접적으로 어떤 것을 말하고 있지는 않는다. 그러나 그는 콜린스처럼 그가 '큰 숫자의 나이'로 접어든 그날에 일어난 두 사건에 대하여 설명을 하고 나서, 어떻게 그가 느끼는지 추론해 보라고 우리를 초대한다.

50세가 됨

아기 주머니쥐가 무리에서 벗어나는 걸 봤다.

엄마 쥐 앞에서 아기 쥐는 붉은 여우에 쫓겨 전력질주를 한다.

멍청해 보이지만 이상하게도 귀엽다.

이것을 창문에서 봤다.

나무로 둘러싸인 잔디 너머로.

내가 할 수 있는 것이 아무것도 없는 또 하나의 일이었다.

그러나 진솔하게 내 감정에는 큰 변화가 없다.

만약 아내가 나와 함께 있었다면,

나는 "불쌍한 주머니쥐."라고 말했을 것이다.

반대로 "여우가 놀랍네!"라고 말했을 수도 있다.

내가 본 것에 대한 의견은 없었다.

그저 아무것도 느껴지지 않았다.

작은 문이 닫힌 것처럼.

다른 사람의 집의 문이 닫힌 것처럼.

그날 밤, 환승을 하고 있던 중 나는 아름다운 미소를 지닌 간호사로 인해
발걸음을 멈췄다.

그녀는 부상자와 사망자에 대하여 이야기했다.

베트남에서 일어난 일들을 말해 주었다.

팔이 잘린 군사에 대해서,

수술실 밖에서 서로 안아 주며 격려했던 의사와 간호사들의 이야기.

그리고 거의 죽을 뻔한 열아홉 살짜리 남자의 이야기를 해 주었다.

그가 간호사에게 "가까이 와 주세요. 당신의 머리카락 냄새를 맡고 싶
어요."라고 속삭였다고……

아내가 피곤한 몸을 이끌고 늦게 집에 들어왔을 때,

나는 주머니쥐와 여우에 대해서,

여인의 향기를 마지막으로 맡고 싶었던 한 젊은 청년에 대해서 말하려

했다.

그러나 그녀는 엄마 쥐에 대해 관심을 가졌다.

엄마 쥐는 무엇을 했고, 나는 무엇을 했는지 궁금해했다.

그리고 음료와 음악을 원했다.

무엇이 더 정상적일까?

그러나 나는 죽어 가는 청년이 간호사에게 가까이 오라고 한 것을 계속

이야기 했다.

그 간호사가 말할 때 보여 줬던 미소에 대해,

고통의 아름다운 힌트에 대해,

그리고 감춰진 다른 표현들에 대해…….

이 시는 에릭슨이 성인 초기 발달 단계로 묘사했던 친밀감 대 고립 갈등을 아름답게 표현하고 있다. 그러나 나는 인생의 여섯 번째 10년 기간인 50대에 친밀감 대 고립 갈등을 배치하고자 한다. 던은 그의 생일을 혼자 보내고 있다. 그는 그의 아내가 늦은 시간에 피곤에 지쳐 집으로 돌아올 때까지 그녀를 기다리고 있는 중이다. 그는 또한 생명을 잃는 장면을 관찰하고 있다. 첫 번째 아기 주머니쥐인데, 그 아기 주머니쥐의 어미는 단지 여우의 공격을 지켜보고 있다. 그다음에 젊은 열아홉 살의 병사와 그 병사가 죽어 가고 있는 동안 그를 옆에서 도우며 모순적인 아름다운 미소를 지어 보이는 간호사의 모습이 있다. 그 간호사는 던이 지켜보고 있는 곳으로부터 그다지 멀리 떨어져 있지 않은 곳에 있었다. 그 간호사의 미소는 표현할 수 없는 '어느 정도 고통의 암시'를 보여 주었다. 던은 자신이 어떤 것도 행할 수 없었던 장면과 사건의 목격자요 청취자였음을 깨달았다. 그가 그 사건들을 묘사했을 때, 자신이 흥미로워하는 이야기가 아내에게는

흥미롭지 않다는 것을 깨달았다. 그리고 그들의 관심사가 같을 수 있는 현실적 이유가 없다는 것 또한 알게 되었다. 왜냐하면 결국 그녀는 매우 피곤했기 때문에, 긴 하루의 끝에서 아주 평범하고 정상적인 욕구로써 피로를 풀기 원했다.

그렇다면 이 시는 50세가 되는 것과 무슨 관계가 있을까? 그것은 그가 할 수 없는 상황들이 있다는 것을 아는 삶의 단계에 도달했다는 것과 오히려 자신이 의견을 가지고 있는지조차 확신하지 못하는 상황이 있다는 것을 알게 된 시인의 인식을 반영한다. 아기 주머니쥐의 역경에 대해 던과 어미 주머니쥐가 무엇을 했는지에 관한 아내의 질문은 일리가 있어 보인다. 그러나 그는 그와 어미 쥐 모두가 어떤 행동을 할 수 있었다고 생각하지 못했다. 또한 그는 '여성의 순결한 감각'에 대한 마지막 욕망을 지닌 병사에 대한 목격 외에는 죽어가는 그 병사를 위해서 어떤 것도 할 수 없었다. 50세가 된다는 것은 청년일 때의 던은 잘못을 바로잡고 불의와 고통에 맞서 싸우는 것을 생각하지만, 성인이 된 던은 그가 관찰한 것이 드러남과 은폐의 혼합이라는 것과 오직 그가 목격한 것에 대해서 증언만 할 수 있다는 것을 의미한다. 그는 이런 장면들을 지켜보면서 친밀감과 고립을 목격한다. 처음에는 창문을 통해서, 그다음에는 텔레비전 화면을 통해서 말이다. 그리고 그 장면들에 관하여 그의 아내에게 말할 때 그가 목격했던 것을 경험한다. 대화하면서 그들은 친밀감을 느끼지만 의견이 다르기에 고립을 경험하는 것이다.

◎ 친밀감 대 고립 갈등

웹스터 사전은 친밀감(intimacy)을 "친밀한 상태"로 정의한다. 그리고 '친밀감'이라는 단어는 성적인 행동(두 사람 사이의 "성행위")을 시사하는데 가끔씩 사용된다고 언급한다(Agnes 2001, 748). 친밀한(intimate)과 관련된 정의는, ① "가장 사적인 혹은 개인적인(그의 친밀한 감정)" 그리고 ② "밀접하게 알고 있는 혹은 연관된, 매우 익숙한(친밀한 친구)"이다(748). 그러므로 친밀감은 사적이고 개인적인 것을 의미하며 공공성, 개인과 상관없는, 멀리 떨어져 있는 것 등의 반의어인 가까움을 의미한다. 웹스터 사전은 고립(isolation)을 고립시키는 행동 혹은 고립되는 것으로 정의한다(Agnes 2001, 758). 고립시키다(isolate)와 연관된 정의는 ① "다른 것들과 구별하는 것, 혼자 두는 것" 그리고 ② "선택, 거절, 심리적 문제 등을 통해 평범한 사회 활동으로부터 분리되는 것"이다(758). 그러므로 고립은 혼자 혹은 분리된 상태를 의미한다. 친밀감과 짝을 이룰 때, 고립이라는 단어는 '혼자 있음' 혹은 '분리'가 공적이고 멀리 떨어진 것이 아닌 개인적이고 가까운 관계에서 경험된다는 것을 암시한다. 따라서 고립의 중심적인 의미는 한 개인이 거대한 군중 속에서 혼자라는 것을 느끼는 것이 아니라 개인적이고 사적인 배경 혹은 관계에서 혼자임을 느끼는 것이다(이런 이유로 결혼생활 또는 자신의 가정에서).

『정체성과 생애주기』(1959)에서 에릭슨은 "이성과의 관계(또는 타인과의 관계나 자기 자신과의 관계)에서 진정한 친밀감이 가능한 것은 정체성에 대한 합리적 인식이 확립된 후라는 것을 언급함으로써 이 단계에 대한 논의를 시작한다"(95). 그는 성적인 친밀감은 자신이 염두에 두고 있는 것의 일부에 불과하다고 강조한다. "왜냐하면 성적인 친밀감은 서로 간에 진실하고 상호적인 심리적 친밀감을 발전시킬 수 있는 능력을 항상 기다려 주지는 않기 때문이다."(95) 그는 "자신의 정체성을 확신하지 못하는 청년들은 대인관계가 친밀해지는 것을 피하지만, 자기 자신을 잘 인식하여 확신하게 되는 청년들은 우정, 투쟁, 리더십, 사랑, 영감 등의 형태로 정체성을 더 추구하게 된다"고 덧붙인다(95). 게다가 만일 사회와 문화적인 관습들이 공공연하게 성적인 행동을 요구하지 않는다면, 청년들이 형성하는 애착은 "종종 계획, 바람, 기대를 가지며, 개인이 무엇을 느끼는지, 상대방이 어떤 모습인지를 고백하고 끊임없이 대화함으로써 자신의 진정한 정체성에 도달하고자 하는 시도에 집중한다"(95).

　　에릭슨은 이러한 친밀감 경험을 폄하하지는 않는다. 반대로 그는 청소년이 사춘기 말이나 성인 초기에 "자기 스스로 내적 자원을 가지고 타인들과 친밀한 관계를 성취하지 못한다면 자신을 고립시키고 기껏해야 매우 정형화되고 형식적인 대인관계(자발성, 따뜻함 그리고 유대감 교환이 결핍된 감각)를 맺을 수 있고" 또는 친밀감을 얻기 위한 "반복된 시도와 실패를 경험할 수 있다"고 주장한다(95). 불행하게도, 청년들은 다음과 같은 환경에서 결혼한다. "서로 짝을 찾는 데 있어서 그들 스스로의 힘으로 만남을 갖고자 희망하지만, 짝으로서, 부모로서 규정된 방식으로 행동해야 한다는 초기의 의무가 그들 스스로 이런 만남을 완성하는 데 방해가 된다. 짝을 바꾸는 것은 좀처럼 답이 되지 않는다. 오히려 필요한 것은 진실된 두 사람의 만남이 이루어지기 위한 지혜로운 통찰인데, 그것은 먼저 개인이 자기 자신이 되어야 한다는 것이다."(95) 분명히, 에릭슨은 정체성 형성과 진정으로 친밀감을 갖는 능력은 그것들 자체가 밀접하게 연관되어 있다고 보았다.[1]

　　에릭슨은 『아동기와 사회』(1963) 개정판에서 다음과 같이 말한다. "어떤 단계에서 획득된 강점은 이전 단계에서 가장 귀중했던 것을 가지고 다음 단계에서 기회를 가지려고 할 때 그 단계를 능가할 필요성에 의해서 시험된다."(263) 따라서 청년이 운 좋게도 충분히 안정된 정체성을 확립했다면, 그는 "다른 사람의 정체성을 자신의 정체성에 기꺼이 융합시키려고 노력하며 바랄 것이다. 그는 친밀감을 위한 준비가 되어 있다. 다시 말해서, 친밀감이란 구체적인 소속과 동반자 관계에 헌신할 수 있는 능력을 말하며, 심지어 중요한 희생과 양보를 요구할지

---

[1] 『정체성과 생애주기』(1959)에서 에릭슨은 이것을 친밀감과 거리두기 대 자아 몰입 단계라고 부른다. 그러나 에릭슨의 『아동기와 사회』(1950)의 초기 판을 포함한 모든 다른 저술에서 그는 그 단계를 친밀감 대 고립감 단계라고 부른다. 그는 거리두기가 "자신에게 위험해 보이는 힘과 사람들을 거부하고, 고립시키고, 필요하다면 파괴할 준비가 된 것"이라고 말한다. 『인간의 강점과 세대의 주기(Human Strength and the Cycle of Generations)』(1964a)의 사랑의 덕목에 관한 논의에서 거리두기 주제는—그 단어 자체는 아니지만—다시 나타난다.

라도 그런 헌신을 준수하는 윤리적 강점을 발달시킬 수 있는 능력을 말한다"(263).

진정한 친밀감은 이러한 약속을 준수하고자 하는 윤리적 힘과 헌신을 수반한다고 제안하면서, 에릭슨은 이 단계의 생애주기에서 그가 부여한 인간의 강점인 사랑의 덕목에 대한 논의를 기대한다.

『아동기와 사회』(1963)의 개정판 내용 중 앞선 단계에 대한 그의 발표에서, 에릭슨은 현재 단계의 역동에 대한 긍정적인 경향의 제도적 보호 장치를 제공하는 사회적 영역을 규정했다. 이런 경우에 그는 "성별 선택, 협력과 경쟁의 문화적 양식"을 간단히 언급한다(266). 그러나 일반적으로 그런 제도적 보호 장치가 있다는 것을 나타내지는 않는다. 하지만 사랑의 덕목에 대한 그의 논의에서 그는 소속과, 특별히 결혼과 동반자 관계를 통한 가정의 탄생을 이끄는 사람들이 이런 제도적 보호 장치를 제공한다는 것을 암시한다. 『장난감과 사유』(1977)에서 에릭슨은 "결혼 예식은 청년들이 다음 세대에게 삶의 방식을 전도할 새로운 연합에 들어가는 '면허증'을 제공하는 것이라고 언급하면서 이점을 더 분명히 하고 있다"(110).

◎ 사랑의 미덕

짐작했듯이, 웹스터 사전은 사랑(love)이라는 단어에 관한 많은 정의를 가지고 있다. 그러나 동의어로 여겨질 수 있는 단어들로부터 사랑을 구별하기 위한 웹스터 사전의 노력으로, 사랑은 "강렬한 애정이나 깊은 헌신을 의미하며, 다양한 관계나 대상에 적용할 수 있다고 말한다"(Agnes 2001, 85). 애정(affection)은 "보통 사랑에 의해 암시된 만큼 강력하거나 깊지 않은 따뜻하고 부드러운 감정"을 의미하며, 애착(attachment)은 사람뿐만 아니라 무생물에게도 느껴질 수 있는 것으로서 "애정, 매력, 헌신 등의 유대에 의한 연결"을 의미한다(850). 그러므로 사랑을 구별하는 특징은 대상이나 심지어 애착에 대한 헌신이 아니라, 연관된 정서나 감정의 깊이 또는 강렬함을 말한다.

『인간의 강점과 세대의 주기』(1964a)에서, 에릭슨은 사랑은 "분열된 기능 속에 내재하는 적대 감정을 영원히 가라앉히는 헌신적인 상호관계"라고 말한다(129). 에릭슨은 사랑은 "인간의 가장 위대한 덕목이고, 사실 우주의 지배적인 덕목"으로 여겨지고, 사랑은 생애주기에서 모든 단계를 결합하므로 하나의 단계에 할당되지 않아야 한다는 사실을 먼저 논의한 후에 이와 같은 정의를 제시한다. 그는 이런 논의를 반대하지 않는다. 그러나 그는 만일 우리가 사랑의 "진화적 이유"를 고려한다면, 왜 그것이 "여기에 펼쳐지는 생애주기에서 특정한 단계와 위기에 배정되어 있는지"를 이해할 것이라고 주장한다(127). 확실히 "인간은 성관계를 넘어서는 사랑의 선택을 발전시키고자 하는 중요한 진화론적 사실을 가지고 있으며," 사랑의 선택이란 "자신을 잃어버리는 것과 같이 또 다른 것에서 자신을 발견 하려는 경험을 통한 상호 검증을 위해서, 정체성을 공유하고 있는 짝과 동반자의 상호관계 자체를 표현하는 선택력"을 말한다(128). 왜냐하면 정체성이 스스로 모험할 수 있는 곳에서 그 자체로 가장 강하다는 것을 입증하기에 "진정한 의미에서의 사랑은 정체성과 충성심을 모두 전제로 하기 때문이다"(128). 충성심은 앞선 발달 단계에서 긍정적 경향성이자 덕목이었다.

따라서 여러 가지 형태의 사랑이 다양한 미덕(virtue)의 형성에 작용하고 있음을 보여 주는 동안에, 청년기 사랑의 독특성은 무엇보다도 "결혼 대상자를 선택하는 방법이 무엇이든지 간에 그런 선택이 친숙함을 위한 전제 조건으로 이루어지거나 점진적인 친숙화의 과정에 의해서 이루어지는 선택적이고 적극적인 사랑이다"(128). 어느 경우든 "한 가지 문제는 우연히 성장한 부모 환경으로부터 돌봄을 받았던 경험을 상호 관심사에 의해서 적극적으로 선택하고 구축된 새로운 성인 소속으로 이동하는 것이다"(128).

그는 초기 단계에서 획득한 덕목이 "이성 간의 덕목"으로서 가장 주목할 만한 유능감과 충실성을 가지고 성별의 차별화와 공통성 모두에 기여한 사실을 논하고 있다(129). 청년기 단계에서 "소통과 협력을 발전시키는 역량과 덕목에 관련해서는 성별의 차이가 거의 없다." 그러나 "애정생활에 있어서 본질적으로 더 다른 점은 출산의 기능에 있어서 차이가 드러난다는 점"이다(129). 아마도 구별된 출산의 기능이라는 가장 자명한 이 차이는 그가 사랑을 정의하는 방식에 있어서 핵심적인 요소이다. 말하자면 그는 "구별된 기능에 내재된 적대감을 영원히 가라앉히는 헌신적 상호성으로" 사랑을 정의한다(129). 그러므로 상호관계와 공유된 관심사를 내포하고 있는 상호성은 에릭슨의 사랑에 대한 이해에서 중요한 역할을 한다. 왜냐하면 성별이 경쟁을 넘어 협력을, 차이를 넘어 동일함을 강조할 수 있는 것은 헌신적인 상호성이 있기 때문이다. 그런 까닭에 사랑은 "개인의 친밀감에 스며들고, 그래서 윤리적 관심의 기초"가 된다(129-130).

다른 한편으로, 에릭슨은 사랑이 가지고 있는 선택의 속성이 유감스러운 점이라고 말하며 다음과 같은 부작용이 있다고 언급한다. "사랑은 침대나 집, 마을이나 나라와 같이 어떤 세력이 형성된 부문에서 공동의 이기심이 될 수도 있다. 그런 '사랑'이 그의 소속과 연합을 특징짓는 것은 최소한 '마치 그의 삶이 소속과 연합에 달려 있는 것'처럼 배타적인 방식만을 고수하여 방어하기 때문이다."(130) 하지만 어떤 의미에서 그의 삶은 그것들에 달려 있다. 왜냐하면 공간과 시간에 대한 바로 그 '방향성의 확실성'이 그것을 요구하기 때문이다. 그리고 이것은 정당화되지는 않지만, "공유된 정체성을 위한 정당한 방어에서, 동물계에서는 볼 수 없는 가학적인 상태로 빠져든 분노는 인간의 눈을 멀게 할 수 있다"는 사실을 설명한다(130). 그렇다. 사랑은 모든 덕목 중에서 가장 위대하지만, 진정한 친밀감을 가능하게 만드는 사랑의 바로 그 측면(선택성, 약속, 헌신)은 또한 "자신에게 위험하게 보일 수도 있는 힘을 갖고 있으며 사람들을 거부하고, 고립시키고, 필요하다면 파괴할 준비를 가지고 있다(Erikson 1963, 95-96). 그런 위협적인 세력은 외부인들, 낯선 사람들 그리고 외국인들뿐만 아니라 출산으로 인해 세대가 형성된 가족 구성원들 개개인일 수도 있다.

친밀감 대 고립 갈등을 청년기로부터 삶의 여섯 번째 10년 기간인 50대로 재조정하기 시작하면서, 나는 에릭슨의 이런 갈등에 대한 이해를 확장시키려고 윌리엄 제임스(1982)가 "분열된 자아"라고 지칭한 것을 포함시키고자 한다(166). 이런 관점에서 볼 때, 친밀감은 대인관계뿐만 아니라 자기 자신과의 관계, 즉 특별히 다른 사람과 갈등을 빚어 온 자기 내면 속에서 평화로운 화해를 하는 것과 관련성이 있다. 이것은 타인과의 관계를 희생하면서 자신의 이익에 집착하는 자기도취와는 다르다. 반대로 그런 자신과의 화해는 타인과의 친밀한 관계를 위협하는 자기 내부의 욕망과 충동을 더 잘 깨닫도록 만들어 준다. 그리고 자기 자신에게 위험해 보이는 물리적 힘과 사람들의 실재를 거부하고 고립시키는 개인의 경향성이 자기 내면에서 갈등하고 있는 투사라는 사실을 인식하게 해 준다. 그러므로 친밀감은 자기 자신이 이질적인 것으로 취급해 온 자신의 측면을 인정하고 포용하는 것을 포함하며, 다른 사람들과의 관계에서 분배금을 지불할 수 있는 내적인 과정으로 간주될 것이다. 이것은 빌 폴슨의 삶에서 일어나고 있는 것처럼 보이는 과정인데, 그가 자신과의 화해를 통해서 그의 아내 룻과 그의 아들 피트에 대한 그의 감정에 있어서 변화가 있음을 보여 주었다.

◎ 바바라: "나는 단지 작은 소녀였을 뿐이에요"

제1장에서 나는 아버지의 자살을 경험한 바바라 J. 스캇(1995)의 경험을 소개했다. 그녀의 아버지는 자살 당시 38세였고, 그녀는 당시 8세였다. 이 장에서 나는 그녀가 50대가 되었을 때 친밀감 대 고립 갈등에 대한 그녀의 투쟁을 살펴보고자 한다. 이 10년은 치료사의 격려로 그녀가 유년기 시절 집인 아이오와 스카치 그로

브에 있는 그녀의 유년 시절 집으로 돌아오게 된 기간이다. 그녀는 자기 삶의 의미와 비극의 미스터리를 밝히고자 하는 희망을 가지고 집으로 돌아왔다. 그녀는 아버지를 거의 알지 못했다. 왜냐하면 그녀의 아버지는 바바라가 두 살 그리고 그녀의 오빠가 네 살이었을 때 아내와 두 자녀를 남겨 두고 집을 떠났기 때문이다. 1942년생인 그녀는 1983년도에 스카치 그로브로 자신의 남편과 두 어린 아들을 데리고 돌아왔다. 그때 그녀는 41세였는데, 어린 시절 그녀가 보낸 장소에 대한 사랑을 남편과 자녀들과 공유할 작정으로 돌아온 것이다. 그러나 그것은 너무 빠른 도착이었다. 그녀가 그들에게 주로 고통만을 보여 주었기 때문이다(3).

하지만 그녀가 거기에 머무른 동안, 그녀의 삼촌 짐은 빅토리아 양식으로 지어진 갈색 농가 속 그녀의 어머니 침실에서 흑갈색의 가방을 그녀에게 보여 주었다. 짐은 그녀의 어머니가 바바라가 돌아올 때까지 자신으로 하여금 보관하고 있다가 그녀가 돌아오면 꼭 맡아 줄 것을 부탁했다고 말했다. 그녀는 오리건 주 포틀랜드에 있는 집으로 그 가방을 가져가야 할지 결정하기 위해 그 가방의 내용물을 빠르게 살펴보았다. 그리고 나서 즉시 그녀는 삼촌의 말이 옳았다는 것을 알게 되었다. 그 가방은 분명히 그녀를 위해 남겨진 것이었다. 그녀는 멀리 이사 갔을 때 왜 자신이 그것을 요구하지 않았는지 궁금했다. 그러나 사실 그녀는 그 집을 떠날 때 아무것도 가지고 가지 않았다. "우리는 결코 그곳에서 소속감을 느껴 보지 못했어요, 오빠와 나는 말이에요. 정말로 거기에는 우리의 것이 아무것도 없었어요."라고 그녀는 설명했다(3).

큰 가방의 바닥에서 그녀는 어머니의 웨딩드레스와 사진들과 편지들을 발견했다(주로 아버지로부터 온 편지들이 대부분이었지만 어머니가 쓴 첫 번째 편지도 포함됨). 그 편지들은 즉시 어머니의 짧은 결혼 생활과 고통스러운 그 내용을 드러내고 있었다. 큰 가방의 아래쪽에는 어머니가 세 개의 균등한 간격을 두고 쓴 노트가 있었다. 당신은 어떻게 생각하나요? 당신은 이해하지 못할 거예요. 당신은 얼마만큼인지 결코 모를 거예요. 집으로 되돌아온 후, 그녀는 몇 년 동안 가방을 열어

두지 않았다. 그러던 중 그녀가 51세가 되던 1993년의 봄에 그녀는 "가방을 다시 열고 주의 깊게 그 편지들을 읽었다. 그리고 그 편지에 대하여 골똘히 생각했다." 그녀가 대답했다. "나는 고통을 느꼈고, 사랑을 느꼈어요." "나는 또한 드디어 해결할 필요가 있었던 혼란스러운 분노를 느꼈어요. 그래서 초여름 나는 어머니가 살았던 갈색의 빅토리아 양식으로 만들어진 농장으로 다시 돌아왔어요."(4)

그녀의 아버지 무덤 방문

바바라의 여행은 아이오와주 루체른 근처에 있는 아버지의 무덤을 방문하는 것으로 시작되었다. 그녀는 아버지가 두 번째 아내와 세 딸과 함께 살았던 루체른을 향하여 운전을 하면서, 그녀 역시도 아버지와 같은 38세가 되었을 때 깊은 우울증에 빠져 자신에게 위험할 수도 있었던 시간이 계산해 보면 23년이나 되었다.

> 임신한 상태로 그리고 가파르게 내리막길을 걷고 있는 결혼생활에서, 내가 생각하기에 오래된 분노를 가지고 나는 아버지처럼 죽으려고 시도했습니다. 그는 내 탐색의 주된 대상인 어머니를 빼앗으려고 하지는 않았어요. 나는 나 자신에게 단호히 약속했어요. 내 어머니의 충성을 이해하기 위해서 나는 그에 대하여 더 알아야 할 거예요(8).

그녀는 그의 이름과 1912~1950년의 날짜가 적힌 간단한 묘비를 발견했다. 더 이상은 아무것도 아니다. 그녀는 무덤 옆에서 점심을 먹기로 결심했다. "아버지와 함께 점심을." 그녀는 혼잣말을 했다. "슬픔이 아닌 즐거움을"(10). 그리고 나서 그녀는 깊이 생각했다.

나는 내 어머니를 기리기 위해서 이 무덤에 왔습니다. 이 남자(아버지)

에 대한 어머니의 사랑은 내가 생각하기에 깊고 무조건적이며 맹렬했어요. 나는 이 일을 생각했을 때 화가 치밀어 오르는 것을 느꼈습니다. 굴욕을 참는 것은 미덕이었어요. 나는 기꺼이 그렇게 할 거예요. 하지만 그녀에게 수치를 안겨다 준 남자를 계속적으로 사랑하는 것이 옳은 걸까요? 결코 그를 욕하지 않고, 정말로 거의 20년 동안 그에 대하여 전혀 말하지 않고, 고귀한 침묵 속에서 그 사랑을 그녀의 무덤까지 가져가는 것이 정말 미덕일까요?(16)

여행을 위해 돌아가고자 일어섰을 때 이런 생각을 한 것에 대하여 어머니에 대한 죄책감이 그녀에게 쇄도했다. "그녀가 어머니를 강렬하게 사랑했기 때문이다. 그럼에도 불구하고 그녀가 어머니에 대한 생각을 하면서 운전을 할 때 바바라는 마음속에서 정말 그것이 미덕이었을까, 아니면 그녀는 단순히 바보짓을 한 것이 아닐까?"라고 반복해서 질문했다(16).

가족 상봉

다음 날 바바라는 시더 래피즈에 있는 휴즈(Hughes) 가족 모임에 참석했다. 그녀는 어머니와 아버지에 관하여 질문을 했다. 그러나 그녀가 이미 알고 있거나 직감적으로 알고 있는 것에는 어떤 반응도 더하지 않았다. 그녀의 어머니에 관한 질문에는 "훌륭한 여성"이라는 답이, 아버지에 관한 질문에는 "밥은 케이트에게는 충분하지 않았죠."라는 답이 돌아왔다. 그리고 그녀의 아버지가 "오랫동안 떠나 있다가 짧은 머리를 하고 돌아왔다"는 이야기를 전해 주었다. "아버지는 자신이 군대에 갔다고 말했지만, 고모들은 그가 감옥에 있었다는 것을 알게 되었다는 것이다"(24-25).

다음 날 오후 그녀는 스카치 그로브를 향해 갔다. 그러나 하루 더 걸릴 것이 예상되자 밤 동안 아나모사에 들렀다. 그녀는 모텔 방 안에 누워있으면서, 어머니가 아버지에게 조용히 순종한 것을 생각할 때마다 자신이 해결되지 않는 분노의 가장자리에 있다는 것을 깨달았다. 그녀는 분개한 채로 "어머니의 조용한 충성심이 자신의 남편으로부터 남겨질 딸에게 최선이었을까" 의문스러웠다(29). 그리고 그녀가 초기에 "농장, 교회 그리고 전통적 여성 역할(남성에게 순종하는)로부터의 삶에서 자신을 분리시키기"로 선택했을 때 어떻게 어머니의 미스터리를 풀 수 있었을까?(29).

그녀는 오전 중반쯤 되자 스카치 그로브를 향해 떠났다. 바로 아나모사 북쪽에서 그녀는 존스 카운티 복지시설을 알리는 표지판을 보았다. 그곳은 그녀가 어렸을 때 '빈민구제 농장'이 있던 주였다. 빈민구제 농장의 위치는 처음 회합된 스코틀랜드 사람들이 동쪽으로 조금 떨어진 곳에 보다 실질적인 스카치 그로브 장로교회를 세우기에 앞서 임시적으로 뿌리내렸던 장소였다. 그녀가 자신, 어머니 그리고 오빠가 살았던 할머니의 농가에 도착했을 때, 삼촌 짐의 딸인 사촌 바네타가 운영하는 '달콤한 추억'이라는 이름의 숙박시설이 있었다는 것을 발견하고 다시 한번 기억을 떠올리게 되었다. 바바라보다 일곱 살 위인 바네타와 그녀는 스카치 그로브에 대한 이전 여행에서 서로 함께 동행하는 것을 즐겼다. 그리고 이번에도 다르지 않았다. 바네타는 바바라를 그녀 어머니의 오래된 방에 머무르게 해야겠다고 결심했다.

그녀의 어머니 방

그들이 방에 들어갔을 때, 바바라는 사무실에 있는 그림을 힐끗 쳐다보고는 물었다. "이 사람이 누구예요?" 바네타는 놀라서 "저 사람이 바로 네 어머니야"라고 대답했다. "그녀를 알아보지 못하겠어?" 바바라는 침대 위에 앉았다. "잘 모르겠어요. 나는 어머니가 죽었을 때 겨우 스물한 살이었거든요."(42) 사실 그녀는 어머니에 관하여 많이 알고 있었다. 하지만 그녀는 자신의 약혼이 깨진 것에 대하여 단한 번 언급했을 뿐이다. 바바라는 "나는 대학원을 졸업하고 약혼이 깨진 것에 대한 고통에 골몰하고 있었고, 그때가 엄마가 죽기 직전이었어요."라고 말했다(42).

그날 저녁 어머니의 방 침대에 걸터앉은 그녀는 어머니가 남겨 준 큰 가방의 밑바닥에서 발견한 노트를 생각했다. 당신은 어떻게 생각하나요? 당신은 이해하지 못할 거예요. 당신은 얼마만큼인지 결코 모를 거예요. 그녀는 첫 번째 문장을 곰곰이 생각했다.

> 나는 뭘 생각할까요? 나는 당신이 한 남자를 깊이 사랑했던 충성스럽고 민감한 여성이었다고 생각해요. 그 남자는 사기꾼이었고, 할 수만 있다면 당신에게서 동전 한 푼까지도 가져간 사람이지요. 그가 떠났을 때, 당신은 굴욕을 당했고 침묵 속에서 뒤로 물러섰지요. 당신은 그의 부도수표를 처리했고, 나와 오빠가 후일 이혼으로 잃어버리게 된 망할 놈의 농장을 구할 때까지 비용을 지불했어요. 당신은 단지 식료품을 사기 위해 시내에 나가고, 아이들과의 소풍을 위해 숲에 갔으며, 교회에 나갈 때만 움직이는 조용한 삶을 살았지요. 길이 눈으로 막히지 않는 한 매주 일요일 날을 20년 동안 여선교회와 주일학교. 당신은 장로교 여전도사였어요. 결코 그에 대해 불리한 말은 하나도 하지 않았어요(42).

그리고 나서 그녀는 두 번째 문장을 생각했다. 당신은 이해하지 못해요.

> 당신 말이 맞아요. 난 당신을 사랑했어요. 그러나 나는 이해할 수 없어요. 정말 이해할 수 없어요. 왜 당신은 머물렀나요? 당신은 많은 선생님이 받지 못했던 시기에 대학 학위를 받았어요. 당신은 많은 여성이 남편에게 통제받거나 두려움을 겪을 때에 차를 운전했어요. 나는 많은 부

분 당신에 대해서 이해할 수가 없어요. 그 농장에 머무는 것이 왜 그렇게 중요했나요? 그 농장이. 소중히 여겼던 그 땅…… 당신은 갇힌 건가요. 아니면 선택에 의해 여기 있었던 건가요?(42)

마지막으로 세 번째 문장을 생각했다. 당신은 얼마만큼인지 결코 모를 거예요. 그녀는 빛을 밝혔다. "내가 이해할 때까지 나는 도저히 어느 정도인지 알 수 없었어요"(43).

거룩한 농장

다음날 어머니의 마지막 남은 형제인 엠 이모와 이모의 딸 마지가 도착했다. 바바라는 그들을 만나기 위해서 여행 시간을 맞추어 두었다. 그들은 인디애나에서 차를 몰고 왔고 단지 하루 동안만 머물 예정이었다. 엠 이모는 바바라의 어머니에 관하여 간단하게 말했다. 바바라의 어머니가 대학교육을 받은 사실이 아마도 남자들이 그녀를 두려워하게 만든 이유인 것 같다고 말했다. 그리고 바바라의 어머니가 수줍음을 많이 탔는데, 그것이 다른 사람들에게는 쌀쌀맞게 보이게 만든 것 같다고 했다(46). 그녀의 아버지는 어땠을까? "글쎄, 그는 많은 생각으로 가득 찬 수다쟁이였지." "또 다른 것은 없나요?" 엠이모는 침묵에 빠졌다. 그녀가 그 밖의 무엇을 알고 있던지 간에 그녀는 말하지 않았다(47). 대화는 바네타의 아버지 삼촌 짐에게로 옮겨졌다. 엠이모는 바바라에게 짐 삼촌의 장례식을 위해 지은 시를 읽어 달라고 부탁했다. 사촌 마지가 그것을 만들었고, 바바라가 마지 못해 그것을 읽었다.

첫 번째 시구는 요들송을 부르면서 아침의 첫 햇살 속에 들판을 가로질러 오는 짐 삼촌을 묘사했다. 바바라가 어린아이일 때 그로부터 배운 것들을 나열한 두 번째 시구를 읽기 시작할 때, 바바라는 망설여졌고 당황스러웠다. 왜냐하면 바바라는 자신이 바네타보다 "그녀의 아버지를 더 많이 소유했다"는 느낌을 바네타가 갖지 않기를 원했기 때문이다. 바네타는 바바라가 무슨 생각을 하고 있는지를 알았기 때문에 그녀에게 미소 지었다. 엠 이모는 "더 있으니 계속해."라고 말했다. 그래서 바바라는 계속해서 읽어 나갔다. 이 시구는 농장의 상당 부분을 풀밭으로 바꾸는 것과 화학물질과 중장비 농기구의 사용을 줄이려는 짐 삼촌의 결심을 담고 있었다. 자기 역사의 전환에서, 그는 삶이 진전됨에 따라 점점 더 옛 농법으로 되돌아가 작업했다. 그녀가 시 낭독을 마쳤을 때, 친척들은 만족스러운 미소를 짓고 있었다. "짐의 귀향은 사람들이 땅이나 자연과 최소한의 접촉으로 말미암는 농사짓기가 가장 적당한 시기에 돌아왔음을 입증하는 것처럼 보였다."(50) 하지만 바바라 자신은 가슴에서 '폐쇄적 압박감'을 느꼈다. "나는 방에서 집 밖으로 그리고 농장 밖으로 나가고 싶었어요. 만일 오래전에 말이 죽지 않았더라면 그 말을 타고 10대 때 내가 현관 계단을 뛰어넘었듯이 뛰어나갔을 거예요."(50)

그날 밤 어머니의 방에서 그녀는 스위트 메모리즈의 커피 탁자를 장식하고 있었던 어머니의 삼촌이 쓴 회고록 『아이오와 스케치(Iowa Sketches)』에 묘사된 1800년대 후반 스카치 그로브의 삶에 대한 서정적 이야기를 읽었다. 그녀는 그 얇은 책을 두 번이나 읽었는데 책을 두 번째 읽으면서 어머니의 삼촌이 말했던 농경을 잘하는 삶이 "좋은 삶"이며 농업에 대한 애착에 애정을 보인 것에 관하여 분노하게 되었다(52). 왜냐하면 가족이 농사를 지은 역사가 얼마 되지 않았기 때문이다. 할아버지 세대 이전에는 농부가 아닌 선원이었다. 대부분의 다른 농부는 그들의 가족을 부양하기에 충분한 80에이커 정도의 땅을 가지고 있을 뿐이었다. 하지만 기드온 할아버지는 그렇지 않았다. 그는 젊었을 때 연대보증인으로 아버지와 함께 100에이커의 땅을 구매했고 일평생 동안 1,100에이커의 땅을 더 모았다.

그는 마치 성경에 나오는 유대인들이 유목민족에서 농경문화로 정착하

게 된 것처럼 가족을 농업에 정착하도록 인도하는 역할을 했습니다. 그
땅은 그들에게 가장 고귀한 가치를 제공하는 소명의 장소였습니다. 그
땅은 성경에 근거하여 소명적으로 주어졌을 뿐만 아니라, 후세대들을
위하여 정당하게 매입된 땅으로 영원한 가족 농장이 된 거예요.(54)

그녀는 대학을 마치고 집에 돌아와 어머니에게 '농경 신화'에 관하여 배운 것
을 언급했던 기억을 떠올렸다. 그녀는 교회를 공격하는 편이 나왔을 것이다. 그
녀의 어머니는 도시 출신 교수들을 해고했다. "농업은 나라의 근간이다."(55) "그
녀에게는 종교였고, 종교는 그녀 삶의 일부분이었습니다. '어머니는 농장으로부
터의 유산을 항상 자랑스러워했어요' 그리고 나도 그러했습니다. 나는 아브라함
과 이삭에게로 되돌아간 일종의 거룩한 의식에서 아버지들이 아들들에게 영원
히 농장을 물려주는 모습을 상상했어요"(55).
　그러나 할아버지가 너무 많은 땅을 축적했기 때문에, 바바라 부모님의 결혼
에 지대한 영향을 끼쳤던 특별한 예식이 거행되었다. 그녀의 어머니가 결혼했을
때, 외할아버지는 어머니에게 결혼 선물로 옛 리빙스턴 지역에 자리 잡은 농장
을 주었다. 그 땅은 빚이 없었다. 그러나 어머니의 가방에 담긴 오래된 편지에는
당혹스러운 이야기가 담겨 있었다. 결혼 2년 후에, 『아이오와 스케치』의 저자이
자 디모인 지역의 법률가로 잘 알려진 어머니의 삼촌은, 그가 바바라의 어머니
에게 재정적인 지원을 해 줄 수 있다는 부탁받지 않은 편지를 썼다. 짐 삼촌은
목재회사가 농장을 상대로 한 소송, 연체된 세금 그리고 담보대출 임박설에 관
하여 어머니의 삼촌에게 주의사항을 알려 주었다. 그녀의 어머니는 남편이 농장
에 초래한 빚에 관하여 대답해 왔다. 그녀는 그들이 사업에 관하여 생각하지 않
았을 때는 서로 행복했다고 남편을 옹호했다. 또한 남편에게 "불충성하고 자존
심을 다치게" 할 순 없었다고 해명했다(56). 변호사 삼촌은 바바라의 어머니가
삼촌 짐에게 농장을 맡기도록 하는 계획을 세웠다. 그래서 그녀의 어머니가 돌

아가셨을 때 바바라의 오빠 바비에게 물려줄 수 있도록 말이다. 그렇게 하면 그 땅은 가족 소유로 남을 수 있을 것이고, 도박 중독자였던 그녀의 아버지 빚으로 인해서 다른 사람에게 팔리는 일은 없게 될 것이다. 다행히도 변호사 삼촌이 걱정했던 것처럼 그녀의 아버지는 집 주변에 오래 머물러 있지는 않았다. 어머니가 돌아가셨을 때, 그 땅은 바바라의 외할머니 손에 넘어갔고, 그 후 그녀에게 물려졌다. 그리고 이웃 농부에게 임대되어 관리되었다.

바바라는 병원에서 최저임금으로 일하면서 두 아이를 키웠는데, 그때 그녀는 서른 살의 한부모 가장이었다. 그녀는 결국 오빠에게 그 농장을 팔았다. 당시 그녀는 개인적인 고통 속에 너무 깊이 빠져 있어서 오빠가 술과 재정적인 파멸의 나락으로 비틀거리고 있었다는 것을 볼 수 없었다. 그 이유는 그녀가 아버지의 거창한 계획과 할아버지가 만든 대륙의 제국 사이에서 혼란스러움으로 가득 찬 환상의 세계에 살고 있었기 때문이다. 몇 년 후에 그녀의 오빠는 가족 유산이 담겨 있는 농장을 팔고 사라졌다(74).

그날 밤 『아이오와 스케치』를 읽으면서, 바바라는 자신을 양육했던 종교화된 가족 농장에 관하여 다시금 떠올리게 되었다.

가장 가치 있는 부르심은 흙을 경작하는 것이었어요. 그리고 농장이 아버지로부터 아들에게 옮겨지는 것은 하나님께서 명령하신 자연스런 질서였지요. 오빠와 나는 아버지가 실패했다는 것, 짐 삼촌이 실패했다는 것 그리고 가족 농장을 유지하는 일에 우리 모두가 실패했다는 것을 알면서도 하나님의 부르심과 명령이라는 극심한 신념의 그림자 속에서 자랐습니다. 그래서 우리는 몹시도 그 일에 관하여 미안했어요(57-58).

그녀는 어렸을 때 어머니의 빗자루를 가지고 농장 건물에 들어가서 마굿간 위에 쳐진 거미줄을 쓸어내렸던 때를 회상했다. 짐 삼촌이 들어와서 물었다. "너뭐하고 있니?" 그녀는 "저는 농장이 낙후되지 않도록 청소하고 있어요."라고 대답했다. 삼촌은 부드럽게 그녀에게서 빗자루를 빼앗았다. 삼촌이 말했다. "이 빗자루는 집 청소용이란다. 집에 도로 갖다 두어라." 그녀는 이후 다시는 빗자루로 거미줄을 쓸어내리지 않았다.

그 다음 그녀는 정신과 의사와의 대화에서 자신이 자랐던 농장으로 되돌아갈 생각이 있다고 말했을 때 그 의사가 난처해하던 장면으로 되돌아갔다. 이 일은 그녀가 오빠에게 농장을 팔기 전 일이었다. 그녀는 3일 밤 연속으로 옛 농장 꿈을 꾸었다. 그녀의 정신과 의사는 물었다. "미국 농사 박물관을 말하는 것처럼 들리네요. 왜 당신은 농장으로 되돌아가려고 하나요?" 그녀는 "잘 모르겠어요"라고 대답했다. 되돌아온다는 생각, 완전히 그녀의 어머니처럼 된다는 생각이 그녀를 두렵게 했다. 그녀 역시 코대학을 졸업했다. 그녀 역시 교사가 되었고 방탕하고 낭비벽이 있는 사람과 결혼했다. 그리고 두 아이를 데리고 한 푼의 돈도 없이 혼자가 되었다. '분명히 어머니는 나를 통해 자신의 삶을 살고 있는 중이야! 어머니는 나를 통해 자신의 삶을 입증하고 바로잡으려고 노력하고 있어.'라고 바바라는 생각했다(59).

다음날 엠 이모와 마지가 인디애나로 떠난 뒤에 바바라와 바네타는 함께 커피를 마셨다. 둘의 대화 속에서 다음의 사실이 드러났다. 바바라의 남편은 그녀와 두 아기와 갚을 수 없는 90달러의 전화요금을 남겨 둔 채 떠났다. 그 후 바바라는 자신의 성을 스캇으로 바꾸었다. 그녀는 전화기가 필요했고, 그래서 이름을 바꾸기로 결심했던 것이다. 왜 그녀는 아버지의 이름을 사용하지 않았을까? 그녀는 결코 아버지를 알지 못했다. 뿐만 아니라 아버지 이름을 사용한다는 것은 그녀를 버려진 아이로 동일시한다는 것을 의미했기 때문에 사용할 수 없었다. 비록 그녀가 스카치 그로브 출신이었을지라도, 바바라 스카치(Barbara Scotch)는 불가능했다. 그리고 그녀는 스코트를 주장할 권리가 없었기 때문에 스캇으로 결정했다.

그들은 그날 아침 서로 타협을 보았다. 만일 바네타가 바바라에게 편지를 보낸다면, 바바라는 바네타에게 교회 공동묘지에 있는 자신의 땅을 주겠다는 계약을 체결했다. 바네타에게 그것은 매우 후한 선물이었다. 또한 바바라에게는 다행스러운 일이었다. "나는 여기에 묻히고 싶지 않아. 여기서 살면서 편협한 교회적 관점을 넘어서는 데 30년이 걸린 것 같아. 나는 칼빈주의자 무리와 함께 묘지에 내 몸이 묻히기를 원치 않아." 바네타가 대꾸했다. "너의 어머니도 거기에 계셔". 바바라는 응답했다. "그녀 역시도 갇혀 있는 거야."(61)

아버지 사촌과의 만남

바바라는 이 지역에 와서 스카치 그로브 장로교회를 설립한 스코틀랜드 이민자들의 후손이 아니었다. 그러나 그녀 아버지의 사촌 엘로이스 클락은 이민자 후손이었다. 엘로이스와 남편은 일 년 중 대부분을 살았던 애리조나주의 은퇴자 공동체로부터 여름을 보내기 위하여 스카치 그로브로 돌아왔다. 엘로이스는 바바라가 어렸을 때 교회 오르간 연주자였다. 바바라는 엘로이스가 아버지에 관하여 말해 줄 것이라고 생각했다.

엘로이스는 바바라 아버지가 힘들게 태어났다는 것을 말해 주었다. 이틀 동안 산모는 진통을 견뎌야 했고, 의사는 산모와 아기를 잃을까 봐 두려워했으며, "가장 끔찍했던 것은 아기의 기형적인 머리였다"(69). 중조할아버지는 아버지가 태어났을 때 일천 달러를 물려주었는데, 할아버지는 아버지에게 그 돈을 물려주려 하지 않았다고 한다. 엘로이스는 말했다. "나는 항상 그 일이 너의 아버지가 돈에 대하여 무책임하게 된 것과 관련성이 있지 않을까 하는 궁금증을 가졌단다."(69)

그 밖에 다른 사실들도 알게 되었다. 아버지는 일 년 정도 농업대학에 다녔다. 그리고 나서 시민보호 단체에 가입했다. 그는 항상 극도로 사려 깊고 공손했으며 자신에 관하여 재미있는 이야기를 들려주었다. 그러나 할아버지와 할머니는 그 이야기들이 거짓이라고 생각했다. 그래서 그들은 아버지에게 심한 벌을 주었다. 그러나 엘로이스는 말했다. "그는 정말 창의적인 몽상가였어. 사실 너희 어머니는 외할아버지가 매우 엄격한 사람이어서 외할아버지와 달리 너희 아버지가 매우 창의적이고 재미있는 사람이었기 때문에 사랑에 빠진 것 같아."(71)

그 이후 콜로라도에서 불행한 일이 일어났다. 바바라가 태어났던 그해, 그들 네 사람은 콜로라도에 집을 마련할 계획을 가지고 이동식 주택으로 스카치 그로브를 떠났다. 그러나 그들이 콜로라도에 정착하기도 전에 그녀의 아버지가 거액의 도박판에 빠져서 심각한 재정적 문제를 겪게 되었다. 그래서 그녀의 어머니는 두 아이를 데리고 몇 달 후에 스카치 그로브로 다시 돌아왔다. 그녀의 아버지는 콜로라도의 감옥에서 얼마 동안 수감생활을 하게 되었다. 아버지는 크리스마스에 되돌아왔고, 몬티셀로에 있는 철물점에서 일을 하게 되었으며, 그들 가족은 그곳에서 집을 임대하여 거주했다. 바바라는 아버지의 귀환을 알고 있었다. 바바라가 20대 초반에 약혼이 깨져 비통한 심정으로 대학원 과정에서 집으로 돌아왔을 때, 그녀의 어머니는 처음으로 바바라에게 유일하게 마음을 열어 다음의 이야기를 들려주었다. 바바라의 어머니는 남편이 그녀를 사랑해서 돌아온 것이 아니라 그녀가 남편을 사랑하며, 남편이 돈이 다 떨어졌기 때문에 돌아왔다고 말해 주었다. 그녀가 모르고 있었던 사실은 남편이 일을 마친 후 저녁마다 술집에서 시간을 보내곤 했다는 것과 도시에서 일한 여성과 만나기 시작했다는 것이다. 바바라의 아버지는 나중에 그 여성과 두 번째 결혼을 했다.

바바라의 어머니는 그들 부부의 상황이 점차 개선되고 있다고 생각했고, 순진한 생각으로 관계의 문제를 부정하였다. 바바라의 아버지는 콜로라도에서 좋은 일자리 제안이 왔다고 말했지만, 아내에게 함께 가자고 부탁하지는 않았다. 바바라의 어머니가 생각하기에 남편은 그녀가 함께 가기를 원치 않는다는 것을 알고 있는 것처럼 보였다. 어머니는 아버지가 자신과 두 자녀를 두고 떠나고자 하는 계략을 세웠으리라고는 의심하지 않았다. 어머니가 무슨 일이 일어나고 있는지 알기도 전에 아버지는 모든 것을 차에 실어서 할머니의 집으로 옮겼는데, 그렇게 하면 더 많은 돈을 벌 수 있고 그들이 다음 해에 농장으로 돌아갈 수 있다고 주장했다. 바바라의 어머니는 말했다. "나는 너희 아버지를 믿지 않았어! 그러나 나는 반대하기 어려워서 갑작스럽게 받아들일 수밖에 없었지."(168)

바바라는 엘로이스에게 만약 그녀의 아버지가 모험적인 삶을 살기 원했다면 왜 어머니와 결혼해서 농사를 지으려고 노력했는지 물었다. 엘로이스는 어머니가 다음과 같은 생각을 가지고 있었다고 말했다.

> 너희 어머니는 아버지가 자신에게 요구된 삶을 살고자 노력하고 있는 것으로 생각했지. 너희 어머니와 함께 아버지에게 농사를 지을 기회가 생겼단다. 하지만 그는 농사짓는 일에 적합하지 않았어. 너희 아버지는 농작물이 자라는 것을 기다릴 수 있는 사람이 아니었어. 그는 새로운 것과 변화를 좋아했지. 그는 항상 터무니없는 계획을 세웠고, 내가 볼 때 과장된 사람이었어. 그리고 너희 아버지는 돈을 언제든 손에 쥘 수 있는 것으로 생각하는 것 같아(71).

바바라는 아버지의 죽음에 관련된 문제를 꺼냈다. 엘로이스는 마지못해 그에 관하여 이야기를 했다. "바바라, 그것은 내가 여태까지 참석했던 장례식 중에서 가장 슬픈 장례식이었어. 정말 헛된 삶이라는 생각이 계속 들었어. 너희 어머니는 뒤에 홀로 앉아 있었지."(72) 그러자 바바라가 말했다. "나는 아버지가 루체른에 있었다고 알고 있어요. 하지만 뭔가 좀 이상하게 보여요. 왜냐하면 내가 확신하는데 어머니는 아버지가 이디스도 떠났다고 말했거든요." 엘로이스는 말했다. "글쎄 나도 모르겠는데, 결혼에 관한 또 다른 뭔가가 있었던 것 같아." 그리고 덧붙여 말했다. "너희 아버지가 자살할 때 사용한 자동차는 콜로라도에 사는 한 여성이 소유한 차량이라고 들었어. 그리고 좌석에는 결혼 허가증이 있었어. 그

는 다시 결혼했고 중혼죄로 체포된 것 같아."(72)

바바라는 이제 자신이 아버지의 모든 이야기를 다 알게 되었다고 느꼈다. 바바라는 엘로이스에게 물었다. "그런데 왜죠? 아버지가 결혼 대신에 불륜을 저지른 건 아니겠지요?" 엘로이스의 눈에는 그녀가 진심으로 사랑했던 사촌을 위한 눈물이 가득했다.

> 바바라, 너희 아버지도 우리와 똑같이 윤리적 삶을 살고자 하는 마음이 있었기 때문에, 단지 무책임해서 젊은 나이에 자살한 것은 아니야. 그는 자신이 도덕적 규범을 어긴 것과 자신의 삶이 어떠해야 한다는 엄격한 비전을 가지고 있었는데, 그것을 도저히 이룰 수 없다고 생각했기 때문에 자살하게 된 거야! 그는 자신의 삶을 바로잡아 보려고 필사적으로 노력했어(72-73).

스카치 그로브 장로교회

어머니의 삼촌이 쓴 『아이오와 스케치』는 가족의 정신적·도덕적 강인함의 상당 부분을 스카치 그로브 장로교회가 제공했음을 묘사하고 있다. 바바라는 다음과 같이 동의해야 했다. "우리는 일요일마다 교회에 갔어요. 계절이 바뀔 때마다 교회당 성소 앞쪽의 빛과 그림자의 변화를 세세하게 묘사할 수 있었습니다. 내가 교회를 이해하지 않고 어떻게 어머니를 이해할 수 있을까요?"(75).

『아이오와 스케치』에는 1859년 윌리엄 클락이라는 청년의 교회 재판과 관련된 이야기가 기록되어 있었는데, 그의 주된 범죄는 혼전 간음이었다. 어머니의 삼촌은 스카치 그로브 장로교회의 기록에서 재판에 관련된 설명을 인용했는데, 그가 그 이야기를 한 목적은 "다루기 힘든 청소년을 원래의 자리로 회복시키는 데 교회의 효과성"을 보여 주려는 것이었다(85). 바바라는 교회 기록을 자신이 직접 열람하기로 결심했다. 그녀는 아버지의 성 추문을 이해하기 위한 방법으로써 그 이야기를 더 깊이 파고들기를 원했다. 그녀는 교회 기록에서 그 에피소드를 발견했고, 그 청년이 춤추는 것 때문에 2월 달 장로들로부터 경고를 받았다는 사실을 찾아냈다. 그는 성적 비행에 관한 고백 없이 7월에는 성찬을 받았고, 뿐만 아니라 10월에는 간음으로 고발당했다. 그러나 11월 달에 그는 자신의 죄를 장로들에게 인정하고 전체 회중에게 재판 절차의 내용을 큰 소리로 낭독하는 데 동의하고 난 후에 "교회 안에서 성도의 교제와 성찬을 다시 허락받게 되었다"(85).

이 사건이 바바라 아버지의 성 추문에 어떤 영향을 미쳤을까? 결국 그는 바바라의 오빠 로버트가 세례를 받고 나서 한 달 후에 교회의 구성원이 되었음에도 불구하고 유부녀와 화려한 새 출발을 했는데, 이 사실은 교회의 월례회 회의록에 기록되어 있지 않았다. 이른 저녁 바네타와의 대화에서 이런 것들이 관련성 있다는 것을 발견하게 되었다. 바바라의 어머니가 그녀에게 마음을 털어놓은 어느 날, 어머니는 바바라에게 아버지 때문에 매우 굴욕감을 느꼈다고 고백했다. 결혼 후 남편과 동거하지 못하고 세 살배기 딸의 양육권마저도 거부당한 한 여자를 위해서 아버지는 어머니를 떠났다고 한다. 바네타는 매우 당황스러웠다. 바바라도 바네타에게 동일한 당혹스러움을 표현했다. "나도 이해가 안 돼! 마치 그녀가 내 어머니처럼 되어 버린 것 같아."

> **바네타:** 아마도 그 여자는 너희 어머니의 대체물이었던 것 같아. 네 아버지가 아주 훌륭하게 망쳐 버린 거지.
>
> **바바라:** 하지만 어머니는 아버지를 다시 데려왔어. 만일 어머니가 아버지를 데려가면서 모든 모욕을 다 감수하려고 했다면, 왜 아버지는 어머니를 떠난 걸까?
>
> **바네타:** 바바라! 너희 아버지는 성인과 같은 너희 어머니와 함께 살고 있었던 거야! 성 캐슬린. 생각해 봐, 주변에서 너희 어머니에 대

　　해서 누구라도 부정적으로 말하는 것을 들은 적 있니?

바바라: 아니, 전혀 없었지.

바네타: 너희 아버지는 세상에서 온갖 종류의 슬픔을 다 겪은 가장 착한 여인으로부터 용서를 받은 거지. 그런데도 그는 그런 자신을 용서하기는 힘들었을 거야!

바바라: 나도 그렇게 생각해

바네타: 그래서 너희 아버지는 세상에서 똑같이 엉망이 된 한 여인을 찾아내어 그녀를 돌보는 거야! 그럼 그녀가 너희 아버지에게 "당신은 정말 훌륭해요."라고 말하겠지. 그래서 그가 다른 여자와 도망치는 것은 당연한 거야! 그가 케이트 이모랑 함께 사는 한, 늘 자신이 아내를 위해 제대로 살지 못한 것을 극복하기 위해 노력할 수밖에 없는 존재로 갇혀 살 수밖에 없어!(93)

　　『아이오와 스케치』에 등장한 젊은 청년의 운명은 스카치 그로브 장로교회 장로들에 의해서 용서를 받았다. 어머니의 삼촌은 교회 재판을 받은 윌리엄 클락이라는 청년이 그가 어린 시절 교회에 다닐 때 그 교회의 장로님으로 섬겼던 윌리엄 클락일 것이라고 추측했다. 그러나 교회 재판을 받은 윌리엄 클락은 1861년 스코틀랜드 그로브의 서쪽 지역인 웨인 구역에 위치한 포혼 연합장로교회로 옮겨 간 것이 발견되었다. 그러고 나서 그는 1862년 남북전쟁에서 전사했다(86). 그는 바바라의 아버지와 달리 영광스러운 죽음을 맞이했다. 교회가 베푼 용서와 구제는 윌리엄 클락의 영혼에 경이로운 작용을 했을 거라는 어머니의 삼촌 가정은 아마도 희망적인 생각이었던 것 같다. 뿐만 아니라 남편을 수용해 준 것이 그를 더 좋은 사람으로 변화시켰다고 보는 생각은 바바라 어머니의 믿음일 뿐이었다. 교회는 어머니를 잘 가르쳤다. 그러나 그녀는 남편의 반응에 완전하게 준비되지는 못했다. 아버지는 또 다른 만남을 가진 여성 소유의 차량 안에서 자살하고 말았다.

어머니가 딸에게 마음을 열다

바바라의 어머니는 돌아가시기 넉 달 전, 저녁부터 새벽까지 이어진 대화에서 딸 바바라에게 그녀의 진심을 털어놓았다. 앞에서 언급했듯이, 아이오와 대학교에서 막 대학원 과정을 시작했을 때, 바바라는 3년 전 약혼했던 약혼자로부터 파혼당하여 상한 마음을 가지고 집으로 돌아왔다. 그녀의 약혼자는 동부 쪽에 있는 명문대학교에 다니고 있었는데, 또 다른 동부 지역의 명문학교를 다니고 있었던 한 여성에게 매력을 느끼게 되었다. 어머니는 딸의 고통 일부를 덜어 주기 위하여 자신의 고통을 공유했는데, 바바라는 어머니가 20년 동안 그렇게 고귀한 침묵으로 참아 왔던 몇 가지 환경에 대해 의문을 품기 시작했다.

그러나 이제 어머니의 방에 앉은 그녀는 어머니가 남기고 간 편지와의 대화를 통한 기억을 추가하여 어머니의 결혼생활에 대한 현실을 재현하려고 노력했다. 그녀는 젊은 시절 자신의 고통에만 사로잡혀 있었던 것이 자신에 대한 이해뿐만 아니라 어머니에 대한 이해를 가로막고 있었다는 점을 깨달으면서 후회했다.

어머니는 바바라를 출산했던 날 밤에 관하여 그녀에게 말했다. 그녀는 울음을 멈출 수가 없었다. 아기가 세상에 태어나기에는 상황적으로 끔찍한 시간이었기 때문이다. 그러면서 그녀는 고백했다.

> 바바라, 내가 너에게 이런 말을 할 줄은 몰랐는데, 정직하게 말해서 어느 날 밤 우리 둘 다 죽는 편이 나을 거라 생각했어. 넌 몇 시간 동안 계속 울어댔지…… 밥은 가버렸고 그는 밤마다 종종 나가곤 했는데, 그가 어디에 있는지 나는 알 수 없었어. 나는 울고 있었고, 내가 생각할 수 있었던 것은 우리 둘 다 너무 비참해서 살수 없다는 것뿐이었어. 생각해

야 할 바비가 있었다는 것이 우리 둘에게는 행운이었어(158).

아침이 되자, 그녀의 어머니는 창밖을 내다보았고 남편이 죽었다는 말을 들은 그날을 언급했다.

> 내 속에서 죽은 것은 너희 아버지를 향한 내 사랑이 아니라 그가 언젠가는 돌아올 것이라는 희망이야. 그때 나는 모든 것을 알고 있었지만 직면하지 못했어. 밥은 우리 모두가 가지고 있는 선한 내면을 가지고 있었어. 많은 사람보다 더 깊은 내면을 가지고 있었지. 그 선한 내면이 그를 이해하기 힘든 방식으로 가차 없이 내몰았던 거야(169).

그때 그녀는 덧붙여 말했다. "바바라, 인생은 사랑하는 사람들보다 더 심오한 거야."(169) 그 순간 태양이 떠오르기 시작했고, 어머니는 제라드 맨리 홉킨스 (Gerard Manly Hopkins)의 시 「신의 장엄함(God's Grandeur)」의 마지막 두 행을 인용했다. "교각 위에 있는 성령님 / 따뜻한 가슴과 밝은 날개를 가진 세상의 새끼들." 그녀의 어머니는 "모든 것은 신의 일부야."라고 말했다. 그러고 나서 창문에서 돌아서서 10년 후 같은 경험을 하게 될 딸의 팔장을 끼었다. 마치 그녀 인생의 과업을 완전히 마친 것처럼, 그녀는 4개월도 채 지나지 않아 심장마비로 인해 하늘나라로 갔다.

토지와 조상

『대초원과의 재회(Prairie Reunion)』의 마지막 장에서, 바바라는 스카치 그로브에서 서쪽으로 두 시간 거리에 있는 아이오와강에 위치한 우드랜드 미국 원주민 공동체인 메스콰키 정착촌을 방문했다고 밝혔다. 그리고 스카치 그로브에서 북

동쪽으로 15마일도 안 되는 마쿼케타강의 북쪽 분기점에 있는 고고학 발굴 현장인 해드필즈 동굴로 갔다. 메스콰키 정착촌으로부터 돌아오는 길에, 그녀는 루체른이 4마일 떨어져 있다는 표지판을 보고 차를 길가에 세웠다. "이제 아버지였던 그 남자와 적어도 약간의 개인적 친분도 느끼고 더 알게 되었기 때문에" 바바라는 마음속으로 '아버지의 무덤을 다시 방문해야 할까?'라고 생각했다(185). 그러나 비가 내리고 있었고 날씨는 점점 어두워지고 있었다. 그녀는 잠시 거기에 머물러 생각한다.

> 나는 아버지가 내 어머니의 땅을 강제로 저당잡았기 때문에 특별한 분노의 감정을 항상 느꼈어요. 땅은 우리 가문에서 신성했습니다. 어머니는 할아버지로부터 농장을 물려받았지요. 할아버지는 우마차를 타고 온 같은 집안의 파산한 리빙스턴으로부터 불황기 때 그 농장을 샀습니다. 그 농장을 소유한 소유주들의 명단이 터무니없이 짧았지요. 나는 거꾸로 살펴보았어요. 노리스…… 휴즈…… 리빙스턴. 그다음엔 누구일까요? 북쪽으로부터 1600년대에 온 메스콰키족? 그들 이전에는 누구일까요?(185)

오빠에게 농장을 팔아넘긴 바바라는 그동안 신성한 신탁(농장)을 잃어버린 책임을 스스로 지고 살았다. 그러나 이제 비를 맞으며 캠핑카에 앉아 핸들에 이마를 기댄 그녀는 예상치 못한 안도의 물결을 느꼈다. "'그 땅은 결코 우리가 잃어버릴 수 있는 것이 아니야.' 내가 몇 년 동안 머리로 그 사실을 주장했음에도 불구하고, 그때서야 나는 그것을 감정적으로 느꼈다"(185). 그녀는 다시 캠핑카를 고속도로로 끌었다. "나는 폭우 속에서 묘지에 서 있는 것이 아니라, 어쨌든 잠깐 동안 아버지와 같은 어떤 죄 많은 동지애를 느꼈습니다. 우리 둘 다 농장과 함께 어머니를 배신한 거예요."(185) 그러나 그 땅은 결코 우리가 잃어버릴 수 있는 것이 아니다.

바바라는 하루 혹은 이틀 후에 해드필즈 동굴 입구에 도착했다. 그리고 그 땅

출입을 승인하는 여성 책임자로부터 충고를 들었다. 방울뱀이 있으며, 넘어질 수도 있다는 것이다. 그녀는 그 경고에도 불구하고 계속 전진하였다. 그런데 그녀는 왜 그렇게 동굴을 보겠다고 결심했을까? "혼자만의 질문에 휩싸였을 때마다 숲을 향하여 맹렬하게 말을 질주했던 것과 같은 이유에서예요."(187) 그녀의 어머니에게 그 땅은 하나님과 함께하는 삶의 방식인 자족과 안전을 의미했다.

> 그러나 어머니의 신화는 내 것이 아니었습니다. 나는 어린 시절의 장소와 과거, 그 땅에 대한 나 자신만의 통합된 조화를 찾을 필요가 있었어요. 그리고 아이오와 숲에 갈 때마다 짐 삼촌의 기억과 함께 갔어요. 아마도 내가 놀랍고도 예리한 생각을 할지라도 우리가 집으로 여긴 그 땅에 관한 동일한 질문들은 그를 과거로 밀치고, 강과 절벽으로 보내어 그를 괴롭혔을 거예요.(187)

어렸을 때, 그녀가 숲속에서 따라갔던 사람은 짐 삼촌이었다. 짐 삼촌은 그녀에게 무엇을 조심해야 하고 무엇을 찾아야 할지를 가르쳐 준 사람이었다. 강가를 따라 걸었을 때, 그녀는 짐 삼촌을 생각했다. "그는 장로교회의 일반적인 장로님의 시각과는 다른 태도로" 숲속에서 여러 행동을 하면서 어떤 것들을 보았을까?(190). 만일 그가 색다른 시도를 하지 않았다면 그녀나 바네타에게 말해 주지 않았을 것이다. 그런데 갑자기 다음과 같은 가능성이 꽤 있어 보였다.

> 짐 삼촌은 신기술과 화학물질로 만든 농업 품종과는 맞지 않아 눈 내리기 전 옥수수가 창고에 잘 있는지 여부보다 야생초와 잡초에 더 흥미가 많았어요. 나는 그가 내 앞에서 빨리 걸어가는 모습을 상상했습니다(190).

그녀는 동굴에서 나왔을 때 신발 끈을 묶기 위해 무릎을 꿇다가 우연찮게 그 과정에서 자신의 짐에 부딪혔다. 그녀가 자신의 짐 속에 넣어 두었던 쌍안경이 비탈길 아래로 튕겨져 내려가기 시작했다. 그녀가 그것을 향해 손을 뻗자 그만 균형을 잃고 말았다. 그래서 가파르고 미끄러운 비탈길 아래로 굴러 떨어지기 시작했다. 그녀는 산비탈 아래의 중간쯤에서 멈췄다. 다행히도, 그녀는 나뭇잎과 부드러운 땅바닥 때문에 다치지 않았다. 그러나 그녀가 살기 위해서 작은 바위덩어리의 모서리를 향하여 손을 뻗으면서, 예전에 그녀가 낭떠러지에서 떨어졌을 때를 회상했다. 그는 도와 달라고 소리쳤는데 방울뱀 한 마리가 쉭쉭 소리를 내며 몸을 일으켰다. 그때 짐 삼촌이 그녀의 다른 팔을 잡아당기며 말했다. "다시는 그렇게 하지 말거라."

그래서 이번에 그녀는 팔을 등 뒤로 젖히고 천천히 일어났다. 그랬더니 두 마리의 독이 없는 푸른색 뱀들이 바위에서 덤불 속으로 미끄러져 들어갔다. 바윗돌은 뱀에게 늦은 오후 온기를 유지하기에 안성맞춤인 곳이었다. 방울뱀은 그곳이 좋았을 수도 있다. 그녀는 몸을 떨었다.

> 나는 아버지가 있었습니다. 짐 삼촌이 나를 안전하게 지켜 주려고 노력했어요. 그는 나에게 혼자만의 질문을 던지라고 가르쳐 주었습니다. 그를 통해서 나는 자연과 시간을 배웠지요. 나는 두 팔로 머리를 감싸 안았습니다. 나의 떨림은 진짜 흐느낌으로 변했습니다. 나는 독서책 그림 속에 있는 점을 향해 막대기를 던진 남자를 찾고 있었는데, 딕과 제인 아버지였지요. 내가 그때 어떻게 알아차렸을까요? 나는 단지 어린 소녀였을 뿐입니다(192).

어머니의 묘지 방문

오리건주에 있는 그녀의 집으로 돌아가기 전에 바바라는 스카치 그로브에 있는 공동묘지에 들렀다. 그녀는 짐 삼촌의 무덤에는 향나무 껍질 몇 가닥을, 어머니의 무덤에는 야생화 한 다발을 놓았다. 그녀는 어머니가 그곳에 머물렀던 것이 남편을 사랑하는 것 이상이었고 농경생활에 대한 충성심 이상이었다는 것을 이제야 이해했다고 어머니에게 말했다. 이주하는 것은 어머니에게 자신을 잃어버리는 것이어서 그대로 남아 있었던 것이다. 갑자기 바바라는 "급격한 상실감과 어머니의 죽음 이후 30년 세월이 누그러지고, 어렸을 때 어머니를 사랑했던 것보다 더 어머니를 사랑했다는 것"을 느꼈다(220).

◎ 과거 자기와의 친밀감

우리가 살펴본 것처럼 고립은 분리와 혼자임을 암시하는 반면, 친밀감은 가장 사적이고 개인적인 사이에서 관련성을 맺으며 자기 자신과 가까운 것을 의미한다. 개인적 회고록—『대초원과의 재회』는 훌륭한 예이다—의 공통 주제는 개인의 과거, 특별히 어린 시절과 연결되고자 하는 바람이다. 아동심리학과 인간발달에 대한 전문가로부터 듣지 않아도, 우리는 직관적으로 어린 시절이 성격을 형성했던 시기임을 안다. 그러나 우리는 또한 그것들에 관하여 거의 알고 있지 못하다는 것을 감지한다. 우리는 실질적인 몇 가지 기억과 여러 가지 일반적인 인상을 가지고 있다. 그러나 대체적으로 어린 시절은 우리의 성인기와 단절되어 있다. 이것은 전형적으로 우리 또한 단절감을 느낀다는 것을 의미한다.

우리의 현재 어려움이 최소한 부분적으로 우리가 거의 알지 못하는 아동기 경험에서 기인한다고 생각할 때, 우리 인생에서 아동기 시절과의 단절은 특별히 우리를 곤란하게 만든다. 초기 아동기 시절과의 재연결은 비록 부분적으로는 옛 시절에 대한 향수일 수 있지만 지나간 시간들에 대한 향수라는 표현 그 이상이다. 그것은 지금-여기에서 더 나은 삶을 살기 위하여 우리 자신들을 이해하고자 하는 시도이다. 바바라 스캇의 표현처럼, "탐구는 내 어머니를 이해하기 위한 시도로서 시작되었고, 나 자신을 이해하기 위한 탐구로 발전되었다"(4).

그녀의 이야기는 자신이 아이오와에서의 생활과 거리를 두어야 할 때가 있었다는 것을 분명히 하고 있다. 한 사람으로서 그녀 자신의 생존은 이런 경험들로부터 감정적으로 그리고 지적으로 거리를 두거나, 심지어 그녀 자신을 정서적이고 지적인 경험들의 반대 상황에 놓을 수 있는 능력에 달려 있다. [에릭슨(1959)은 친밀감의 상대어로 "거리화"라고 부른(95). 그러나 단어 '거리두기'가 덜 부담스러워 보인다] 그러나 그러한 거리두기는 친밀감의 적이 아니라 그 대신에 친밀감의 새로운 형태를 가능하게 만든다. 그러므로 어린 시절과의 단절은 많은 부분을 회상하고 기억해 내는 것의 불가능함뿐만 아니라, 특별히 인생의 세 번째 혹은 네 번째 10년 기간인 40대와 50대가 어린 시절에 대한 회상을 저항하는 것에서도 기인한다. 바바라의 경우는 이런 거리두기 과정이 그녀가 대학에 다녔을 때 그리고 농경 신화에 대해 읽었을 때 시작되었다. 그녀가 50대에 자신과 유년기 시절의 장소와 사람들과의 관계에 대한 더 깊은 이해를 얻기 위해 돌아왔을 때, 그에 반대할 이유를 찾지 못했다. 사실은 더 확신을 얻게 되었다.

그러나 또한 그 밖의 다른 일도 일어났다. 특별히 친척들과의 대화를 통해서뿐 아니라 묘지를 혼자 방문함으로써, 그녀는 그녀가 매주 다녔던 교회에서, 메스콰키 정착촌에서 그리고 해드필즈 동굴에서 어머니의 짐 가방 속에 있었던 편지들과 자신의 기억들을 의미 있는 틀 안에서 평가할 수 있었다. 그리고 그녀가 전에 본 적도 없고 볼 수도 없었던 것을 볼 수 있게 되었다. 그녀는 마음속에서 이미 알고 있던 것이 진실임을 체험할 수 있었다. 가장 중요한 것은 그녀가 사랑해야 할 새로운 이유를 발견하고 '사랑의 선택'이 그녀가 중요하게 여기는 신념에 대한 헌신과 타협하지 않아도 되는 것임을 새롭게 발견하게 되었다는 것이다. 그녀가 깊이 붙들고 있었던 신념은 부모님의 삶 속에서 중요한 역할을 했던 그 땅(아버지의 실패와 어머니의 담보물)이 특별히 누구의 소유도 아니라고 생각한 것이다. 그녀는 자신의 죄가 용서받았을 때 그런 사랑을 충분히 경험할 수 있었다. 교회는 다른 사람들을 용서하는 것에 대해 가르쳤으나, 그녀가 자신을 용서할 수 있게 된 것과 자신 안에서 서로 뜻이 맞지 않았던 자기의 한 부분과 평화로운 화해를 경험할 수 있게 된 것은 유년 시절과의 재회였다.

비록 나는 여기에서 한 사람의 어린 시절과 다시 연결하는 것에 초점을 맞추었지만, 친밀감 대 고립 갈등은 그 자체로 인생의 여섯 번째 10년 기간인 50대에는 다양한 방식으로 발생할 수 있다. 개인은 한 명 혹은 그 이상의 자녀와 나이든 부모, 배우자 및 동반자, 오랜 직장 동료와의 관계에서 친밀감 대 고립 갈등을 경험할 수 있다. 이런 갈등의 결과는 새로운 친밀감으로 이끄는 것이 아니라 심지어 돌이킬 수 없는 고립을 증가시키는 결과를 초래할 수도 있다. 그러나 바바라 스캇의 이야기는 여섯 번째 10년 기간인 50대의 친밀감 대 고립 갈등을 보여주는 전형적인 사례이다. 왜냐하면 그녀의 어린 시절과 마흔한 살에 대체적으로 성공적이지 못한 아이오와 여행에서 반영된 것처럼, 다섯 번째 10년 기간인 40대의 정체성 대 정체성 혼란 갈등과 밀접하게 연관되어 있기 때문이다. 에릭슨이 그의 생애주기 이론에서 분명히 밝혔듯이, 이 두 단계는 초기 아동기를 포함한 모든 단계 중에서 가장 상호작용적이다. 그래서 우리는 특별히 대략 50세에 중년기의 처음 두 번의 10년 기간(40대와 50대)이 합쳐지는 것처럼 보인다는 사실에 놀라서는 안 된다.

◎ 사랑을 베푸는 자기

우리가 본 바와 같이 에릭슨이 인간의 강점인 사랑을 구체적인 삶의 단계에 부과할지라도, 이 강점은 생애주기의 모든 단계를 함께 통합시킬 수 있는 것으로 표현될 수 있다고 생각한다. 그러므로 우리의 통합된 자기를 구성하는 다양한 자아 중에서 사랑은 자기의 일관성을 유지하는 데 가장 큰 책임이 있다. 우리는 바바라 스캇의 상처 입은 자기를 치유하는 데 사랑이 작용하는 역할을 보아 왔다. 그 사랑은 그녀가 어머니를 사랑해야 할 새로운 이유를 발견하는 데 큰 역할을 했고, 또한 삼촌 짐으로부터 그녀가 사랑하는 아버지를 경험했다는 사실을 깨닫게 만들어 주었다.

또한 어린 시절과 청년 시절 교회를 향한 양가감정에도 불구하고, 어떤 점에서 그녀는 바울이 고린도인들에게 보내는 첫 번째 편지인 사랑의 찬가를 읽거나 들었을 것이다. 의미심장하게도, 이 찬송은 1인칭 단수로 쓰여 있는데, 바로 그 이유 때문에 사랑을 베푸는 자아를 표현한 것이다. 그녀는 사랑을 베푸는 자아가 인내, 친절, 존중, 시기하지 않음, 자랑하지 않음, 교만하지 않고, 무례히 행하지 않고, 성내지 않음을 포함하고 있다는 것을 배웠을 것이다(고린도전서 13:4-5).

성 바울은 사랑을 표현하고 생각하는 아동의 방식이 성인들이 사랑을 표현하고 생각하는 방식보다 다소 열등하다고 느낀 것처럼 보인다. 그녀는 이 사실을 또한 성 바울로부터 배웠을 것이다. 바울은 그 편지의 중간 부분에서 사랑에 대한 성찰을 한다. 그는 그가 아이였을 때, "어린아이처럼 말했고", "어린아이처럼 생각했고", "어린아이처럼 사고했지만" 그가 "성인이 되었을" 때는, 그가 "어린아이의 방식을 멈추었다"고 썼다(고린도전서 13:11). 내가 생각하기에 그녀는 자신이 가장 친밀하게 알고 지내던 어른들이 사랑에 관하여 표현하고 추론하는 방식이 그녀 자신보다 우월하다고 생각할 만한 충분한 이유를 가지고 있었기 때문에 이런 곤혹스러운 사실을 발견하게 되었을 것이다. 그러나 어머니가 딸에게 영혼의 걱정을 털어놓은 그날 저녁과 아침은 누군가를 향한 어른들의 사랑이 우리를 향한 하나님의 사랑과 같이 무조건적일 수 있다는 것을 바바라에게 가르쳐 주었다. 그러나 아이오와로 두 번째 여행을 떠난 후에야 그녀는 마침내 그리고 진정으로 이해하게 되었다.

7. 돌봄을 베푸는 자기

일곱 번째 성장, 60대

현대 사회의 생일 카드를 조금이라도 신뢰한다면, 일곱 번째 10년(60대)에 들어가는 사람은 일종의 중요한 기로에 서 있다. 당신은 과거를 돌아보고 당신이 어디에 위치해 있는지를 생각해 보도록 격려받는다. 동시에 미래를 내다보고 생각해 보도록 권유받는다. 여기에 이런 이중적인 관점으로 초대하는 카드가 있다. "당신은 첫 60년 동안 많은 삶을 살았어요. 당신은 친구들과 가족으로부터 사랑을 받고 있고 동료들로부터 존경을 받고 있지요. 당신은 몇 가지 특별한 기억을 가지고 있겠지만 앞을 내다보세요. 그러면 당신은 아직은 최고가 아니지만 미래에 더 멋진 것을 보게 될 거예요." 또한 일반적이고 구체적이지 않은 내용으로, "당신은 많은 삶을 사셨군요." 그리고 "몇 가지 특별한 추억을 만드셨네요." 라고 쓰여 있는데, 그 여백을 채워 넣어 받을 사람에게 남긴다. 미래에 관하여 무엇이 '바로 멋진' 것인지 구체적으로 명시하지 않을지라도, 그 카드는 최고의 해가 당신 앞에 있다고 생각하기를 원한다. 회의론자들은 잘못된 종류의 삶을 많이 산 사람들에게 이 말이 더 진실일수 있다고 말하기도 한다. 특히 특별한 기억을 가진 사람들에게는 이 이야기가 덜 설득적일 수 있다.

생일 카드를 받는 사람이 지난 59년을 되돌아보고 자신이 무슨 일을 하고 살았는지를 생각해 보도록 격려하는 카드가 여기에 있다. "여러 해는 주로 평범한 일상의 생활, 웃음, 사랑으로 이루어진 작은 날들로 구성되어 있지요. 하루하루 작은 순간마다 당신은 축하받을 만한 가치 있는 삶을 살아왔어요. 당신의 60번째 생일에 당신을 아는 사람들이 당신을 축하하고자 해요." 받는 사람에게 많은 삶을 살았다고 설명하는 카드와는 달리 이 카드는 다소 절제되어 있다. 회고적인 관점이 한 개인의 삶을 다소 단조로운 것으로 생각하게 만들 수도 있지만 이 카드는 그렇지 않다. 결국 인간은 평범한 삶, 웃음 그리고 사랑으로 존재해 왔다. 당신이 이 모든 삶을 더할 때, 그것은 축복받을 만한 가치가 있는 삶이다.

이런 중요한 시기와 관련된 카드를 어떻게 만들까? 생일 카드를 만드는 작가들은 60세가 되는 사람들의 관심을 불러일으키는 데 약간의 어려움이 있다는 의견을 제시했다. 40대와 50대를 위한 카드에는 유머가 있고, 70대와 80대를 위한 카드에는 강력한 정서적 호소가 있지만, 60대를 위한 카드에는 이 양자가 모두 빠져 있다. 카드를 만드는 작가들은 그들의 시적 능력에 비하여 환상적이지도 않고, 자기 멋대로 꿈꾸는 것을 넘어서지도 못하고, 커다란 절정도 없고, 심지어 '절대적으로' 멋진 것도 아닌 상투적인 문구―과거는 많은 삶, 웃음 그리고 사랑으로 묘사되고 미래는 '그저 환상적인' 것으로 표현된―에 쉽게 의존한다. 조심스러운 문구는 많은 것을 말해 준다.

스티븐 던(Stephen Dunn 2000, 21- 22)은 그의 시 「예순(sixty)」에서 다른 관점의 이야기를 한다. 그의 가족 안에서 "심장이 먼저 멈춘다 / 그리고 거의 어떤 사람도 50대를 넘기지 못했다"(그의 아버지는 62세에 돌아가셨다). 그러므로 가족력은 그에게 말해 준다. 그의 "심실은 돌로 된 골목"이고 그의 심장은 "시장 집무실에 숨어 있는 / 테러범이 있는 도시"와 같다. 그래서 그는 인생의 일곱 번째 10년을 맞이하면서 위험한 바다 가재가 어떤 순간에 그들의 머리 위로 떨어질 수 있다는 것을 잊어버린 채 살아가는 사람들과 같지 않다는 것을 깨닫게 된다. 그리고 너무 조심스럽고 인색하고 자기 보호적으로 살 필요가 없음을 성찰하게 된다. 왜냐하면 결국은 심장이 점점 약해져서 멈추기 때문이다.

◎ 성숙성 대 침체성 갈등

60대를 위한 생일 카드는 그들의 흥미와 열정을 불러일으키는 데 어려움을 겪고 있다. 그런 점에서 내가 60대를 성숙성을 가지는 10년이라고 제안하는 것은 이상하게 보일 수 있다. 조안 에릭슨은 8단계가 필요하다고 인식했고, 그녀와 그녀의 남편은 그것을 생산적인 것 중의 하나로 결정했을 때, 그녀는 40대였던 그들 자신의 삶을 생각하고 있었다. 자녀들이 아직 집에 있는 상태에서 그녀의 남편은 자신의 전문적 직업 세계에 들어가기 시작했다. 그리고 그녀는 남편의 성공에 공헌했다. 확실히 누군가 말하기를 진정으로 생산적인 해는 중년기의 세 번째 10년인 60대가 아니라 첫 번째 10년인 40대이다. 그러나 우리가 서둘러서 판단하기에 앞서, 성숙성과 그 반대인 침체성이 실제로 무엇을 말하는지에 대한 분명한 인식이 필요하다. 이제 성숙성과 침체성에 대한 정의를 내리면서 이 장을 시작하고자 한다.

웹스터 사전에는 성숙성(generativity)[1]이라는 단어가 없기 때문에, '발생시키다

---

[1] 역자 주: 연세대 상담코칭학과 정석환 교수는 에릭슨의 'generativity'라는 용어를 우리말 '생산성'이 아닌 '성숙성'으로 번역하여 사용하고 있다. 그 이유는 생산성이라는 의미가 자녀를 낳는 것도 있지만, 중년기성인들이 모두 자녀를 낳을 수 있는 생식 능력이 있는 것은 아니어서, 사회적으로 의미 있는 삶을 살아 내는 것을 포함한 '성숙성'이라는 용어가 중년기를 더 잘 표현하고 있기 때문이다. 역자도 그의 견해에 공감하여 '성숙성'으로 번역하고자 한다.

(generate)'와 '생산하는(generative)'이라는 두 단어로부터 만들 수 있다. '발생시키다'는 ① "(자식을) 낳는 것, 결과를 야기하다, 아이를 낳다", ② "생명을 운반하는 것, 야기하는 것(희망을 낳는 것)"을 의미한다. '생산하는'은 ① "자식을 낳는 것, 소출을 생산하는 것", ② "생산 능력이 있거나 발생상의 능력을 가지는 것"을 의미한다(Agnes 2001, 591). 그러므로 두 단어의 첫 번째 정의는 출산과 생식에 관련되는 반면에 두 번째 정의는 창의성과 생산성의 많고 다양한 형태와 관련된 것이다.

웹스터 사전에서 침체성(stagnation)이란 '침체인 것 혹은 침체되는 것'을 의미하는 동사 침체하다(stagnate)에서 온 명사형이라고 기록하고 있다. '정체된(stagnant)'은 세 가지 의미를 가지고 있다. ① "흐르지 않고 괴여 있는 것", ② "(물과 같은) 움직임의 결핍으로부터 발생한 악취", ③ "활기가 없거나 기민하지 않는 것 등 부진한(정체된 마음)"(Agnes 2001,1394). 에릭슨이 인간 발달에 대한 언급으로 침체성이라는 단어를 사용한 이래로, 세 번째 의미가 가장 직접적인 연관성을 가지고 있다. 그러나 처음 두 가지 의미도 은유적으로 관련성이 있다는 것을 명심할 필요가 있다.

『아동기와 사회』(1950)에서 에릭슨은 성숙성(generativity)이라는 단어를 만들어 냈음을 인정하고 "새롭고 유쾌하지도 않은 용어를 창조한 것에 대한" 사과를 한다(231). 그러나 그는 "창의성과 생산성이라는 각각의 단어로 설명할 수 없으며 어떤 다른 유행어도 전달하고자 하는 바를 전하지 못하는" 상황에서 그 단어를 사용하며 옹호한다. 또한 "몸과 정신을 온전히 통합할 수 있는 능력은 책임감을 만들어 내고 책임을 받아들일 수 있는 성적 에너지의 집중과 자아의 흥미를 점차 확대시켜 준다"(231). 이런 토대에서 에릭슨은 그 용어를 사용하고 있다. (그는 '성적인 에너지의 집중'은 깊은 감정적인 애착이 있다는 것을 의미한다고 말한다).『정체성과 생애주기』에서 에릭슨은 창의성과 생산성이라는 단어와 관련된 동일한 주의사항이 또한 부모됨이라는 단어로 대체될 수 있다고 덧붙인다. "이 논문에서 인용한 매우 구체적인 용어인 부모됨은 종종 겉으로 보기에 모호한 단어인 '성숙성'

을 위한 대체어로서 사용된다."(1959, 97)

　따라서 『아동기와 사회』에서 에릭슨은 성숙성이 "다음세대를 세우고 안내하
는 주요한 관심사 또는 주어진 경우가 어떤 것이든 부모의 책임성의 대상으로
받아들이는 것"이라고 진술한다(1950, 231). 『정체성과 생애주기』에서 에릭슨은
성숙성을 다음과 같이 언급하면서 이 진술을 더 정교화한다.

　　성숙성이란 비록 불행이나 다른 방향의 특별하고 진정한 재능 때문에 이
　　런 에너지를 자녀 세대에게 적용하지 못하는 사람들도 있지만, 다른 형
　　태의 이타적 관심과 창의성으로 일종의 부모로서의 책임을 받아들일 수
　　있는 것, 즉 다음 세대를 세우고 안내하는 주요한 관심사이다(1959, 97).

　'매우 구체적인' 단어 '부모됨'의 의미를 넘어서는 단어 '성숙성'의 의미를 확장
시켜서 고려해 볼 때, generate와 generative에 대한 웹스터 사전의 두 번째 의미
는 생산하거나 발생시키는 능력과 생명을 탄생시키는 것을 강조한다. 이 의미는
성숙성이라는 단어가 자녀를 낳는 것만을 강조하는 generate와 generative의 첫
번째 의미에 국한된 것을 넘어서기 때문에 특별히 가치가 있다. 이 점은 일곱 번
째 10년인 60대에 내가 제안한 성숙성 대 침체성 갈등의 위치에서 특별히 중요
한 의미를 갖는다. 왜냐하면 결국 60대의 생식은 비교적 불가능하고 드물지만
가능한 예는 남성에게 국한되어 있기 때문에 성숙성이라는 단어의 의미가 자녀
를 낳는 것에서 더 확장된 의미를 가질 필요가 있다.

　다른 한편으로, 에릭슨의 '부모의 책임'이라는 표현은 '부모됨'의 단어를 구체
적이지 않고 은유적인 관점에서 볼 때 성숙성을 강조할 수 있는 유용한 방식을
제공한다. 그가 말하는 성숙성이란 다음 세대의 구축과 지도에 관련된 생산적인
의도와 행동에 적용된다. 따라서 에릭슨은 『아동기와 사회』(1963) 개정판에서 다
음과 같이 언급한다. 어떤 사람들은 부모의 욕구를 그들의 자녀에게 지시하지

않기 때문에 "성숙성이라는 개념은 생산성과 창의성과 같은 대중적인 의미를 포함하고 있으며, 대체할 수 있는 동의어를 가지고 있지 않다"(267). 나는 우리가 성숙성 대 침체성 갈등에 대하여 성찰할 때, 부모됨에 대한 이해를 좀 더 폭넓고 은유적으로 생각할 필요가 있다고 제안한다.

그러나 이런 성찰은 다소 간단하다. 사실 나는 『아동기와 사회』(1950)에서 성숙성에 대한 에릭슨의 언급을 이미 모두 인용했다. 이제 남은 것은 침체성에 대한 에릭슨의 짧은 한 문장의 논평이다. 그것은 경고문의 형태를 취한다. 즉, 성숙성으로 인한 가치의 향상이 실패할 때 "상호 혐오감으로 중단된 가짜 친밀감의 강박적 필요에 따른 퇴행은 개인적 침체와 대인관계의 궁핍함을 구석구석에 발생 시킨다"는 것이다(231).

만일 성숙성의 개념을 부모가 되는 것으로 한정시킨다면, 이런 충고는 확실히 자녀가 없는 부부에게는 불쾌할 수 있다. 그러나 성숙성을 더 광범위한 관점에서 보면, 성숙성 대 침체성 갈등이 그 자체를 분명하게 드러낼 수 있는 다양하고 복합적인 면을 전달해 준다. 성숙성은 개인적 흥미와 정서적 애착을 발생시키고 (일으키고, 기원이 되고, 생산하고) 확장시킨다. 반면에 침체성은 아무것도 발생시키지 않거나 한 번만 발생시키고, 어떤 것도 그것의 생존, 성장 또는 발전을 보장하지 않음을 암시한다. 침체성의 희생물도 발생한다. 진정으로 생산할 수 없는 사람도 침체성의 희생물이다. 침체성이 만연될 때, 다음과 같은 자기속박이 있다. 즉, 생성된 어떤 생명이나 활력이 스스로에게서 나오지는 않는다.

에릭슨은 『정체성과 생애주기』(1959)에서 주의사항을 상세히 제시한다. 주의사항을 다시 쓴 뒤, 그는 "성숙성을 발전시키지 못한 어른들은 마치 그들이 자신들의 유일한 자녀가 마음대로 행동하는 것처럼 제멋대로 행동하기 시작한다"(97)라고 덧붙였다. 그는 또한 다음과 같이 덧붙여 말한다. "단순히 자녀가 있는 것과 자녀를 원한다는 것은 성숙성과 관련이 없다. 사실 아동지도 업무에서 보이는 다수의 젊은 부모는 고통스러워한다. 그들은 이 단계의 발달을 지연시키거나 발달이 불가능한 것처럼 보인다"(97) 그는 발달의 지연 혹은 불능에 대한 근본적인 이유를 다음과 같이 규정한다. 아동을 형성시키는 유년 시절의 영향, 자신의 부모와의 잘못된 동일시, 자신이 스스로 만든 강한 성격에 기초한 과도한 자기애 그리고 인간에 대한 신뢰와 믿음의 결핍은 "공동체의 신뢰를 필요로 한다"(97).

여기에서 에릭슨은 '침체성과 대인관계의 빈곤함'이 자녀를 포함한 개인의 자아 경계를 확장시키지 못하도록 하는 것과 연관이 있다고 보고, 이 불가능함에 대하여 설명한다. 그러나 다시 만일 우리가 이러한 견해들을 성숙성에 대한 그의 폭넓은 이해의 맥락 안에서 본다면, 이 같은 설명은 투자 방법에 관계없이 다음 세대에 자신을 투자할 수 없는 경우에도 적용될 수 있다. 따라서 이러한 설명은 삶의 모든 단계에 있는 성인에게, 그러나 특별히 60대 성인들에게 다음세대에 대한 투자를 하는 데 있어서 그들 자신의 고유한 어려움이 무엇인지 또는 억제하는 요인이 무엇인지에 관한 귀중한 지침을 제공할 수 있다. 이와 같이 더 발달된 삶의 단계에서, 첫 번째와 두 번째 요인인 유년기의 영향과 잘못된 부모와의 동일시보다 세 번째와 네 번째 요인인 자기애와 종(種)에 대한 믿음의 결핍이 더 큰 설득력을 제공한다. 비록 네 가지 요인이 모두 윤리적이고 종교적인 차원들을 가지고 있을지라도, 후자의 두 가지 요인이 특별히 더 적절해 보인다.

『아동기와 사회』(1963) 개정판에서 에릭슨은 성숙성과 침체성에 관한 논의의 시작에서 새로운 단락을 추가하면서, 이 책의 강조점이 아동기에 있다는 것을 독자들에게 상기시키고 있다. "그렇지 않다면 성숙성에 관한 부분이 필연적으로 중심적인 것이 되었을 것이다. 왜냐하면 이 용어는 인간을 학습하는 동물뿐만 아니라 가르치고 제도화하도록 만드는 진화론적 발달을 포함하고 있기 때문이다"(266). 그는 인간을 "교육하고 학습하는 동물"로 보는 것 때문에 "아동이 성인에게 의존한다는 것을 지나치게 강조하다 보면 노인 세대가 젊은 세대에게 의존하려고 한다는 점을 간과할 수 있다"고 주장하는데, "어른스러운 사람은 소용이 있는 존재가 되어야 하고, 성숙함은 생산하고 돌봄에 필요한 격려와 안내를 해야 한다고 생각하기 때문이다."(266-267)라고 말한다.

　에릭슨이 이전에 성숙성의 배후에 있는 부모의 추진력에 관하여 썼는데, 개정판에서는 침체성에 대한 설명을 추가로 제시하고 있다. 침체성이란 한 명 혹은 그 이상의 청년에게 도움을 주는 존재가 되고자 하는 노인들의 필요가 청년들에 의해 보답받지 못하는 것을 말한다.

　물론 이러한 비상호성은 성인의 어떤 단계에서나 일어날 수 있지만, 지금까지 일해 온 생산적인 산업 현장에서 자신이 더 이상 중요한 주체로 대우받지 못하는 60대들에게 비상호성이 가장 절실하게 느껴질 수 있다. 청년 세대가 어른들을 필요로 한다는 것에 대한 에릭슨의 강조는 상호주의의 이런 결여가 성인 세대의 구성원이 아닌 젊은 세대의 구성원에서 비롯되었을 때 가장 침체하기 쉽다는 것을 제안한다. 그러므로 성숙성 대 침체성 갈등은 모든 갈등 중에서 가장 자명한 '세대 간' 갈등이다. 서문에 언급된 것처럼, 에릭슨의 톱니바퀴 이미지를 연상해 본다면, 그 이미지는 한 세대의 바퀴가 다른 세대의 바퀴와 서로 맞물리는 시점을 말한다. 웹스터 사전에 따르면 톱니바퀴는 동력을 전달하거나 수신하기 위해 다른 바퀴의 톱니와 맞물리는 톱니바퀴를 말한다. 그리고 톱니바퀴의 선로는 엔진의 톱니바퀴와 맞물리는 중앙 톱니바퀴의 선로에 의해 공급되는 견인력을 가진 매우 가파른 경사를 위한 선로이다(Agnes 2001, 284). 여기서 가장 중요한 단어는 '맞물리다'와 '동력'이다. 어떤 맞물림도 없이, 앞으로 나아가게 하는 동력도 없이, 그다음 우리가 특별한 책임을 지고 있는 사람들 혹은 일부가, 왔던 출발점으로부터 경사로 아래로 급격하게 하강하지 않는다면, 중단이 계속 될 것이다. 아마도 두 세대 모두 이것을 원하지 않을 것이다.

　『아동기와 사회』(1963) 개정판에서 에릭슨은 성숙성을 보호하고 강화할 수 있는 사회제도를 고려하고 "모든 제도가 성숙한 계승의 윤리를 체계화할 수 있다"고 결론 맺는다(267). 그리고 나서 그는 수도원 제도에 대해 언급하면서 그곳도 예외는 아니라고 언급한다. "수도원 제도는 '궁극적 관심'을 향해 있는 곳이다.

또한 출산을 위한 권리나 생산성의 권리를 포기하도록 제안하는 철학적·영적 전통을 가지고 있다. 그러나 수도원 운동 제도 역시 이 세계의 피조물들을 위한 돌봄의 문제를 해결하고자 노력하고 있고 현실적인 사고를 뛰어넘는 자선행위를 추구하고자 노력하고 있다"(267-68).

"인간에 대한 '믿음', 인간에 대한 믿음의 결핍" 때문에 성숙성을 발전시키거나 유지시키는 것의 어려움을 가진 사람들이 있다. 그들은 성숙성에 대한 생각을 "이 세상의 피조물들을 위한 돌봄과 세상을 초월한 것으로 느끼는 자선단체"에 대한 참여로 이해를 확장시킬 필요가 있다. 또한 일찍이 "궁극적 관심"에 대한 방향성을 가진 사람들이 진짜 증거라는 확신이 성숙성이다.[2]

에릭슨은 『아동기와 사회』가 성인기를 다루고 있지 않다는 사실을 부연하기 위해서 성숙성을 보호하고 강화하는 제도에 관련된 간단한 설명을 추가하였다. "만일 이 책이 성인기에 관한 책이었다면, 이 지점에서 경제적·심리적인 이론(마르크스와 프로이트의 낯선 수렴과 확산으로 시작하는)을 비교하는 것이 당연하고 이익이 되었을 것이다. 그리고 그의 후손뿐만 아니라 생산물에 대한 사람들과의 관계를 계속해서 논의하는 것이 필연적으로 이익이 되었을 것이다"(268).

에릭슨은 『청년 루터』(1958, 220)에서 "노동의 정신"을 이야기하면서 칼 마르크스를 일찍부터 언급해 왔는데, 우리는 그가 생산한 것에 대한 소외된 관계의 문제를 탐구하기 원했다는 것을 추측할 수 있었다. 그러나 부모와 그들 자손 사이의 소외된 관계에 대한 프로이트의 강조를 무시한 대가는 아니다.[3]

---

[2] 에릭슨은 "궁극적인 관심"이 폴 틸리히(Paul Tillich 1957)가 무엇이 신앙인지 아닌지를 분명하게 하고자 하는 노력에서 소개한 문구라는 것을 알고 있었다(10). 에릭슨은 『여성과 내면의 공간(Womanhood and the Inner Space)』(1968, 293–294)과 1965년 11월 4일 하버드대학교 예배당에서 열린 추도식의 헌사(Erikson 1987g, 727)에서 틸리히와의 개인적 대화를 언급했다.

[3] 에릭슨은 마르크스와 프로이트에 관하여 쓴 에리히 프롬(Erich Fromm)의 글을 알고 있었다. 프롬(1962)은 그의 『환상의 사슬 너머(Beyond the Chains of Illusion)』에서 마르크스와 프로이트의 매력, 그들의 공통점 그리고 오늘날의 세계에서 두 이론의 운명을 탐구했다.

◎ 돌봄의 미덕

『아동기와 사회』(1963)에서 세상의 피조물들을 위한 돌봄과 그것을 초월하는 자선단체에 대한 에릭슨의 언급은 그가 성숙성 대 침체성 단계에 돌봄의 미덕을 배정할 것으로 예측되었다(1964a). 웹스터 사전은 돌봄(care)이라는 단어에 대한 다섯 가지 정의를 가지고 있다. ① "마음의 곤란함 또는 부담이 되는 상태, 걱정, 관심(세상에서 돌봄이 없을 때)", ② "가까운 관심 또는 세심한 주의(주의하여 운전하는 것)", ③ "좋아함 또는 배려(다른 사람을 돌보는 것)", ④ "청구, 보호, 양육권(친구의 돌봄에 맡김)", ⑤ "보살피거나 돌볼 수 있는 어떤 것, 책임감"(Agnes 2001, 221).

웹스터 사전에서 제안된 그것의 동의어 중에서 돌봄은 "두려움, 불안, 혹은 큰 책임감에 의하여 마음이 짓눌림을 당하는 것"을 의미한다. 관심(concern)은 "애정 어린 흥미를 가지고 있는 어떤 것 혹은 누군가에 대한 정신적인 마음이 쓰임"을 의미한다. 그리고 배려(solicitude)는 "다른 사람의 복지, 안전 또는 편안함을 위한 사려 깊음, 종종 지나친 염려"를 의미한다(Agnes 2001, 221-222). 돌봄의 반의어는 무관심(unconcern)과 냉담(indifference)인데, 이 둘은 흥미나 감정의 결핍 혹은 무감정을 의미한다(1555, 727). 여기서 무감정(apathy) 그 자체는 냉정한 상태, 감정의 부재를 뜻한다(64).

『인간의 강점과 세대의 주기』(1964a)에서 에릭슨은 다음과 같이 말한다. 돌봄은 "사랑, 필연성 혹은 사고에 의해 발생된 폭넓은 관심이다. 그것은 마땅히 해야 할 의무에 충실한 상반된 감정을 극복한다"(131). 확장(widening)이라는 단어는 특별히 중요하다. 왜냐하면 발생한 것으로부터 느껴지는 관심의 감정이 시간의 흐름에 따라 확대되기(expand) 때문이다. 우리가 곧 볼 것처럼, 에릭슨은 이런 관심이 점점 더 예측할 수 있는 미래와 예측할 수 없는 미래로 나아간다는 측면에서 광범위하게 퍼져 있다고 믿는다.

에릭슨의 작업적 정의는 다음과 같다. 돌봄이란 그들이 사랑이나 필요에 의

해 그렇게 행동했건 혹은 그런 행동을 하는 데 어떤 의식적인 의도 없이 행동했
건 간에, 그들이 생산한 것에 대한 책임이 무겁다는 것을 깨달았을 때 종종 경험
하는 양가적 감정을 극복하게 해 준다. (우리는 여기에서 에릭슨 자신이 우연하게 이해
하게 된 것이라고 생각해 볼 수도 있다.) 그는 커져 가는 돌봄이 인간에게 상대적으로
독특한 것이라고 생각한다. 비록 다른 동물들은 그들이 이미 유전적인 성향으로
그들의 새끼들을 격려하고, 일부 동물은 인간에게서 "약간의 요령과 봉사"를 배
울 수 있지만, 오직 인간이라는 종은 "그들의 자녀들이 가정과 지역사회에서 하
나 되는 장시간의 유사하고 공통된 아동기에 대한 배려를 확장할 수 있으며 또
확장해야 한다"(130). 이런 배려는 희망, 의지, 목적, 역량과 같은 기본적 요소의
전달을 통하여 확장되는데, 어른들은 그들의 자녀들에게 "특별한 세상 이미지와
유대감을 맺는 방식"을 전해 준다(130).

　친밀감 대 고립 단계의 논의에서 생식기 능력의 역할을 강조했던 에릭슨은 그
가 "생식기의 단계를 넘어서는 본능적이고 심리사회적인 단계인 '성숙성'을 상정
해 온 것"에 주목하면서 이제 생식 능력과 성숙성 사이의 직접적인 연관성을 만
들고 있다(130). 확실히 "부모는 대부분의 사람에게 가장 먼저, 그리고 많은 사람
에게 근본적인 발생학적 만남을 주는 사람이다. 그러나 인류는 영속하기 위해서
많은 종류의 노동자와 사상가의 생산적인 창의성을 요구한다"(130-131). 그러므
로 여기에서 다시 에릭슨은 성숙성이 부모됨과의 연관성이 시사하는 것보다 훨
씬 더 포괄적인 개념이라고 주장한다. 따라서 돌봄의 덕목은 부모됨을 제외한
다른 생산적인 행위에도 적용되지만, 특별히 다음 세대의 지원과 안내에 기여하
는 생산적인 행위에 적용된다. 이런 점에서 가르침은 성숙성에 대단히 중요한
역할을 한다. "인간은 배우려고 하는 사람을 돕기 원하고 자신의 정체성을 충족
시키고자 하며, 사실은 말과 입증된 논리와 공언된 진리에 의해 유지되기 때문
에 가르칠 필요가 있다." 그러나 가르치는 열정은 가르치는 직업에 국한되지 않
는다. 왜냐하면 "모든 성숙한 어른들은 무엇이 그에게 소중한지를 설명할 때, 그

리고 손에 잡히는 생각으로 이해가 될 때 만족감을 느끼기 때문이다"(131).

   그렇다면 가르침은 아마도 돌봄의 덕목에서 가장 중요한 표현일 것이다. 그리고 사실상 모든 성인은 어떤 면에서 교사이다. 물론 부모는 자기 자녀들을 가르친다. 그러나 돌봄의 매우 중심이 되는 관심의 확장은 어른들이 타인의 자녀들을 가르칠 때 반영된다. 또한 종종 어른들이 자기 자녀에게 하듯이, 타인들의 자녀에게 무엇이 소중한지를 열정을 가지고 설명하는 것이 관심의 확장이다.

   『아동기와 사회』(1963) 개정판에서 에릭슨은 만일 이 책이 성인기에 대한 책이었다면, "자녀와의 관계뿐만 아니라 생산된 것과의 인간관계"를 논하기를 원했을 것이라고 말했다(268). 돌봄의 덕목에 대한 그의 논의에서 그는 프로이트를 세기의 성 이론가로, 마르크스는 노동의 이론가로 만든 이념적 분극화는 말하자면 자신의 직업에서 인간 정신의 전체 영역에서, "자신의 자녀뿐만 아니라 노동과 사상에 대한 인간의 사랑"이 미지의 영역으로 남겨졌다는 것을 의미한다고 지적한다(131). 그러므로 성인은 도움을 받아야 할 필요성에 더하여, 그들이 생산한 것들로부터, 그리고 현재 양성되고, 보호받고, 보존되고, "궁극적으로 초월" 되어야 하는 것들로부터 오는 도전이 불가피하다(131). 이 점에 있어서 그는 인간이라는 종이 "무제한적인 번식"뿐만 아니라 똑같이 무제한적인 "발명"과 "확장"이 가능한 그의 능력 앞에서 통제를 받을 필요가 있다고 강조한다(132). 번식과 관련하여 발달된 돌봄의 덕목은 이러한 다른 측면에서도 신뢰할 만한 안내를 제공할 수 있다. 왜냐하면 생산해 온 것에 대하여 "책임을 지고" "보살핌"을 행할 수 있는 것에 대한 중요성을 강력하게 주장하기 때문이다.

   에릭슨은 성숙성에 관하여 저술할 때, 부모됨을 배타적으로 생각하지 않고 다음 세대를 위한 성인의 책임감이라는 관점에서 더 큰 포괄적인 이해를 가진다고 말한다. 암묵적으로 그것을 따르는 사람들은 우리가 성숙성 대 침체성 갈등을 아이들의 양육 기간과 연관시켜서는 안 된다고 주장한다. 사실 아동을 양육하는 일에 몰두하고 있는 성인들은 필연적으로 자신의 자녀들에게 관심을 집중시키기 때문에, 그들이 성숙성을 수반하는 더 큰 관점을 동시에 가질 수 없다고 논쟁할 수도 있다. 그들은 성숙성에 관한 기본적인 감각을 발달시키고 있다. 그러나 성숙성과 침체성에 대한 더 폭넓은 관점은 뒤늦게 알게 될 수 있다. 그러므로 이와 같은 돌봄의 덕목에 관한 더 다양하고 확장된 관심이 또한 진실일 것이다. 나는 인생의 일곱 번째 10년인 60대가 이런 갈등과 관심이 중심이 되는 10년의 기간일 것이라고 제안한다.

◎ 에릭슨의 하버드 의과대학 연설

나는 삶의 일곱 번째 10년인 60대의 성숙성 대 침체성 갈등에 대한 에릭슨 자신의 사례보다 더 좋은 실례는 없다고 생각한다. 60대에 에릭슨은 청년 세대의 확립과 지도를 위하여 전문적 직업에 헌신했다. 이 시기에 그가 쓴 글들은 청년 세대를 이해하고, 자기 세대의 다른 구성원들에게 이런 이해를 전달하고자 하는 그의 관심을 반영하고 이다. 그 시기는 그가 가장 많은 비판을 받은 10년이었는데, 그 비판의 대부분은 청년 세대로부터 나왔다.[4]

따라서 그의 후기 저술에서 규정한 침체성에 대한 설명—청년 세대가 요구하

---

4 그의 관찰과 그의 제안에 대하여 상당한 비판이 집중되었다. 에릭슨은 놀이에서 남자아이들이 외부 공간을 구성하는 반면에, 여자아이들은 자기만의 울타리를 가진 정신세계를 구성하는 경향성이 있다고 관찰했다. 또한 여자아이들의 이런 경향성은 여성들이 그들의 생식기 때문에 '내면의 공간'을 가지고 있다는 사실을 반영하여 제안했다. 1965년 '여성의 잠재력에 대하여(On the potential of women)'(Erikson 1987c)라는 그의 강연에서, 그는 다이달로스에서 출판된 여성의 '내부 공간'을 주제로 한 초기의 논문을 언급하였다. 이 강연은 또한 과거 남성에게 배타적이었던 직업에서 여성들의 성공에 불리한 생물학적 결정론을 대변하는 것처럼 보이는 이유로 이미 이런 견해에 대한 비판을 받아 왔음을 나타내고 있다. 이 주제와 연관된 비판을 다루기 위한 노력과 그 주제에 관한 그의 관점을 나타낸 후기 버전은 『여성성과 정신세계(Womanhood and the Inner Space)』(1968, 261–294) 와 『한 번 더 정신세계로(One More the Inner Space)』(1975b, 225–247)에 기술되어 있다.

는 노인의 필요성과 이런 필요를 주고받는 것—은 특별히 60대에 적절하게 되었다. 에릭슨의 관찰은 이런 관련성을 반영하고 있다. "그는 아동이 성인에게 의존한다는 과장된 유행적 사고는 종종 우리로 하여금 성인 세대가 청년 세대에게 의존할 수 있다는 생각을 눈멀게 만든다고 보았다."(Erikson 1963, 266). 그는 그의 저작이 출판되었을 때 61세였다. 나는 청년 세대에 대한 기성세대의 의존도가 이전이나 이후의 어떤 다른 10년보다 더 큰 10년의 기간이 될 수 있다고 생각한다. 사실 향후 몇 십 년 동안 노인들이 자녀들에게 신체적으로 의존할 것이라는 지나친 생각은 우리로 하여금 삶의 일곱 번째 10년인 60대에 들어서는 노인들이 자녀에게 정서적으로 의존할 수 있다는 생각을 간과하게 만들 수 있다.

에릭슨이 60대의 10년 동안에 하버드 의과대학에서 행했던 두 번의 연설은 이 시기가 생상적인 기간이라는 그의 관심을 잘 설명해 주는 예이다. 그의 첫 번째 연설은 60대 초반에 이루어졌고 두 번째 연설은 60대 말에 행해졌다. 첫 번째 강연인 '새로운 통찰의 빛에서 본 황금률(The Golden Rule in the Light of New Insight)'은 1962년 의료윤리에 관한 조지 워싱턴 게이(George W. Gay) 강연에서 실행되었다. 에릭슨은 1902년 6월 15일에 태어났는데, 그가 실제로 60세가 되기 몇 달 전쯤에 강연이 이루어졌다. 그러나 그의 강연은 1963년이 되어서야 하버드 의과대학 동창회 회보에 실리게 되었다. 왜냐하면 당시 그의 강연은 "미완성된 형태"였기 때문이다(Friedman 1999, 340). 그리고 그는 1963년 1월 뉴델리의 인도국제센터(India International Center)에서 대폭 수정한 버전을 발표하면서 계속적으로 연구를 해 나갔다. 이후 그의 저서 『통찰과 책임감(insight and Responsibility)』의 내용을 구성하는 6개 강연 중의 하나가 되었다(1964b, 217-243).

두 번째 강연인 '저항과 증언에 대하여(On Protest and Affirmation)'는 1972년 하버드 의과대학 졸업반 학생들에게 연설한 것이었다. 이 강연은 1972년 7/8월 호 하버드 의대 동창회 회보에 게재되었다. 6월 15일 에릭슨의 생일 전에 제출된 만큼, 아마도 그가 그것을 전달했을 때 그는 69세였을 것이다. 이것은 『사물을 보는 방식(A Way of Looking at Things)』이라는 저서로 재출간되었다(Erikson 1987b).

새로운 통찰의 빛에서 바라본 황금률

'새로운 통찰의 빛에서 바라본 황금률'은 에릭슨이 정신분석 학파의 임상가라
는 다음의 관찰에서 시작된다. "사례사와 인생사에 의해서, 우리 정신분석가들은
세대와 세대의 보존을 유지하기 위한 가장 구체적인 범주(부모와 자녀, 남자와 여자,
교사와 학생)에서 상호작용의 어떤 운명론적이며 유익한 패턴을 식별하기 시작해
왔다."(Erikson 1964b, 220) 그러나 교사로서 그의 "기준은 황금률이다. 황금률은 한
사람이 다른 사람에게 받고 싶은 대로 자신도 다른 사람에게 행하고, 자신이 다
른 사람에게 받고 싶지 않은 것은 다른 사람에게 행하지 않는 것을 말한다"(220).

그는 체계적 윤리를 전공하는 학생들이 종종 이와 같은 '더 논리적 원칙의 매
우 근원적 원형(황금률)'을 무시하는 표현을 한다는 것을 알아차렸다. 그리고 조
지 버나드 쇼(George Bernard Shaw)도 학생들처럼 이에 대하여 쉬운 공격 대상으
로 삼고 있음을 인식했다. "당신이 대접받고 싶은 대로 다른 사람에게 하지 말라
고 그는 경고했다. 왜냐하면 취향은 사람들마다 다를 수 있기 때문이다."(220) 그
렇더라도 "이 규칙은 바다와 지질시대로 구분된 고대인들 사이에 신비로운 만남
의 장을 제공했고, 많은 사상가가 말했던 기억에 남을 만한 말들 속에 숨겨져 있
는 주제를 제공했다"(220).

황금률은 많은 다양한 형태의 버전을 가지고 있다. 그러나 기본적으로 황금
률은 두 가지 형태 중의 하나를 취한다고 에릭슨은 말한다. 어떤 황금률은 경고
의 방법을 사용하여 부정적으로 진술한다. "당신이 원하지 않는 것은 다른 사람
에게도 하지 말라." 나머지 황금률은 권고의 방법을 사용하여 긍정적으로 진술
한다. "당신이 바라는 대로 행하라." 전자는 사람들의 이기적인 신중론에 호소하
고, 후자는 사람들의 이타적인 동정심에 호소한다(221). 또한 우파니샤드의 경구

"자신의 자아 속에서 모든 존재를 보는 사람과 모든 존재 속에서 자신의 자아를 보는 사람"과 기독교적 명령인 "네 이웃을 네 몸과 같이 사랑하라."에는 다른 것들보다 최고의, 가장 무조건적인 형태를 지닌 최고 수준의 인간 성숙도를 반영하는 몇 가지 버전이 표현되어 있다(221). 에릭슨은 자신의 분야가 인간 생애주기에 대한 임상적 연구이기 때문에 이런 다양한 버전이 가지고 있는 "논리적 장점 혹은 영적인 가치"에 대하여 논하기를 원치 않는다. 그러나 "인간 양심의 발달 단계에 따라 도덕적·윤리적 민감성의 변화"를 구분하기는 원한다(221).

●도덕적 규칙, 윤리적 이상 그리고 이념적 사상

그는 도덕적 행동 규칙이 "위협을 미연에 방지하는 두려움"에 근거하며, 윤리적 규칙은 "높은 수준의 이성적 동의와 표명된 선에 대한 즉각적 동의, 정의의 완성 그리고 자기실현의 약속에 의해 투쟁해야 한다"는 이상을 바탕으로 한다고 지적한다(222). 도덕 규칙은 윤리적 이상보다 발달적으로 앞서 있기 때문에, 도덕규칙을 윤리적 이상 속으로 스며들게 하려는 경향성이 있다. 이런 조합은 "도덕주의라고 부를 수 있는 악의적인 형태의 정의와 편견"을 생산한다(224). 따라서 황금률은 "적들의 공공연한 공격뿐만 아니라 친구의 정의에 대해서도 인간을 보호하기 위한 것이었다"(224).

그러나 고려해야 할 세 번째 요인이 있는데 다음과 같다. "인간의 도덕적 성향이 아동기에 발달하는 것과 성년기에 윤리적 능력이 발달하는 것 사이에서 청소년기는 보편적인 선을 이념적인 선으로 인식하도록 개입한다."(224) 청소년기는 아동의 인지적 능력을 넘어서는 이상향에 동의할 수 있다. 따라서 윤리적 관점은 청소년기에 근사치로 접근하게 된다. "그러나 이상한 합리화와 충동적인 판단이 번갈아 이루어질 수 있다."(225) 가장 골치 아픈 것은 '외부인들'을 배척하는 것에 이상적인 근거를 두는 청소년기 정신의 경향성이다. 황금률의 최고와 최상의 법칙은 이런 배타성에 도전해 온 것이다.

●성숙성과 상호성

인간의 양심 발달 단계의 관점에서 황금률을 바라본 다음에, 에릭슨은 해리 할로우(Harry Harlow)의 원숭이 실험을 소개한다. 해리 할로우는 태어난 지 얼마 되지 않은 새끼 원숭이들을 엄마 원숭이에게서 멀리 데려가서 분리시킨다. 그런 다음 철사, 나무 그리고 테리 천으로 만든 '엄마 원숭이'에게 데려간다. 철사로 만들어진 엄마 원숭이 기계는 그들에게 음식과 신체적 편안함을 제공해 주었다. 그리고 실험실에서 양육된 원숭이들은 진짜 엄마 원숭이로부터 길러진 원숭이들보다 신체적으로 건강하고 더 쉽게 기술적인 지식과 경험을 훈련받았다. 그러나 결론적으로 그들은 해리 할로우의 말대로 수동적이고 멍하니 앉아 있는 '정신병자'가 되었다. 몇몇 원숭이는 피가 날 때까지 스스로를 물어뜯거나 살을 찢어 버리는 행동을 하곤 했다. 에릭슨이 지적한 바와 같이, "그들은 어머니로서, 짝으로서 아이 혹은 적이든 어떤 '다른 존재'에 관하여 학습하지 못했다. 오직 암컷 중 소수만이 새끼를 낳았고, 그중 단 한 마리만 새끼를 돌보려고 시도했다"(229).

비록 이런 실험들은 매우 심각하게 불안한 엄마-자녀 관계가 인간의 정신병을 야기할 수 있다는 것을 암시하지만, 에릭슨이 더욱 주목한 것은 아무리 엄마와 자식 간 관계의 중요성을 입증하는 실험이 성공적이었다고 할지라도, 우리는 선택적 멸종이 아닌 지속적인 생명의 연구에 적합한 살아 있는 존재에 대한 과학적 접근이 필요하다는 사실이다. "우리는 무엇을 행함으로써 사물의 본질을 연구할 수 있지만, 그것을 위하여 혹은 그것과 함께 무엇인가를 행함으로써 존재의 필수적인 본성에 관하여 어떤 것을 정말로 배울 수 있다."(220) 그의 제안에 따르면 이것이 임상과학의 원리이다.

> 죽은 사람을 해부하면서 배울 수 있다는 것과 혹은 동물이나 인간이 자신의 신체 일부를 실험적 절차에 빌려 주도록 동기부여가 될 수 있다는 것을 부인하지 않는다. 그러나 사회-유전적 진화의 매개체에 대한 연구

를 위하여 선택된 관찰의 단위는 한 개인이 아닌 그 세대여야 한다. 왜 냐하면 개별적인 동물이나 인간이 생명의 요소에 참여했는지의 여부는 다음 세대에 생명을 전해 줄 수 있는 능력을 포함한 어느 정도의 관찰 에 의해서 검증될 수 있다(229).

따라서 임상과학은 어떻게 한 세대가 다음 세대에게 어떤 중요한 방식으로 생 명을 전수할지에 대한 성숙성과 근본적으로 관련이 있다. 어떻게 이 생명은 전 수되는가? 기본적으로 두 세대 구성원들의 상호작용을 통하여 전달된다. 이런 상호성은 유아와 성인의 관계에서 가장 근본적인 형태로 나타나게 된다. "아기 는 처음에 인간의 얼굴을 모방하면서 미소를 짓는 반면, 성인은 새로운 존재가 자신의 필요를 보장받기 원하는 것과 마찬가지로 그로부터 안전을 보장받기 위 한 기대를 가지고 미소를 짓는다."(231) 따라서 상호성은 "파트너들이 각자의 강 점을 개발하기 위해 서로 의지하는 관계"이다(231).

그러면 이런 상호성은 황금률과 무슨 관련이 있는 것일까? 바로 이것이다. 만 일 앞서 인용한 황금률이 이기주의적 신중론 또는 이타적인 동정심의 음조를 가 지는 것처럼 들린다면 아마도 우리는 "신중론과 동정심의 양쪽이 서로 주고받는 상호성의 원칙을 황금률에 부여"해야 할 것이다(231). 만일 그렇다면 우리는 유 아와 어머니 사이의 초기 상호성의 형태는 "단지 시작일 뿐이고" "아동은 원형으 로 확대된 인간관계와 상호작용함으로 말미암아 더 복잡한 만남으로 발전된다 는 것"을 인식할 필요가 있다(232).

●적극적 선택의 원칙

만일 상호성이 도덕적 규범에서 윤리적 이상으로의 움직임을 나타내는 발달 과정에서 세대적 관점을 추가한다면, 황금률의 완전한 의미를 표현하는 데 한 가지 이상의 요인이 필요하다. 에릭슨은 "그것이 '활성화'라는 용어에 함축되어

있으며 나는 적극적 선택의 원칙이라고 부를 것이다.”(232)라고 말한다. 이런 적
극적 선택은 “당신의 이웃을 사랑하라.”는 명령에서 표현된 것처럼 '사랑의 진취
성에 대한 헌신'에 특별히 반영된다. 그러나 에릭슨은 다음의 말들을 인식할 필
요성이 있음을 강조한다. “심리적인 진실성, 다시 말해서 요구적이고 의존적인
태도보다는 적극적이고 베푸는 태도로 (의식적으로 및 무의식적으로) 만남을 시도하
는 사람은 그 만남이 무엇이 될 수 있는지를 이해할 수 있을 것이다.”(233)

● 서로에 대한 힘을 강화하기

그렇다면 황금률에 대한 에릭슨의 이해는 무엇인가?

> 기본적으로 황금률은 윌리엄 제임스(William James)가 말했듯이, 인간
> 에게 “가장 깊고 강렬하게 활동하며 살아 있다”는 느낌을 주는 어떤 움
> 직임이나 활동들에 중심이 되는 일반적인 방향성을 표현한다. 제임스
> 는 이 일에서 각자가 그의 “진정한 나”를 발견할 것이라고 약속한다. 그
> 러나 내가 덧붙이자면, 그는 또한 진정으로 가치 있는 행동이 행위자와
> 상대 사이—상대를 강화시키는 그 순간에 행위자를 강화시키는—에서
> 상호성을 높이는 경험을 획득하게 될 것이다. 그러므로 “행위자”와 “상
> 대방”은 하나의 행동에서 동업자이다(233).[5]

발전적으로 보면, “이는 행위자가 그의 나이, 발달단계, 상태에 적합한 힘을
상대방에게 활성화시키는 바로 그 순간에, 그 행위자는 자신의 나이, 발달 단계
그리고 상태에 적절한 힘이 어떤 힘이든 활성화됨을 의미한다”(233). 이런 식으

---

[5] 제5장에서 본 것처럼, 에릭슨(1968)은 윌리엄 제임스의 동일한 인용문을 주체적 혹은 개인적
차원의 정체성을 표현하는 데 사용했다(19).

로 이해되는 황금률은 "상대방을 강하게 하는 바로 그 순간이 당신을 강하게 할 수 있는 것으로 타인에게 행하는 것이 최선이라고 말할 수 있을 것이다. 다시 말하자면, 자신의 능력을 발전시키면서도 상대방의 최고의 잠재력을 발전시킬 수 있는 것이다"(233). 그리고 이것은 여기 '새로운 통찰의 빛에서' 해석된 황금률이 바로 성숙성의 핵심이라는 것을 의미한다.

에릭슨의 연설은 개인의 나이, 발달 단계, 조건에 적절한 방식으로 황금률이 제정될 필요가 있다는 그의 관찰을 계속적으로 정교화시켜 나갔다. 황금률의 문제가 다른 사람들은 각자 자신의 취향이 다를 수 있다는 조지 버나드 쇼의 관찰과는 대조적으로, 에릭슨의 관찰은 이 보편적 원리를 개인의 강점과 한계에 적응시킬 필요가 있다는 보다 자비로운 방법이다.

그는 상호성이 황금률의 중심이라는 점을 강조하기 위해 그가 사용해 온 부모/자녀 모델이 "고유성이 분할된 기능에 따라 달라지는 다른 상황에서 어떤 의미심장한 유사점"을 가지는지를 계속하여 물었다(233). 그 사실을 설명하기 위해서, 그는 아버지와 어머니의 부모 역할에서의 유사점과 차이점을 논한다. 그리고 그는 황금률이 (앞서 표현한 바와 같이) 한 사람이 "다른 사람의 고유성을 높이고" 또한 "각자가 정말로 고유하기 위해서, 동등하게 고유한 상대와의 상호성에 달려 있다"는 의미를 관찰한다(236).

또 다른 비유로, 그는 치료사와 환자 사이의 전문적인 관계를 지적한다. 이 사례의 경우, "이해하는 자와 이해받는 자, 돌보는 자와 고통당하는 자, 생명을 돌보는 자와 질병과 죽음으로 인한 희생자라는 그들의 역할에 있어서 의사와 환자의 관계는 매우 실질적이며 구체적인 불평등이 있다"(236). 그러나 정확하게 이런 불평등 때문에, "의료인들은 그들만의 독특한 직업적 서약을 가지고 있으며 '의사'에 대한 보편적 이상에 부응하기 위해서 노력한다"(236). 물론 그는 여기에서 히포크라테스 선서를 언급하고 있다. 확실히 의사가 된 사람들은 이런 기대에 부응하기 위해 노력하는 다양한 동기를 가지고 있지만, 이런 모든 동기는 "기능의 상호성을 포함하도록 수정된 황금률로 조정될 수 있다"(236).

> 게다가 각각의 전문성과 기술은 그 나름대로 의사로 하여금 환자가 환
> 자로서, 한 사람으로서 치료받는 그 순간에 한 사람으로서 그리고 전문
> 가로서 발전시키는 것을 허용한다. 진정한 치료는 환자의 일시적인 상
> 태를 초월하기 때문이다. 치료받은 환자는 윤리적 관점에서 가장 중요
> 한 요소 중 하나인 건강에 대한 태도를 가정과 이웃에게 전달하고 발전
> 시킬 수 있는 경험이 있다(236-237).

사실 의사는 "그의 연구에서 개인적 선호도나 봉사와 무관한 진실을 추구하
고 그의 직업에서는 타인들의 복지를 추구하며, 사생활에서는 자신만의 특별한
욕구를 충족시키면서 개인적 윤리, 직업적 윤리, 과학적 윤리를 구분할 수 있
다"(237). 그럼에도 불구하고, "사람이 살아갈 수 있는 가치관의 다양성에는 심리
적 한계가 있다. 결국 전문가뿐만 아니라 그의 환자와 연구는 기질, 지적인 능
력, 윤리를 자신 안에서 어떻게 통합해 내느냐에 달려 있다"(237).

타인에게 힘을 부여하는 그 순간에 자신도 강하게 된다는 것을 타인에게 행하
는 것이 최고라는 인간 발달의 관점에서 황금률의 모범적인 사례로 보았던 치료
자와 환자의 관계를 강조하면서, 에릭슨은 제6장에서 간단하게 언급했던 예수에
관한 그의 후기 연구에서 이 점을 논의하였다(Erickson 1981). 이 연구에서 에릭슨
은 12년 동안 출혈로 고통받은 여인에 대한 예수의 치유에 초점을 맞추었다. 그
여인은 많은 의사에게 갔으나 고침 받지 못하는 시간을 견뎌야 했고, 그녀가 가
진 모든 돈을 다 썼다. 그리고 그녀는 더 나아지지 않고 도리어 더 악화되었다(마
가복음 5:25-26). 에릭슨은 예수의 치유에 대한 주석에서 다음과 같이 언급한다. 그
여인이 예수를 만졌을 때, 예수는 "어떤 생명에 관한 강한 능력이 상실되었음을
예민하게 느꼈다"(342). 이 진술은 그 자체로, 여성을 건강하게 만든 것이 예수를

약화시킨 것처럼 보이기 때문에 이 치유 행위가 황금률의 좋은 사례가 아니라는 것을 암시한다. 그러나 에릭슨은 예수가 그 여성에게 말한 "너의 믿음이 너를 치유했다"는 것을 지적한다. 그리고 에릭슨은 킹 제임스 버전 성경에서 말한 "나의 딸아 너의 믿음이 너를 온전하게 만들었다"(마가복음 5:34)는 것에 주목한다. 이 장면은 "모든 치유의 전인적 특성뿐만 아니라 사랑을 강조하며" 또한 "믿음에 대한 그 여인의 적성과 그녀를 도울 수 있는 예수의 능력에 대한 필수적인 반응으로 그에게 도달하고자 하는 결정"을 인정한다(342). 따라서 출혈하는 여성치유는 그 여인의 믿음이 그녀를 고쳐줄 수 있는 예수의 능력을 강화시켰기 때문에 상호성의 중요성과 황금률의 적극적 선택을 잘 보여 주는 예이다.

저항과 증언에 대하여

에릭슨(1987b)은 1972년 하버드 의과대학 졸업생들로부터 히포크라테스 선서에 앞서 관례적으로 행하던 연설을 요청받았을 때 첫 번째 반응으로, '저항과 증언에 대하여'라는 강연을 시작했다. 그는 그 자리에서 자신이 그 주제에 대하여 직설적으로 말을 해야 할지 혹은 둘러서 말을 해야 할지 확신하지 못한 채 강연을 시작한다고 말했다. 그는 몇몇 학생이 히포크라테스 선서의 증언에 대한 전통적인 의식에 저항하기 위해서 그날 오전에 모였다는 사실을 알아차렸다. 그래서 그 전통에 대하여 직설적으로 말해야 할지 혹은 간접적으로 둘러서 말해야 할지에 대한 그의 불확실성에 대한 언급은 수사적인 표현으로 실마리를 찾고자 하는 것 이상이었다.

그러나 그는 최근 하버드 의과대학의 강연에 참여하여 존스홉킨스대학교의 한 교수로부터 히포크라테스 선서의 역사에 관한 강연을 들었는데 그 일이 무슨 말을 해야 할지에 대한 결정을 하는 데 도움이 되었다고 언급했다. 강연이 끝난 뒤, 청중 중에 교수와 같은 사람들이 그의 관심을 끌고자 박식한 질문을 가지고 의심의 여지 없이 강연자 주변에 모여들었다. 그러나 소수의 학생은 에릭슨을 궁지에 몰아넣을 작정으로 다가갔다. 그 교수는 히포크라테스 선서가 의대생들의 요청으로 이 나라에 소개되었다는 사실을 청중에게 알려 주었다. 학생들은 에릭슨에게 "왜 인간은 선서를 하기 원합니까?"라고 물었다. 이 대화를 떠올리며 에릭슨은 이것이 내 강연의 주제인가라고 생각했다. 정말 우리는 왜 그리고 언제 선서를 하기 원하는가? 정반대로 우리는 왜 그리고 언제 선서하기를 원하지 않는가?(699). 그는 선서를 하는 것이 같은 전통을 증언하는 의미라고 언급했다. 어떤 경우에 연장자들은 그러한 선서를 요구하기 원하며, 청년들은 선서하는 것에 반대하지 않는다. "그러나 또한 유리한 증언을 하는 데 있어서 무엇이 가치 있는지에 대한 어떤 방식은 개인이 싫어하는 것과 저항하는 것이 어떤 가치가 있는지를 상세히 기술한다."(700) 이런 이유로 이 강연의 제목은 '저항과 증언에 대하여'이다.

　그가 어떻게 내과 의사인 그의 아버지와의 동일시에 저항했는지 그리고 어떻게 우회적인 길로 역대 가장 위대한 의사 중의 하나인 지그문트 프로이트가 이끄는 공동체의 일원이 되었는지에 관한 몇 가지 발언 이후에, 에릭슨은 40년 전 그가 미국에 왔을 때 자신이 의사가 아니라 아동을 연구하는 데 적용된 프로이트의 방법론을 사용했던 현장 전문가임에도 불구하고 하버드 의과대학에서 그에게 첫 번째 직책을 주었다고 말했다. 그래서 그는 오늘 증언하라는 요청을 받고는 그를 위하여 모든 것을 상세히 설명할 것을 시사했다. 그러나 그동안에, 그는 매카시 시대 동안 선서를 거부해야 했던 경험도 가지고 있었다.**6**

6　그는 여기에서 1940년대 후반과 1950년대 초반 조셉 매카시 상원의원이 이끄는 미국 의회 위원회가 실시한 조사 청문회 기간 동안 캘리포니아주 모든 직원에게 요구한 특별 충성맹세를 언급하고 있는 중이다. 에릭슨(1987e)은 그가 서명할 수 없었던 이유를 설명하는 진술에서 이 문서에 서명하는 것과 자신의 능력껏 최선을 다하여 교수직을 수행하겠다고 선언한 계약서의 초기 서명이 양립할 수 없다고 밝혔다. 그는 이 새로운 맹세에 서명하는 것이 학생들과 함께하는 그의 작업을 위태롭게 할 것이라고 느꼈다. 따라서 그것은 성숙성의 문제였다.

기껏해야 규정된 선서는 "공유된 정체성의 일부가 된 강력한 사상의 자유와 공동의 증언을 위한 기회"이다(701). 물론, 이 사례에서의 정체성은 의사의 정체성이다. 그리고 이 칭호는 "내면의 변환에 대한 외적인 확인일 뿐이다. 왜냐하면 의과대학 경험만으로" 여러분 중의 어떤 사람도 의사가 되는 것은 아니기 때문이다." 사실 그는 다음과 같이 말한다. "상징적으로든 실제로든 '집안에 의사가 있습니까?'라는 질문을 들을 때, 여러분이 어느 곳에 있든지 간에 여러분 안에 있는 무언가가 반응할 것입니다. 여기서부터는 여러분이 대답할 수 있습니다. 왜냐하면 여러분이 하기 위해 그리고 되기 위해 배운 것은 여러분의 정체성의 일부가 되기 때문입니다"(701).

황금률에 관한 그의 앞선 연설에서처럼, 에릭슨은 우리의 도덕 규칙은 아동기 시절로 돌아가고, 우리의 이념적 사상은 청소년기에 시작되며, 성인초기에는 우리가 윤리적 이상을 만들어 낼 수 있다고 언급한다. 그렇다면 윤리적으로 "한 개인이 의사라는 것을 확증하는 것"은 무엇을 의미하는가? 이 질문에 대답하기 위해서 우리는 먼저 "환자란 무엇인가?"라고 질문할 필요가 있다. 그리고 이 질문에 대한 대답은 다음의 이야기에 나타난다. 한 늙은 환자가 주치의의 진찰실로 들어가 말한다. "의사 선생님, 나는 발이 아프고 머리에 두통도 있어요. 장도 좋지 않은 것 같고 심장도 두근거려요. 그리고 의사 선생님! 기분도 좋지 않아요"(702). 에릭슨은 이 이야기의 유대인 버전을 다음과 같이 제시한다. 그 이야기에서 환자는 "나의 몸 상태 전반이 매우 좋지 않다고 느껴요"라고 말한다. 그리고 나서 에릭슨은 "양쪽 버전에서 환자 자신은 다양한 몸의 기관들 사이의 연관성을 잃어버린 것에 대해 불평하고 있다"고 지적한다. "내게 말해 줘요." 그는 자신의 모든 부분이 무엇이 잘못되었는지를 알고자 애원하는 것처럼 보인다. "나 자신, 내 몸의 전체, 내 몸의 중간이 '예, 저는 이해해요. 그리고 저는 제 몸의 문제를 치료할 수 있도록 선생님께 협조할 거예요'라고 느낄 수 있도록 선생님 말해 주세요."(702)

에릭슨은 이 이야기가 "의사가 무엇인지 그리고 무엇이 정말로 '의학적'인 것을 의미하는지에 관하여 우리에게 많은 것을 알려 준다"고 말한다(702). 특별히 의료와 중재 사이의 언어적 연관성을 지지한다(역자 주: 의료에 해당하는 영어 단어는 medical이고 중재는 mediation인데 이 두 단어의 알파벳 조합과 발음이 비슷하다. 그런 점에서 의료와 중재라는 언어적 유사성뿐만 아니라 실제 그 역할 또한 비슷함을 가진다). 의사는 "환자와 그의 다루기 힘든 인체의 일부 사이에서뿐만 아니라 증상을 완화시키는 동안 '환자 자신'의 몸을 상하게 만드는 약물을 중재하는 사람이고 환자, 그의 가족 그리고 그의 공동체 사이를 중재하는 사람이다. 또한 환자와 막대한 전문가들 그리고 그들의 원격 데이터 뱅크 사이를 중재하는 사람이고, 환자와 증가하는 의료 종사자 및 건강 서비스를 중재하는 사람이다"(704).

그렇다면 매우 중요한 질문은 환자와 의사는 "서로를 위해 존재해야 하는가?"라는 것이다(703). 그리고 에릭슨은 '인식 가능한(indentifiable)'이라는 단어를 제시한다. 이 단어의 의미는 한 사람이 자신이라고 주장하는 바로 그 사람으로 인식되는 것을 의미한다. "만일 환자가 인식 가능하고, 일관성 있는 사람과 방법을 대하고 있는 중이라고 느낀다면, 그는 그 자신을 다시 인식할 수 있게 된다. 그리고 의사는 그런 일관적인 방식을 통하여 스스로를 인식할 수 있게 된다."(703) 그리고 이 지점이 의사와 환자 양쪽 모두에게 히포크라테스 선서, 즉 환자를 위험하게 할 수 있는 어떤 것도 고의적으로 행하지 않을 것이라는 의사의 선언이 필수적으로 중요한 것이다.

선서 자체에 관하여 에릭슨은 두 가지 요점을 말한다. 첫 번째 선서의 의미는 "역사적 변화의 흐름 속에서 전통의 연속성을 계속 인식하는 역사적 태도"이다. "전통에 기대는 것은 우리가 천천히 학습하여 알게 된 것을 고대인들은 이미 그들 자신의 방식으로 얼마나 많이 알고 있는지를 인정해 주는 것을 의미 한다."(704) 두 번째 선서의 의미에 대해서는 학생들에게 "세부사항에 있어서 이론의 여지가 있다 하더라도 단순하게 선서를 한 것만으로도, 여러분은 부러움의 대상이 될것입니다."(704)라고 말했다. 생명을 손상시키기보다 유지하는 문제가 인류에게 양심의 문제라는 통일된 인식이 점차적으로 생기게 됨에 따라, 다른 직업의 구성원들은 "새로운 삶의 방식뿐만 아니라 죽음에 대한 많은 새로운 방식에 사용될 수 있는 겉으로 보기에 순수한 힘과 통찰력을 가지고 일하고 있다. 그리고 그들은 관리할 수 있고 이해하기 쉬운 맹세와 같은 공식화된 것을 동경한다. 그것이 그들 스스로를 다시 인식할 수 있도록 만들어 주기 때문이다"(705).

그는 학생들에게 의사로서 "그들이 이미 그런 전통을 가지고 있고" 그들의 어떤 증언이나 주장은 영향을 주는 새롭고 구체적인 인간관계의 능력을 소유하고 있다고 말한다. 따라서 "그들이 어떤 선서를 하거나 혹은 다른 형태의 선서를 하든지 간에 그들은 자신 안에 맹세를 가지고 있다"고 말하면서 결론을 내린다 (705).**7**

황금률에 대한 주제의 강연에서와 같이, 이 강연에서 에릭슨은 윤리적 이상을 표현하는 고대 신조의 현대적 관련성에 대한 논쟁을 제시한다. 이것은 그 자체로 성숙한 행위였다. 왜냐하면 성숙성은 세대의 연속성에 대한 자각을 포함하기 때문이다. 그 강연은 또한 에릭슨이 청년 세대의 구성원들에게 직접적으로 말하고 있었다는 점에서 생산적이었다. 그들은 에릭슨에게 연설을 해 달라고 초대했던 사람들이었다. 그래서 에릭슨은 그가 주장한 '도움이 되고자 하는 욕구' 를 호소했다. 게다가 그가 이전에 참석했던 강연 후 학생과의 대화는 그의 주제에 대한 아이디어를 떠올리게 했고, 이번 대화는 나머지 다른 '더 학구적인 사람들'이 그 강연자와의 대화에 호감을 가졌을 때 일어났다.

---

7 필자가 에릭슨의 강연 중 논의하지 않았던 한 부문에서 에릭슨은 의료계가 현재 '정체성 위기' 를 겪고 있지만 의대생들을 향하여 의료인들은 혼자가 아니라고 확인시켜 주었다. 교황은 최근 젊은 사제들이 너무 심각하게 여기는 '정체성 위기'라는 용어에 대해 설교할 필요가 있음을 발견했다. 그는 진짜 믿음은 그런 위기를 허락하지 않는다고 말했다. 그러나 말할 필요도 없이, 에릭슨은 그에 동의하지 않았다.

개회사에서 에릭슨은 그가 '진짜' 의사는 아니라는 사실을 언급했다. 그러나 그의 연설 자체는 고대의 공식적인 직업적 맹세와 대규모 혁명적인 변화를 겪고 있는 직업의 현실 사이에서 중재를 하고자 했다는 점에서 중재의 원칙 또는 윤리적 이상을 설명하고 있다. 그리고 선서를 하려고 온 학생들과 "의심의 여지 없이 이 관례적인 행사를 진심으로 회피하려고" 결석한 학생들 사이에서 중재를 하려고 강연을 했다(699). 그의 중재자 역할은 한때 그도 선서하기를 거부했다는 그의 고백을 통하여 돋보이게 되었다. 그러므로 청중은 선서를 하는 것이 형식적인 행위가 아니라는 것을 이해하게 되었다. 그런 까닭에 그는 중재에 관하여 이야기했을 뿐만 아니라, 학생들이 증언하고자 하는 선서의 본질적 의미로 인식되는 것에 대한 살아 있는 이미지를 제공하면서 강연 그 자체에서 모델 역할을 했다.

◎ 성숙성과 적극적 선택

에릭슨은 황금률에 관한 연설에서 상호성이 관련자들을 활성화시킨다고 강조했다. 그러므로 적극적 선택의 원칙은 상호성의 원리에 내포되어 있으며 그 연장선상에 있다. 그는 적극적 선택의 원칙에 대한 간략한 논평에서 상호성은 주도권의 요소를 제공한다고 말했다(1964b, 232). 우리는 요청받고 의존적인 만남이 아닌 적극적이고 베푸는 자세로 마주칠 때에만 "그 만남이 무엇이 될 수 있는지를 이해하게" 될 것이다(233).

우리가 제3장에서 보았듯이, 주도권은 첫발을 내딛거나 움직이는 것을 의미하며, 새로운 사상이나 방법 등 어떤 것을 시작하거나 창안하는 것에 대한 책임을 지는 것을 의미한다. 주도권은 또한 그렇게 하도록 강요받지 않고 생각하고 행동하는 것을 암시한다(Agnes 2001, 735). 그러므로 주도권은 삶의 일곱 번째

10년 기간인 60대 동안의 침체성에 대항하는데, 침체성은 비활동성, 게으름, 흐름이 없고 움직임이 없는 조건이나 상태이다(Agnes 2001, 1394). 에릭슨은 그것을 "인간관계의 궁핍함"과 관련이 있는 것으로 본다(1959, 97). 주도권을 갖는다는 것은 활성화되는 것에 대한 책임을 받아들이고 새롭고 독창적인 방법으로 그렇게 한다는 것을 의미한다. 활성화되는 것과 단순하게 바쁘게 지내는 것 사이에는 차이가 있다. 활성화되는 것은 젊은 세대들이 안내를 받거나 더 나은 삶을 확립하고자 하는 욕구와 같은 새 계획에 대하여 외부적인 자극이 주어지는 것을 의미한다.

『아동기와 사회』(1963)에서 에릭슨은 개인들이 "그들의 유일한 혹은 서로 간의 하나뿐인 자녀인 것처럼 자녀에게 그들의 관심을 기울여 욕구를 채우기 시작할 때 성숙성은 발전할 수 없다고 경고한다. 그리고 이런 상황을 지지하는 곳에서는 초기의 신체적 또는 심리적 병약함이 자기중심적인 관심의 매개체가 된다"(267). 이런 자기몰입은 60대의 사람들에게 발생할 수 있는데, 특별히 은퇴를 하거나 은퇴가 곧 닥칠 때 그리고 청년 세대에게 인정받지 못하거나 혹사당한다고 느끼기 시작할 때 발생할 수 있다. 청년 세대가 그들을 소모품으로 대하고, 청년들의 삶 속에서 앞으로 나아가는 데 가로막고 서 있는 존재로 여길 뿐만 아니라 단순히 성가신 사람으로 여길 때, 왜 노인들은 청년 세대를 위하여 관심을 가져야 할까?

그러나 이 점이 정확하게 새로운 통찰력의 빛에서 이해한 황금률이 매우 관련성을 가지고 있음을 보여 주는 지점이다. 에릭슨(1964b)이 황금률 논문에서 지적했듯이, 윌리엄 제임스의 인식에서 "활동적이고 생기 넘치는"것을 느끼기 위해서는 개인이 상호성을 경험할 필요가 있다. "상호성은 다른 사람을 강하게 하는 그 순간에 실천한 그 사람이 힘을 얻게 되는 것이다."(233) 그리고 그런 상호성을 경험하기 위해서는 개인이 "요구적이고 의존적인 태도보다는 적극적이고 베푸는 태도"를 가지고 청년 세대와의 만남을 시도하기 위하여 의도적인 결심을 할 필요가 있다(233).

우리는 안내하고 설명하는 일을 하고 젊은 세대는 학습을 한다고 가정하는 것은, 특별히 교사인 우리가 쉽게 추측할 수 있다. 그러나 에릭슨(1963)이 언급한 것처럼, "성숙함 또한 안내가 필요하다"(267). 황금률의 삶을 사는 방법을 배우는 것도 예외가 아니다. 물론 기독교인들은 예수의 말에서 황금률을 결부시킨다. "남에게 대접을 받고자 하는 대로 너희도 남을 대접하라"(누가복음 6:31). 그러나 어린 시절 유대교 신앙에 충성을 다했으면서 자신을 기독교인이라고 밝힌 에릭슨은 우리가 "윤리적 주제를 말할" 때 "훈계를 하려고 하는 것"에 빠지는 경향성에 대한 해독제로 탈무드 버전의 황금률로 그의 강연을 마무리한다(243). 그는 다음과 같이 쓰고 있다.

> 랍비 힐렐은 일전에 한 발로 서 있는 동안 불신자로부터 토라(역자 주: 구약성서의 율법서를 말함) 전체를 말해 달라는 부탁을 받은 적이 있다. 힐렐이 다음과 같이 말했을 때, 그가 그 질문에 대답할 의도인지 혹은 상황을 통해서 의견을 말하려고 한 것인지 나는 모르겠다. "당신 자신이 싫어하는 것은 당신의 동료에게 행하지 말라. 그것이 토라의 전체이고 나머지는 단지 해석일 뿐이다." 여하튼 그는 "상황에 맞추어 행동하라"고 덧붙이지 않았다. 그는 이렇게 말했다. "가서 배우라."(243)

60대의 많은 사람이 한 발로 서 있기가 힘들 수 있고, 더 많은 사람이 한 발로 서 있으면서 토라를 말해 달라는 부탁을 친절하게 받아들이지 않을 것이다. 그러나 60대의 사람들이 배움을 갖기에 너무 나이가 들었거나 정체되어 있는 것은 아니다. 특별히 항상 새로운 통찰에 열려 있는 오래된 진리와 관련이 있을 때는 더욱 그렇다.

◎ 돌봄을 베푸는 자기

우리가 지켜본 것처럼, 에릭슨은 돌봄이란 "사랑, 필요성 혹은 사고로 인하여 발생한 것에 대한 폭넓은 관심이라고 말한다. 그것은 불가역적인 의무를 고수하는 양면의 가치를 극복한다"(1964a, 131). 치명적인 죄에 관한 초기 공식에서, 모든 목록에 나타난 한 가지는 '보살피지 않는'이라는 의미를 가진 그리스어 acedia(나태함)였다. 이것은 불만, 무기력, 모호함, 무관심에 반영되었다. 나중에, 'sloth(나태함, 태만)'로 번역되어 게으름과 나태함으로 간주되었다. 그리고 "보살피지 않는"이라는 그것의 본래적 의미는 거의 상실되었다(Capps 2000, 58-63; Capps 2001, 107-117 참조). 우리 중의 많은 사람이 과로하고 스트레스를 받고 피로를 느끼는 현대 사회에서, 'sloth(나태함,태만)'의 죄성에 관하여 지나치게 고민하는 것은 다소 어려울 수 있다. 결국 게으름 또는 나태함으로 심지어 하루 혹은 몇 시간을 소비하는 것이 무엇이 그렇게 잘못된 것일까?

'보살피지 않음'은 다른 문제이다. 결국 열심히 일하는 것과 자신이 하는 일에 관심을 가지는 것은 반드시 동의어는 아니다. 종종 우리는 그 두 가지가 실제로 서로 정반대되는 것이라고 느낀다. 그런 까닭에 돌봄을 베푸는 자기(self)가 된다는 것은 무엇을 의미하는가?

1973년 5월에 에릭슨은 70세가 되었다. 에릭슨은 워싱턴 D.C.에서 인문학 제퍼슨 강연을 위하여 국립 기부금을 냈다. 이후 그것들은 『새로운 정체성의 차원(Dimensions of a New Identity)』(Erikson 1974)이라는 책으로 확장되었다. 이 책의 결론 단락에서 그는 청년기에는 "당신이 무엇을 하고자 관심을 가졌는지 그리고 당신이 되고자 하는 사람이 누구인지를 발견하고", 초기 성인기에는 "당신이 누구와 함께 있고 싶은지를 배우게 되며", 성인이 되면 "당신이 돌볼 수 있는 것이 무엇인지 그리고 당신이 돌볼 수 있는 사람이 누구인지를 아는 법을 배운다"고 언급했다(124). 에릭슨은 당신이 무엇을 돌볼 수 있는지 그리고 누구를 돌볼 수 있는지를 알 수 있는 이러한 학습이 힌두교의 원리인 '세상의 보존'에 표현되어 있다고 알려 준다. 그리고 덧붙여서 이 원칙은 "존재가 당신을 허락하고 당신으로 하여금 죽음을 주변적인 것으로 여기도록 요구하며, 지속되는 유일한 행복에 대한 확실성의 균형을 잡도록 요구할 때, 또한 당신이 무엇을 주든지 간에 선한 의지와 세상의 당신의 분야에서 더 높은 질서를 증가시키도록 요구받을 때 생애 주기의 중년기와 연관성이 있다"고 말했다(124).

60대는 무관심하고 돌봄을 베풀지 않는 상태에 빠지기 쉬운 10년의 삶이다. 60대의 대부분은 직장에서 은퇴하거나 은퇴가 다가오고 있고, 은퇴와 함께 이전의 투자나 계약에 관한 관심이 줄어들며, 매일같이 관계하던 사람들과의 신체적·정서적 관계를 끊게 된다. 또한 오랜 시간 동안 살아왔던 이웃을 떠나거나 이사하려는 계획도 있을 수 있다.

그런 상황에서 우리는 이런 변화에 대처하는 수단으로 돌봄을 베풀지 않는 태도를 취해야 한다고 느낄 수 있다. 심지어는 "종종 속물적이고 잠시만 하다 마는 비정상적이며 단순히 생각이 없는" 거부의 행동에서 "정체성 대 정체성 혼란" 갈등의 특징, 즉 "사람들을 버리고 부인하려고 하는 예민하고 참을성이 없는 상태"에 기대기 시작할 수도 있다(Erikson 1958, 42). 60대들 사이에서 이런 거부감이 일어나게 되면, 우리는 종종 도움을 받고자 하는 자신의 필요가 청년 세대 구성원들로부터 보답받지 못하고 있다는 인식의 증가에 대한 방어라고 추측할 수 있다. 비호혜성은 거부감을 제공한다.

그러나 돌봄에 관한 에릭슨의 성찰은 다음과 같은 관찰로 마무리된다. "요즘 무심코 사용하는 새로운 인사말이 있는데, 그것은 정확하게 우리가 스스로 조심하거나 혹은 우리 자신을 잘 돌봐야 한다는 것과 같다." 그럼에도 불구하고 그는 "그것이 더 큰 의미를 가질 수 있기를 희망한다." 그리고 그런 까닭에 바로 이 인사말로 마지막 강연을 끝맺는다. "건강 조심하세요!(TAKE CARE)"(125) 단순히 이것을 기회로 삼아, 그는 보통의 의미보다 더 의미 있는 것으로 만든 것처럼 보이지만, 그가 10년 전에 "이 세상의 생명체들과 그것을 초월하는 것으로 느껴지는 관용에 의한 돌봄"을 언급했다는 것을 추가할 수 있다(Erikson 1963, 267-68).

확실히 이것은 그가 강연 자체를 성숙성에 대한 개인적 표현으로 간주한 것처럼 "건강 조심하세요."라는 인사말을 축복 기도처럼 보이게 만들었다.

앞서 제퍼슨에 관한 강연에서, 에릭슨은 제퍼슨이 "퇴비 속에서의 다이아몬드"라고 자기 말로 표현한 복음서에서 예수의 말씀을 취사 선택하여 작은 책을 엮었다고 언급했다(45). 에릭슨은 다음의 내용에 주목하면서 제퍼슨의 선택에 박수를 보냈다. 제퍼슨의 신학 동기들은 제퍼슨에게 그의 선택이 예수 자신의 진짜 어록으로 만들어진 것이며 "현대 성경 연구 아래에 잘 세워져 있다"고 말했다. 그러나 에릭슨은 또한 제퍼슨이 "예수의 치유 사명에 대한 모든 언급"을 빠뜨린 것은 불행한 일이었다고 말했다. 결국 치유 이야기는 예수 자신이 "이 세상의 생명체들과 그것을 초월하는 것으로 느껴지는 사랑의 돌봄"의 자리를 마련하는 중요성을 반영한다(267-268).

다른 한편으로, 제퍼슨은 "공중의 새들" "들에 핀 백합화"에 대한 예수의 암시와 만일 "너희 하늘아버지가 그들을 먹이시고" 또한 "입히신다면" 그가 또한 먹이를 주고 너를 입히지 않으시겠느냐(마태복음 6:26-30)라는 확신을 포함시켰다. 이러한 말들도 '이 세상의 생명체들과 그것을 초월하는 것으로 느껴지는 사랑에 의한 돌봄'의 확언은 아닐까? 그리고 우리의 천상 아버지가 우리를 먹이고 입힐 것이라는 예수의 확신은 새로운 인사인 "건강 조심하세요."가 보여 주는 것보다 더 의미 있는 말이라는 것, 즉 그것은 우리가 궁극적인 의미에서 우리 역시 보살핌을 받고 있다는 것을 알기 때문에 우리도 타인을 보살필 수 있다는 것을 암시한다.

Part 4

노년기, 세 번의 성장

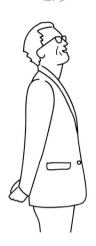

8. 여덟 번째 성장, 70대
지혜로운 자기

중년기에서 노년기로 넘어가는 때가 언제인지에 관한 논쟁에서 사람들의 의견은 다양하다. 그러나 49세에서 50세, 59세에서 60세처럼 나이의 앞자리가 바뀌는 해의 생일 카드를 들여다보면, 우리가 70세가 되었을 때 비로소 노년기로 넘어간다는 의견은 상당히 설득력이 있다. 예를 들어, 당신은 이제 40세나 50세가 된 사람에게 우리가 흔히 노년의 징조라고 생각하는 신체적 특성, 즉 침을 흘린다거나 몸을 굽히고 신발을 묶는 것, 시끄러운 음악을 참을 수 없어 한다거나 걷잡을 수 없이 편협해지는 것 등의 특성들을 생일 축하 메시지와 함께 보낼 수 있다. 그러나 막 70세가 된 사람에게 당신은 그러한 종류의 농담이 섞인 생일 카드를 보내지는 못할 것이다. 이는 결국 적어도 그들 중 한두 명에게는 그러한 특성이 농담이 아닌 현실이 되어 버릴 가능성이 언제나 열려 있음을 의미한다.

물론 60세가 된 사람들을 위한 생일 카드에도 이러한 노화의 징후를 언급하는 것을 피하는 경향이 있기는 하지만 카드를 받는 사람이 나이에 비해 더 젊어 보인다거나 더 젊게 행동한다고 말할 필요가 있는 경우는 분명 60세보다는 70세이다. 또한 70대는 그들의 특별한 추억이나 삶의 아름다운 기억들 혹은 그들이 살아가며 이룩한 성취나 그들이 다른 이들에게 미친 영향력 등을 특히 강조하는 생일 카드를 받게 되는 첫 10년 기간이기도 하다. 비록 이제 막 60세가 된 사람들도 그들의 지나간 인생이 사랑과 웃음으로 가득했다는 칭송을 받기는 하지만, 그들은 동시에 그들의 다가올 삶이 인생의 황금기가 될 것이라는 응원도 받는다. 이와는 대조적으로, 이제 막 70세가 된 사람들에게는 수많은 사람이 그들이 이룩한 삶의 면면에 감사해하고 존경해 하고 있음을, 그러니 그들의 인생을 충분히 자랑스러워해도 좋다는 응원을 받는다.

따라서 겨우 10년 기간 만에 그들은 인생의 황금기를 향해 앞으로 전진하는 사람에서 몸을 틀어 지나온 세월을 애틋하게 바라보고 있는 사람으로 변해 버린 것이다. 이러한 변화가 암시하는 메시지는 당신은 이미 '언덕을 넘었고' 이 시간 이후로 당신에게 많은 것을 기대하지는 않을 것이라는 것이다. 다소 무뚝뚝한 방식으로 이러한 메시지를 담은 생일 카드가 바로 줄무늬 모양의 모자와 셔츠 복장에 커다란 안경을 쓴 축구 심판의 사진이 동봉되어 있는 카드일 것이다. 이 사진에서 심판은 휘슬을 불고 있다. 안쪽에는 간단히 "경기 종료, 당신은 늙은이"라고 쓰여 있다. 카드에는 받는 사람의 나이가 명시되어 있지는 않지만, 심판의 나이가 70대로 보이기 때문에 아마도 자신의 또래를 위한 것일 것이다. 예상하건대, 이 카드를 친척이나 친구에게 감히 보낼 수 있는 사람은 오직 그와 연배가 비슷하거나 더 나이가 많은 사람뿐일 것이다.

나는 이 생일 카드가 받는 사람의 특별한 추억 또는 그들이 살아가며 이룩한 성취를 강조하려는 이들에게는 다소 신선한 출발점이라고 생각하지만, 삶의 여덟 번째 10년 기간으로 들어선 사람 중엔 '당신은 늙은이'와 '경기 종료'의 연관성에 의문을 제기하는 사람이 있을지도 모를 일이다. 실제로 로버트 프로스트(Robert Frost)의 두 행짜리 시에서 영감을 받은 나의 다소 민망한 다음의 시는 강한 의문을 제기한다.

짧은 인생

늙은 개 한 마리 일어나지도 않은 채 뒤를 향해 짖어대네
여전히 나는 그가 작은 강아지였을 때가 기억나는데
(Frost 1975, 308)

늙은 개의 새로운 놀이

늙은 개 한 마리 엉덩이에 대고 짖어대네
기운찬 어린 똥개처럼 발발댈 수는 없지 않은가

게임 종료라고? 그래도 방랑자는 아니라고!

의심의 여지 없이 현대 시인들은 우리에게 70세가 된다는 것의 의미에 대해 조금 더 심오한 관점을 제공할 수 있겠지만, 애석하게도 나는 이러한 주제가 담긴 시들을 발견하지 못했다. 물론 나는 그것이 존재한다고 확신하지만, 어쩌면 내가 그러한 주제를 찾는 데 어려움을 겪었다는 사실 자체가 오히려 그 주제에 관해 더 잘 이야기하고 있는 것일지도 모른다. 빌리 콜린스의 표현대로 '큰 숫자'를 다루는 시들은 대개 자전적으로 쓰이기 때문에, 70세로의 나이 듦에 관한 시 쓰기는 다소 과묵한 면이 있을 수 있다. 시인들은 심지어 70세가 되었다는 사실을 발표함으로써 그들이 이미 '언덕을 넘었다'고 젊은 독자들이 결정해 버릴 거라고 생각할지도 모른다. 물론 다른 70대 노인들에 관해 시를 쓸 수도 있고 독자들이 그 시를 좋아할 수도 있지만, 자전적인 시는 분명 이와는 매우 결이 다르다.

한편, 윌리엄 스태포드(William Stafford 1987, 55)는 그가 73세에 출판한 시집에

서 다음과 같은 시를 발표했다. 그의 또 다른 시집(Stafford 1982)이 5년 전에 출판 되었기 때문에, 이 시는 그가 70세가 되던 무렵에 쓴 것으로 짐작된다.

길 위에 서서

그대 늙은이여,

나는 너희 나라 모퉁이에 서서 지켜보았다.

우리가 지나갈 때 그대의 눈이 얼마나 무서운 눈으로

우리의 눈을 들여다보는지를.

우리가 문으로 다가갈 때 그대가 얼마나 주저하는지를.

이따금 나는 이해해 본다.

그대의 언덕이 얼마나 가파른지를.

그대를 둘러싼 광기와 달력의 부주의한 낭비와

버스로 몰려오는 사람들의 혼잡함을 바라보는 그대의 방식을.

나는 연구해 본다. 그대가 소쿠리 짐을 어떻게 들고 다니는지를.

어떻게 균형을 더 잘 맞추고 주의를 기울이는지를.

나는 흘끗 볼 수 있었다. 잿빛 눈동자 속에 담긴

밀치는 사람들을 그리고 나는 이따금

그대의 아름답고도 황량한 관점을 읽어 낼 수 있었다.

파멸을 향해 그대를 지나쳐 가는,

때로는 시끄럽고, 조심성 없으며, 떠밀려 가는 풋내기들에 관한.

그대와 함께 인도 위에 서서 나는 지켜본다,

지나가며 비명을 지르는 정글 새들 같은, 어쩌면 놀이터의 괴짜들 같은,

젊은이들의 나라를, 그리고

그들의 광포한 몸이 젊음의 병으로 지글거리는 것을.
지식이 그들을 치료할 수는 있겠지. 허나
단번에는 아니다. 시간이 필요할 것이다.

빛이 모든 것을 은빛으로 물들이는
저녁이 있었다. 그리고 그대처럼
나도 어느 모퉁이에 멈춰 서서
그 모든 것의 은총에 갑자기 사로잡혔다.
이 모든 것을 물려받았다는 것에, 어쩌면 그 모든 것과의 사별까지도,
그리고 마침내 속았을 뿐이라는 것을!
모퉁이에 서서 그것들과 작별을 고할 기회까지도!

매일의 낮과 매일의 밤마다
비참한 걸음걸이와 비틀거림 하나하나가 영웅이 되어 버렸다.

그대 젊은이들아, 우리 늙은이들에겐 나라가 있다.
이 여권은 모든 것을 희생하고 값을 치른 것이다.

  70대나 일부 80대의 사람들은 자신이 '아주 늙은이'라고 불리는 것에 반대할지도 모른다. 그리고 그들은 스태포드가 겨우 70세가 막 되었을 뿐이므로 그가 결코 '아주 늙은' 건 아니라고 확신시키려 할지도 모른다. 그럼에도 이 시는 그가 늙은이의 나라에 들어갔으며 젊은이의 나라를 등지고 떠났음을 암시하고 있는데, 만약 그가 가진 여권이 모든 값을 치러서 얻은 것이라면, 그는 그가 있던 곳에서 다시 젊은이의 나라로 돌아갈 티켓을 살 만한 처지는 분명 아닐 것이다. 아마도 그는 자신이 심근 부정맥으로 고통받고 있다는 사실을 알고 있었기에 자신의 70대

를 온전히 살아 내지 못할 수도 있다고 예감했을 것이다. 그는 79세의 나이로 세상을 떠났고, 따라서 이는 "우리의 연수가 칠십이요 강건하면 팔십"(시편 90:10)이라는 시편 기자의 관찰과 거의 일치한다. 어찌되었든 스스로를 늙은이와 동일시하기 시작하는 시기는 존재하고, 스태포드에게도 이 시기가 찾아온 것이다.

그렇다면 여덟 번째 10년 기간이 노년기의 첫 10년 기간이라고 가정해 보고, 이를 '통합 대 절망, 혐오감' 갈등이 중심이 되는 10년 기간이라고 생각함으로써 우리가 이를 어떻게 평가할 수 있는지 알아보자. 에릭슨 스스로도 이러한 갈등을 '노년기'에 두었기 때문에, 이 특정한 역동적인 갈등에 대한 나의 재배치가 결코 재배치는 아니라고 볼 수도 있다. 그러나 그 차이는 내가 이 갈등을 아홉 번째나 열 번째의 10년 기간이 아닌 여덟 번째의 10년 기간에 배정하여 이 갈등을 고려했다는 사실에 있다. 나는 이 역동적인 갈등이 이후의 10년 기간들 동안 다른 갈등으로 대체된다고 생각하며, 서문에서 언급했다시피 나는 이러한 갈등들을 이어지는 장들에서 제시할 것이다.

◎ 통합 대 절망과 혐오감 갈등

웹스터 사전이 제시한 통합(intergrity)의 정의는 세 가지이다. ① "완전한, 흠이 없는, 온전한, 전체적인 자질이나 상태", ② "무결한, 완벽한, 건전한 자질이나 상태", ③ "정결한, 청렴한, 정직한, 성실한 자질이나 상태"(Agnes 2001, 742). 이 정의에 특히 중점적으로 보이는 단어들은 완전함, 무결함, 온전함, 건전함이다. 또한 이 정의는 통합이 자질과 상태라는 것을 보여 준다. 자질(quality)은 "사람의 본성을 구성하는 특질 혹은 다른 사람과 구별되는 특색"을 의미한다(1173). 상태(state)는 "일정한 시점에 어떤 사람이나 사물의 특성을 나타내는 일련의 상황이나 속성, 존재의 방식이나 형태"이다(1399).

특정한 자질로서의 통합은 인간의 본성을 구성하는 특질로 나타난다. 상태로서의 통합은 일정한 시점에 나타나는 사람의 특성이므로, 만약 상황이 변한다면 그 사람의 특성이 아니게 될 수도 있다. 그러나 통합은 조금 더 '존재의 방식이나 형태'에 가깝기 때문에 변화하는 상황에 상대적으로 영향을 덜 받는 경향이 있다. 한 개인의 통합은 사소한 상황 변화에서는 살아남을 것으로 예상되므로, 개인의 통합이 훼손되거나 상실되었다는 것은 극적인, 심지어 소란스러운 상황의 변화가 있었음이 틀림없을 것으로 추정된다. 이는 아주 중요한 측면에서 그 사람이 더 이상 동일 인물이 아닐 것이라는 결론을 내리게 한다. 다시 말해, 개인 정체성의 상실이 있었다는 얘기이다.

에릭슨의 통합이라는 단어 사용은 이러한 이해를 반영한다. 그의 저서『정체성과 생애주기』(1959)의 통합 대 절망과 혐오감 갈등에 관한 첫 문단에서 그는 통합이 모든 선행 단계의 정점을 나타낸다고 강조한다. 따라서 통합은 인생의 고결함을 나타낸다. 조금 더 구체적으로 말하자면, 이는 생산적이거나 생산적이 된 사람에게 부여되는 책임에 대한 개인의 주의를 반영한다.

> 그러므로 어떤 식으로든 사물과 사람을 보살피고 승리와 실망에 적응한 사람만이 필연적으로 다른 사람의 원류이자 사물과 생각의 생산자일 수 있다. 오직 그러한 사람만이 이러한 일곱 단계의 열매를 점차적으로 자라게 한다. 나는 자아정체성이란 단어 외에 이러한 개념에 더 적합한 단어를 알지 못한다.

그리고 나서 그는 분명 통합이라는 단어의 사전적 정의에 만족하지 않는 듯 덧붙여 말한다. "명확한 정의로서 충분하지 않기 때문에, 나는 이 마음 상태의 몇 가지 속성을 짚어 보고자 한다."(98) 그가 그것을 "마음상태"라고 여긴다는 것은 통합이 "존재의 방식이나 형태"라는 것을 암시한다(Agnes 2001, 1399). 그렇다면 그것은 무엇으로 구성되는가?

첫째, 통합은 "자신의 유일한 생애주기를 필요한 것 그리고 필연적으로 다른 대체물로 허용되지 않는 것으로서 수용하는 것이며, 그 생애주기에 있어 의미 있는 사람들을 수용하는 것이다"(1959, 98). 따라서 통합은 "부모에 대한 새롭고 다른 사랑, 부모가 달라졌어야 한다는 소망에서 벗어나, 자신의 삶이 자신의 책임이라는 사실을 받아들이는 것"을 의미한다(98). 여기서 핵심 단어는 수용이다. 수용(acceptance)은 (사람이 패배를 인정할 때) 체념감을 나타낼 수도 있지만, (학생이 예상보다 높은 성적을 받을 때) 찬성이나 호평을 의미하기도 한다(Agnes 2001, 8). 따라서 '자신의 유일한 생애주기'를 수용한다는 것은 그 범위가 비록 나쁜 손길을 당했지만 더 심했을 수도 있었다고 느끼는 것에서부터 진정으로 축복을 받았다고 믿는 것에까지 이른다.

둘째, 통합은 "인간을 향한 존엄과 사랑이 담긴 격언, 질서와 목적을 창조해 왔던 머나먼 시대의 인류와 서로 다른 추구를 지닌 인류에 대한 동지애"이다(98). 동지는 "친구 또는 친한 동료" 혹은 "이해와 활동을 공동으로 공유하는 사람"이다(Agnes 2001, 300). 따라서 통합은 오래된 과거에 살았지만 그들의 삶이 우리가 매우 소중히 여기는 가치를 비추었던 사람들과의 우정 혹은 동지애를 포함한다고 에릭슨은 주장한다. 그가 명시적으로 '격언'을 언급한다는 사실은 제7장에서 살펴보았던 황금률과 히포크라테스 선서에 대한 논의를 상기시킨다. 그러나 고대 격언의 창조자들과의 "동지애"는 역시 제7장에서 언급했던 「갈릴리 사람의 격언과 '나'의 인식(the Galilean Sayings and the Sense of 'I')」(Erikson 1981)에서 더욱 분명하게 나타난다. 70대 후반에 출간된 이 글에서 에릭슨은 예수의 격언을 생애주기의 단계와 연관 짓는데, 이러한 격언이 생애주기 모델의 내재된 가치를 나타내고 이 모델이 해당 격언 속 '새 빛'을 내뿜고 있음을 암시한다. 따라서 그들이 비록 서로 다른 시대에 살고 다른 추구를 지녔음에도 불구하고 그들의 관점이 조화를 이루기 때문에 그는 예수와 동지애를 갖게 된다.

그는 또한 그가 시도해 왔던 일들이었기 때문에 질서, 특히 의미 구조를 창조해 왔던 사람들과 특별한 동지애를 느낀다. 그가 75세 때 출간한『장난감과 사유(Toys and Reasons)』(1977)에서 인생의 단계를 묘사한 차트를 만든 자신의 성향을 언급하며 "내 학생들은 이 모든 정돈된 목록이 나 자신의 '의례적인 안심시키기'라는 것을 오랫동안 의심하지 않았는가?"라고 묻는다(116). 그는 "어떤 보편적 시각으로 매일매일의 삶을 연결하는 전체적 이미지"에 대한 인간의 깊은 욕구가 있다고 덧붙였다(117). 그러한 삶의 질서가 실제로 존재한다는 그의 '의례적인 안심시키기'에 대해 어린 학생들이 조금이라도 의심을 가질 수 있다면, 인생의 여덟 번째 단계에 있는 사람은 그것이 진실로 한평생의 경험이라고 믿을 만한 근거가 있다.

셋째, 이러한 마음상태는 "인간의 노력에 의미를 부여하는 모든 다양한 생활양식의 상대성을 알고 있음에도 불구하고" "모든 물리적·경제적 위협으로부터 자신의 생활양식을 방어할 준비가 되어 있다"는 통합의 소유자가 되는 것이다(1959, 98). 이 통합의 소유자는 "개개인의 삶은 단지 역사의 한 부분에서 단 하나의 생애주기일 뿐인 전혀 의도하지 않은 우연의 일치라는 것을 안다." 그러나 이는 "그에게 있어 모든 인간의 통합성은 그가 취한 통합의 방식과 일치하기도 하고 다르기도 하다"는 점을 알기 때문이다(98). 따라서 마음상태의 두 번째 속성이 과거 인류의 삶과 자신의 삶의 연결을 강조한다면, 세 번째 속성은 자신의 생활양식의 본질적 타당성을 긍정하고, 어떤 역사적 형태나 통합의 표현을 평가와 판단의 잣대가 되는 표준으로 취급하지 않는다. 통합의 삶은 모든 세대에 걸쳐 가능하며, 개개인이 살아온 생활양식의 통합성을 주장함으로써 우리 조상들의 삶의 통합성을 아무리 그것이 우리의 것과 다르더라도 암묵적으로 긍정한다.

이 점에 있어 에릭슨의 논의에서 마음상태의 발전은 오히려 간단명료한 것처럼 보인다. 누구나 '통합의 소유자'가 될 수 있고, 다른 사람들은 이를 소유한 개개인들을 알아볼 수 있다. 그것이 온전함과 건전함과 같은 통합의 아주 중요한 자질을 내포하고 있기 때문이다. 그러나 통합은 상아탑에 살지 않는다. 그것은 절망과 혐오감에 대항해야 한다.

웹스터 사전은 절망(despair)을 "희망이 없는 것" 또는 "희망의 상실"로, 혐오감(disgust)은 "역겨운 불쾌감, 반감, 깊은 꺼림, 염오증"으로 정의한다(Agnes 2001, 391, 412). 에릭슨은 절망을 약간 다르게 이해하지만, 실제로 그것은 같은 것('희망이 없는 것')으로 귀결된다. 에릭슨의 이해대로 통합을 "자신의 유일한 생애주기의 수용"으로 보자면, 절망은 그러한 수용이 앞으로 다가오지 않는 마음상태임을 암시한다. 절망은 "시간이 얼마 남지 않아서, 또 다른 삶을 시작한다거나 통합을 향한 다른 길을 모색해 보는 시도를 하기에는 시간이 너무 부족하다는 느낌을 표현한다"(98). 이미 시간이 너무 늦었다면 희망을 품을 이유가 없다. 희망은 아직 시간이 있다는 사실에 바탕을 두고 있기 때문이다.[1]

에릭슨은 혐오에 대한 웹스터 사전의 정의에 동의하지 않는 것은 아니지만, 절망과 혐오감이 서로 연관되어 있다는 점을 지적하고 싶어 한다. 절망은 "특정 관습과 특정 사람들에 대한 혐오감, 오인감 또는 만성적인 경멸적 불쾌감의 표시 뒤에 숨어 있는 경우가 많다. (건설적인 생각과 협력적 삶과 연합하지 않는 경우에는) 오직 자기 자신에 대한 경멸만을 나타내는 혐오감과 불쾌감도 포함한다"(98).

---

1 '예수 비유에 귀 기울이기(Listening to the parables of Jesuse)'라는 제목의 설교에서 폴 리쾨르(Paoul Ricoeur 1978)는 요아킴 예레미아스(Joachim Jeremias)가 예수의 열 처녀 비유(마태복음 24:36–25:13)에서 "너무 늦은 것인지도 모른다."라는 구절을 언급한다. 그는 "너무 늦은 것인지도 모른다"는 생각이 "항상 또 다른 기회가 있을 수 있는 실제 경험에 역행하기 때문에 역설적이다."라는 점에 주목하였다(244). 『시나리오 작가를 위한 심리학(Psychology for Screenwriters)』에서 윌리엄 인딕(William Indick 2004)은 에릭슨의 통합 대 절망과 혐오감 갈등을 〈어바웃 슈미트(About Schmidt)〉〈마이 라이프(My Life)〉〈이키루(Ikiru)〉 같은 영화의 해석 렌즈로 활용한다. 이들 영화에서 "등장인물은 그들이 인생 스토리의 마지막 행동을 바꿀 시간이 아주 조금밖에 남지 않았다는 것을 깨달았을 때 비로소 삶의 의미를 재평가하도록 강요받는다. 변화하고자 하는 이러한 동기가 실제적이고 믿을 만하여, 독자들은 기꺼이 자기구원의 영감을 주는 여정을 통해 의욕을 가지게 된 등장인물을 따르고자 할 것이다."(103). 이들은 '성실의 소유자'가 되는 것이 결코 너무 늦지는 않았다는 견해를 인정하는 것으로 보인다.

'경멸(contempt)'은 강한 단어인데, 이는 이러한 태도와 느낌의 대상을 가치 없고 비열한 것으로 간주한다는 것을 의미하기 때문이다(Agnes 2001, 314). 한편, 자신에 대해 그런 감정을 가지고 있다는 바로 그 사실 또한 자기 자신의 일부분이 이보다는 우월한 태도에 대한 권리를 갖는다는 것을 의미하기 때문에, 이런 의미에서 통합은 여전히 기회가 있지만 오직 우월한 자아가 열등한 자아를 포용하고 그것을 자신과 같이 사랑하는 방법을 찾을 때만 그러하다. 통합은 근본적으로 그 자체로 분열되거나 불완전하지 않은 마음상태이며 체념이 아닌 근본적인 긍정으로서 자신의 삶을 수용하는 것에 기반을 둔 평정감이기 때문이다.

인생의 마지막 단계에 통합 대 절망과 혐오감 갈등을 배정하면서, 에릭슨은 인간의 삶이 순환 과정이라는 그의 표현을 뒷받침하기 위해 바로 통합이라는 단어를 가져온다.『아동기와 사회』(1950) 초판에서 웹스터 사전을 인용하면서 그는 다음과 같이 언급한다.

> 웹스터 사전은 (여덟 단계의) 개요를 원형으로 완성하는 데 도움이 될 만큼 친절하다. (이 개요의 자아 가치의 첫 번째 단계인) 신뢰는 "다른 삶의 통합에 대한 확신된 의존"인데 여기서 이 개요의 마지막 가치인 통합이 사용된다. 나는 웹스터 사전이 아이들보다는 사업적 마인드에 신뢰보다는 신용 거래에 더 관심이 있다고 의심했다. 그러나 적어도 중심은 서 있었다(313).

그가 어떤 종류의 '신념'을 염두에 두고 있는지를 언급하지는 않지만, 나는『정체성과 생애주기』(1959)에서의 그의 관찰, 즉 생산성은 한 아이가 환영받는 공동체의 신뢰로 보이도록 하는 "일종의 신념이나 종에 대한 믿음"을 필요로 한다는 그의 관찰(97)이 관련되어 있다고 생각한다. 만약 그렇다면, 이 아이디어에 통합성이 더해지는 것은 그의 공식이 다음과 같이 선포된 문장에서 제안된다. "그리고 건강한 자녀는 그들의 부모가 죽음을 두려워하지 않을 만큼 충분히 통합성을 지니고 있다면 삶을 두려워하지 않을 것이라고 말함으로써 성인의 통합과 유아의 신뢰의 관계를 조금 더 풀어서 이해할 수 있을 것 같다.”(233)

에릭슨(1963)은 『아동기와 사회』 개정판에서 제도적 통합은 이전의 모든 제도적·문화적 안전장치이지만, 특히 이것들은 문화적 '이미지 전달자'에 반영된다고 주장한다. '이미지 전달자'란 그들의 삶이 인생의 통합성을 반영하고 대표하기 때문에 말 그대로 추종할 가치가 있는 사람들이다. 이들은 이전에 언급한 “인간을 향한 존엄과 사랑이 담긴 격언, 질서와 목적을 창조해 왔던 머나먼 시대의 인류와 서로 다른 추구를 지닌 인류”와 대응을 이루는 동시대의 사람들로 보인다(98).

나는 또한 이러한 '이미지 전달자'들이 유명한 사람이나 유명인사가 될 필요는 없다고 생각한다. 내가 어렸을 때 너새니얼 호손(Nathaniel Hawthorn 1946)의 『큰 바위 얼굴(The Great Stone Face)』을 읽었는데, 이 소설은 사람 얼굴을 닮은 바위 형상이 있는 산 근처 마을에서 자란 어린 소년에 관한 이야기이다. 그 바위는 어떻게 그런 위치에 함께 던져졌는지 모를 정도로 어마어마한 바위들로 둘러싸인 산의 수직면에 형성된 장엄하면서도 장난기 있는 분위기를 지닌 자연의 작품이었다. 적당한 거리에서 보았을 때 그 바위는 정확히 사람 얼굴의 특징을 닮아 있었다.”(292).

이 이야기는 어니스트라는 한 어린 소년이 오두막 문 앞에 엄마와 앉아서 큰 바위 얼굴에 대해 이야기를 나누는 것으로 시작한다. 어니스트는 엄마에게 바위의 생김새가 매우 친절해 보이므로 목소리도 분명 상냥할 것이 분명하기 때문에 바위가 말을 할 수 있다면 좋겠다고 말한다. 그는 덧붙여 말한다. “만약 내가 저런 얼굴을 지닌 사람을 만난다면 진심으로 그를 사랑할 수 있어요.”(293) 어느 날 그의 엄마가 소년에게 오래된 예언 하나를 들려준다. 자기 시대의 가장 위대하고 고귀한 인물이 될 운명인 한 아이가 그 산 근처 어딘가에서 태어날 것이고, “그의 얼굴은 큰 바위 얼굴과 정확히 닮아 있을 것”이라는 예언이었다(293). 덧붙여 그녀는 이 오래된 예언에 대해 어떤 사람들은 젊은이와 노인을 막론하고 영원한 믿음을 가지고 있는 반면, 다른 사람들은 너무 오랫동안 지켜보고 기다리기만 하다가 그 예언이 그저 쓸데없는 이야기일 뿐이라고 결론짓기도 한다고 하였다.

어니스트는 어머니가 들려준 이야기를 결코 잊지 않았다. 그는 온화하고 조용하며 눈에 띄지 않는 소년으로 자라서 낮에는 밭에서 일을 하게 된다. 일이 끝나면 "그 거대한 이목구비가 자기를 알아보고 소년의 존경의 표정에 응답하여 그에게 친절과 격려의 미소를 지어 줄 때까지" 몇 시간 동안 큰 바위 얼굴을 바라보곤 했다(294). 정식 교육을 받지 않았기 때문에 큰 바위 얼굴이 그의 유일한 스승이었다.

그가 아직 소년일 때, 개더골드(Gathergold, 금을 쓸어 모으는 사람)라는 아주 부유한 상인이 예언 속 인물이라는 소문이 퍼졌지만, 그가 마을에 도착했을 때 그가 그 인물이 아니라는 것이 명백해졌다. 그러나 여전히 어니스트는 희망을 가졌다. 몇 년이 지나고 그가 청년이 되었을 때, 어니스트는 한 늙은 군인이었던 블러드 앤드 선더(Blood-and-Thunder, 유혈낭자한 자) 장군이 바로 그 예언 속 인물이라는 소문을 듣는다. 그러나 그가 마을에 도착했을 때 마찬가지로 그가 그 사람이 아님이 명백해졌다. 시간이 흐르고 어니스트가 중년이 되었을 때 많은 사람이 대통령이 될 것이라고 호언장담했던 올드 스토니 피즈(Old Stony Phiz, 늙은 바위 얼굴)라는 정치가가 그의 고향으로 돌아온다. 그의 별명이 큰 바위 얼굴이었기 때문에 마을 사람들은 그가 바로 그들이 오랜 세월 기다려 왔던 바로 그 사람이라고 확신했다. 어니스트도 그러하기를 바랐지만, 다시 한번 그의 희망은 충족되지 않았다.

또 다시 시간이 흘러 어니스트가 노인이 되었을 때, 어니스트에 대해 들어 본 적 있는 한 시인이 마을로 와서 그에게 하룻밤 숙소를 제공해 줄 수 있는지 물었다. 어니스트는 "기꺼이."라고 대답하며 큰 바위 얼굴이 낯선 사람에게 그렇게 환대하는 모습을 본 적이 없었던 것 같다고 덧붙였다. 어니스트는 그 시인의 시들을 오랫동안 좋아했던 사람으로서 그가 바로 예언 속 그 사람이라고 느끼기 시작한다. 특히 그들이 오후 내내 함께 대화를 나누면서 이러한 생각은 강렬해졌다. 그러나 뭔가가 부족했고, 어니스트의 안색이 안 좋아지기 시작한다. 그의 슬픔을 감지한 시인은 그에게 왜 슬픈지 묻는다. 어니스트는 그의 시들을 읽었을 때 그 예언이 그에게서 이루어지기를 바랐다고 말한다. 그러자 시인이 대답한다. "제 시에서 천국의 노래의 먼 메아리를 들을 수 있는 것은 사실입니다. 그러나 친애하는 어니스트, 나의 삶이 나의 생각과 일치하지는 않습니다."(309) 그는 이어 자신은 "제 시에서 더 뚜렷하게 나타난다고들 하는 자연과 인간의 삶에 대한 웅장함, 아름다움, 선함에 대한 믿음"이 부족하다고 고백했다. 그는 슬프게 말했고, 그의 눈은 어니스트 자신도 그랬듯이 눈물로 어슴푸레했다.

해질 무렵, 자주 그리고 오래되어 이제는 익숙한 습관이 되어 버린 듯, 어니스트는 야외에서 그의 이웃과 대화를 나누곤 했다. 그와 시인은 팔짱을 끼고 여전히 함께 대화를 나누며 사람들이 있는 곳으로 나아갔다. 어니스트는 말했다. "그의 진심과 마음에서 우러나오는 것들을 사람들에게 말하기 시작했고, 그의 언어에는 힘이 있었다. 그의 말이 그의 생각과 일치했고, 그의 생각이 아주 현실적이면서도 깊었으며, 그 모든 것이 그가 평생 살아왔던 삶과 조화를 이루었기 때문이다."(310) 시인은 그의 말을 경청하면서 어니스트의 존재와 특성이 "그가 써 왔던 종류의 시들보다 더 고귀하다"고 느꼈다. "존경하는 자를 경건하게 바라보면서" 그의 눈은 눈물로 반짝였다(310). 저 멀리서 석양의 황금빛을 받으며 큰 바위 얼굴이 나타났다. 바위 주변에 안개가 끼자 그 모습이 마치 어니스트의 이마에 감도는 하얀 머리칼을 닮은 듯 보였고, "거대한 은총을 받은 듯한 그 모습은 세상을 포용하는 것 같았다"(311).

그 순간 어니스트의 얼굴에서 "웅장함이 드러났고," 그 얼굴은 "자비심이 가득하여 시인은 거부할 수 없는 충동으로 팔을 높이 치켜들고 외쳤다. '모두 주목하여 여기를 보시오! 어니스트 그 자신이 바로 큰 바위 얼굴과 닮은 자였소!'"(311). 그러자 모든 사람이 보았고, 그들은 깊은 시야를 지닌 시인의 말이 사실임을 알게 되었다. 그 예언이 바로 눈앞에서 실현된 것이다. 그러나 어니스트는 자신이 해야 할 말들을 마치자 시인의 팔을 붙잡고 천천히 집으로 걸어가면서 "나는 여전히 나보다 더 현명하고 훌륭하며 큰 바위 얼굴을 꼭 닮은 누군가가 머지않아 나타날 것을 희망하고 있습니다."라고 말했다(311).

이 이야기는 약간은 감상적인 이야기일지도 모른다. 그러나 큰 바위 얼굴의 존재 앞에서 일생을 살아온 어니스트가 그 존재로 인하여 모양을 갖추게 되어 그 자신이 살아 있는 큰 바위 얼굴이 되었다는 점을 강조하고 싶다. 그는 자신의 삶을 형성하고 알려 준 바위 형상으로 상징되는 통합성의 진정한 소유자가 되어 마을 사람들의 집단적 지혜에 영감을 주게 되었다.

◎ 지혜의 미덕

에릭슨에게 지혜는 생애주기의 단계에서 통합 대 절망과 혐오감 단계의 미덕이다. 웹스터 사전에서 지혜(wisdom)의 세 가지 정의는 기본적으로 다음과 같다. ① "지혜로운 자질, 지식, 경험, 이해 등에 기초하여 올바르게 판단하고 가장 건전한 행동 방침을 따르는 힘, 좋은 판단력, 총명", ② "학습, 지식, 학식(시대의 지혜)", ③ "현명한 계획 또는 행동 방침"(Agnes 2001, 1643). 여기서 특히 눈에 띄는 단어는 판단력, 특히 좋은 판단력인데, 이는 경험과 지식을 바탕으로 상황을 이해하므로 건전하다고 판단되는 행동 방침을 선택하는 데 활용된다. 그러므로 지혜는 난해한 지식이나 추상적인 이론화와 동일시되지 않는다. 오히려 그것은 실용적이고, 합리적이며, 왜 저 행동 방침이 아닌 이 행동 방침을 권유하는지를 설명할 수 있다.

『인간의 강점과 세대의 주기』(1964a)에서 에릭슨은 삶의 마지막 단계와 지혜를 연결 짓는데 너무 애를 쓴 나머지 언뜻 보기에 그의 작업 속 정의가 사전적 의미와는 거의 공통점이 없는 듯 보인다. 그는 지혜가 "죽음 그 자체에 직면하면서 삶 자체와는 분리된 관심사"라고 말한다. 한편, 지혜가 생애주기의 정점인 인간의 힘이나 미덕으로 작용하는 역할에 대한 그의 논의의 맥락에서 이 정의를 볼 때, 웹스터 사전에서 제시한 정의와의 호환성은 명백해진다.

그는 동양 문명과 달리 서양 문명은 "삶의 온전함"이라는 개념이 없다는 것으로 이 논의를 시작한다(132). 서양의 심리학은 "전반적인 생애주기의 범위를 들여다보는 것"을 피하는 경향이 있으며, 대신에 "우리의 세계 이미지는 작거나 큰 재난에 의해서만 중단되는 끝없는 진보의 일방통행길이기 때문에 우리의 삶은 성공과 갑작스런 망각으로 가는 일방통행이 되어야 한다."라는 서구의 "세계 이미지" 그 자체를 반영해 왔다(132). 에릭슨은 인간의 삶에 대한 이러한 '일방통행' 관점에 도전하고 싶었고, '생애주기'라는 용어를 채택하여 그렇게 하였다.

그러나 그가 말하는 생애주기는 "하나의 삶에 두 개의 생애주기, 즉 한 세대가 다음 세대로 귀결되는 생애주기와 개인의 삶이 결론에 도달하는 생애주기"를 의미한다고 그는 언급한다(132-33). 이는 "생애주기가 시작점으로 되돌아오므로 노인은 다시 아이가 된다."는 것을 의미한다(133). 그리고 이것은 과연 이 회귀가 지혜를 품은 아이와 같은 순수함인지, 아니면 유한한 아이와 같은 철없음인지에 대한 질문을 떠오르게 한다(133).

> 개인의 생애주기에 있어서 중요할 뿐만 아니라 세대의 생애주기에 있어서도 중요하다. 왜냐하면 만약 일상생활의 증거가 인간의 연장된 마지막 단계가 철없음에 갇혀 버린 기간이라고 입증해 준다면 이것이 어린 세대의 생명 조직을 약화시킬 수도 있기 때문이다. 활기찬 의미가 내포되지 않은 채 살아가는 생애주기의 기간은 그것이 시작 단계이든, 중간 단계이든, 아니면 마지막 단계이든 삶의 단계가 얽혀 있는 모든 것에서 삶의 감각과 죽음의 의미를 위태롭게 한다(133).

인생의 마지막 단계에서 그 사람에게 요구되는 '활기찬 의미'는 대체로 자신의 개별성의 "궁극적 시험", 즉 "혼자 건너야만 하는 저 골짜기 입구에서 인간의 존재"에 어떻게 반응하느냐에 따라 결정된다(133).

에릭슨은 "'궁극적 관심사'의 심리학을 논할 준비가 되어 있지 않다"고 말하지만, 인간의 강점에 대한 그의 '개요'의 결론에 이르면서 그는 다음과 같이 밝히고 있다.

> 묘사된 질서가 위대한 무(無)의 실존적 상호 보완성과 세대에 걸친 생애
> 주기의 실재성을 암시하고 있음을 느끼지 않을 수 없었다. 왜냐하면 만
> 약 생애주기에 어떤 책임이 있다면, 가난을 약화시키거나 정서적 착취
> 에 의해 야기되는 신경증적 우려에 의해 손상되지 않는 그 자신의 방식
> 으로 궁극적 관심사에 직면하게 되는 강점을 한 세대가 다음 세대에 빚
> 진 것이어야 하기 때문이다(133).

다음 세대가 이 '강점'을 앞선 세대로부터 받았다는 것은 "그 자신의 지혜의 형태로 시대의 지혜"를 찾을 수 있는 능력에서 분명히 드러난다(133).

비록 이 책의 독자들은 에릭슨이 이 단계의 지혜를 '궁극적인 관심사'와 결부시켜 기뻐할지 모르지만, '위대한 무'와 세대에 걸친 생애주기의 실재성 사이에 상호 보완성이 있다는 그의 제안에 당황할 수도 있다. 만물의 궁극적인 질서와 세대에 걸친 생애주기의 질서 사이에 필요적 상호관계나 관련성이 있음을 단언하려는 의도라면, 왜 전자를 '위대한 무'라고 지칭했을까? 『청년 루터』(Erikson 1958)의 에필로그에서 이에 대한 설명을 하고 있다. 여기에서 에릭슨은 양심의 음성으로 명령하는 하나님의 이미지가 아버지의 목소리에 대한 어린 시절의 경험에서 비롯될 수 있으며, 자비로울 것만 같은 긍정적인 얼굴로서의 하나님의 이미지는 어머니의 얼굴에 대한 유아기 경험에서 비롯될 수 있다고 제안한다. 그리고 "순수한 무(無)"라는 신의 감각은 어머니의 자궁에서 형성되는 시기로 거

슬러 올라갈 수 있다고 그는 제안한다. 우리가 어둡게 보다가 그때에는 얼굴과 얼굴을 대하여 볼 것(고린도전서 13:12)이라는 사도 바울의 거울 이미지를 환기시키면서 에릭슨은 다음과 같이 쓴다.

> 결국 거울은 순수한 자아 그 자체, 즉 창조의 태생적 핵심, 다시 말해 (독일 신비주의자) 엔젤루스 실리우스(Angelus Silesius)의 언어로 거대한 무(ein lauter nichts)이기도 한, 하나님은 순수한 무라는 (말하자면 부모 이전의) 중심을 보여 준다. 동양의 신비주의에서 신은 여러 방식으로 지정된다. 이 순수한 자아는 더 이상 옳고 그름의 갈등(양심의 목소리)과 (자비로울 것만 같은 긍정적인 얼굴을 한) 공급자에게 의존하지 않으며, 이성과 현실에 대한 안내에 의존하지 않는 자아가 된다(264).

자궁의 어둠 속에서는 아무런 이미지도 보이지 않지만, "세상의 생물을 위한 보살핌"과 "그것을 초월하는 느낌의 너그러움"에 싸여 있다(Erikson 1963, 267-268). 그러므로 우리가 자기 자신의 '이미지'를 살아남게 하고 앞서 존재한 '자아'를 소유하고 있는 것처럼, 하나님의 자아성에 대해서도 말해 볼 수 있을 것이다. "위대한 무"로 인식되는 하나님은 존재의 기반으로 이해될 수도 있다(Tillich 1952, 160).[2]

---

2   틸리히(Tillich)가 지적하듯이, "궁극적인, 무조건적인, 무한의, 절대적인 같은 용어에서 주관성의 차이는 극복된다. 신앙 행위의 궁극과 신앙 행위인 것으로 여겨지는 것의 궁극은 다름 아닌 바로 동일한 것이다. 이것은 신비주의자들이 하나님에 대한 그들의 지식이 하나님 자신이 가지고 있는 지식이라고 말할 때 상징적으로 표현된다. 또한 이것은 하나님께서 나를 아신 것같이 내가 온전히 알게 될 것이라고 말할 때(고린도전서 13장) 바울에 의해 표현된다. 하나님은 동시에 주체가 되지 않는 한 객체가 될 수 없다"(11). 궁극적인 관심사의 심리학을 논할 준비가 되어 있지 않다고 말할 때, 에릭슨은 주관성과 객관성의 차이가 극복되는 생애주기의 시작(자궁)과 끝(죽음의 망각)에서 가장 순수한 형태로 일어나는 궁극성의 경험을 염두에 둔 것 같다.

　에릭슨은 "노인의 인간적인 강점은 숙성된 '재치'에서 축적된 지식과 성숙된
판단에 이르기까지 모든 함축에 있어서 지혜의 형태를 취하며, 이는 시간의 제
약을 받는 상대성으로부터 자유로운 지식의 본질"이라는 관찰로 지혜의 미덕에
대한 그의 논의를 마무리한다(1964a, 133). 그러므로 죽음 그 자체에 직면하면서
삶 자체와는 분리된 관심사인 지혜는 "신체적·정신적 기능의 저하에도 불구하
고 경험의 진실성을 유지하고 전달한다"(133).

> 　그는 힘, 성과, 적응력이 떨어진다는 것을 인정한다. 그러나 만일 마음
> 의 활력이 책임 있는 포기라는 재능과 결합한다면, 일부 노인은 그들의
> ('통합'이 의미하는 바로 그) 전체성 내에서 인간 문제를 상상할 수 있으
> 며, 다가오는 세대에게 삶의 방식 '종결'의 살아 있는 예를 보여 줄 수
> 있다. 오직 그러한 통합만이 한정된 삶이 자각된 결론에 도달하고 있다
> 는 지식의 절망과 균형을 맞출 수 있고, 오직 그러한 온전함만이 완성
> 되어 지나가고 있는 감정의 사소한 혐오감과 시작이 되자마자 그 끝을
> 염두에 두는 상대적 무력감의 시기를 마주하게 되는 절망을 초월할 수
> 있다(134).

　에릭슨은 지혜의 대표로서 특히 재능이 있는 것 같은 사람들이 있다는 관찰로
지혜에 대한 성찰을 마무리한다. "지혜가 핵심이고 서비스인 위치에서 긴 생산
적인 삶을 마무리하는" 지도자와 사상가가 있으며, 또한 "다양하고 수많은 후손
에게 검증받았다고 느끼는" 사람들이 있다(134). 그러나 결국 그들 역시 "스스로
를 가둬 놓는 방식으로 오직 몇 가지 일만이 최종적이고 확고한 확인의 속삭임
을 제공하는 좁은 시공간으로 줄어드는" 전형적인 노인이 되어 버릴 것이다
(134).

◎ 노년기의 중요한 참여

통합 대 절망과 혐오감 갈등 그리고 지혜의 미덕에 대한 이상의 우리 논의는 다소 이론적이었다. 그러나 우리가 보았던 것처럼 지혜 그 자체는 행동 방침에 대한 판단의 건전성을 반영한다. 그래서 나는 이제 에릭과 조안 에릭슨이 70대 후반에 접어들어 시작한 더 나이 든 노년의 연구로 눈길을 돌리고 싶다. 버클리에 있는 캘리포니아 전문심리학교 부교수 겸 임상심리학자인 헬렌 O. 키브닉(Helen O. Kivnick)은 주요 연구자였다. 이 연구의 결과는 『노년기의 중요한 참여(Vital Involvement in Old Age)』(Erikson, Erikson, & Kivnick 1986)에서 제시된다.

연구 대상은 1929년 시작된 미국 버클리 캘리포니아대학교 인간개발연구소(Institute of Human Development)의 지도연구 프로젝트(Guidance Study Project) 연구 대상이던 10대 초반의 자녀 부모였다. 원래의 연구에는 248명의 초기 10대가 있었다. 생애주기 모델을 공식화하기도 한 1940년대에 에릭슨은 이 연구팀의 일원이었다.

1981년 펜실베이니아 대학의 노화에 관한 재활연구 및 훈련센터(Rehabilitation Research and Traning Center on Aging)의 후원으로 국립정신건강연구소(National Institute of Mental Health)에서 자금을 지원함으로써 지도연구 프로젝트 청소년들의 부모들 중 일부를 연구할 수 있게 되었다. 아이들은 50대 이상이었고, 29명의 부모는 75세에서 95세까지 다양했다.

연구 설계에는 정보제공자의 거주지에서 각각 2시간씩 2개의 인터뷰가 실시되었다. 에릭슨 가족은 당시 캘리포니아 티뷰론에 살고 있었다. 그들은 모든 인터뷰에 참여했고, 그들의 존재만으로도 연구 대상자들은 자신들이 존중받을 것이라고 느낄 수 있었다.

29명의 대상자(정보제공자) 중 14명은 자녀가 자랄 때 살던 집에서 살고 있었고, 5명은 꽤 호화로운 은퇴자 공동체에서 살고, 5명의 홀어미는 작은 아파트에서, 그 5명 중 한 명은 마찬가지로 홀어미인 여동생과 함께 아파트에서, 한 쌍은 정부가 보조하는 부분 돌봄시설에서 살고 있었다. 그리고 한 여자는 소박한 은퇴 센터 아파트에서 혼자 살고 있었고, 한 여자는 딸의 집에서, 한 남자는 작은 오두막집에서 혼자 살고 있었다. 14명은 미혼 여성이었고, 5명은 미혼 남성이었으며, 5쌍이 있었다. 따라서 29명의 정보원 중 19명은 여성이었다.

　참가자들의 나이는 75세에서 95세 사이였기 때문에 통합 대 절망과 혐오감 생애 단계에 있다고 가정했다. 그러나 '우리 정보제공자들의 목소리'에 초점을 맞춘 이 책의 주요 부분은 사람들이 나이 든 성인기에 있을 때 초기 단계의 긴장을 조화시키려 한다는 점을 강조하면서, 현재의 경험과 통찰력을 생애의 모든 생애주기 단계의 틀 안에 배치하였다. 다음으로, 이 연구는 통합의 증거로 간주되는 것, 즉 어떤 경험과 생각이 절망의 증거 또는 근거였는지, 그리고 절망에 대한 통합성을 유지하기 위해 어떤 전략을 채택했는지에 초점을 맞추어 매우 일반적인 연구 개요를 제공한다.

통합의 증거

　나는 정보제공자들이 실제로 통합의 감각을 경험하거나 발전시키고 있다는 여섯 가지 징후를 확인할 수 있었다.

　첫째는 그들이 매우 존경받는 누군가로부터 안내를 구하고 있다는 사실에 반영되었다. 이러한 존경받는 사람들은 유명인사, 이웃, 또는 정보원이 노인 회관에서 만난 선한 사마리아인과 같이 그들이 삶의 초기 단계에서 가장 높이 평가한 사람일 수 있다.

　둘째는 그들이 세계와 그 속의 다양한 주민에 대한 관심이 증가했다는 것이다. 그들은 좀 더 관대하고 인내심이 많으며 이해심이 많고 동정심이 많고 덜 비판적이었으며, 문제의 '양면'을 볼 수 있었다. 그들이 '자신의 방식대로 좀 더 설정'되고 있을지도 모른다는 인식은, 그들이 선호하는 일을 하는 방식을 고집할 때 다른 사람들에게 더 관대해질 수 있기 때문에 더 큰 관용과 모순되지 않았다.

셋째, 그들은 나이 듦의 철학을 발전시키고 있었는데, 그중 하나는 계속 성장하여 정체되지 않게 하려는 결심, 긍정적인 일상에 대한 에너지 넘치는 헌신, 다른 사람들과 적극적으로 관여하고, 자신의 필요에 따라 행동하며, 특히 자신에 대한 유머 감각을 유지하는 것이었다.

넷째, 종교에 대해 감사해하는 태도가 있었는데, 그것은 어린 시절 종교적 예식에 대한 참여의 기억, 실제 교회 출석, 또는 교회와 회당이 나타내는 의식화된 공동체의 중요성에 대한 확언에서 나타날 수 있는 태도였다.

다섯째, 그들은 과거의 선택을 인정하고 받아들일 수 있었다. 이것은 이전의 결정들이 지금 바뀔 수 없다는 사실을 받아들이는 것을 포함하는 것이지만, 그것은 또한 더 크고 일반적으로 더 긍정적인 관점에서 그것들을 보고 고통스러웠던 이전의 경험들에 새로운 의미를 부여하는 것을 뜻하기도 한다.

여섯째, 그들은 냉소와 절망의 적당한 감정을 보다 수용적이고 희망적인 시각으로 통합했다.

물론 29명의 정보제공자들이 모두 이런 성향을 보여 준 것은 아니었지만, 삶이 더 뚜렷하게 통합의 감각을 표출하는 것 같았던 사람들은 다른 사람들보다 이런 성향을 더 많이 드러내고 있었다.

절망의 근거

정보제공자들은 절망의 근거가 되는 문제들도 드러냈다. 나는 절망의 근거 여섯 가지를 확인했다.

첫째, 그들은 인생의 많은 부분을 함께 보냈던 공동체를 두고 떠나는 그들 자신의 나이에 대한 상실감을 느끼고 있었다. 특히 아직 자기 집에 살고 있는 14명의 정보제공자가 그랬다.

둘째, 그들은 죽음에 대하여 대부분 무의식적인 생각을 경험하고 있었고, 기분이 좋지 않거나, 우울함을 느끼거나, '얼마간 실망'을 느끼고 있었다.

셋째, 그들은 죽음이 그리 멀지 않을 수도 있다는 사실을 인식하는 맥락에서 미래에 대한 필요한 생각이 일어나고 있다는 사실을 절실히 인식하고 있었다.

넷째, 그들은 세계의 미래가 별로 희망적이지 않다는 것과 함께 그들이 할 수 있는 일이 많지 않다는 것을 깨달았다.

다섯째, 그들은 사랑하는 사람을 죽음으로부터 구하는 데 있어서 그들의 초기 무력감과 그것에 대해 다르게 할 수 있었던 것에 대해 곰곰이 생각했다.

여섯째, 그들은 가족 구성원들이 그들 자신의 일을 처리해야만 할 때 가족 구성원들에게 물질적인 도움을 줄 의무가 있다고 느꼈다.

통합의 징후와 지표가 그렇듯, 29명의 정보제공자 모두가 이런 경험, 느낌, 인식을 가지고 있는 것은 아니었다. 그러나 이런 것들을 고백하면 할수록 그들은 더욱 절망감을 느끼고 있는 것 같았다.

절망을 극복하고 통합을 유지하기 위한 전략

마지막으로, 정보제공자들은 절망을 극복하고 통합을 유지하기 위해 일련의 전략을 채택했다. 다음 네 가지는 특히 주목할 만하다.

첫째로, 그들은 몇 년 혹은 생산적인 여러 해에 걸쳐 이어질 것으로 가정하는 활동에 그들 자신을 참여시킴으로써 실행 가능한 미래를 당연하게 여겼다.

둘째, 그들은 자신의 미래뿐만 아니라 자기 자식들의 미래까지 확장시키는 미래의 대리인인 손주들에게 관심을 가졌다.

셋째, 그들은 나이 든 사람, 특히 그 사람이 정보제공자의 현재 나이였을 때 정신적 활력과 감정적 강점의 전형적인 예가 되어 주는 가족 구성원을 모방하기 시작했다.

넷째, 그들은 삶의 초기 단계에서 고통스러운 경험이나 의문스러운 결정을 무시하거나 최소화함으로써 과거를 '재창조'한다. 연구자들이 지도 연구 프로젝트가 수십 년 전에 수집한 광범위한 파일에 접근할 수 있었기 때문에 그들의 정보제공자들 중 일부가 이 전략에 관여하고 있는 것이 분명했다.

이 마지막 전략은 부정이나 자기기만이라고 여겨질 수도 있지만, 심리치료사 벤 퍼먼과 타파니 아홀라(Ben Furman & Tapani Ahola)는 그들의 저서 『솔루션 토크(Solution Talk)』(1992)에서 다음과 같은 관찰을 제시한다.

> 우리의 역사는 우리 자신에게 있어 필수적인 부분이다. 과거를 우리 문제의 근원으로 생각하는 한, 어떤 의미에서는 우리 내부에 적대적 관계를 설정한다. 과거는, 매우 인간적으로 비판과 비난에는 부정적으로 반응하지만 존중과 쓰다듬기에는 호의적이다. 과거는 자원, 기억의 저장고, 좋고 나쁨, 그리고 삶의 경험에서 우러나오는 지혜의 원천으로 보이는 것을 선호한다(18).

그들이 '지혜'라는 단어를 사용하는 것 자체로도 의미심장하지만, 그것은 또한 우리에게 지혜의 한 형태로서 네 가지 전략을 살펴볼 수 있도록 한다. 사실 이러한 전략들은 에릭슨이 인간의 강점으로서 지혜를 논하는 과정에서 파악한 주요 특징들을 많이 반영하고 있다. 의심할 여지 없이, 이러한 지혜의 특성을 예시하려는 보다 의도적인 노력은 통합의 감각을 고양시키고 절망감을 줄이기 위한 다른 전략을 만들어 낼 수 있을 것이지만, 이 네 가지는 오히려 정보제공자가 미래지향성과 과거를 향한 감사함을 모두 유지함으로써 그들의 삶을 총체적으로 보려고 시도하고 있었음을 분명히 보여 준다.

『노년기의 중요한 참여』는 초기 단계의 원동력이 고령의 정보제공자에게 지속적으로 미치는 영향을 보여 주는 사건들로 채워져 있지만, 실제 '사례'는 없다. 통합 대 절망과 혐오감의 갈등이 여덟 번째 10년 기간(70대)인 사람들의 삶에 어떻게 중심적인 역할을 하는지를 설명하기 위해 샤론 R. 카우프만(Sharon R. Kaufman 1986)이 그녀의 저서 『나이를 잊은 자아(The Ageless Self)』(1986)에서 제시한 사례를 소개한다.

◎ 벤: "나는 합병증을 피하려고 노력했어요"

카우프만의 저서는 그녀가 캘리포니아대학교 샌프란시스코 캠퍼스와 버클리 캠퍼스에서 박사학위 논문을 위해 수행한 연구에 바탕을 두고 있다. 그녀는 70세~97세의 60명을 대상으로 인터뷰를 진행한 뒤 6명(4명의 여성과 2명의 남성)을 그녀의 저서의 대상으로 뽑았다. 두 명의 남성과 한 명의 여성은 70대였고, 나머지 세 명의 여성은 80대였다. 70대 세 사람 중 저서에 가장 광범위하게 보고된 사람은 1904년생으로 인터뷰 당시 74세였던 벤이라는 남성이다.

자아의 이분법

카우프만은 벤의 인생 이야기에서 중요한 주제 중 하나가 자아에 대한 이분법이라고 제안한다. 74년의 대부분을 그는 냉정하고, 꾸준하며, 책임감 있는 면과 태평하고, 행복하고, 낭만적인 면 사이에서 내면의 싸움을 해 왔다. 그는 자신의 인생 경험의 많은 부분을 자신의 두 가지 다른 면 간 투쟁의 관점에서 본다. 그는 카우프만에게 말했다. "거울을 보면 아주 진지한 남자인 아버지를 볼 수 있어요. 나의 평범하고 죽은 표정은 아버지가 지녔던 표정인데, 그는 어깨에 큰 짐을 짊어지는 허튼짓은 하지 않는 남자였어요. 그리고 나는 그런 얼굴을 세상에 내보이죠."(48) 그리고 덧붙여 말한다. "하지만 나는 그렇게 느끼지 않아요. 나는 마음이 편하고 행복하죠. …… 나는 쉽게 로맨틱한 모험에 빠져들 수 있어요."(48)

벤은 중서부의 작은 마을에서 자랐다. 그의 아버지는 공장 노동자로 그의 생애의 대부분을 노동을 하며 보냈다. 그에게는 산재보상이 없었고 공장에서 일어날 수 있는 잠재적 사고나 쇠약해지는 병에 대한 끊임없는 두려움 속에서 살았다. 벤은 아버지가 재정적인 걱정으로 크게 부담을 느낀 신경질적인 사람으로 기억하고 있다. 여섯 아이가 있었고, 그의 아버지는 그들에게 모두 대학 교육을 제공해야 한다는 책임감을 느꼈다. 벤 자신도 성인이 되어서야 가족의 재정 상황이 얼마나 위태로운지 깨달았다. 그는 어렸을 때 무언가 부족하다고 느낀 적은 없었지만, 어떻게 하면 아이들을 부양하고 교육을 받을 수 있을지에 대해 어머니가 끊임없이 걱정하였기 때문에 그의 아버지와 비슷하게 어머니를 기억하고 있다.

어린 시절 내내 벤은 자신이 아무 가치도 없을 것이라고 걱정했다. 청년기에 대한 성찰은 주로 교육, 학교생활을 잘하고 싶은 욕구, "바보임이 밝혀지는 것"에 초점이 맞춰져 있다(50). 그가 14세였을 때, 그의 부모는 그가 성직자가 되기를 원해 그를 가톨릭 교령에 의해 운영되는 가까운 기숙학교에 보냈다. 20세 때 그는 평생을 봉사에 바치고 싶지 않아 교령을 떠나 집으로 돌아왔지만, 자신의 경력과 결혼 측면에서 자신이 선택한 것을 통해 자신의 냉정하고 진지한 면을 계속해서 표현했다.

곧 그는 대학을 다니기 위해 집을 떠났고, 24세의 나이에 처음으로 교직에 취직하면서 더 큰 중서부 도시로 이사했다. 그는 제2차 세계대전에 앞서 10년 동안 고등학교 수학을 가르쳤고, 이후 군대에 징집되었다. 그는 군복무를 하는 동안 자신만큼 똑똑하지는 않지만 훨씬 더 많은 돈을 벌고 있는 남자들이 많다는 것을 깨달았다. 그래서 제대할 때 다소 지루하다고 느꼈던 교직에 복귀하지 않기로 결심하고, 대기업에서 작가직을 제의받아 동쪽 해안으로 이사했다. 그는 이 직장에서 30년 동안 머물렀다.

삶의 어느 지점에서 그는 증권 중개인을 만났고, 그를 통해 그가 직업으로 버는 만큼의 돈을 시장에서 벌 수 있었다. 그렇게 주식 시장에서 벌어들인 돈은 여행, 홍분, 모험이라고 표현했던 "모든 꿈을 추구할 자유"를 주었지만 실제로 자신의 환상을 실현하기 위해 경제적 자유를 사용한 적은 없었다(53). 그는 한 기업의 관료로 근무하던 모든 세월 동안 "지루해서 죽을 맛이었다"면서 "20년을 머문 건 너무 길긴 했다"고 말했다(51).

그가 직장을 떠나지 않거나 주식 시장에서의 성공을 이용하지 않은 일차적 이유는 아내를 돌보는 것에 집중할 필요가 있었기 때문이다. 그들은 그가 30대 중반일 때 결혼을 했고, 결혼 후반기 동안 그녀는 심각하게 쇠약해지는 병—그의 아버지가 스스로 두려워했던 운명—때문에 병상에 누워 있었다. 그녀는 벤이 카우프만과 이야기하기 몇 달 전에 죽었다. 그는 그들의 결혼생활에 대해 긍정적인 말을 거의 하지 않았다. 그는 아내가 자신보다 그녀의 어머니와 더 가까웠기 때문에 아내가 그녀의 어머니와 결혼했어야 했다고 느꼈고, 그들이 "결혼 상담원에게 가기엔 너무 멍청하다"고 언급했다(50).

불만족스럽기는 했지만 그는 관계를 받아들였다. "단지 무언가 힘들다고 해서 앞으로 걸어 나가지 않는 건 아니에요."(50) 그녀가 병이 났을 때, 그는 결혼을 유지하는 것과 그가 감당할 수 있는 한 모든 위안을 그녀에게 제공하는 것에 대해 책임감을 느꼈다. 그는 그녀를 돌보기 위해 사람들을 고용했지만, 그렇게 제한된 존재로서 좌절했음에도 불구하고 그는 그녀와 함께 많은 시간을 보냈다. 카우프만의 표현대로 "그는 이 상황에 대한 충성스럽고 도덕적인 대응을 선택했고, 개인적인 욕망의 충족보다 아내에게 헌신하는 것을 우선시했다"(50).

경제적 안정, 종교 그리고 이탈

벤은 자신의 인생을 어떻게 살면 좋았을지 자주 이야기했다. 그는 "주식 중개업자나 부동산 투기꾼, 여행자가 되길 간절히 바랐을 것"이지만 "직장을 그만둘 만큼 모험적인 사람은 아니다."라고 언급했다(51). 이후 그는 말했다. "성공적인 소설 작가가 되었더라면 나는 많은 것을 바쳤을 것입니다. 하지만 흥미진진한 이야기를 쓰기 위해서는 뭐라도 경험이 있어야겠죠. 하지만 나의 경험에는 재미있는 부분도, 드라마도 없습니다. 나의 경험은 모두 인내심을 가지고 견뎌야 하는 느린 것들뿐입니다."(51) 그는 또한 다른 작가들과의 경쟁에 대한 전망이 자신을 억제했다고 말했다. "남들이 쓴 글을 읽지 않았다면 내가 뭔가를 팔 수 있다고 생각할 정도로 멍청할 수도 있었겠죠. 하지만 내가 다른 사람의 글을 읽을 때면, '이 작가는 정말 멋져. 어떻게 내가 그와 경쟁하는 꿈을 꿀 수 있겠어?'라고 생각했습니다. 내 말은 나는 삼류, 사류, 오류 이하였고, 파는 사람은 일류들뿐이었습니다."(54) 카우프만이 지적한 대로, "그는 책을 팔 때 벌어들인 돈의 액수로써 글쓰기의 성공을 측정하며, 그것들을 팔자는 생각으로 이야기를 썼다. 그는 자신의 이야기가 팔리지 않을 것임을 깨달았을 때 포기했다."(54) 따라서 그의 삶에서 중요한 주제는 그가 경제적 안정에 우선순위를 둔다는 것이었다.

종교는 다른 삶의 주제를 가지고 있다. 카우프만이 자신의 어린 시절을 말해달라고 하자 벤이 말했다. "우리는 내가 다녔던 교리학교에서 몇 블록 떨어진 아일랜드 가톨릭 가정에서 자랐어요. 나의 어머니는 매우 경건하고 매우 좋은 여성이었죠. 아이들을 제대로 키우기 위한 고민을 많이 하셨어요. 아버지와 어머니 모두 성직자가 된 큰형을 매우 자랑스러워했고, 누이 중 한 명은 수녀가 되었어요."(54-55) 그리고는 덧붙여 말했다. "부모님은 나를 성직자로 삼으려고 무척 애를 썼지만 나는 일종의 검은 양이었어요. 착한 아이였지만, 성직자가 되어야 한다는 생각을 받아들이지 않았어요. 그 외에 그것과 비교되는 것이 있을까

요?"(55)

　성직자를 향한 학문을 포기하는 것은 아마도 그의 인생에서 가장 어려운 결정이었을 것이다. 그가 '아주 오래지 않아 나의 소명을 잃었다'고 한 이유의 주된 설명은 가톨릭 교령의 구성원으로서 그가 받았던 최소한의 교육에 만족하지 못했다는 것이다. "나는 지성적이었어요. 아니, 그 당시엔 그렇게 생각했죠. 그 생각이 나를 교령 밖으로 내몰았어요. 만약 내가 원하는 시기에 그들이 10년의 교육을 제공했다면, 나는 아직 그 교령의 구성원이었을 거예요."(55) 그는 자신이 부모님을 실망시켰다고 느꼈다. 카우프만은 "종교에 기반한 젊은 시절의 자아개념은 그의 정체성의 침울한 측면에 크게 기여했다"고 언급했다(55).

　더구나 그는 교령을 떠났지만, 이것으로 "영적 목표에 인생을 바칠 것인가 말 것인가의 딜레마"(55)는 해결되지 않았다. 그의 인생 이야기에서 "종교적 활동은 벤의 중년의 주요 관심사로 떠오르지는 않았지만" 이제는 "현재와 미래에 대한 이야기에서 그의 어떤 더 높은 목적을 위해 봉사할 것인가 말 것인가에 대한 양면성은 그 자체로 주요한 화두로서, 관대할 필요성이 분명해졌다"(55-56). 그의 개인적인 이상은 명백한 이타주의에 의해 삶이 인도된 기독교 성인들이며, 그는 완전한 가난을 마주한 그들의 자비와 연민을 장황하게 논한다. 그는 특히 테레사 수녀에게 감명을 받았다. 그가 개인적으로 아는 사람 중에 그녀만큼 그에게 깊은 인상을 주는 사람은 없었다.

　그는 자신의 가장 좋은 성격 특성을 파악해 달라는 질문에 대해 "관대함입니다. 교통수단이나 시간 같은 작은 것들을 포함해서 내가 줄 수 있는 어떤 것이든 원하는 사람이 있다면 나는 의심의 여지 없이 제공할 겁니다."라고 답했다(56). 그러나 더 이야기를 나누면서 그는 자신에 대한 또 다른 관점을 가지고 있는 것이 분명해졌다. "나에게는 다른 사람들과 같은 자기희생적인 모습이 부족합니다. 내 친구들 중 몇몇은 병원에 있는 사람들을 방문할 것입니다. 나는 그것을 엄청나게 존경합니다. 나도 그래야 하는데 나는 그다지 관대하지는 않습니다.

나는 종종 다른 사람을 위한 일을 평생 하며 인생을 끝마치는 것이 좋겠다고 혼자 생각해 봅니다. 그것이 바로 내가 해야 할 일이겠지만, 나는 그렇게 하지 못할 겁니다. 나도 나를 잘 압니다."(56)

그는 또한 자신의 돈을 관대하게 쓸 수 있었지만 "그는 항상 경제적 미래를 너무 두려워해서 관대할 수 없었다."라고 말했다. 내가 백 달러를 주었을 때 나는 많은 원인을 찾아냈다(56-57). 한편, 그는 "나는 개인적으로 사람을 위해 일을 하는 게 아니라 내가 가진 돈은 이미 친구나 친척에게 나눠주고 있다."라고 말했다(57).

여기서 카우프만은 스스로 그다지 관대한 사람은 아니라는 벤 자신의 평가에 모순되는 듯 보이지만, "시간과 에너지보다는 돈을 주는 게 낫다는 그의 우선순위는 이제는 분명히 자리가 잡힌 것 같았다"고 믿는다. 왜냐하면 "그가 쉴 새 없이 말하는 지인에 대해 '나는 그의 말을 시간을 들여 들을 만큼 관대하지 않습니다. 1,000시간 동안 그의 말을 듣느니 차라리 1,000달러를 주겠습니다.'라고 말했기 때문이다"(57). 물론 그가 상대 남자에게 실제로 1,000달러를 주겠다고 말하지는 않는다. 그러나 어찌 되었든 그는 확실히 관대함을 종교적인 사람의 중심적인 특징이라고 생각한다.

또한 카우프만에 따르면 종교는 그에게 "낙천적인 인생관을 주고 그가 직면해야 했던 어려운 경험들에 긍정적으로 대처할 수 있게 해 준다"(57). 그는 자신의 종교적 신념이 지난 몇 년간 아내의 질병의 '비극'과 삶의 '상습적 위기'를 성공적으로 헤쳐 나갈 수 있게 했다고 믿는다. 그는 종교에 대하여 말했다. "나는 다른 어떤 것과 비교할 만한 것을 본 적이 없어요. 그리고 내 주변의 (종교적이지 않은) 친구들은 세계관과 미래에 대한 관점에 있어서 나보다 훨씬 덜 행복해 보여요."(57) 그는 이어서 "나는 인생을 큰 선물이라고 생각해요. 그리고 다음 생은 훨씬 더 위대한 삶이 될 것이라고 생각해요. 그래서 후회하지 않아요. 나는 진실로 감사함을 느끼고 있어요."라고 말했다(57). 그는 또한 나이가 들면서 종교적인 믿음이 그에게 더욱 의미 있게 될 것이라고 느낀다. "나의 모든 목표는 초월적 존재가 내 삶의 균형을 위해 내게 요구하는 것이 무엇인가에 대해 더 많은 것을 배우는 것입니다. 종교에 대해 더 많은 것을 더욱 공들여 읽기 시작할 것입니다. 종교가 유일하게 지속적이고 안정적인 것이기 때문입니다."(57) 그가 종교에 대해 보다 공들인 독서를 강조하는 것은 지적 이해관계가 인정되고 고무됐더라면 자신이 교령에 머물렀을 것이라는 느낌을 반영할 수도 있다. 카우프만은 다음과 같이 결론짓는다. 벤의 "신앙이 그의 공허한 결혼과 슬프고 제한된 가정 형편에 대해 그를 씁쓸하게 하지 못하게 했다. 그의 눈이 생동감으로 가득 차 있고 항상 웃는 것으로 보아, 분명히 그의 믿음은 긍정적인 영향을 미쳤다. 그는 무거운 짐을 지고 있는 사람처럼 보이지 않는다. 반대로 그는 자신이 안에 있다고 느끼는 '걱정 없고 행복한' 사람처럼 보인다"(57-58).

반면, 카우프만은 벤의 삶에서 또 다른 주요 주제인 이탈의 주제를 발견한다. '재미있는 부분이 없다'거나 단지 '인내심을 가지고 견뎌야 하는 느린 것들뿐'이라는 그의 말처럼 그의 삶은 단조롭게 느껴지는데, 그 이유는 이탈이 그것을 관통하기 때문이다. 카우프만이 관찰한 바에 따르면 "우리는 벤이 관계를 맺는 (그리고 회피하는) 방법에 있어서 그의 이탈을 본다"(58). 그녀가 그에게 어떻게 인생을 장으로 나눌 것인지 묻자, 그는 연대기적으로 진행할 것이며 "그럼 감정 상태에 관한 장을 추가해야 한다"고 말했다(59). 즉, "벤에게 있어 감정 상태는 실제로 인간관계를 삶에 더해진 것으로 인식한다. 그것들은 삶의 필수적인 부분이 아닌 것처럼 보인다."(59)

그는 친한 친구도 없는 것 같고, 현재 누구와 가장 가깝게 느껴지느냐는 질문에 형과 누이에 대해 언급했는데, 둘 다 가까운 곳에 살고 있지 않다. 그러나 두 사람 모두 아내가 죽은 후 그의 집안을 재정비할 필요가 있을 때 그를 도우러 왔다. 그는 모든 관계에 대한 그의 평생의 태도를 이렇게 요약한다. "나는 문제를 피하려고 노력했어요. 나는 개인적인 관계나 다른 일들에 있어서 쉬운 길을 택합니다. 누군가와 어떻게 해야 할지에 대해 논쟁을 벌이기보다는 그것을 넘겨버리고 싶을 뿐이죠.”(59) 그는 결혼생활 중 자식을 낳지 않았다. 당시 그는 '특별히 아이를 갖고 싶은 야망이 없었다'면서, 이제 와서 보니 그렇게 생각했던 것이 잘한 생각이었다고 기뻐한다. “좋은 부모가 되지 못했을 것 같습니다. 나의 부모님처럼 지나치게 근심하고 걱정했을 것 같아요. 나는 분명히 그런 것들이 나를 에워쌌을 것이라고 봅니다. 그것은 나에게 어려운 적응이었을 것입니다.”(59) 그는 새로운 친구를 사귈 것을 예상하지 않으며, “혼자만일 수 있는 때로 침잠해 가는” 시간을 기대한다(60).

그의 일상을 묘사해 달라는 부탁을 받았을 때, 벤은 대부분의 시간을 혼자 보낸 것이 분명했다. 그는 매일 미사에 참석했고, 때로는 자신이 알고 지내는 “두어 사람”을 마주치기도 하는 카페테리아에서 아침을 먹기도 했다.(60) 하루의 나머지 시간은 'Y'에서 혼자 수영하고, 오후에는 책을 읽으며, 야단스럽게 누군가를 부르지 않아도 되기 때문에 혼자 영화를 보러 가고, 다시 밤이 늦도록 책을 읽으며 보내곤 했다. 그의 일상에서 유일한 변화는 가끔 치과 의사나 의사의 진료를 꼭 예약한 것이었다. 그는 그의 남은 인생도 꽤나 동일할 것이라고 예상했다. “누군가가 와서 나에게 새로운 열정을 불어넣지 않는 한, 나의 삶은 지금과 거의 같은 방식으로 계속될 것 같습니다.”(60-61) 누군가가 그를 훌륭한 포커 플레이어, 훌륭한 여행자, 훌륭한 골프 선수, 훌륭한 병원 방문자가 되는 데 “엄청난 흥미”를 갖도록 할지도 모른다고 상상할 수는 있었지만, 그 자신은 “그 중 어느 것도” 느끼지를 못했다(61). 반면, 그는 대부분의 사람이 자신보다 “더 무섭고 소심하고 기막히지 않는 삶을 살아왔다”고 믿는다(61).

카우프만은 벤이 자신의 집에서 정말로 '살지' 않는다는 것을 언급하는데, 이 사실을 극도로 침울하고 우울한 것으로 묘사하고 있다. 그와 그의 아내는 그가 은퇴할 때 캘리포니아로 이사를 갔는데, 그의 아내의 어머니는 자신이 그녀의 딸을 더 잘 돌볼 수 있다고 느꼈기 때문이다. 그래서 그들은 어머니의 집으로 이사를 갔고, 그는 두 여자가 죽은 후에도 그곳에 남아 있었다. 그들이 살아 있는 동안 그는 대부분의 시간을 침대, 책상, 타자기, TV, 라디오, 책들로 빽빽한 위층 방에서 보냈다. 카우프만이 방문했을 당시, 그는 아직 꽤 규모가 큰 나머지 집에 '움직이지' 않고 있었다. 가구는 아내 어머니의 것이었고, 자신의 가구는 창고에 남아 있었다. 카우프만은 "그는 과거에 편안하다고 느꼈던 공간에서만 지내는 것을 선호한다."고 말했다(62).

몇 살이라고 느끼십니까

카우프만은 벤에게 자신이 74세처럼 느껴지냐고 물었다. 그녀의 연구에 참여한 다른 모든 사람과 마찬가지로, 벤은 자신과 자신의 생활연령을 동일시하는지에 대한 질문을 받았다. 벤은 아니라고 대답했다. 오히려 그는 "나는 내가 지금보다 훨씬 더 어렸을 때와 지금의 내가 동일하다고 느낍니다. 그리고 사실을 말하자면, 나는 아내가 죽은 이후로 나의 대학생활을 다시 살아 보고 싶다는 강한 욕구를 가지고 있습니다."라고 말했다(155). 이 시기가 "그가 그의 '걱정 없고 로맨틱한' 자아에 가장 가깝게 다가갈 수 있었던 시기인 것으로 보인다. 그가 20대 초반에 대학촌에 도착한 것은 그가 종교적 틀 속으로 강제로 갇히기도 하고 자라나기도 했던 작은 마을로부터의 탈피를 상징했다"(156). 그는 당시를 회상했다. "거기서 지내는 것, 4차선 도로를 보는 것, 그리고 모든 흥분되는 일로 얼마나 스릴이 넘쳤는지 모릅니다. 난 작은 체비 쿠페 자동차를 얻었고, 여자랑 사귀기 시작했습니다. 그리고 미혼으로서의 삶을 즐겼습니다."(156) 그러나 그는 실제로도 그의 생활연령과 동일하지는 않다. 그는 건강하고 신체적인 병이 없다.

그러나 노화에 대한 그의 관념이 완전히 부정적이지는 않다. 그의 종교는 특히 그의 인생의 이후 20년을 기대하게 하면서 희망과 위안의 원천을 제공한다. "만약 나에게 그 최종적인 자원이 없었다면, 인생은 나에게 매우 암담하게 보였을 것입니다. 나는 사람들이 어떻게 함께 어울릴 수 있는지, 왜 사람들이 그들을 버릴 것이라는 사실 때문에 큰 슬픔으로 내몰리지 않는지 모르겠습니다. 나는 교구 사제에게 종교적인 도움을 청할 것이고, 나는 그가 다음 생에 대한 나의 희망을 강화하기를 기대합니다."(157) 카우프만은 또한 벤이 노화 과정을 고려할 때 이탈이라는 주제는 사실 긍정적인 자원이라고 지적한다. 그는 '고령화'를 피할 수 없는 노화의 사실로 보고, 생의 마지막을 맞이할 때 조문객이 거의 없을 것이라고 믿는다. 그러나 이탈이 바로 그 스타일을 규정해 온 그의 삶의 주요 주제였기 때문에, 비록 "궁극적으로 비관적이지만, 그것은 노년에 대한 설명과 그의 삶의 다른 시기에 대한 자신의 감각과의 연결을 제공한다"(158).

벤의 마음 상태

카우프만은 그녀가 인터뷰를 진행했을 당시 벤의 마음상태를 묘사하기 위해 통합 대 절망과 혐오감의 언어를 사용하지 않았다. 그러나 그녀가 논의를 시작하는 이분법적 자기 주제는 그가 그의 삶, 특히 그가 내린 결정과 그가 통제할 수 없을 것 같은 상황에 어떻게 반응했는지를 놓고 갈등을 빚고 있음을 암시한다. 통합 대 절망과 혐오감의 공식이 이 갈등을 밝혀 주는가? 나는 그렇다고 믿는다. 우리가 그의 마음상태를 고려할 때, 통합은 세대를 계승하는 데 있어서 한 사람의 참여에 대한 수용이라는 것을 기억하자. 그리고 통합은 초기 단계의 긍정적인 경향을 반영하는 삶의 성숙이라는 것을 기억하자. 이와는 대조적으로, 절망은 대개는 삶을 받아들이거나 통합으로 향하는 대안을 시도하는 것이 불가능하기 때문에 죽음에 대한 두려움을 수반한다. 그것은 다른 사람들과 제도에 대한 혐오감, 염세, 경멸의 표시 뒤에 숨어 있고, 인간의 존엄성과 사랑을 반영하는 사람들과의 동지애가 부족하기 때문에 자기경멸을 반영한다.

벤의 일반적인 마음상태는 이 갈등의 양면을 보여 주었다. 통합에 관해서는 아내의 비극적인 병에 비추어 냉정하고 진지하며 책임감 있는 자아를 강조할 필요가 있었음을 인정하기는 했지만, 다소 체념적이고 주저하는 수용이었다. 이는 그가 흥분을 갈망하고 모험을 일삼는 자아에게도 자신을 표현할 기회를 주었어야 했다고 느꼈기 때문이다. 그는 자식도 없고, 물론 샤론 카우프만을 제외하고는 젊은 세대 구성원들과 어떤 접촉도 하지 않기 때문에 세대 계승에 참여하는 실제적 감각은 전혀 없다. 반면에 그의 종교는 그에게 시대를 초월하여 신앙의 사람들과 연결되어 있다는 확신과 이 삶이 끝난 후에 그가 살아왔던 삶보다 훨씬 더 나은 새로운 삶을 살 것이라는 확신을 준다.

삶의 초기 단계에서 획득하고 발전시킨 강점을 반영하는 삶의 성숙도에 대해 벤은 자신의 개인적·윤리적 강점에 대한 소유를 깎아내리는 경향이 있는데, 이는 자신을 위대한 기독교 성인들보다 열등하고, 일류 소설가들보다 열등하다고 본다. 그러나 카우프만은 아내의 보살핌에 대한 도덕적 헌신, 명랑한 기질, 남에게 관대해지고자 하는 욕망을 어떻게 충족시킬 수 있는지 그리고 삶 자체에 대한 고마움을 어떻게 말하는지에 대한 새로 발견된 그의 이해에 주목한다. 이 모든 것은 수년 동안 개인적이고 윤리적인 성숙을 이룬 한 남자의 증거이다.

반면에 그는 이러한 강점에 대해 개인적인 만족을 별로 경험하지 못한다. 왜냐하면 그 강점들은 무거운 가격표를 지니고 다녔기 때문이며, 그것들이 소심한 삶의 결과, 즉 그가 더 창의적이고 모험적인 자신의 발전을 허락하지 못하도록 억제되었기 때문이다. 제3장에서 언급된 에릭슨, 에릭슨과 키브닉(Erikson, Erikson, & Kivnik)의 『노년기의 중요한 참여』(1986)의 도표에서 억제는 주도성 대 죄의식 갈등의 악성적인 기질이다(45). 사실 이것은 벤이 자신의 태평하고 모험적인 자아의 출현을 경험했던 10년 기간(20대)이었지만, 그 후 그는 안전하고 그의 이후 직장생활의 전부가 되어 버린 지루한 직업으로 옮겨 가면서 이러한 자아를 뒤로하게 되었다.

우리는 그가 이제 또 다른 삶을 시작하기에는 너무 늦었다는 사실에 절망하고 있다고 결론지을 수도 있지만, 그는 절망보다는 실망한 것 같다. 그가 모험적 자아에 더 큰 두각을 나타내려고 노력했다면 성공하지 못했을지도 모르고, "느리고 인내심을 가지고 견디기"를 통해 달성한 모든 것을 위태롭게 했을 수도 있다는 것을 알고 있다(Kaufman 1986, 58). 제3장에서 나는 한 사람이 두 경력 사이에서 운명적인 결정을 할 수 있고 그 이후부터는 선택된 경력에 전념할 수 있다는 윌리엄 제임스의 관찰을 언급했는데, 그 반면에 다른 경력은 "한때 그렇게 가까이 있었지만 그의 가능성 중에서 더 이상 고려되지 않는다. 처음에는 그가 그 결정적인 순간에 살해한 자아가 둘 중에 더 낫지 않았을까 하는 의구심을 가지기도 한다. 그러나 그런 의문들 자체가 소멸되는 세월이 흐르면서, 한때 그렇게 생생했던 낡은 대안적 자아는 꿈보다 실속 없는 어떤 것으로 사라져 버린다"(626). 인생의 선택에 대해 샤론 카우프만과 이야기할 때 벤의 마음이 분명하기 때문에, 제임스는 늙고 대안적인 자아가 사라지는 정도를 과장할 수도 있다. 그러나 그녀가 지적한 바와 같이 그는 자신이 추구할 시간과 자원이 있고 그들을 "환상"이라고 부르는 대안적인 길을 시도하는 것을 지금도 꺼리는 것 같다(53). 그는 이 억제를 스스로 인식하고, (수 년 전의 증권 중개인처럼) 누군가가 따라올지도 모른다는 또 다른 환상을 즐기며 자신의 모험적인 자아에 호소한다. 그것이 안 되면, 그는 어떤 것도 자신의 마음과 영혼을 계속 차지하고 있는 두 자아에게 주어진 우선순위를 바꿀 것이라고 예상하지 않는다.

타인과 제도 또는 자신에 대한 혐오감으로 스스로를 드러내는 절망에 대해 카우프만은 예상하지 못했던 벤의 이탈 습관은 인생의 이후 20년을 예상하는 귀중한 자원이라고 빈틈없이 관찰한다. (교회 이외의) 누구에게도 별로 기대를 걸지 않았던 그는 눈에 띄게 혐오감이 없다. 인간의 존엄성과 사랑을 비추는 업적과 삶을 살아온 이들과의 동지애 부족 때문에 생기는 자기경멸은 비록 그가 테레사 수녀와 같다고 주장할 수는 없지만 그들이 같은 종교적 신념을 가졌다는 점 덕분에 그녀와 자신을 동일시하려는 사실에 의해 중화된다. 그는 자기 자신에게 관대하게 대하거나 기꺼이 베풀 수 있다고 느끼지는 않지만, 이제는 더 이상 그의 자원들이 아내의 보살핌에 사용되지 않아도 된다는 것을 알게 되었으므로 자신의 자원과 헤어지는 것을 덜 꺼리게 될 것이다. 게다가 성직자가 되지 않았음에도 불구하고 자신의 방에 몸을 맡기고 온 집 안을 완전히 사용하지는 않기 때문에 그의 생활방식은 고독한 승려의 생활방식에 비할 수도 있을 것이다. 이것은 단순히 습관의 문제일 수도 있지만, 그의 아내가 죽기 전에 그를 짓눌렀던 책임에서 해방된 후 그의 종교가 그의 이탈과 함께 그를 발전시킬 수 있게 해 준 통합, 그 통합성의 반영으로 볼 수도 있다.

벤의 이탈은 그의 종교와 함께 지혜의 미덕, 즉 "죽음 그 자체에 직면하면서 삶 자체와는 분리된 관심사"의 발전에 이바지하고 있는지도 모른다(Erikson 1964a, 133). 그는 종교적인 믿음과 독서를 통해 지혜로운 사람이 되기 위해 필요한 자원을 가지고 있으며, 샤론 카우프만과의 대화에서 때때로 자신에 대한 비평가적인 논평이 그가 삶과 죽음에 대해 현명하게 생각할 수 있다는 것을 암시한다. 그러나 부족한 것으로 보이는 것은 지혜의 필수적인 부분인 생산성이다. 에릭슨이 지적했듯이 지혜는 "통합적인 유산을 위해 다가올 세대의 필요성에 응답"하고, "일부 노인은 그들의 ('통합'이 의미하는 바로 그) 전체성으로 인간 문제를 상상할 수 있으며, 다가오는 세대에게 삶의 방식 '종결'의 살아 있는 예를 보여 줄 수 있다."(1986, 133-134). 자식이 없고 젊은 세대와의 접촉이 뚜렷하지 않은 벤은 생산적인 사람이 될 기회가 부족한 것 같다. 그는 카우프만에게 "초월적 존재가 내 삶의 균형을 위해 나에게 무엇을 요구하는지 더 많이 배우는 것이 나의 모든 과제"라고 말했다(57). 이것은 아마도 생산성의 문제인 것 같다. 아마도 이 질문에 대한 답은 곧 나올 것이다.

샤론 카우프만이 60명의 대상자 중에서 벤의 이야기를 그녀 책의 사례로 선택했다는 사실은 그가 젊은 세대들에게 미칠 수 있는 영향을 보여 준다. 그는 테레사 수녀가 아니지만, 그의 말과 신체적 외모를 통해 인생에서 도덕적 책임을 떠맡은 나이 든 남자의 이미지를 전달한다. 자기비하적인 그의 성향은 실제로 이러한 이미지를 강화한다. 왜냐하면 자축하는 자기표현은 아마도 카우프만을 퇴장시켰을 것이기 때문이다. 의심의 여지 없이 자신에 대한 그의 정직함과 "눈이 생기로 가득 차 있고 항상 미소 짓는다"는 사실은 카우프만에게 그가 자신이 아는 것보다 더 현명한 사람이라는 느낌을 주었다(58).

74세인 벤은 몇 년이 더 지나면 그의 인생의 다음 10년 기간을 맞이하게 된다. 어쩌면 그는 통합과 절망의 갈등을 계속 경험할지도 모른다. 그가 자신의 모순된 자아에 대해 더 큰 평화에 도달하기를 희망하며, 그가 체념한 상태에서 좀 더 호의적으로 "필요한 것 그리고 필연적으로 다른 대체물로 허용되지 않는 것으로서 그의 하나뿐인 유일한 생애주기의 수용"으로 이동하기를 희망한다(Erikson 1950, 232). 그리고 자신이 기독교 성인도 아니고 테레사 수녀로 여겨지지도 않을 것임을 인식하더라도, 아마도 그 역시 "책임감 있는 금욕의 재능"을 드러냈다는 것을 인식하기 시작할 것이다(1964, 134).

◎ 지혜로운 자기

에릭슨의 아내 조안이 85세였을 때, 그녀의 『책 지혜와 감각(Wisdom and the Senses)』(1988)이 출판되었다. 이 책은 윌리엄 제임스의 글 「필수적인 비축물(On Vital Reserves)」(1922)을 참조하며 시작한다. 조안 에릭슨에 따르면 이 글에서는 "우리는 모두 가용할 수 있는 에너지와 주의의 극히 일부만을 사용하고 있다"고 주장한다(17; James 1907). 그녀는 이 문제와 그 도전이 여전히 존재한다고 믿으며, 어쩌면 전보다 더 긴급하게, 우리의 잠재력이 약속한 것에 비해 무기력하고 둔한 이유가 무엇일지 생각해 보고 싶어 한다. 그녀는 기본적인 문제는 시간이 지남에 따라 삶의 과정에서 발생하게 되는 사용, 변형, 오용 등으로 인해 우리가 감각(시력, 청각, 미각, 후각, 촉각)의 예민함을 상실하게 된다는 사실과 노인들이 정

신적·정서적으로 살아남을 수 있는 방법은 감각의 자극을 통해서라는 사실에
있다고 주장한다.

마지막 장에서 조안 에릭슨은 비록 앞선 장들에서 "감각은 경험적인 지혜의
원천을 제공한다"는 근거를 제시했지만, 남은 질문은 "사회질서의 원칙들 중 지
혜가 제자리를 찾고 제 역할을 하는 곳이 어디인가"라고 지적한다(156). 더 구체
적으로, 남은 질문은 "잔잔하게 조용하고 계몽된 노인들의 지혜가 어떻게 사회
구조에 스며들까"이다(157). 그녀는 생애주기 자체가 "언어나 형식에 담기지 않
고 평온한 노인에게서 갑자기 나타나는 조용한 가치의 전달자" 역할을 한다고
제안하지만 우리의 감각적 인식을 활용해야 하는 예술이 노인들의 지혜에 대한
보다 뚜렷하고 가시적인 증거를 제공한다고 주장하는데, "예술은 보편적, 어쩌
면 유일한 보편적 언어로서, 다른 감각들과 협력하여 하나의 감각의 가장 높고
깊은 표현을 나타내는 각각의 참된 형태로서 존경받고 찬사를 받고 있기 때문이
다"(157).

『늙은 장인들: 노년의 위대한 예술가들(Old Masters: Great Artists in Old Age)』
(2000)에서 토머스 도르망디(Thomas Dormandy)는 역사상 가장 위대한 예술가들
중 몇몇이 70세 이상일 때 그들의 최고의 작품을 그렸다고 주장한다. 그 이유를
이해하고자 하는 도르망디는 다양한 설명을 참조하지만, 결국 미술사학자들이
종종 예술가들의 늦은 작품이 후기 미술의 '예언'처럼 보인다는 사실에 초점을
맞춘다. 그러나 그는 옛 화가들이 새로운 스타일이나 기법이나 주제를 개발하는
것이 아니라 "규칙을 버리고 목적에 가장 잘 맞는 스타일을 그리는 것"의 자유를
행사했다고 주장한다(294). 젊은 화가들이 그들의 방법과 버릇을 받아들여 전임
자들의 '해방감'에 응답한다면 결과는 빈약할 때가 많았지만, '해방감' 자체가 요
점임을 알게 되고, 자신의 개인적인 방식과 '자신의 자유를 향한 길'을 발견하기

시작하면 작품이 살아나곤 했다. **3**

　　우리는 보통 노인들(70대 이상의 사람들)을 '해방감'과 연관시키지 않지만, 만약 그렇게 했다면 우리가 노인들에게 형식적으로(그리고 어쩌면 거드름까지 피우며) 귀속시키는 지혜가 그들의 해방감 및 지난 세기 따르고 지키기를 요구하고 기대하던 '규칙'으로부터의 자유와 매우 많은 관계가 있다는 것을 인식하기 시작할 것이라고 확신한다. 이런 의미에서 지혜는 나이가 어리지만 세상과 인간관계에 대한 관점이 과거의 규칙과 의례로부터 해방된 내적 감각을 나타내는 사람들이 더 많은 경험을 가지고 있다는 사실을 반드시 반영하는 것은 아니다. 아마도 지금까지 한 번도 사용하지 않았던 '필수적인 비축물(vital reserve)'을 사용하기 시작할 수 있게 하는 것이 바로 이 해방감일 것이다.

3　1860년에 태어나 1961년에 사망하였고, 모제스 할머니(Grandma Moses)로도 알려져 있는, 안나 메리 로버트슨 모제스(Anna Mary Robertson Moses)는 1940년대와 1950년대에 수백만의 미국인의 상상력을 사로잡은 화가였다. 그녀의 예술가로서의 경력은 1930년대 후반에 시작되었는데, 이 시기는 그녀가 관절염으로 인해 바느질 일을 하는 것이 어려워져서, 대신에 그림을 그려보라고 그녀의 딸이 제안한 때였다. 모제스 할머니의 삶과 예술에 대한 연구에서 카랄 앤 말링(Karal Ann Marling)은 질문한다. "그녀는 무늬만 화가였는가? 초짜 화가였는가? 전통적 예술가였는가? 선천적 천재였는가? 미국의 대세였는가? 그녀는 그녀의 재치 있고 아름다운 옛 얼굴을 소중히 여겼을까? 과연 그게 중요할까? 그녀는 인생의 마지막과 그녀의 인생 스토리의 페이지를 그리던 그 오랜 세월을 생각하며 다음과 같이 썼다. '나는 내 삶을 좋은 날의 작품처럼 돌아본다. 그것은 이미 끝났고 나는 그것으로 만족감을 느낀다. 나는 행복했고 만족했다. 나는 더 잘 아는 것이 없고, 삶이 제공하는 것을 최대한 활용했다. 그리고 인생은 우리가 만드는 것이다. 항상 그래왔고 항상 그럴 것이다.'"(258–259) 이 글은 매우 현명한 사람의 단어들로 가득하다.

9. 아홉 번째 성장, 80대
우아한 자기

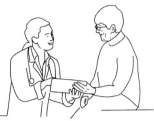

현재 판매되고 있는 70대를 위한 생일 카드는 그 사람의 기억과 업적을 강조하는데, 80세를 맞은 사람을 위한 카드 역시 비슷하다. 그런 카드는 새로이 80세가 된 사람의 근사한 기억과 위대한 업적을 언급하고 그 카드를 받는 사람이 얼마나 위대한 사람인가에 대해 말한다. 여기 이제 막 80세가 된 사람에게 보내는 전형적인 카드가 있다. "당신에게 이 생일은 아마도 어느 때와 마찬가지인 생일일 뿐이겠지만, 사실 그보다 훨씬 더 많은 의미가 있습니다. 이날은 당신이 태어난 날이고, 오고 갔던 수많은 세월이 있습니다. 그 세월은 당신을 너무나 근사한 사람으로 만들었기에 당신의 삶은 인생의 길에서 마주친 많은 사람에게 영감을 주었습니다."

80대에 들어서는 몇몇 사람은 이 카드를 받고 조금 우쭐할 수 있다. 왜냐하면 그 생일 카드가 자신의 근사했던 생일들을 기억나게 하기 때문이다. 그래서 사실 많은 사람은 새로운 10년을 시작하는 데 별문제를 느끼지 못한다. 게다가 그것은 어떤 사람이 자신의 마음을 신뢰할 수 없음에도 때때로 그 속에 자리 잡은 사실들을 떠올려야 할 필요가 있는 것처럼, 받는 사람에게 그/그녀가 태어난 날을 떠오르게 한다. 게다가 그 생일 카드는 한 사람의 생일이 그 사람을 '놀라운 사람'으로 만든 '오고 간' 세월이 있다는 사실을 알려 주는데 이것은 모든 사람이 '놀라운 사람'이 되기 위해서는 태어날 뿐만 아니라 놀랍도록 긴 세월이 필요하다는 사실을 암시한다. 이 생일 카드는 그것을 받는 사람의 삶이 지금까지의 상처에도 불구하고 '길을 가는 동안 만난 많은 생명'에게 영감을 주었음을 확실하게 말해 준다.

또한 이런 카드가 있다. "당신의 여든 번째 생일입니다! 자축하고 즐기는 날……. 그러니 마흔 살이 된 두 사람이라 생각하고 어서 파티를 즐기세요." 이것은 받는 사람이 40세들을 위한 카드를 떠올리지 않는다면 이전의 어떤 카드보다 훨씬 더 좋아 보인다. 제5장에서 언급했듯이, 40대에 들어서는 사람을 위한 카드는 수취인이 나이가 들고 있음을 강조 하는데, 이것을 명확히 드러내기 위해 40대에 나타나는 나이 듦의 징후가 노년에 나타나는 바로 그것과 같다고 말한다. 또한 이 생일 카드는 꽤 끔찍한 일이 방금 일어났다는 것을 암시한다. "마흔이 된 모든 이는 세상에서 무슨 일이 막 일어났는지 궁금해하는 서른 아홉살입니다." 80세가 된 사람이 자신을 40세 두 사람이 합쳐진 존재로 생각하는 것은 유쾌한 일이 아니다. 그러나 만약 80세를 위한 카드에 "스물 한 살 먹은 네 명의 사람인 것처럼 파티를 즐기세요."라고 적혀 있다면, 그 파티는 현실화될 가능성이 높아진다.

여든 살과 마흔 살이 연상시키는 생각 하나가 있다. 나는 제5장에서 마흔이 되는 것이 인생의 주요 전환점이라고 생각하는 다니엘 J. 레빈슨(1978)의 관점을 언급했는데, 이 시기는 젊은 만큼 나이도 들어 버렸다는 위기의식을 가지는 때이다. 나는 또한 이것이 젊음-늙음, 파괴-창조, 애착-분리, 남성성-여성성이라는 인생의 네 가지 극성(polarity)을 통합하려는 삶에서의 "회심(다른 이름으로 부를 수도 있다)"이 이루어지는 시기일 수 있다고 지적했다(191-244).

80세가 된다는 것은 인생의 또 다른 중요한 전환점을 의미할 수도 있는데, 그것 또한 회심이라는 용어로 설명될 수 있다. 인간의 삶의 전반적 영역을 가리키는 두 개의 성경본문을 생각해 보자. 창세기 6장 3절에는 다음과 같이 쓰여 있다. "여호와께서 이르시되 나의 영이 영원히 사람과 함께하지 아니하리니 이는 그들이 육신이 됨이라 그러나 그들의 날은 백이십년이 되리라 하시니라." 시편 90편 10절의 앞부분에는 "우리의 연수가 칠십이요 강건하면 팔십이라도"라고 쓰여 있다. 전자가 120년의 수명을 예견했다면 40년으로 3등분할 수 있고, 후자가 80년 수명을 예견했다면 40년 수명으로 2등분할 수 있다.

현재까지 기록된 가장 나이가 많았던 사람은 117세까지 살았던 진 칼멘트(Jeanne Calment)라는 여성이다(Cole 2005). 이런 것을 보아 창세기에 기록된 120년이라는 수명은 사실이라 할 수 있다. 그러므로 인생의 시점을 첫 번째 40년과 두 번째 40년으로 나누는 것은 타당해 보인다. 레빈슨은 첫 번째 40년이 되는 시기를 '중년의 전환기'라고 하고, 나는 두 번째 40년이 되는 시기를 '인생 종반의 전환기'라고 부른다. 정체성 대 정체성 혼란이라는 갈등이 전자와 연관되어 있다면 후자와 관련된 갈등은 무엇인가? 나는 그것이 해방 대 통제의 갈등이라고 제안한다.

◎ 해방 대 통제 갈등

웹스터 사전에 의하면 해방(release)이라는 단어는 다양한 의미를 가진다. 가장 관련된 것은 ① "얽매임, 의무, 일 등으로부터 자유롭게 하는 것", ② "놓아주거나 풀어 주는 것(화살을 놓는 것)", ③ "세금, 벌금, 의무로부터 자유를 부여하는 것", ④ "다른 사람에게 청구권, 권리 등을 포기하거나 양도하는 것", ⑤ "고통, 걱정 등으로부터 놓여지는 것", ⑥ 즉흥적이고 제약 없이 감정을 표현함으로써 정서적 긴장을 완화하는 것", ⑦ "어떤 자리에 고정된 무언가를 풀어 주는 행위 등"이다. (Agnes 2001, 1210). 해방된 시간이라는 개념도 있는데, 이는 다른 임무나 행동을 실행하기 위해 자신의 정규적 의무로부터 자유로워지는 것을 의미한다 (1210). 또한 약효가 비교적 오랜 기간 동안 지속되는 캡슐을 지칭하기도 한다.

세금, 벌금, 의무로부터 자유를 부여하고 청구권을 포기하거나 양도한다는 것은 흥미로운 역동적 의미를 담고 있다. 만약 이러한 일이 두 개인 간에 일어난다면, 첫 번째 사람의 행위는 두 번째 사람을 이행해야 할 의무로부터 벗어나게 해 주기도 하지만, 첫 번째 사람을 다른 사람을 설득하거나 강요해야 하는 의무로부터 벗어나게 만들기도 한다. 나는 예수가 청중에게 "네 것을 가져가는 자에게 다시 달라 하지 말며"(누가복음 6:30b)라고 가르칠 때 두 번째의 해방을 염두에 두고 있다고 생각한다.

빌리 콜린스(2002)는 다음의 시에서 위험에 놓인 참새 한 마리를 어떻게 가두었다가 안전하게 풀어 주었는지에 대해 이야기한다(115-116).

크리스마스 참새

오늘 아침 가장 먼저 듣게 된 소리는
빠르게 퍼덕거리는 소리, 부드러우면서도 고집스러운 소리였다.

작은 새가 높은 창틀에서 빛이 스미는 유리창의 비밀을 알지 못한 채
자신의 몸을 내던지며 난동을 부리는 것을 보았을 때,
그 날개들은 유리창에 꺾여 있었다.

그때 양탄자 위로 웅크린 고양이의 목구멍에서 나는 소음이
새가 어떻게 안으로 들어왔는지,

어떻게 추운 밤에 지하실 문짝의 펄럭거림을 통해 옮겨졌는지,
어떻게 나중에는 그 부드러운 이빨의 힘으로부터 벗어날 수 있었는지
나에게 말해 주었다.

의자 위에서, 나는 셔츠 안으로 그 새의 맥박을 가뒀고
그것을 문으로 가져갔다.
그러자 아무런 무게가 없는 듯
그것은 천으로 만들어진 둥지 속으로 사라져 버렸다.

그러나 바깥에서 내가 두 손을 풀었을 때,
그것은 작은 조각들로 터져 버렸고,
날갯짓의 경련과 함께 휴지기의 정원에 적셔진 후
줄지어 난 독미나리 위로 사라졌다.

남아 있는 시간 동안,
참새가 보내야만 했던 시간들에 대해 궁금함을 가졌을 때
나는 그것이 내 손바닥에서 거칠게 요동치는 것을 느낄 수 있었다.
그것은 그 방의 그림자에 갇혀서
우리가 장식한 뾰족하게 뻗은 나뭇가지에 숨겨져 있고
유리로 된 천사, 세라믹 사과, 실로 만들어진 별들 사이에서 숨을 쉰다.
이제 거룩한 덤불 속에 처박힌 희귀한 행운의 참새를 상상하면서 오늘
   밤 침대에 누웠을 때
가벼운 눈 조각 하나가 바람 한 점 없는 어둠 속으로 굴러 떨어진다.

콜린스는 고양이가 새를 이빨에서 놓아주는 것을 가리키며 '해방'이라는 단어

를 사용하지만, 진정한 해방은 그가 참새를 밖으로 가져가 놓아주었을 때 일어났다. 그리고 이제 그는 참새의 행운을 되새기면서 새가 집 밖으로 나갔고 위험으로부터 안전하게 되었다는 것을 알게 됨으로써 참새와 유사한 해방을 느끼는 것 같다.

윌리엄 스태포드(William Stafford 1998b)는 다음 시에서 또 다른 해방의 의미를 전한다(236).

오래된 푸르름

언젠가 나는 콜벳 스포츠카를 끌면서,

오일에 적셔진 강력한 기어들이 으르렁거리며,

그 권위를 드러내도록 할 거야.

나는 큰 바퀴들이 운전을 하는 동안 자유롭게 굴러가도록

그것들을 흔들어 댈 거야.

그때 아무도 우리를 막을 수 없어.

모든 것을 싣고, 우리는 마을 북쪽 언덕을 향해 속도를 올릴 거야.

모나, 넌 날 소중히 여기지 않았지만 이젠 늦어 버렸어.

스티브, 너희 모두가 나에게 반대하면서 그 일들을 거절했던 거 기억나니?

너에겐 기회가 있었어. 이젠 안녕.

불평만 늘어놓는 지저분한 인간아, 너도 이젠 안녕.

물이 새기 시작하는 낡은 집, 따분하기 그지없는 이웃들, 함께 모여 투 덜거리고 코를 곤 날들. 모두 안녕

그들이 하찮게 여겼던 그 사람이 필요하다고 말하는 인간아.

내가 말한다. "그는 사라졌어."

이 시에는 끌리는 부분이 있다. 화자는 그의 해방이 자신을 괴롭혔던 사람들을 불시에 놀라게 할 수 있을 것이라는 생각에 즐거워한다. 그는 또한 그들이 자신을 필요로 할 때, 자신을 반대하거나 업신여기려 할 때 그들이 자신을 찾을 수 없다는 생각에 즐겁다.

이보다 더 많은 시가 해방이라는 단어의 의미를 드러내고 있다. 그런데 그런 시들은 통제라는 단어의 반대 의미로서 해방이라는 단어가 많은 뉘앙스를 가지고 있음을 보여 준다. 웹스터 사전에 따르면, 통제(control)는 ① "권위를 주장하고 지시하고 명령하는 것", ② "작동시키거나 조절하는 것(이 손잡이가 소리의 볼륨을 조절한다)", ③ "저지하는 것, 억누르는 것, 제한하는 것(당신의 슬픔을 억누르라)"이라는 의미를 가지고 있다(Agnes 2001, 317).

이러한 정의는 통제가 타인에 의해 부과될 수도, 타인에 의해 그 권리가 주장될 수 있다는 사실을 암시한다. 그러나 우리가 감정을 억압할 때 스스로에게 통제를 부과할 수 있기도 하다. 해방도 마찬가지이다. 어떤 사람들은 부과할 권리가 있는 세금, 벌금, 의무 등을 부과하지 않기로 결정할 수도 있다. 반면에 우리는 감정을 자발적으로, 억제하지 않는 방식으로 표현하는 것처럼 스스로 부과한 제한들로부터 우리 자신을 해방시킬 수 있다. 그러므로 해방과 통제라는 개념은 타인과의 관계에 적용될 수도 있지만 우리 자신과의 관계에 적용될 수도 있다.

특별히 인생의 아홉 번째 10년(80대)과 특별한 관계가 있는 해방의 개념은 '통증과 걱정으로부터의 해방'으로 정의할 수 있는데, 이러한 정의는 신체적 고통을 조절하는 약물과 치료의 의미로 규정되는 통제의 개념 안에서 이루어진다. 따라서 해방과 통제는 자신과 신체의 관계에도 적용될 수 있다.

이러한 정의들은 해방과 통제의 비율이라는 견지에서 해방이 더 선호된다는 것을 암시하는데, 이것은 역동적 갈등의 긍정적 경향성이라 할 수 있다. 그러나 이것이 모든 통제라는 개념이 회피의 대상, 도전의 대상, 비난의 대상이 된다는 것을 의미하지는 않는다.

◎ 우아함의 미덕

나는 우아함(gracefulness)이 인생의 아홉 번째 10년(80대)에서 중요한 역할을 하는 인간의 힘이라고 생각한다. 앞서 살펴본 돌봄, 사랑, 지혜라는 미덕에 이어 이 미덕은 그리 인상적으로 보이지 않는데, 이것은 에릭슨이 하버드 의과대학에서 행한 연설에서 강조한 윤리적 이상과 관련되어 있다. 우아함은 아마도 윤리학자들에게 윤리적 이상으로서는 매우 높은 평가를 받지 못할 것이며 심지어 모범적 도덕 행위의 목록에서 높은 위치를 차지하지도 못할 것이다. 그렇다 하더라도 나는 그것이 고유의 가치를 지니고 있으며 지혜의 소중한 계승자라고 믿는다.

웹스터 사전은 '우아한(graceful)'을 "형식, 구성, 움직임, 표현의 우아함 또는 아름다움을 소유한"이라고 정의한다(Agnes 2001, 615). 이 정의는 왜 우아함이 미덕으로서 그리 높은 순위를 차지하지 못하는지에 대한 실마리를 제공한다. 미덕은 대개 윤리적 이상을 나타내는 표현으로 간주되지만, 이러한 정의는 그것이 미학적 이상임을 암시한다. '우아한'이라는 단어는 발레 무용수나 가젤을 생각나게 한다. 발레 무용수나 가젤은 "아름답게 휘어진 뿔과 크고 빛나는 눈을 가진, 작고 민첩하며 우아한 영양"과 같다(Agnes 2001, 589). 크고 빛나는 눈을 가진 영양의 우아한 몸짓의 아름다움을 누가 거부할 수 있겠는가? 이 광경은 나이와 상관없이 모든 인간 수컷을 사로잡을 것이다. 우아함이 미학적 이상이라는 바로 그 사실이 나로 하여금 우아함이 앞서 언급한 여덟 가지 미덕에 보태져야 할 미덕이라 여기게 만든다.

그러나 우아함이라는 단어는 은혜(grace)라는 단어를 포함한다. 은혜는 기독교 신앙을 고백하는 대부분의 사람의 마음속에 있는 매우 소중한 단어다. 사실이 단어는 너무 친숙한 것이어서 사전적 정의를 인용하는 것이 불필요해 보일수도 있다. 그러나 이러한 정의들은 우리에게 의미의 다양성을 상기시킨다. 그

정의는 다음을 포함한다. ① "형식, 구성, 움직임 , 표현의 아름다움 또는 매력", ② "무엇이 옳고 적절한지에 대한 감각, 사회적으로 온당함", ③ "타인에 대한 숙고", ④ "호의, 친절", ⑤ "자비, 관용", ⑥ "어떤 행위나 의무의 기한을 넘겼음에도 기꺼이 연장해 준 시간, 그러한 지연을 용인해 줌으로써 보이는 호의 ", ⑦ "짧은 기도로서 식사 때 구하는 축복이나 기도", ⑧ 은혜라는 단어가 가진 몇 가지 신학적 의미로서 (a) "인류를 향한 하나님의 다함 없는 사랑과 호의", (b) "인간을 순수하고 도덕적으로 강하게 만드는 영적 영향력", (c) "사람을 이러한 영향력을 통해 하나님의 호의로 이끄는 조건", (d) "하나님이 인간에게 베푸는 특별한 미덕, 선물, 도움"(Agnes 2001, 614-615).

  은혜라는 단어의 이러한 정의들은 형태, 구성, 움직임, 표현의 아름다움에 대한 개념을 포함하지만, 이 정의들은 무엇이 옳고 적절한지에 대한 감각을 갖는 것과 다른 사람과 한 약속을 이행하기 위한 시간을 더 주는 것과 같이 사람들 사이의 상호관계와 관련이 있다. 학계에서는 이런 것을 '개념 확장'이라고 부른다. 은혜라는 단어는 하나님과 관련하여 설명되기 이전부터 스스로를 표현할 수 있는 몇 가지 방법이 있었는데, 그것은 우리가 서로 관계하는 방식으로 그 모습을 그려 내는 것이었다. 우리가 이러한 신학적 정의에 도달하게 될 때, 우리는 하나님이 우리와 어떻게 관계하시는지를 깨닫게 된다.

  여기서 나는 우리의 목적을 위해 우아함의 미학적 의미를 유지하려고 한다. 왜냐하면 우아함의 미학적 의미는 신체적으로 우아하다고 말할 수 없는 우리 중 몇몇에게조차 은유적 중요성을 가지기 때문이다. 그리고 그것은 우리가 단순함과 일상적 배려로 서로 관계를 맺는 방식에 어떤 아름다움이 있을 수 있음을 암시한다. 이러한 행위들은 이 세상의 불의에 맞서기 위한 자선 행위나 노력을 수반하지 않을 수도 있기 때문에 윤리학자들의 관심을 끌기 어렵다. 그러나 그것이 우리의 삶을 더 좋게 보이게 하고 세상을 보다 더 쾌적하게 만든다는 견해에 반대하는 사람은 거의 없을 것이다.

우아함이라는 미덕은 해방 대 통제 사이의 갈등과 어떤 관련이 있는가? 가장 확실한 연결점은 세금, 벌금, 의무를 벗어나도록 자유를 주는 것이라는 의미로서의 해방의 정의와, 의무의 이행 기한이나 지금 기한을 넘어 시간을 더 주는 것이라는 의미로서의 은혜의 정의이다. 의무를 이행할 수 있도록 유예기간을 부여하는 것은 의무에서 한 사람을 완전히 해방시키지는 못하지만, 이 두 가지 정의는 따뜻한 몸짓을 지어 보이고 싶은 인간의 욕구를 반영하는데, 이러한 몸짓은 다른 사람 안에서 깊은 안도감을 만들어 낸다. 이 행위들(해방이나 은혜)은 다른 사람 앞에서 거들먹거리거나 상대방을 비난하려는 의도를 담고 있지 않다. 대신에 그것들은 그 행위를 베푸는 자들이 다른 사람과 맺은 사전 계약을 그리 엄격히 지키지 않아도 되는 안전한 위치에 있다는 것을 말해 준다. 우아함이라는 미덕과 해방과 통제 갈등 사이의 미묘한 연관성은 우아함의 은유적 의미에서 드러난다. 만약 우리가 발레 무용수나 가젤이 우아함을 보여 준다고 생각한다면, 우리는 그들의 형태, 구성, 움직임, 표현의 아름다움이 해방과 통제의 이상적 결합이라고 느낄 것이다. 형태의 아름다움은 모든 종류의 신체적 운동, 회전 등을 통해 단순히 느슨하게 풀어 주는 문제가 아니기 때문에 해방에만 전적으로 의존하지는 않는다. 아무렇게나 팔을 펄럭이고, 다리를 떨거나 흔드는 것을 우아하다고 볼 수 없는 것이다. 통제를 훈련하는 것은 신체적 해방, 즉 들판과 언덕과 계곡을 가로지르는 가젤의 우아한 움직임을 위해 필수적인 것이다.

해방과 통제 사이의 이러한 신체적 관계는 영적 이상(spiritual ideal)의 역할을 할 수 있으며, 이러한 영적 이상은 특히 신체적 이상을 유지하는 데 어려움을 겪을 가능성이 높은 인생의 아홉 번째 10년(80대)과 관련이 있다. 80세의 많은 사람이 그들의 특정한 신체적인 움직임에 대해 "그리 우아하지는 않지?"라고 말한다. 그러나 어떠한 신체적 우아함을 유지하기 위해 치열하게 투쟁하고 있다는 것은 자신 혹은 타인에게 내재된 가능성에 주의를 기울인다는 것을 의미하는데, 그러한 가능성은 지난 10년 동안 발달시켜 온 지혜의 진실성과 미덕 위에 만들어진 영적 우아함 안에서 발견되는 것이다. 이런 식으로 우아함의 미덕을 바라보는 것은 진실함과 지혜의 미덕이라는 것이 그 자체로 의미 있을 뿐만 아니라, 다른 모든 미덕과 마찬가지로 더 나은 발전과 성장의 발판을 마련해 준다는 사실을 높이 평가한다는 것이다.

시편 90편 10절의 앞부분에는 "우리의 연수가 칠십이요 강건하면 팔십이라도"라고 쓰여 있다. 덤으로 주어진 10년은 우아함이라는 인간의 능력과 자격 없는 자에게 주어지는 하나님의 은혜의 조합으로 이루어진다. 바로 그 이유로 어떤 사람은 그 은혜에 걸맞게 살아가기 위해 최선을 다하기도 한다.

◎ 나이를 먹지 않는 자기

이전 장에서 언급했듯이 샤론 R. 카우프만(1986)은 70세에서 97세 사이의 60명을 인터뷰하여 노인의 삶에 대한 주요 연구를 수행했다. 그녀는 책에서 여섯 개의 사례를 제시하는데, 인터뷰 대상자는 당시 70대 3명과 80대 3명이었다. 80대의 세 사람은 모두 여자였다. 이 여섯 사례와 더불어 다른 인터뷰에서 따온 발췌문도 수록되어 있다. 카우프만은 나이 든 사람들이 자신의 나이가 그 자체로 의미 있다고 말하지 않는다는 것을 뒷받침하기 위해 이러한 발췌문을 제시한다. 대신 그들은 "늙어 가면서 찾아오는 신체적·사회적 변화에도 불구하고 연속성을 유지하는 정체성, 곧 노화되지 않은 자기 자신에 대한 감각을 표현한다"(7). 이 집단에 속한 80대 세 명은 해방 대 통제 갈등을 암시하는 말을 한다.

"나이가 들면서 가장 힘든 것은 무엇인가?"라는 질문에 새라(81세)는 다음과 같이 답했다(10).

사실대로 말하자면, 지팡이를 사용해야 할 때까지 나는 전혀 알아차리지 못했어요. 난 정말 눈치채지 못했어요. 나이를 먹는 것을 전혀 깨달을 수 없었어요. 그러나 이제 나는 이 초라한 막대기로 내 증상을 감출 수 없어요. 공허감이 나를 가장 아프게 해요. …… 나는 약간의 공허감을 종종 느끼곤 해요. 나의 여든 번째 생일에 모든 사람이 부산을 떨었는데, 나는 다들 왜 그러는지 알 수가 없었어요. 알다시피, 내 친한 친구들, 내 시대를 함께 살아간 사람들 대부분이 사라졌고, 나는 젊은 사람들 틈에 끼여 있어요. 그런데 난 그게 더 좋아요. 나는 내 마음이 여전히 젊다고 느껴요(10).

새라는 몸의 움직임이 초라한 막대기에 의해 통제된다고 느낀다. 그러나 그녀는 이리저리 돌아다닐 때 다른 사람들과의 관계에서 통제받고 있다는 생각을 거의 하지 못한다. 그녀는 자유롭게 젊은 사람들과 함께 있을 수 있다고 느낀다. 사실 그녀가 또래 사람들과 함께 있을 때는 뭔가에 갇힌 느낌을 받는다. "난 늙은이들과 함께 있는 게 힘들어요. 그들 중 몇 사람은 그것도 모른 채 죽었죠. 늙은이들은 온통 그들이 얼마나 아픈지에 대해서만 말해요. 당신이 묻지 않아도 그 사람들은 자기가 얼마나 아픈지 다 말해 줄 거예요. 그런 이야기는 너무 지루해요."(10) 이런 선언은 예수님을 따르러 왔으나 먼저 가서 아버지를 장사 지내겠다고 한 사람에게 "죽은 자들로 자기의 죽은 자들을 장사하게 하고"(누가복음 9:60 a)라고 말씀하신 예수님의 응답을 연상시킨다. 동갑내기였던 절친한 친구들을 잃은 새라는 자기 또래의 사람들과 사귀지 않아도 된다는 해방의 경험을 한다. 젊은 사람들이 그녀를 배제하지 않는 것은 그녀에게 행복한 일이다.

에델(84세)은 "일흔 살이 넘으면 어떤 기분인지 알고 싶다"는 카우프만의 질문에 답했다(12). "나, 아직 일흔 넘지 않았는데? 사람들은 내가 예순 살이나 예순다섯 살로 보인다고 말해요. 나도 그렇게 느낀답니다. 나는 아직 일흔이 되지 않은 것처럼 느껴져요."(12) 이때 그녀는 스물아홉에 찍은 자신의 사진을 카우프만에게 보여 주었다. 카우프만이 물었다. "이 사진 속 여자와 당신이 관계가 있나요?" 에델이 답했다. "지금도 그때와 같은 기분이에요. 오, 그래. 내가 늙어 가고 있다는 것을 아는 유일한 방법은 거울을 보는 거예요. 내가 진짜 아팠을 때 몇 번 늙었다고 느꼈을 뿐이에요."(12) 이어 "노인들이 하는 일이라곤 추억과 과거에 대한 이야기뿐이라고 말하잖아요. 글쎄, 난 그렇게 하지 않아요. 그러니 나한테는 그런말 하지 마세요. 나는 미래와 내일에 대해 생각해요. 당신은 과거에 대해서 아무것도 할 수 없어요."라고 덧붙여 말했다(12).

에델은 지팡이처럼 시각적으로 드러난 노화의 "증상"을 가지고 있지 않기 때문에 사라보다 노화된 신체에 덜 통제되는 것처럼 보인다. 비록 그녀는 자신의 얼굴이 나이를 드러낸다고 생각할지 모르지만, 사람들은 그녀의 나이보다 20살 혹은 그 이상 젊어 보인다고 말한다. 그러나 해방감을 암시하는 카우프만의 질문에 대한 그녀의 대답의 핵심은 기억과 과거를 생각하지 않는다는 그녀의 주장에 표현된다. 결국 과거에 대해서는 아무것도 할 수 있는 게 없다. 과거를 재해석 할 수 있다는 앞 장의 내용에 비추어 보아 이 진술이 논란이 될 수 있지만, 그녀는 과거에 의해 통제되지 않고 또 그렇게 느끼지도 않는다. 그녀는 내일과 미래에 대해 자유롭게 생각할 수 있다고 느낀다. 물론 그런 미래가 해방의 경험이냐, 통제의 경험이냐 혹은 그 둘 다냐에 대한 의문이 생길 수 있다. 그러나 이것은 다른 문제다. 그런데 왜 그녀는 과거를 잃어버려 더 이상 돌이킬 수 없이 것으로 생각해야 하는가?

마침내 거티(89세)가 질문을 받았다. 카우프만은 그녀의 현재 건강 상태에 대해 물었다. 그녀는 "내 건강은 지금 꽤 괜찮아요. 정말 다행이에요. 어깨 관절염이 있어요. 지옥을 경험하는 것처럼 정말 아파요. 그래서 약을 먹고 있어요. 다리 때문에 물약을 먹고 있기도 해요. 그 정도의 불편함 뿐이에요. 89세 여성에게 이 정도는 나쁘지 않아요."라고 말했다(12). 이어서 카우프만은 그녀에게 여든아홉이라는 나이가 어떻게 느껴지냐고 물었다. 거티가 대답했다. "음, 솔직히 말할 게요. 내가 89세가 맞긴 한데 이런 기분이 좋아요. 날 듯이 자유롭기도 해요. 난 마흔다섯 살이나 쉰 살이 된 것처럼 젊어진 기분이에요. 치장도 하고 싶고 왁자지껄함이 좋아요. 오, 세상에, 난 거울 따위는 깨버릴 수 있어요. 내가 늙었는지 잘 모르겠어요. 진짜 오래 살 것 같은 기분이에요."(12)

세 사람 중 가장 나이가 많은 거티는 신체의 노쇠 현상이 불가피하다는 사실을 누구보다 잘 알고 있을 것이다. 이 노쇠 현상은 그녀의 삶을 통제할 수 있는 힘을 가지고 있다. 그러나 그녀 자신에 대한 감각은 매우 다르다. 해방이라는 주제에 그녀는 '날 듯이 자유롭기도 하다'고 말한다. 바로 이런 느낌은 그녀에게 내적인 자유감과 해방감을 준다. 그녀는 '거울을 깨뜨려 버리고 싶다'는 마음과 함께 제대로 치장을 하고 싶기도 하다. 그녀는 또한 자신이 '오래 살 수 있다'고 느끼고 있으며, 두려움과 공포로 자신의 삶을 전망하지 않는다.

이 세 여성이 하는 대부분의 발언은 그들의 나이보다 젊다고 생각하는 내적 감각에 관한 것이다. 그들이 실제 나이보다 젊어 보일 수 있다는 사실보다 그들에게는 이러한 젊음에 대한 감각이 더 중요하다. 환경으로부터 경험하는 통제나 신체적 움직임의 감소는 그들의 내적 자유감에 의해 제대로 상쇄된다. 카우프만이 한 질문의 성격상, 그들은 자신과의 관계에 있어 주로 해방 대 통제의 역동에 대해 말한다. 새라는 사람을 통제하는 것에 대해 말할 것이 좀 있기는 하다. 그러나 그런 통제가 있을지라도 그것을 이겨 내기 위해 애썼을 것이다. 해방 대 통제의 갈등의 두 가지 차원을 더 자세히 논의하기 위해, 카우프만의 두 가지 사례를 좀 더 폭넓게 고려해 보자.

◎ 앨리스: "난 단 한 번도 이렇게 책임으로부터 자유로웠던 적이 없어요"

영적 이해, 훈련, 봉사

카우프만(1986)은 인터뷰 당시 81세였던 앨리스를 영적 이해를 찾는 것이 삶의 주요 주제였던 여성으로 표현한다. 앨리스는 이러한 영적 탐구가 어머니의 본보기 때문이라고 말한다. 세 살 때 그녀의 부모가 이혼했고, 아버지의 위자료 지급이 불충분해 어머니가 위태로운 재정 상황 속에 걱정하고 불안해했던 것을 그녀는 기억하고 있다. 앨리스의 어린 시절은 어머니에게 '쓰라린 시간'이자 '엄청난 충격'이었다. 이혼 후 몇 년이 지나 어머니는 두 모녀가 좋아하던 저명한 의사와 결혼했지만, 직업적 특성 때문에 그는 집에 있는 일이 별로 없었고, 그로 인해 어머니는 우울하고 외로워졌다(142-143).

앨리스의 어린 시절과 청년 시절을 통틀어 그녀의 어머니는 "찾고, 찾고, 찾고, 또 찾는 삶을 보냈다."(143) 앨리스는 책이 줄지어 서 있던 집 안의 긴 홀, 학교를 마치고 집으로 돌아와 거실 바닥 위에 누운 어머니를 발견한 것과 "그녀를 둘러싸고 있었던 책, 보고, 보고, 또 보았던 성경책 그리고 가슴을 쓸어내리며 울던 것"을 기억해 냈다(143). 그녀가 어머니에게 무슨 일이냐고 물으면, 어머니는 "나는 해답을 찾고 있어."라고 대답하곤 했다. 그녀의 어머니는 자신의 갈망으로 몸을 병들게 했지만, 말년에 "매우 빛나는 경험을 했고, 해답이 찾아온 그녀의 삶은 꽤 근사했다"(143).

앨리스는 자라면서 어머니가 종교와 철학에 집착하게 되어 자신이 유기될 수밖에 없었던 것에 분개했다. 하지만 이후 그녀의 어머니가 영적 지지가 필요했다는 것을 이해하게 되었다. 그녀 역시 어머니처럼 '이해에 대한 내적 갈망'을 경험했고, 15년 동안 다양한 종교적 제의와 의식을 실천했는데, 그 후 그녀는 어느 날 저녁 동유럽 종교 지도자의 강연을 듣게 되었고, 그의 존재감과 그가 했던 말에 큰 감명을 받았다. 몇 주 후 그녀는 그가 이끄는 집단에 참여했고, 그 후로부터 그의 가르침을 따라 봉사 활동과 영적 지혜의 습득에 몰입했다(142).

카우프만은 훈련을 앨리스의 삶에서, 특히 그녀의 일에서 또 다른 중요 주제로 파악한다. 그녀의 어머니는 "엄격한 훈련"으로 앨리스를 양육했는데(143), 이런 훈련은 일주일에 6일을 일해야 했던 그녀의 첫 번째 직장에서 더 강력하게 이뤄졌다. 이후 그녀가 소속된 종교단체가 요구하는 생활방식은 '고요하게 훈련된' 것이었다. 이를 통해 남들이 그녀에게 하도록 했던 훈련은 내적으로 필요한 것으로 느껴졌다. 이는 그녀가 "더 높은 수준의 진실"을 찾는 데 중요한 역할을 했다(144). 그녀는 이제 자신의 '훈련된 방법(disciplined approach)'이 그녀가 찾아왔던 삶의 의미에 대한 해답을 이끌어 냈다고 느낀다.

직업적으로, 앨리스는 자신이 예술가로 성공하지 못할 것이라는 것을 대학 시절 깨닫고는 졸업 후 패션 디자이너가 되었다. 그녀는 여러 가지 다른 사업체에서 패션 디자이너로 일하면서 생계를 위해 고군분투하다가 자신의 사업을 시작했다. 그녀가 종교를 자신의 삶에 끌어들인 것은 바로 그 직후였는데, 그것은 성공하지 못할 것에 대한 두려움을 크게 완화시켜 사업상의 문제를 다루고 그것이 일으키는 불안을 통제할 수 있게 하였다(145). 그녀는 결혼하지 않았기 때문에 전적으로 자기 자신만을 의지했다.

일흔여섯의 나이에 앨리스는 근사한 은퇴자 거주단지 안에 있는 자신의 아파트로 입주했다. 그녀는 카우프만에게 "나는 여기가 너무 좋아요. 난 단 한 번도 이렇게 책임감으로부터 자유로웠던 적이 없어요."라고 말했다(146). 이런 환경에서 그녀는 자신의 존재 자체가 인생에서 가장 큰 성취라 생각한다. "돌봄의 모든 것이 보장되어 있는 이곳에 들어온 것에 대해 매우 감사하고 있고, 나는 참 운이 좋은 사람이라 생각해요. 너무 고급스러워요. 모든 것이 보살펴지고 있어요."(146). 인생의 여정을 돌아보며 그녀는 "인생의 모든 단계가 지금의 이런 안

넝과 안정에 기여하고" 있다고 느낀다(146). 카우프만은 앨리스가 은퇴자 거주단지로 이사하기 전까지 자기 스스로를 돌봐야 했다는 사실을 지적한다. "이제 그녀 인생에서 처음으로 생존에 대한 책임, 그녀의 삶의 질에 대한 책임이 다른 사람들의 손에 달려 있게 되었다. 그녀는 이것을 커다란 안도감, 안전, 과거의 어려움을 극복하고 말았다는 궁극적 신호로 본다."(146)

카우프만은 봉사를 앨리스의 삶에서 세 번째 주요 주제로 파악한다. 종교단체에 가입한 후 처음 몇 년 동안 그녀는 자신이 올바른 선택을 했는지 의아해했다. 그녀는 그 집단에 어느 정도로 참여해야 하는지, 어떤 형태로 참여해야 하는지에 대해 결정을 내리지 못하고 있었다. 그러나 그때 봉사가 도움이 될 수 있다는 생각이 들었다. "나는 기여할 수 있어요. 나는 명상하는 타입도 아니고, 학습자 타입도 아니에요. 봉사가 바로 내 일이었어요."(147) 그녀의 봉사는 세미나, 강연회, 기도회, 기타 활동의 센터였던 회당의 일상적 행정의 형태로 이루어졌다.

이제 영적 이해를 위한 탐색은 더 이상 그녀의 삶에서 중요한 주제가 아니지만 봉사가 그 주제가 되었다. 또한 새로운 환경에 들어선 이후 생활방식이 달라져 버려 더 이상 회당에서 일하지 않기 때문에 봉사는 다른 의미를 띠게 되었다. 그녀는 은퇴자 거주단지 주민들을 봉사 성향에 따라 분류한다. "그녀는 주민을 두 그룹으로 나눈다. 한 그룹은 삶이 공허하고 무의미한 사람들이고, 나머지 한 그룹은 다른 사람에게 봉사하며 이 세상에 어떤 식으로든 기여하는 사람이다."(147) 대부분의 주민을 첫 번째 범주에 넣으며 이렇게 말한다. "바쁘게 뛰어다니고, 분주하게 지내며, 그들의 시간을 활동으로 채운다. 그들은 모두 무엇을 위해 서두르고 있는가? 다른 무언가가 그들에게 없기 때문이다."라고 말한다(147).

그녀는 자신과 몇몇 친구를 두 번째 범주에 넣는다. 한 친구는 대학교수로서 열심히 일했는데, 여러 아픈 친척을 위해 모든 재정적 책임을 지고 있었다. 다른 한 명은 "자신의 관점으로 훈련받았고" "영적인 것에 도달하기 위해 일상적인 노력을 기울였으며" "자신이 갈망하는 내적 통찰을 얻기 위해 쉼없이 노력함으로써" 평생 동안 강한 종교적 성향을 지녀왔다(147-148). 그러므로 카우프만이 지적한 바와 같이, 이제 그녀의 친구들은 "대부분의 사람들이 유지하려고 하는 '미친 집과 같은 사회생활'에 대한 경멸을 공유하고 삶에 대해 자기결정적이고 진술한 태도를 견지하는 사람들"이다(148). 사실 그녀와 그녀의 가까운 친구들이 '모든 보살핌이 보장된' 환경에서 과연 '봉사'라는 것을 할 수 있느냐는 의문이 들 수도 있지만, 앨리스에게 가장 중요한 것은 다른 사람들이 분주하게 뛰어다니는 것인데, 이것 자체가 그들의 삶의 공허함과 무의미를 보여 주는 증거라는 것이나.

해방 대 통제

앨리스가 느끼는 해방감의 가장 분명한 징후는 그녀가 이제 자기 자신을 돌볼 책임이 없는 환경에서 살고 있다는 사실이다. 그녀는 스스로 생계를 꾸려 나가야 했던 이전의 긴장감에서 벗어나 이러한 안도감을 얻기 위해 어떤 대가를 지불했다고 느끼지 않는 것 같다. 그녀는 삶에 대한 통제력을 이 안도감과 맞바꾼 것에 대해 아무 말도 하지 않는다.

그녀가 해방을 경험하는 또 다른 방식은 그녀의 영적인 삶, 특히 영적인 이해를 찾는 것이 더 이상 그녀 삶의 중요 관심사가 아니라는 사실에서 비롯된다. 비록 다른 사람들은 이것이 부정적인 발전이라고 느낄지 모르지만, 그녀는 정말로 해답을 필요로 할 때 찾아 헤매던 그것을 찾은 것처럼 보인다. 그러나 기본적인 생존에 대해 더 이상 걱정할 필요가 없다는 사실에 힘입어, 이제 그녀는 전혀 다른 삶의 자리에 와 있다. 이런 점에서 그녀가 느끼는 해방감은 "이제 안녕과 안정"을 가졌다는 사실과 "감사하고 운이 좋다"는 것을 느끼는 것으로 표현될 수 있다(146). 그녀는 또한 훈련된 삶의 형태를 취하는 내적 통제감을 계속해서 경험하고 있다. 그녀는 '미친 집과 같은 사회생활'을 유지하는 주민들이 어떤 의미에서는 스스로를 분주하게 만들어 통제 불능의 상태에 있다는 느낌을 받고 있다. 그녀의 관점에서 자기통제를 할 수 있는 훈련된 삶을 유지하는 능력은 그 모든 것으로부터 자유를 느끼게 하는 결정적 역할을 한다.

　독자들은 그녀가 이렇게 다른 거주민들에 대한 판단을 함에 있어 너무나 외부적 기준에 의존하고 있다고 느낄 수도 있고, 영적인 지향을 가진 사람이 다른 거주민들의 내적 삶이나 과거사(그녀의 친구처럼 그들 중 많은 이가 자신의 아픈 친척들에 대해 재정적인 책임이 있었을지도 모른다)에 대해 성급하게 결론을 내려서는 안 된다고 생각할 수도 있다. 그러나 이러한 것이 해방이 그녀에게 큰 의미가 있다는 사실과 그녀가 은퇴자 거주단지에 도착한 이후로 이전에는 알지 못했던 얽매임, 의무, 일, 돌봄으로부터 자유를 경험하고 있다는 사실을 훼손하지 못한다. 더구나 매일 누군가를 돌봐야 한다는 의무로부터의 해방감은 그녀가 자신의 삶을 다른 사람들의 돌봄에 맡긴 데서 비롯되었다. 때로는 해방감이 타인에 대한 의존을 받아들이는 데서 기인하기도 하는데, 이것이 우리가 앨리스의 사례에서 배울 수 있는 가장 중요한 교훈일지도 모른다.

◎ 밀리: "그들은 내가 실제의 나보다 훨씬 더 좋아 보인다고 말했어요"

　앨리스의 이야기는 자신과 은퇴 공동체의 거주민들과의 관계 속에서 해방 대 통제 갈등을 어떻게 경험할 수 있는지를 조명한다. 하지만 그녀는 미혼이었고 형제가 없었기 때문에, 그녀의 이야기에는 가족과의 관계에서 이러한 갈등이 어떻게 기능하는지에 대한 내용이 없다. 밀리의 이야기는 해방 대 통제 갈등의 가족적 차원에 대한 통찰력을 제공한다.

정서적 유대, 묵인, 자기결정

카우프만이 밀리를 인터뷰했을 때 그녀는 80세였다. 그녀는 요양원에서 약 1년 동안 살고 있었다. 카우프만의 견해에 따르면 그때의 기간은 "자활이 불가능한 트라우마에서 회복하고, 요양원의 일상과 그곳에서 일하는 사람들에게 편함을 느끼며, 새로운 삶을 어떻게 영위해 갈 것인가에 대해 결정하고 그것에 따라 행동할 수 있는 시간이었다"(32).

카우프만이 처음 밀리가 살고 있는 요양원에 들어가 넓은 휴게실을 살피며 출입구 쪽에 서 있을 때, 밀리는 "안녕하세요. 그런데 누구세요? 여기서 뭐 하시는 거예요?"라고 말하며 불러 세웠다(33). 그리고 그녀는 여러 가지 일에 대해 편안하게 말하기 시작했는데 카우프만은 밀리가 다음과 같다는 사실을 깨달았다.

> 그녀는 이 큰 시설에서 가장 친절하고 사교적이며 활기찬 사람 중 한 명이었다. 그녀의 눈은 삶에 대한 열정으로 빛났고, 얼굴에서 웃음이 떠나지 않았다. 이러한 특징들은 그녀를 아름답고 매력적인 여성으로 만들었다. 그녀는 강하고 탄탄해 보이지만, 몸은 다소 불안정하고 지팡이를 짚고 힘겹게 걷는다. 그녀는 자신의 병약함에 대해 거의 말하지 않고, 자신의 한계를 넘어 할 수 있는 한 적극적으로 행동한다(33).

카우프만은 밀리의 인생 이야기에서 정서적 유대를 주요 주제로 삼았다. 이러한 정서적인 유대의 질과 양에 대한 대화는 그들이 함께 이야기 나눴던 8개월 동안에 가장 의미 있는 것이었다. 그녀는 '애착을 가진' '애착'이라는 단어를 반복적으로 사용했는데, 스스로도 잘 알고 있었던 강력한 애정 욕구가 그녀의 상호작용과 사고 과정을 지배하고 있는 것이 분명했다. 그녀는 사람들이 자신에게 전하는 감정적 헌신의 유형에 따라 그들을 두 그룹으로 나눈다. 그녀가 의지할 수 있는 사랑과 돌봄을 주는 '가족'도 있고, 그 정서적 애착을 신뢰할 수 없거나 그런 애착이 그리 오래 지속되지 않는 '이방인'도 있다.

그녀에게 가장 중요한 사람들의 특성은 충성심, 성실성, 사려 깊음과 같이 가족 구성원들이 가져야 할 자질들이다. 그녀는 이러한 자질 면에서 모든 관계의 가치를 평가한다. 그녀는 자신과 접촉하는 모든 사람이 주어진 역할이 무엇이든 이러한 자질을 갖기를 기대하며, 그들이 그것을 갖고 있지 않다는 것을 알게 되었을 때 매우 실망한다. 그녀는 또한 그녀의 환경에 있는 모든 사람이 그녀에게 정서적으로 헌신해 주기를, 그녀에 대해 생각해 주기를 기대한다.

그녀와 가장 많이 교류하는 사람은 간호사, 조무사, 자원봉사자, 다른 거주민들인데, 그녀는 그들이 자신을 얼마나 아껴 주고 돌봐 주는지에 대해 이야기한다. 그녀는 상호적인 사랑을 기대한다. "조무사가 아침 식사를 담은 쟁반을 급히 건네주면서 아무 말도 하지 않을 때 밀리는 배신감을 느낀다. 밀리가 느끼기에 조무사는 자신을 사랑, 존경, 헌신으로 대하지 않고 있는 것이다."(34) 그녀는 자원봉사자나 우편배달부 등 새로운 사람을 만나면 좋아한다고 표현하는데, 이러한 호의는 짧은 시간 안에 애착을 형성한다. 상호적인 정서적 헌신에 대한 그녀의 기대로 인해 그녀는 자주 실망하기도 한다(34). 또한 그녀는 다른 사람들을 그들 자신의 성격적 특성이 아니라 그녀와의 감정적인 관계에서 바라본다. 그래서 딸이 다른 도시로 이사한 사실을 언급할 때 "딸이 나를 떠났다"고 말하고, 아들이 직업 변화 등을 이유로 서해안으로 돌아온 점을 언급하면서 "아들이 내 가까이에 있기 위해 이곳으로 이사를 온다"고 말하는 점에 주목했다(35). 다른 주민들과 함께 "그녀는 정서적 애착을 끌어모으는 데 최고가 되기를 원한다"(36).

카우프만은 밀리가 정서적인 유대를 강조한 것은 독일-유대계 이민자 부모의 10명 혹은 12명의 자녀 중 한 명이었던 어린 시절의 경험과 관련이 있다고 말한다. 그녀는 형제자매 중 일부가 유아기에 사망했기 때문에 정확한 숫자를 확신하지 못한다. 그녀는 어머니가 "나를 사랑했고" 아버지가 "나에게 애착을 가졌다"고 말했음에도 그녀의 언니는 "아름답고 재능이 많으며" "예술가이자 가수"로서 가족에게 사랑받는 존재였으나 자신은 어머니의 모든 살림을 돕는 "가정적인 사람"일 뿐이라고 했다(34). 그러므로 밀리가 자신의 부모가 자신을 얼마나 사랑했는지를 말하지만 카우프만은 밀리에게서 보다 현실적인 정서적 박탈감을 감지한다. 그녀의 어머니는 가정에 대한 책임감에 사로잡혀 그녀에게 관심을 기울일 수 없었고, 그녀의 아버지는 매일 밤 카드 놀음을 하고 있었으며, 그녀보다 훨씬 나이가 많은 오빠들은 밖에 나가 일을 하고 있거나 집을 떠나 이사를 가 버렸다. 사실 그녀는 자신이 갈망했던 애정을 가족 바깥에서 찾았는데, "나는 (학교) 교장선생님을 좋아했는데 그분을 결코 잊을 수가 없어요." "나는 피아노 선생님을 사랑했고, 그녀와 정말 가깝게 느꼈어요." "나는 이웃의 다른 아이들에게 애착을 가졌어요." 그리고 "나는 그들 모두를 돌봤어요"라고 말하곤 했다(34). 사람들은 당연히 이 애착이 어떤 보답으로 돌아왔는지 궁금해 한다.

그녀는 열여섯 살 때 학교를 그만두고 직장에 가야 했고, 몇 달 뒤 그녀의 세 남편 중 첫 번째 남편을 만났다. 그들은 그녀가 열일곱 살 때 결혼했다. 결혼 생활 몇 년 동안 그녀는 보석 사업을 하는 남편의 사업 파트너이자 주부, 어머니로 꽃을 피웠다. 그러나 그들이 결혼한 지 15년 만에 남편이 죽었고, "이야기책 속 로맨스"는 끝이 났다(38). 그녀는 재정난으로 인해 두 번째 남편과 결혼했다. 그러나 그는 그녀보다 스무 살이나 많았고, 10대 자녀들에게 "자기 스타일을 망가뜨렸다"는 이유를 들며 그들과 함께 살 수 없다고 말했다(40). 아이들이 집을 나간 후 밀리는 자신이 임신했다는 사실을 알게 되었는데, 남편은 "밀리가 아이를 버리길 원했다"(40). 그녀는 그의 뜻에 반대했는데 딸이 태어난 후 남편은 그녀를 학대했으며, 그녀는 아기가 자신을 사랑하도록 만들 수 없었다. 이 결혼은 약 5년 만에 이혼으로 끝이 났는데, 수치심만이 가득한 경험이었다(40).

5년 후 그녀는 다시 결혼했는데 25년의 결혼생활을 하는 동안 그녀의 세 번째 남편은 여러 가지 질병으로 자주 병원에 입원했고, 남편을 위해 더 좋은 기후를 찾아 자주 이사를 했다. 이 기간 동안 그녀는 아파트를 관리하기도 하고 여러 사무직과 소매업을 하기도 했다. 남편은 그녀가 일흔 살 때 죽었다. 카우프만은 그녀가 정서적 유대라는 관점에서 자신의 두 번째와 세 번째 남편을 전혀 묘사하지 않았다는 사실에 주목한다(41).

카우프만은 밀리의 인생에서 두 번째 주제가 묵인이라는 것에 주목한다. 이 주제는 두 가지 요소를 가지고 있다. 사람들은 그녀가 중요한 삶의 순간을 경험할 때 그녀를 위해 결정을 내리는데 이때 그녀의 손을 벗어난 것 같은 일들이 일어난다. 그녀는 "자신을 압도하면서 작용하는 외부의 힘을 운명으로 느끼며" 자기 인생의 전환점을 설명한다(44). 그녀는 주치의가 '지시'했기 때문에 두 번째 남편과 이혼했고, 세 번째 결혼을 할 생각은 없었지만 "상황이 그 결혼으로 이끌었다"(44). 그녀의 시동생과 시누이는 그녀의 세 번째 남편을 좋아했고, 그가 그녀의 아이에게 좋은 아버지가 되어 안전을 제공할 수 있을 거라고 말했다. 그래서 그녀는 이를 묵인했다.

의사가 남편과 함께 기후가 더 건조한 곳으로 옮기라고 말했을 때, 이것이 그에게 도움이 되지 않자, 그녀의 딸은 서해안으로 이사할 것을 제안했다. 밀리는 "우리는 딸의 말을 듣고 모든 것을 팔았어요."라고 말했다(43). 밀리는 그곳에 도착해서 아파트를 찾았지만, 딸이 "그곳에 살도록 내버려 두지 않았다"고 했다. 그들이 가족 모두가 찬성하는 아파트에 정착한 직후, 그녀의 남편은 죽었다. 그녀는 "아들이 내가 시누이나 시동생에게 가야 한다고 주장했어요. 그들은 한동안 나를 돌봐 주었어요. 내가 돌아왔을 때, 아이들은 나를 집에서 내쫓았어요."라고 말했다(45). 그리고 나서 그녀의 자녀들은 먼저 은퇴한 거주지로, 그리고 그녀가 현재 살고 있는 기관으로 다시 이사해야 한다고 '결정'했다. 카우프만은 "이런 식의 이사가 항상 그녀의 마음에 드는 것은 아니었고, 때때로 그녀는 약간의 반대를 표현하기도 했다. 하지만 결국 그녀는 항상 그들과 함께했다."(45)

카우프만은 묵인이라는 두 번째 주제와 명백히 상충되는 자기결정이라는 세 번째 주제에 대해 말한다. 밀리가 현재 거주하고 있는 요양시설로 이사했을 때, 새로운 도전에 대처하는 법을 배워야 한다는 것을 깨달았다. 처음에는 "그냥 돌아다녔을 뿐"이지만, 이윽고 그녀는 "제대로 자신만의 길을 만들어야 한다"는 결론에 도달했는데, "그런 일을 해냈지만 그녀는 어떻게 그것을 가능하게 했는지는 모른다"(46). 이 시점부터 그녀의 이야기는 수동적인 것에서 능동적인 것으로 바뀌었으며, 그녀는 "더 이상 자신을 순응적인 것으로 묘사하지 않는다. 대신 그녀는 스스로 목숨을 끊는 것과 어떻게 살 것인가에 대해 말하기 시작했다."(46)

그녀는 직원들이 자신의 필요에 맞게 일상적인 절차 과정을 재정비하도록 만들었다. 그녀는 환영위원회 회의에 앞서, 적어도 한 시간 이상 돌아다니며 여러 사람에게 중요한 문제들이 논의될 것이니 회의에 꼭 참석해 달라고 말했다. 그녀는 요양원에서 제공하는 역사와 글쓰기 수업에 참여하고 있다. 또한 그녀는 뜨개질을 시작했다. 그녀는 뜨개질을 하며 많은 시간을 보내는데, 여기서 더 중요한 것은 그것이 사회적 지위를 준다는 것이다. 카우프만은 언급한다. "사람들은 끊임없이 그녀의 작품을 칭찬하고 있으며, 그녀는 맞춤 제작물에 대한 요청을 많이 받고 있다. 내가 관찰한 바에 의하면 그녀는 이러한 칭찬을 즐기는데, 그것은 그녀의 눈에 생기를 더하고 그녀의 모든 존재에 에너지를 준다."(47) 그녀는 뜨개질을 통해 지역사회에서 인정을 받았다. 그녀는 말한다. "나는 여생을 버틸 수 있는 충분히 많은 주문을 받았습니다. 그들은 계속해서 나를 바쁘게 만들고 있어요. 모두가 내가 짠 모자를 원하고 있어요."(47-48) 특별히 자신을 위해 만들어진 새로운 모자를 쓴다는 것이 착용자의 눈을 어떻게 반짝거리게 할지 우리는 그것을 쉽게 상상할 수 있다.

따라서 자기결정이라는 삶의 세 번째 주제는 사실상 묵인이라는 두 번째 주제를 사라지게 만든다. 카우프만이 지적하는 바와 같이 자기결정은 "묵인보다 그녀의 환경에 더 낙관적이고 삶을 긍정하는 반응"이라 할 수 있다(48). 밀리 자신은 요양원에 입주하면서 '새로운 삶'을 시작했으며, 늘 스스로가 '향상되고' '무언가를 배워 가고 있다고 생각한다'고 말한다. 게다가 "그녀는 자신의 나이 듦을 이 시설에 도착하면서 시작된 갱신의 과정으로 인식하고 있다"(152). 카우프만이 그녀에게 거울을 보며 자신의 이미지를 묘사해 보라고 하자, 그녀는 말했다. "나는 다른 사람들이 나에게 말하면 따르는 편이에요. 그들은 내가 실제 나보다 훨씬 더 좋아 보인다고 말해요. 지금 나는 처음 왔을 때의 모습과는 상당히 달라져서 얼굴에는 더욱 유쾌한 표정이 드러나고, 일상에서 더 많은 영감을 받고 있어 요."(152)

그녀는 가벼운 뇌졸중을 겪은 후 더 이상 기본적인 신체적 욕구를 스스로 충족시킬 수 없게 되었다. 카우프만은 그녀의 가족과 의사가 바로 이 때문에 그녀가 시설에 맡겨진 것이라고 말할 것이라 생각했다. 그러나 그녀 스스로 생각하기에 "너무 외로웠고" "제정신을 잃을까 봐 두려웠기" 때문에 요양원에 들어온 것이다(153). 그녀는 자신을 '환자'라고 지칭하는 경우는 거의 없는데, 여성으로서 받아야 할 치료와 대우를 받지 못했다고 불평해야 할 때만 환자 지위를 이용해 그렇게 한다. 이것은 "생존 기술의 역할을 하는데, 존경을 얻거나 상황을 통제하기 위해 필요할 때 사용된다"(153).

카우프만은 밀리가 자녀들과의 현재 관계와 관련하여 요양원에 온 이후 달라진 것에 대해 몇 가지 코멘트로 마무리한다. 그녀는 밀리가 "그 집에 사는 것이 아이들을 기쁘게 하기 때문에 그곳에 사는 것이 행복해요."라고 말한 것에 주목하고, "자녀들로 인해 그녀의 감정 상태가 좌우된다는 것을 알아차린다"(154). 그녀가 수업에서 이룬 성취에 대해 이야기하면, 자녀들은 "굉장해요, 엄마, 이 이야기를 들으니 너무 기뻐요."라고 말한다. 밀리는 카우프만에게 "내가 여기 있어서 그들이 감격해하는 게 너무 기뻐요."라고 말했다. 그녀는 정기적인 전화 통화로 자녀들과 자신의 활동에 대해 이야기를 나눴고, 자녀들이 방문하는 동안 "밀리는 자녀들이 그녀의 행동을 복돋울 때 자존감과 정서적 안녕을 유지할 수 있었다"(154). 그녀가 그 집에서 일어난 몇몇 사건으로 인해 우울해지거나 화가 나서 울음을 터뜨리게 되었을 때, 다음과 같이 느꼈다. "만약 나를 지지해 주는 자식들이 없다면 내가 뭘 해야 할지 알 수 없었을 거예요. 내 아이들은 나에게 있어 전부예요"라고 느꼈다(154).

반면, 그녀는 카우프만에게 자녀들과의 관계가 언제나 원하는 방식으로 이루어지지는 않았다는 것을 암시하는 몇 가지 말을 하기도 했다. 그녀에 따르면 같은 도시에 사는 두 자녀는 자주 찾아오지 않는다. 나머지 둘은 다른 지역에 살고 있긴 하지만 편지나 휴대전화로도 충분히 의사소통하지 못한다. 그녀는 "일주일이상 아이들이 찾아오지 않으면 자녀들의 건강, 직업, 결혼생활, 손자손녀들에 대한 걱정으로 정신을 못 차린다. 그녀가 가진 마음의 평화는 자녀들이 자신에게 무관심하다 느낄 때 와르르 무너진다"(155).

그러나 정서적 유대라는 그녀의 주요한 삶의 주제를 고려할 때, 그녀의 가족이 실제로 충성심, 성실함, 사려 깊음이라는 자신의 이상에 부응한다고 믿는 것은 지극히 중요한 일이므로, 그녀는 자녀들의 실제 행동에 맞게 주제를 수정하는 대신, "그들의 결점에 초점을 맞추기보다 지금까지 만들어 온 이상적인 삶의 주제의 틀 안에서 그들을 이해함으로써" 암묵적 계약을 존중한다(155). 우리는 이것을 또 하나의 생존 전략으로 볼 수 있는데, 이것은 앞에서 언급한 묵인이라는 시대에 뒤떨어진 주제를 넘어 자기결정이라는 주제에 기여한다.

해방 대 통제

밀리 이야기에서 자기결정과 묵인이라는 두 주제는 사실상 해방과 통제라는 주제와 기능적으로 동일하다. 사실 우리는 밀리의 삶에서 처음으로 경험하는 요양원 생활을 웹스터 사전에 쓰여 있는 해방의 정의와 관련하여 생각해 볼 수 있다. 그녀는 일찍이 얽매임에서 해방되어 고통과 근심, 정서적 긴장으로부터 벗어난 안도감을 소유했으며 더 이상 다른 사람에게 좌지우지되지 않고 자유로워진 여성이다. 그녀가 다른 사람들에게 통제를 받던 어린 시절을 경험했던 만큼, 그녀의 이러한 삶의 변화는 아마도 '인생 전환의 끝'으로 여겨질 것이다. 그녀는 자신의 삶을 확실히 변화시켰기 때문에 '회심'이라는 단어를 충분히 사용할 수 있다.

가장 인상적인 변화는 그녀가 요양원 생활에서 삶을 꽃피운 방식인데, 그녀는 자신의 뜨개질에 대한 칭찬을 받았을 때 눈에 생기를 얻었고, 자신의 전체 삶에 새로운 에너지를 느낄 수 있었다. 해방과 통제가 어떤 비율로 그녀의 삶에 큰 변화를 일으켰는지 살펴보면 자녀와의 관계에 대한 그녀의 해석과 연관이 있음을 알 수 있다. 요양원에 들어가기 전 그녀는 자녀들이 그녀 자신에게 혹은 그들에게 무엇이 최선이라 생각하든 그것을 묵인할 수밖에 없다고 생각했다. 그러나 이제 그녀는 요양원에 들어감으로써 더 이상 자녀들 중 누구와도 함께 살지 않기 때문에 더 이상 그들의 통제를 받지 않는다. 우리가 요양원에 가는 것이 사람이 상상할 수 있는 최악의 운명이라 생각할지 모르지만, 밀리는 더 이상 자신의 자녀들이 그녀 자신의 운명을 틀어쥘 수 없다고 생각하기 때문에 그런 부정적인 생각은 하지 않는다.

그러나 밀리가 자신을 아이들에게서 사랑받는 어머니로 이해하는 것은 지극히 중요하다. 그녀에게 있어 잠재적인 절망은 자녀들이 자주 방문하지 않는 것, 편지를 쓰지 않는 것, 전화를 하지 않는 것인데 그로 인해 가족 구성원들 사이에 이상적인 정서적 유대를 구축할 수 없기 때문이다. 그녀의 이상과 자녀들의 행동 사이에 발생하는 불일치를 어떻게 처리할 것인가? 그녀는 자신의 이상대로 살아갈 수 없기 때문에 깨어 있는 시간의 상당 부분을 자기연민에 빠져 보낼 수 있었는데, 만일 그렇게 되었다면 자녀들의 행동이 그녀의 마음과 감정을 통제했을 것이다. 대신에 그녀는 "자녀들의 진짜 단점들에 초점을 맞추지 않고 그녀가 그동안 구축해 온 삶의 이상적 주제 속에" 자녀들이 살아가고 있다고 여긴다(155). 문제를 이렇게 이해하는 방식은 해방의 형태라고 할 수 있는데, 그것은 자녀들을 자신을 부양해야 하는 의무로부터 해방시켜 주는 것으로, 자녀를 향한 의무에 대한 요구를 포기하거나 양도하는 것을 의미한다. 더불어 밀리가 가족 모두가 지켜야 하는 '암묵적 계약'에 자녀들이 엄격하게 순응하도록 만들고 있다고 스스로 느낀다. 이것은 우리로 하여금 우아함이라는 미덕이 무엇인지 알게 한다.

◎ 기대하지 않았던 우아함

우리가 앞에서 살펴본 바와 같이 '형식, 구성, 움직임, 표현의 우아함과 아름다움'에 연관된 '우아한'이라는 단어는 일상에서 이루어지는 사람들 간의 상호작용에 관한 은유적 용어로 이해할 수 있을 것이다. 왜냐하면 단순하고 일상적인 배려심으로 관계하는 방식 속에 어떠한 아름다움이 숨어 있기 때문이다. 은퇴자 공동체와 요양원은 대학 기숙사와 조금 비슷하다. 가까운 거리에 낯선 사람들이 있고 어울리기 위해 서로 정직한 노력을 기울일 것을 기대한다. 대학생 집단처럼 이러한 공동체에서 살아가는 거주민은 같은 세대에 속해 있다는 공통점을 갖고 있지만, 그들이 서로 자연스러운 유대를 형성하거나 만들어 내는 일은 드물다.

이 장에서는 인생에서 맞이한 아홉 번째 10년의 초반부를 살아가는 두 여성에 대해 생각해 보았는데, 이 여성들 모두 자신의 나이에 맞는 환경에서 생활하고 있다. 앨리스는 은퇴자 거주단지에 들어갔을 때 자신이 져야 할 돌봄의 의무가 사라졌다고 느꼈다. 그녀는 생애 처음으로 그녀의 생존과 삶의 질에 대한 책임이 다른 사람들의 손에 맡겨졌고, 그들이 기꺼이 자신의 돌봄의 의무를 감당하고 있다고 느꼈다. 한편, 밀리는 요양원에 들어갔을 때 극도로 외롭고 허탈함을 느꼈고, 이제 제대로 자신을 돌봐야 할 때라고 느꼈다.

우아함이라는 인간 역량의 측면에서 두 여성을 비교하는 것은 부적절할 수도 있지만, 아직 갈 길이 멀었기 때문인지 밀리는 앨리스의 우아함을 넘어서는 미덕을 발전시키기 위해 더 많은 것을 한 것 같다. 앨리스는 우아함을 만드는 것에 대한 감각이 뛰어나다. 그녀는 수많은 거주민이 여기저기 뛰어다니고 바빠지려고 애를 쓰고 온갖 활동으로 자신의 시간을 채우려 하면서 그 장소를 미쳐 돌아가는 집으로 만들어 갈 때 그들의 행동이 어떤 점에서 우아하지 않은지 정확히 알고 있었다. 그러나 우아함에 대한 그녀의 이해는 옳음과 적절함이라는 감각에 다소 국한된 것 같다. 그것은 감사와 용서라는 측면을 제대로 반영하지 못한다. '봉사'가 무엇으로 이루어지는가에 대한 그녀의 견해는 다소 협소하다. 그것은 다른 사람에 의해 계획된 활동들이 '봉사'일 수 있다는 가능성을 배제한다. 그녀에게 그런 것은 하찮은 것이다. 결국 종교시설에서 그녀가 한 봉사는 활동 지향적이었다. 그러나 어떤 사람은 그녀가 한 일이 분주하고자 하는 욕망에 의해 동기가 부여된 것이라고 판단할 수 있다.

　반면에 밀리는 다른 사람들에게 애써 사려 깊은 행동과 호의적인 표현을 하기 위해 많은 시간을 할애한다. 그녀는 순수하고 단순한 이타주의에 이끌리지 않는다. 오히려 그녀는 상대방이 어떤 식으로든 그녀의 행동에 보답하게 함으로써 그들이 그녀가 하는 일에 대해 감사를 느꼈으면 하는 욕망과 자신의 있는 모습 그대로를 그들이 받아 줬으면 하는 욕망을 채운다. 그러나 다른 사람을 위해 모자를 짜는 그녀의 모습은 다른 주민들과의 관계에서 그녀가 새로운 역동을 보여 주는 것인데, 그녀는 자신의 모습 그대로 사랑받고 싶다는 욕망보다 자신이 짠 모자의 질을 인정받고 싶은 욕망에 초점을 두기 시작했다.

　정신분석학자 하인즈 코헛(Heinz Kohut 1985)이 지적한 바와 같이 자기애적 성향을 보이는 사람이 다른 사람과 성숙한 관계를 맺고자 하는 "전환"을 경험할 때 보이는 징후 중 하나는 자신의 창조적 노력으로 이전부터 추구해 온 인정을 받게 되었다는 사실로부터 기쁨을 느낀다는 것이다(111-115). 자기애적 욕구는 여전히 존재하지만 그것은 존경받고자 하는 욕구에서 밀리가 말했던 것처럼 자기가 만들어 낸 것을 칭찬받고자 하는 욕구로 재조정된다. 물론 이 '전환'이 자기 자신을 위해 존경받고자 하는 원초적 갈망을 완전히 포기하거나 제거하는 수준에 이를 필요는 없다. 카우프만이 지적한 것처럼 사람들은 계속해서 밀리의 작품을 높이 평가하고 그녀에게 무언가를 만들어 달라고 부탁함으로써 그녀를 칭찬한다. 밀리는 "(카우프만이) 관찰한 이러한 칭찬을 온전히 누렸고, 이것은 그녀의 눈을 빛나게 했으며 새로운 에너지가 되었다. 마침내 그녀는 성공적인 삶의 방식과 자신의 공동체에서 인정받을 수 있는 방법을 찾았다"(47). 남들에게 인정받고자 하는 열망은 아직 남아 있지만, 그녀는 이제 자신의 창작물을 통해 받게 되는 칭찬을 기꺼이 타인과 나눌 준비가 되었다. 자신의 창작품을 소유한 그 사람들 역시 그러한 칭찬을 나눌 것이다. "당신이 쓰고 있는 모자 정말 멋지네요. 당신에게 잘 어울려요."

밀리가 뜨개질을 통해 요양원에 함께 살던 주민들로부터 받고자 했던 인정을 받아 왔다는 사실은 우아함이 가지는 미학적인 의미와 상호관계적 의미 사이에 밀접한 연관이 있다는 것을 드러낸다. 그녀의 뜨개질로 만들어진 물건들의 아름다움 혹은 매력은 친절과 호의를 야기하는 상호관계적 상황을 창조한다. 뜨개질로 짜인 그 물건은 밀리와 그 공동체의 다른 구성원 사이를 우아하게 연결하는 기반이 된다. 또한 그녀가 다른 사람들을 위해 모자를 만들었다는 겉보기에 대수롭지 않아 보이는 사실 자체가 이러한 연결의 우아함의 한 단면이다. 모자는 엄밀한 측정이 필요하거나 만드는 데 많은 비용이 드는 물건과는 달리 받았을 때 부담스럽지 않으며, 물건을 받았기 때문에 해야 할 것 같은 감사와 칭찬에 대한 요구를 강요받지도 않는다. 물건을 받은 사람들에게 모자는 먼저 떠나 버린 사랑했던 사람에 대한 추억을 떠올리게 하는 자극제의 역할을 한다. 빌리 콜린스는 그의 시 「모자의 죽음」(1998, 81-82)에서 아버지가 일할 때 매일 모자를 썼다고 언급했는데, 이제 "삶이라는 일을 마친 후" 그는 "그 머리 위에 지구라는 모자를 썼고, 구름과 하늘 보다 찬란한 바람의 모자를 썼다."

◎ 통제 포기

이 장에서 나는 해방을 선호하면서도 동시에 우리 삶을 꾸려 나가는 데 있어서 통제의 필요성을 인식하기에 해방과 통제의 비율을 적정하게 유지하는 것이 중요하다고 강조해 왔다. 해방과 통제는 반드시 적대적인 것은 아니다. 해방은 흔히 통제와 연관하여 이루어진다. 그리고 세금, 벌칙 또는 의무로부터 자유가 부여될 때, 또는 붙잡혀 있거나 제자리에 고정되어 있어야 할 어떤 것이 느슨해졌을 때, 해방은 그 의미와 의의를 갖는 경우가 많다. 통제가 없다면 해방에 대해 말할 수 없다. 만약 감옥에 자물쇠가 채워져 있지 않고 수감자들이 마음대로 드나들 수 있다면, 자비와 관용에 입각한 선한 행동에 의해 감옥에서 해방되었을지라도 그것은 무의미할 것이다.

그러나 해방이 통제와의 관계 속에서 의미를 얻는다는 사실이 통제가 반드시, 필연적으로 좋은 것임을 의미하는 것은 아니다. 사실 우리는 통제가 필요 없는 순간에도 그것의 필요성을 주장하기도 하고 우리의 삶에서 통제라는 것을 반드시 필요하다고 강조하기도 한다. 우리가 그렇게 하는 이유는 우리가 살아가는 인간 사회의 환경이 너무나 혼란스러워 보이기 때문이다. 앨리스는 자신의 어린 시절 경험이 통제 불가능한 것으로 보였기 때문에 삶이 훈련되어야 할 필요성을 느꼈다. 이런 훈련은 이제 그녀가 살고 있는 공동체를 용인하는 그녀의 능력을 사그라들게 한다. 왜냐하면 그녀가 다른 사람들이 단지 자신의 삶을 분주하게 만드는 데 몰입하고 있다고 믿기 때문이다. 그녀는 자신의 환경을 "사회생활에 미친 집"이라고 부른다(148).

우리는 밀리의 사례에서 통제가 종종 부모와 자식 사이의 관계에서 두드러진 역할을 하는 것을 확인했다. 밀리가 나이가 들게 되자 자녀들이 그녀가 살 곳을 결정했고, 자녀들은 점점 더 깊이 그녀의 삶을 통제하게 되었다. 우리가 보았듯이, 그녀가 요양원에 들어간 것은 그녀가 자신의 삶에 대한 통제력을 되찾는 데 필요한 자극을 제공했다.

　80대(이전 세대에도 종종) 사람들의 삶에서 또 다른 공통 주제는 자녀에 대한 그들 자신의 통제에 관한 것이다. 이 통제는 종종 자신들이 죽은 후 돈과 소유물이 어떻게 분배될 것인가에 대한 결정의 형태로 나타난다. 이러한 결정은 종종 그들의 행동에 대한 통제권을 행사하려는 의도를 가지는데, 유산 상속자들에게 미리 공개된다. 영국의 살인 미스터리에 자주 등장하는 플롯은 노쇠한 부모의 유언장과 그것을 수정하려는 자녀들의 행동이라는, 현재에 지속되는 위협에 초점을 맞추고 있다. 그런 유언장은 장성한 자녀들에게 엄청난 힘을 발휘한다. 그리고 그것은 전형적으로 마치 미취학 아동들이 누가 가장 근사한 차를 가지고 놀 것인가를 두고 싸우는 것처럼 자녀들을 행동하게 만든다. 살인 미스터리가 이러한 플롯을 터무니없이 길게 만들어 버릴 수 있는데, 가족이 부모가 죽기 직전에 쓴 유언장을 찾아 집안을 뒤지고 다니고 충실한 집사나 가정부가 그 모습을 몰래 목격하는 모습을 묘사하는 것이 바로 그런 것이다. 사실 많은 평범한 가정이 노쇠한 부모에 의해 통제되는 이 궁극적인 마지막 유언에 대한 투쟁과 지속적인 반감의 중심이 되고 있다. 물론 어떻게 공정하고 공평하게 그리고 사랑을 가지고 자신의 돈과 소유물을 분배할 것인가를 결정하는 것은 마치 광산 지대를 산책하는 것처럼 어려운 일이다. 그러나 사람들은 가능한 한 이것이 이루어지기를 바라고, 그렇게 되면 해방의 비율이 통제를 압도하게 된다. 그리고 우아함이라는 미덕은 압도적인 존재가 되어 탐욕, 질투, 분노라는 악덕은 숨을 곳을 찾아 헤매게 된다.

◎ 우아한 자기

　윌리엄 스태포드(1998b)의 시는 암으로 죽어 가는 한 여성이 자신의 병이 다른 사람들을 통제하지 못하게 함으로써 우아한 자기의 모범이 되었다는 내용을 담고 있다(120-121).

베스

우리의 거리는 베스가 암과 처음 만난 길이었어

그녀는 안전 가옥을 지나 매일 출근했지

도서관에서 일하며 그녀는 정리정돈을 잘했고,

학생들이 책을 요청했을 때 그녀의 손은 도움을 주기 위해 밖을 향하

　　지.

그녀 삶의 마지막 해에

그녀는 친구들이 얼마나 행복한지 알지 못하게 해야 했어.

그녀는 그들이 음식이나 일이나 날씨에 대해 불평할 때 그것에 귀를 기

　　울였어

그리고 위대한 국가적 사건들은 춤을 춰 댔지.

기괴하고 거짓된 중요성을 항상 드러내며 말이야

통증이 그녀가 움직이는 곳으로 옮겨 갔어

그녀는 앞으로 걸었어. 그것이 왔지.

그녀는 숨었어. 그것이 그녀를 찾았지

어떤 누구도 그렇게 진정으로 다른 사람을 섬기지 않아

어떤 적도 그렇게 강한 증오를 의미하지는 않아

마치 지상에 그녀를 위한 공간이 남아 있지 않은 것 같았어

그녀는 그 꽃을 곧추세웠어

그녀는 그 집을 지나갈 때 눈물을 흘리지 않았어.

그리고 마침내 그녀가 조그만 코너에서 멈춰 섰을 때

그리고 고통으로부터 미끄러졌을 때

그녀의 손이 다시 열렸고, 거리가 열렸어

그녀는 모든 것이 잘 되기를 바랐어.

이 시에 대한 그의 성찰에서 스태포드(1998a)는 "평범한 사람들과 사건만이 존재하는 조용한 마을에서 어떠한 팡파르나 경고도 없이 절대적인 사건이 일어난다. 그것은 누구에게나 조용히 일어날 수 있는 일이다. 그 이름은 즉시 위력적이고 위협적이 된다"(98-99)라고 언급한다. 이 경우, '어떤 이'는 얼마 전 암 진단을 받은 아내의 소중한 친구였는데, 그녀는 학교 사서였다. 처음부터 이 시는 "그 뒤에 오는 문장에서 침묵해야 한다는 침울한 어조를 가지고 있다. 이 시 전체가 슬픔을 막고 있는 것이기에 그렇다. 베스는 우리의 안전한 거리를 걸을 것이다. 그녀는 일을 하며 꽃을 만지고, 아이들을 도울 것이다. 시의 마지막 줄에서 궁극적인 임무를 맡은 그녀의 손은 생명을 갖게 될 도움을 주기 위해 밖을 향할 것이다"(99). 동시에 "베스는 새로운 방식으로 친구들의 삶을 보러 올 것이다. 그들의 고민은 베스가 자신이 보는 것을 그들에게 알리고 싶어 하지 않는다는 것이며 그것이 별로 대수로운 것이 아니라는 사실에 있다. 그래서 '세상' 사건들은 가엾은 소설로 변하고 만다. 다른 사람들의 걱정거리, 그날의 중요한 주제들, 이런 것들은 갑자기 너무 급격하게 줄어들어서 베스가 다른 사람들에게 그들이 무엇을 하고 있는지 알리는 것을 참을 수 없게 한다. 그녀가 해야 할 일 중 하나는 자신이 알고 있는 누군가의 고독을 견뎌내는 것이다(99-100).

이 시는 결론에 이르면서 초두에 언급했던 내용들을 요약한다. "베스는 기쁨

을 기억하고 꽃을 곧추세우고 친구들의 집을 지나다니며 자신의 비극에 대한 부담을 그들에게 지우지 않는다. 그리고 도움을 줘 왔던 그녀의 손이 다시 한번 열리게 되었다. 죽음과 고통 앞에서 흔들리지 않고 베스는 주위 사람들에게 소망을 건넨다. 그리고 그녀의 시는 음악을 만들어 내지는 않지만 마침내 마지막 두 단어에서 엄청난 소리를 낸다."(100)

스태포드는 "베스는 나를 위해 손을 벌렸다. 나는 그녀의 이야기를 풀어내면서 그녀의 놀라운 자질이 드러나도록 했다"고 결론짓는다(102). 이것은 우아함이라는 자질이었고 풍성한 은혜라는 자질이었다. 통제는 눈에 띄게 사라졌고, 해방이 전부가 되었다.

10.

열 번째 성장, 90대

인내하는 자기

생일 카드를 만드는 회사들이 90세가 되는 사람들을 위해 카드를 만든다는 것은 좋은 소식이다. 우리에게도 희망을 주는 소식이기도 하다. 만약 그 카드가 상업적으로 이익이 되지 않을 물건이라면 카드회사들이 그것을 만들 리가 없다. 달리 생각해 보면, 이 카드의 메시지는 결국 추억할 만한 수많은 기억을 기리고 일생 동안 많은 것을 이뤄 낸 것을 축하하는 것이기에 90세 축하 카드나 80세 축하 카드나 별반 차이나지 않을 것이다. 이 카드의 전형적 문구는 다음과 같다. "당신의 아흔 번째 생일은 당신이 살면서 보아 온 세상의 변화를 회상할 수 있고 당신이 일생 동안 일궈 낸 성과들을 자랑스러워할 수 있기에 멋진 날입니다. 이 특별한 생일이 따뜻함과 행복과 나중에 추억할 만한 더욱 멋진 순간들로 채워지기를 바랍니다." 이 문구는 80세 생일에 받은 축하 카드의 문구와 그리 다르지 않은 추억과 인생과 성과에 관한 카드이다. 그러나 하나 더 추가된 문구가 있다. 바로 '당신이 살면서 보아 온 세상의 변화를 회상할 수 있기에 멋진 날'이라는 부분이다.

90세가 된 많은 사람은 살면서 보아 온 세상의 변화를 회상하는 것을 멋진 시간이라고 표현하지 않을 것이다. 약학계나 치의학계의 발전으로부터 얻은 어느 정도의 수혜를 떠올릴 수도 있겠지만, 그것들에 대한 기억은 곧 그들이 70년 전에 데이트를 했을 때 낸 돈, 아이들을 키울 때 본 TV 프로그램, 당시 그저 조용하고 평화롭기만 했던 생활 등에 대한 기억에 가려질 것이다. 그때에는 자동차 클랙슨도 없었고, 백화점 안에서 시끄러운 음악이 울려 퍼지지도 않았고, 엄청난 속도로 앞차 뒤에 바짝 붙는 일도 없었다. 이처럼 과거를 회상하는 일은 90세 축하 카드를 받는 사람들로 하여금 고개를 저으며 벌써 수백 번 되뇌었던 말을 한 번 더 꺼내도록 만들 것이다. "세상이 어떻게 되려는 걸까?"

나는 이런 생일 축하 카드에 들어갈 문구를 쓰는 사람들이 실제로 90세에 들어서는 사람들이 마주하는 핵심적인 발달 갈등의 정체를 알아내는 데 별 도움을 주지는 않을 것 같다. 대신 『완성된 생애주기(The Life Cycle Completed)』(Erikson & Erikson 1997) 확장판에서 조안 에릭슨이 제안한 설명을 받아들일 수도 있겠다. 에릭슨은 "80대 후반과 90대의 시선에서 보는 인생의 마지막 단계를 보고 이해하려면" 이전 단계에서 경험한 역동적인 갈등이 나중 단계에서 긍정적인 경향과 부정적인 경향이 뒤바뀐 채로 일어난다는 관점에서 봐야 한다고 주장했다(105). 그러나 나는 열 번째 10년(90대)에서도 새로운 역동적인 갈등이 일어난다고 믿기 때문에 열 번째 10년이 이전의 10년들과 다르지 않다는 관점으로 보는 것을 선호한다. 열 번째 10년의 핵심 갈등은 욕구와 투쟁 사이의 갈등이다.

◎ 욕구 대 투쟁 갈등

웹스터 사전은 욕구(desire)를 ① "무언가를 원하거나 갈망하는 것, 갈망, 탐냄", ② "요구, 부탁", ③ "성적으로 욕망함"이라고 정의한다(Agnes 2001, 391). 욕구라는 단어는 바람(wish), 원함(want) 그리고 열망(crave)이라는 단어들과 비교되며, '갈망'이라는 뜻을 표현하기 위해 욕구라는 단어를 이러한 비슷한 뜻을 가진 단어들과 번갈아 가며 사용할 수 있음을 시사한다. 그러나 욕구라는 단어 안에는 다른 단어들이 잘 담지 못하는 '강렬함이나 열정'이라는 뜻이 내포되어 있다. 바람이라는 단어에는 '실현 불가능한 갈망'이라는 뜻이, 원함이라는 단어에는 '부족하거나 필요한 것을 향한 갈망'이라는 뜻이, 그리고 열망이라는 단어에는 '절실한 필요성'이라는 뜻이 함축되어 있다.

그렇기에 욕구라는 단어 안에는 이 욕구의 대상이 실현 가능한 것이며 단지 한 순간에만 필요한 것은 아니라는 의미가 들어 있다. "내일 학교 안 가게 눈이 나 왔으면 좋겠다."라는 잠재적으로 사소할 수 있는 소원과도 다르다. 내가 대학생이었을 때, 나는 요한 세바스찬 바흐(J. S. Bach)의 〈예수, 인간 욕구의 기쁨(Jesu, Joy of Man's Desiring)〉이라는 곡에 깊게 감명을 받았다. 너무나 감명을 받은 나머지 나는 당시 곧 아내가 될 사람과 함께 결혼식을 계획하면서 성악가를 섭외해 이 곡을 연주하자고 제안했고, 그녀도 선뜻 동의했다. 특히 내가 이 곡에 감명을 받은 이유는 제목에 욕구(desiring)라는 단어가 들어갔다는 점이다. 그 단어는 단순한 바람, 원함, 또는 갈망이라는 단어에는 없는 인내라는 뜻을 품고 있었다.

90대에 접어든 사람들의 마음이나 머릿속에 있는 욕구는 굉장히 비슷하다. 바람보다 더 인내심을 요구하고, 갈망보다는 덜 시급하고, 무언가의 부재에서 비롯되기보다는 이미 가지고 있어 그것을 잃고 싶지 않은 마음에서 비롯된다. 즉 삶 자체에 대한 욕구이다. 물론 비록 90세의 각 개인에게 '삶'이란 무엇인가에 대한 견해와 이해가 매우 다를 수 있지만, 중요한 것은 그들의 욕구가 삶에 대한 것이며, 특정한 음식에 대한 갈망이나 여름이 빨리 왔으면 하는 사소한 바람과 같은 것이 아니라는 것이다.

그런데 이러한 욕구는 90대에 이르기 훨씬 전에 종종 맞닥뜨리게 되는데, 이것은 열 번째 10년에서 결코 피할 수 없는 투쟁을 거스르게 된다. 웹스터 사전은 투쟁(struggle)을 세 가지 뜻으로 정의한다. ① "적을 상대로 격렬하게 다투거나 싸우다", ② "부단히 노력하거나 시도하고 애쓰고 공을 들이다", ③ "어렵사리 나아가다(덤불 사이에서의 투쟁)"(Agnes 2001, 1421). 세 번째 정의는 90대들에게 딱 맞는 뜻인 듯 싶다. 수많은 90대가 어렵사리 나아가고 있고 덤불 사이를 헤치고 전진한다는 비유에 걸맞게 살아가기 때문이다. 이 '덤불' 진료소나 병원, 요양원 등의 사회복지 기관들 그리고 그들의 머릿속을 복잡하게 만드는 모든 것의 집합체라고 할 수 있겠다.

앞에서 언급한 욕구의 두번째 정의 역시 90대의 삶과 연관되어 있다. 90대들은 이제 '부단히 노력하고 시도할 것'을 요구받는다. 예를 들어, 무언가를 배운다는 것은 보다 어렸을 때는 쉽게 할 수 있던 것이지만, 나이가 들면서 점점 더 어려워진다. 장기적인 건강 관리에 필요한 일상 속의 기본적인 행동 여섯 가지를 살펴보자. 목욕, 옷입기, 음식 섭취, 배변 자제, 이동 그리고 화장실 가기가 그것이다. 이 여섯 가지 행동이 아니더라도 일상생활을 어렵게 만드는 다른 문제들이 생겨나기도 한다. 예를 들어, 귀에 웅웅거리는 소리가 들린다든지, 시력에 문제가 생겨 책 읽기가 어렵다든지, 등이나 무릎, 엉덩이, 심장에 통증이 있어 계단을 오를 수 없다든지 하는 것들이다.

사회적 상호작용 역시 '부단히 노력하고 시도하는 것'을 필요로 한다. 어떤 이는 갑작스런 사회적 환경 변화에 재빨리 반응하기 위해 투쟁한다. 예를 들어, 자식들 혹은 손주들이 놀러올 때, 요양원을 옮기거나 방을 바꾸게 되어 내부 구조의 변화가 생겨 안에서 보이는 바깥 경치가 달라질 때 그들은 투쟁하게 된다.

다음 빌리 콜린스(1999)의 시에 90대 노인들은 선뜻 동의하기 어려울 것이다. 이 시는 모두가 인생의 어느 순간에 한 번쯤은 바랐던 삶의 모습을 그리고 있다(67).

라일리의 인생: 거의 완벽한 일생

그는 플로리다의 어느 화창한 아침에 태어났다.
어린 시절에는 내내 낮잠을 자고
성인이 되어서는 해변가 의자에 앉아
열대과일 음료를 손에 들고
대부분의 시간을 편안히 쉬며 보냈다.

그는 직업도, 가족도, 심지어 인후통조차 없었다.
잔디를 깎아 본 적도 없다.
오가는 사람들은 그가 살고 있는 인생이 어떤 것인지
그에게 알려 주기 위해 항상 멈춰 섰다.
그는 구름에 걸린 해먹에 누워 죽을 것이다.

만약 우리가 은퇴한 후에 라일리의 삶 같은 여생을 보낼 수 있다고 생각한다면, 해변 의자에 앉아 열대과일 음료를 한 손에 들고 하루를 보내는 90대는 거의 없다는 점과 어떤 이도 그들을 보면서 라일리와 같은 완벽한 삶을 살고 있다고 말해 줄 리 없다는 것을 생각할 필요가 있다.

적을 상대로 한 투쟁

앞서 제시한 것처럼 투쟁의 첫 번째 정의는 '적을 상대로 격렬하게 다투거나 싸우는 것'이다. 이 정의가 열 번째 10년(90대)을 살고 있는 사람들에게 어떤 관련이 있을까? 이 질문에 대해 내가 생각할 수 있는 최고의 답은 지그문트 프로이트(1959)가 64세 되던 해인 1920년에 출판한 『쾌락 원리를 넘어서(Beyond the

Pleasure Principle)』라는 소책자에서 찾을 수 있다. 프로이트는 이 책에서 우리가 지니고 있는 원초적인 본능(instinct) 혹은 욕동(drive)이 하나가 아닌 둘이라는 논란되는 의견을 제시했다. 첫 번째는 우리의 삶을 유지하고 지탱하려는 욕동이고, 두 번째는 우리의 삶을 끝장내 버리려는 욕동이다. 이 두 가지 욕동은 서로 충돌한다. 지체 속의 법이 자신의 마음속 법과 싸운다고 이야기한 성경 속 바울과 비슷한 모습이다(로마서 7:23). 다만 프로이트는 이 두 가지 욕동이 우리 마음속의 법 안에서 싸운다고 이해했고, 이것은 지체들 사이에 싸움을 일으킨다.

우리에게 삶을 유지하려는 내재된 본능이 있다는 의견은 반론의 여지가 없어 보인다. 하지만 우리에게 삶을 끝내려는 본능이 있다는 생각은 프로이트의 가장 가까운 동료들조차도 받아들이기 힘들었다. 사실 프로이트 자신도 이 주장에 회의적이었으며, 책에서도 자신의 견해를 매우 조심스럽게 피력하면서 독자들이 자신을 그저 일부러 반대 입장을 취하는 사람으로 취급해도 괜찮다고 말했다(103). 하지만 그는 때때로 우리의 본능이 새로운 것이나 전에 없던 경험을 하고 싶다는 생각을 따른다는 사실과 또 다른 순간에는 우리의 본능이 이미 경험해 본 것들을 계속해서 반복하려는 생각을 따르려 한다는 사실을 깨닫고는 이 주장을 개진하게 된다. 물론 아이가 전에 들었던 이야기를 똑같이 반복해서 듣고 싶어 하는 것처럼 즐거운 반복도 있다. 그러나 즐거움을 주지 않는 반복 행동들도 있다. 앞 장에서 샤론 카우프만(1986)이 밀리에 대해 생기를 잃은 눈과 활기 없는 상태라고 묘사한 행동이 그런 것이다. 그것은 마치 변화나 움직임 없이 같은 자리에만 있으려는 타성에 젖은 성향을 선호하는 것처럼 보인다.

프로이트는 후자의 반복적인 행동을 죽느니만 못한 삶의 행동으로 간주하며 이러한 행동은 삶을 원하지 않는 더 깊은 본능 혹은 깨어날 수 없는 깊은 잠에 빠져들려 하는 본능의 외부적 분출이라고 결론지었다. 이에 따르면 우리는 생물을 무기물 상태로 만들려 하거나, 생물의 존재를 각자의 방식으로 끝내 버리려는, 사망을 향한 암묵적 갈망을 가지고 있다. 이는 살인, 위험한 사고, 바이러스, 식

중독 같은 것들에 의해서가 아니라, 삶에 대한 본능을 압도하는 내적 과정에 의해서 영구적인 무력감이나 죽음에 이르는 것을 말한다.

앞서 언급한 것처럼, 프로이트는 책을 쓸 때까지만 해도 이 주장을 완전히 확신하지는 못했다. 하지만 책이 나온 지 4년 후인 1924년, 그는 두 가지 욕동에 대한 주장을 마치 아무런 논란이 없는 의견인 양 대수롭지 않게 기고했다. 이 논문을 쓴 이후로, 프로이트는 자신의 주장에 대해 망설이지 않았다(Gay 1988, 402). 그의 확신은 신체적 고통으로 인한 것일 수도 있다. 그는 오랜 기간 동안 싸워온 흡연 중독 때문에 1917년부터 입 안 윗벽에 있는 구개에 고통스러운 부기(浮氣)를 경험했고, 1923년 초에는 구개와 턱에서 악성 종양을 발견했다(Gay 1988, 420-421). 두 가지 본능에 관한 책은 부기 발견부터 악성 종양 발견까지 걸린 6년의 기간 중 딱 절반에 해당했던 1920년에 출간되었다. 종양은 수술로 인해 제거되었지만 계속해서 재발했고, 1939년에는 턱에 암 병변이 발견되었는데 그에게 '마비가 될 정도로 괴로운 고통'을 주었다. 암으로 인한 궤양이 생긴 상처에는 역한 냄새가 났고, 그가 키우던 개조차 그 냄새 때문에 달아나 곁으로 다가오지 않았다(640-649).

그해 9월, 그는 의사에게 일찍이 그 둘이 맺었던 약속을 상기시켰다. 그것은 죽음의 때가 다가왔을 때 의사가 그를 무의미한 고통 속에 남겨 놓지 않겠다는 약속이었는데, 프로이트는 의사에게 "이제는 고통밖에 느낄 수 없고 더 버티는 건 무의미하다"고 말했다(651). 의사는 그 약속에 대해 잊지 않았다고 전했다. 프로이트는 그에게 감사하며 그의 딸 안나에게 그것에 대해 말해 달라 부탁하고는, 만약 안나만 동의한다면 자신의 삶을 여기서 끝내자고 요청했다. 프로이트의 딸은 죽음의 시기를 늦추고 싶어 했지만 의사는 그녀의 아버지를 계속 버티게 하는 것은 무의미하다고 말했으며, 그녀는 결국 이 불가피한 상황을 받아들이기로 결정했다. 그날 저녁, 의사는 프로이트에게 일반적인 투약량인 2센티그램 대신 3센티그램의 모르핀을 투여했고, 프로이트는 평온한 잠에 빠져들었다.

다음 날, 의사는 다시 같은 양의 모르핀을 투여했고, 프로이트는 코마 상태에 들어 간 후 그다음 날 아침에 사망했다(651).

왜 프로이트가 경험한 암과의 투쟁이 그로 하여금 우리에게 사망을 향한 욕망이 있다는 것을 굳게 믿도록 했을까? 답은 꽤 간단하다. 암은 주로 하나의 세포로부터 파생된 것인데, 일반적인 조절 기전을 잃음으로써 비조절적으로 자라게 되는 세포 집단이다. 이 세포들은 신체의 어느 조직에서든 자랄 수 있고 체내에서 전이된다. 암세포들은 암을 일으키는 작용세포나 발암 물질로부터 자연적으로 발생하는 형질 전환이라는 복잡한 과정을 통해 생산된다. 여러 화학물질, 담배, 바이러스, 방사능, 햇빛 등이 발암 물질에 해당한다. 하지만 모든 세포가 발암 물질에 똑같은 정도로 민감하게 반응하는 것은 아니다. 유전적인 결함이 있는 세포들이 더 쉽게 형질 전환의 위험에 노출된다(Beers 2003, 1031).

프로이트가 1917년에 부기를 처음 경험했을 때, 그는 이것이 흡연에서 비롯된 것임을 확신했으나 담배를 포기하고 싶지 않았기 때문에 그것을 무시하려 했다. 심지어는 처음 부기를 경험했을 때 시가에 불을 피우자 곧 부어오름이 사라지기도 했다. 하지만 부기가 너무 심하고 무시할 수 없을 정도로 너무 오랫동안 진행되자, 프로이트는 1923년에 금연을 결심하고 의사를 찾아갔다(Gay 1988, 419). 그의 암은 체내 세포를 공격하는 발암 물질로부터 발생하였지만, 만약 흡연을 향한 욕동과 흡연이 악성 암을 유발한다는 자각 사이의 내적 갈등이 없었다면 그의 암은 그만큼 해로워지지 않았을 수도 있다. 이 상황을 놓고 보면 마치 즐거움을 주는 반복적 행위가 사망을 향한 암묵적 갈망과 시너지를 내며 일어난 것처럼 보인다.

어떠한 경우에도 죽음의 궁극적인 원인은 더 이상 제대로 조절되지 않는 신체 속에서 성장의 형태로 나타난다. 우리는 일반적으로 성장이 삶에 이로운 것이라고 간주하지만, 암은 삶을 파괴하는 성장의 일종이다. 그렇기에 우리는 프로이트가 악성 종양에 걸릴 위기에 처했다는 것을 자각했다는 사실과 그가 그의 생활방식을 바꾸는 것을 내켜 하지 않았다는 사실을 통해서 우리에게 사망을 향한 암묵적 욕동이 있다는 사실을 발견할 수 있다. 우리의 마음은 삶에 충실려는 법과 그와 동일한 정도로 죽음에 충실하려는 법 사이를 화해시키려 노력하는 것이다.[1]

우리가 죽음을 향한 욕동을 가지고 있든 아니든, 우리가 장례식장에서 '고인의 명복을 빕니다'와 같은 말을 하거나, 삶에서의 투쟁과 싸움이 이제 끝났다는 내용의 찬송가를 부르거나, 사랑하는 사람들이 평화로운 잠에 들었다는 이야기를 하는 것을 보게 되면 우리 자신이 죽음을 완전한 악과 동일시하지 않는다는 것을 알 수 있다. 사랑하는 사람이 차라리 깊고 영원한 잠에 빠져 다시는 일어나지 않는 것이 오히려 낫겠다는 생각이 드는 상황이 찾아오기도 한다. 우리가 죽음을 외부적 힘, 우리가 죽음이라고 명명하며 자신만의 거주지를 가지는 (우리는 어떤 사람이 "죽음의 문 앞에"에 있다고 말한다) 적(enemy)이라 생각하는 경향이 있지만 실제로 죽음은 한 사람의 살아움직이던 장기들이 기능을 멈추는 내부적 과정의 결과이다.

만약 이것이 사실이라면, 90대(혹은 그보다 일찍)에 찾아오는 투쟁, 즉 욕구 대 투쟁의 갈등을 외부적이라기보다는 내부적으로 보는 것이 더 적합할 것이다. 환경적 요인 역시 작용하나, 90대는 주로 내부적인 신체적 및 심리적 고충과 마주하는 시기이다. 이는 인내할 수 있는 인간의 힘으로 이어진다.

---

1 암과 죽음의 역동 사이의 관계는 데이비드 바칸(David Bakan)이 쓴 두 권의 책 『인간 실존의 양면성(The Duality of Human Existence)』(1966, 160–181)과 『질병, 고통, 희생(Disese, Pain, and Sacrifice)』(1968, 1장)에서 보다 깊게 다뤄지고 있다.

◎ 인내의 미덕

웹스터 사전은 인내(endurance)를 ① "인내하는 힘(특히 견디고 계속하고 유지하는 능력)", ② "고통, 괴로움, 피로에 저항하는 능력", ③ "지속"으로 정의한다. 또한 인내하다(endure)를 ① "고통, 피로 등을 견디다, 대항하다, 참다, 겪다", ② "참고 견디다, 용인하다"라고 정의한다. 인내함(enduring)은 ① "계속 존재하다, 지속하다, 남다", ② "고통을 견디며 주춤하지 않는다, 저항하다"로 정의한다(Agnes 2001, 470).

열 번째 10년(90대)에 접어들었다는 사실만으로도 그 사람은 계속 존재하는 능력과 지속하고 남으려는 자신의 능력을 증명했다는 것을 알 수 있다. 몇몇 사람은 90대가 될 때까지 살 수 있고 다른 사람들은 그렇지 못한다. 여기에는 여러 가지 요인이 관여한다. 이는 그들의 통제 밖의 영역이다. 하지만 90세에 다다른 사람들은 종종 그들과 비슷한 시기에 태어난 사람들이 죽은 것을 보면서 그들이 살아남았다는 사실에 경이로워한다. 그들 중 몇몇에게는 이것이 축복이지만, 다른 사람에게는 저주이다. 90대의 대부분에게는 가끔은 좋고 가끔은 나쁜 엇갈린 축복이다. 그들은 만약 그들이 사랑하는 사람들이 그들과 함께 살아남아 90대를 즐길 수 있었다면 축복이었을 것이라고 말한다.

하지만 단순한 지속성이 인내를 미덕으로 만드는 것은 아니다. 인내를 미덕으로 만드는 것은 고통, 괴로움, 피로에 맞서는 인내의 힘과 자신에게 부과되는 일을 참고 견디며 용인하는 능력을 어떻게 표현하거나 드러내는가에 달려 있다. 사도 바울은 이러한 면에서 인내에 대해 매우 긍정적인 이야기를 했던 바 있다. "로마에 있어 하나님의 사랑하심을 입은"(로마서 1:7) 자들에게 보낸 편지에서 그는 "환난은 인내를, 인내는 연단을, 연단을 소망을 이루기에 환난 중에도 즐거워하라"(로마서 5:3-4)고 말한다. 또한 "고린도에 있는 하나님의 교회"(고린도전서 1:2)에게 보낸 편지에서 그는 사랑은 "모든 것을 참으며 모든 것을 믿으며 모든 것을 바라며 모든 것을 견딘다"(고린도전서 13:7)고 이야기했다.

두 경우 모두 인내는 희망과 연관되어 있는데, 희망은 에릭슨이 인생의 첫 번째 단계에 배치한 미덕이기도 하다. 에릭슨(1964a)은 심지어 희망이 "대상을 향한 확실한 자각" 등과 같은 유년기에 습득할 수 있는 핵심적인 사고에 의해 확인된다는 점을 들어 인내와 희망 사이를 연관짓는다(116). 그는 정신분석학자들이 이것을 첫 번째 '사랑의 대상'으로 생각하고 돌봄을 제공하는 사람에 대한 유아의 경험을 존재의 기반이라고 여기지만, 유전심리학자들은 "사물 세계의 참아 내는 능력"을 인지하는 힘이라고 생각한다는 점을 지적한다(116-117). 그렇다면 희망은 외부 세계 또는 세계 안의 어떠한 사물이 인내를 품고 있다는 감각에 기반하는데, 그것은 곧 견디고 계속하고 지속하는 힘, 고통과 괴로움과 피로에 저항하는 힘, 종종 인내심을 바탕으로 희망을 가짐으로써 스트레스를 참고 견디며 용인하는 힘을 보유하고 있음을 가정하는 것이다.

인내의 미덕과 희망의 미덕을 연관 지으려는 시도는 우리로 하여금 90대에 접어든 사람의 인내가 그 사람이 가지고 있는 용기에서만 비롯되는 것이 아니라, 그 사람과 외부 세계의 '사물' 간 상호관계의 특정 형태나 표출 방식에서 나오는 힘에도 기반한다는 사실을 알게 해 준다. 그리고 이는 다시 해당 10년의 긍정적인 성향인 욕구로 이어진다.

욕구는 (행복이나 슬픔 등의) 기분, (친절과 불친절 등의) 태도 또는 (낙관주의나 비관주의 등의) 기질과는 다르다. 누구나 어떤 사람이나 사물에게 상호 반응을 기대하지 않고서도 기분, 태도, 기질을 표현하거나 드러낼 수 있기 때문이다. 그러나 욕구는 본질적으로 상호관계적이기 때문에 이들 단어와는 다르다. 웹스터 사전은 욕구의 'desire'가 "별들로부터 기다리다"라는 뜻의 라틴어 'desiderate'로부터 파생되었다고 말한다(Agnes 2001, 391). 기다림의 대상은 특정할 수 없지만, 이 별들에게서 어떤 행동이나 반응을 기대한다는 것은 욕구에 필수적인 특징이다. 만약 반응이 없다면, 누군가의 욕구는 허무할 뿐이다.

욕구의 사전적 의미가 이를 증명한다. 욕구는 무언가를 사모하고 바라며 '강렬함이나 열정'으로 행하는 것이다. 욕구는 "나는 정말 이것을 오랫동안 기다렸어." 또는 "이것을 내게 줄 수 있기를 진심으로 부탁해." 등으로 표현될 수 있다. 그리고 "이것 없이는 살 수가 없어."와 "이게 없으면 삶에는 아무 의미가 없어."로도 표현될 수도 있다.

◎ 90대의 리비도

왜 욕구가 열 번째 10년(90대)을 보내는 사람들에게 특히 관련이 있을까? 웹스터 사전의 욕구에 대한 정의 세 가지를 다시 떠올려 보자. ① "무언가를 원하거나 갈망하는 것, 갈망, 탐냄", ② "요구, 부탁", ③ "성적으로 욕망함"(Agnes 2001, 391). 나는 지금까지 첫 번째 정의를 강조했다. 두 번째 정의는 꽤 공식적인 것이라 할 수 있다. 예를 들어, 존스 부부가 그들의 딸과 스미스의 결혼식에 우리가 참석하길 바라는 욕구를 가지고 있다고 해 보자. 우리는 무언가를 바라면서 왜 간단히 부탁하는 것조차 꺼리게 되는지에 대한 의문이 생긴다. 누가 봐도 사랑에 빠진 것으로 보이는 젊은 남성들은 때때로 상대 여성이 청혼을 하도록 만든다. 이 장은 90대 사람들에 대해서 이야기하고 있기 때문에 섹스와 연관된 정의를 무시하는 것이 지혜로운 선택인 듯 보인다. 그러나 이상하게도 이 정의가 세 가지 정의 중 가장 중요하다.

성적으로 활력 있는 성인들을 떠올릴 때, 우리는 90대 사람들을 떠올리지는 않는다. 90대와 성생활이라는 단어들의 부조화는 농담의 한 장르를 만들어 낼 정도로 심하다. 예를 하나 들어 보자. 한 남자가 지난 60년간 꾸준히 들렀던 바에 갔다. 그의 아흔 번째 생일이었기 때문에, 바텐더와 그의 친구들이 깜짝 생일 파티를 해 주었다. 그들이 준비한 커다란 생일 케이크에서 아름답고 젊은 여자가 튀어나와 "안녕하세요, 끝내주는 섹스 어때요?"라고 말하자, 남자는 "케이크가 망가졌으니 수프나 마셔야겠군."이라고 응수했다(Tapper & Press 2000, 139).

다른 농담도 있다. 90세의 남자가 의사에게 가서 "의사 선생님, 열여덟 살 된 제 아내가 임신했답니다. 저는 아빠가 될 거예요!"라고 말했다. 의사는 "이야기 하나 해 드리죠. 한 남자가 사냥을 하러 갔는데, 실수로 총이 아닌 우산을 들고 갔습니다. 갑자기 곰이 그를 공격해 오자 그는 우산을 곰을 향해 쏴서 즉사 시켰습니다"라고 말했다. 남자가 "불가능해요. 누군가가 곰을 총으로 쐈겠지요"라고 말하자, 의사는 "제 말이 그 말입니다."라고 대답했다(Becker et al. 2003, 167).[2]

하지만 이 농담들은 내 논점을 뒷받침해 준다. 우리가 섹스를 생각할 때면 대개 생식기적 성행위를 떠올린다. 실제로 에릭슨(1950)은 친밀감과 고립감 사이에 발생하는 갈등을 말하며 생식기적 성행위를 강조했다(230-231). 그러므로 90대와 생식기적 성행위를 연관 지을 때 웃음이 나온다는 사실은 두 가지 대안 중 하나를 선택하도록 만든다. 그것은 욕구의 세 번째 정의를 무시하거나, 성(性)의 정의를 다르게 생각하는 것이다. 나는 두 번째 대안을 더 선호하는데, 프로이트와 에릭슨의 글이 그 근거이다.

프로이트의 『쾌락 원리를 넘어서』(1959)의 요점은 그가 책을 쓰기 몇 년 전부터 고안했던 아이디어인데, 모든 생물에는 '쾌락 원리'에 반하는 암묵적 죽음의 욕구라는 또다른 원리가 있다는 것이다. 쾌락 원리라는 용어는 그가 신생아들이 즐거움을 쫓고 고통을 피하려 하는, 만족감을 향한 원시적 본능을 가지고 있다는 사실을 지칭하기 위해 만들어 낸 것이다. 이러한 원리는 세상이 아이들과 그

---

2 이삭이 잉태된 사건을 기록한 성경의 이야기는 아브라함과 사라가 노년의 나이임에도 아이의 부모가 될 것이라는 사실을 듣게 되었을 때 의심을 품은 것에 대해 말한다. 그 소식은 아브라함을 웃으며 자지러지게 만들었다. "아브라함이 엎드려 웃으며 마음속으로 이르되 백 세 된 사람이 어찌 자식을 낳을까 사라는 구십 세니 어찌 출산하리요"하고(창세기 17:17) 나는 이 이야기를 나의 책 『웃음의 시간(A Time to Laugh)』(Capps 2005, 76~84)에서 다뤘다.

들이 요구하는 것들을 중심으로 돌아가지 않는다는 '현실 원리'와 충돌하게 된다. 현실 세계가 요구하는 것들이 분명히 존재하므로 사람들은 현실에 순응하기 위해 자신들의 관점을 세상에 맞춰야 한다. 아이들은 "현실 원리"를 깨달아야 하는 것이다(Rennison 2001, 88-89).

쾌락 원리와 현실 원리의 갈등은 프로이트가 두 가지 원초적 본능인 쾌락 원리(자신의 필요를 만족시키고자 하는 관심)와 죽음 본능(긍정적인 자극을 포함한 모든 자극에서 벗어나 무력감으로 향하려는 본능) 사이에 내적 갈등이 존재한다는 생각을 발전시키기 시작할 때까지 그의 주된 강조점이었다.

프로이트는 리비도라는 용어를 사용해서 쾌락 원리가 외부 세계 사람들과 대상을 향한다는 사실을 전달하려 했다. 리비도(libido)는 '기쁘게 하다(it pleases)' '기쁨(pleasure)'이라는 뜻의 라틴어 libet에서 파생되었다. 시간이 지남에 따라 리비도는 본래의 뜻을 대부분 잃어버렸다. 사람들은 일반적으로 리비도가 생식기적 성행위를 묘사하는 데 한정되어 사용되며, 제어할 수 없는 성적 욕망을 암시한다고 생각한다. 실제로 호색적(libidinous)이라는 단어는 이제 "성적 욕망으로 가득하거나 그것으로 특징지어지는, 외설적인, 음탕한"이라는 뜻으로 정의된다(Agnes 2001, 826).

그러나 리비도는 일반적으로는 심리적 에너지를 말하는데, 좀 더 세부적으로는 "긍정적이 되고자 하고 사랑하고자 하는 본능을 포함하며 성격 발달의 여러 단계에 다양하게 나타나는 기본적인 형태의 심리적 에너지"를 의미한다(Agnes 2001, 826). 그렇다면 쾌락과 죽음을 향한 두 가지의 내적 원리는 고통을 대하는 매우 다른 두 가지의 방법이 된다. 쾌락 원리는 리비도의 심리적 에너지를 통해 자신이 필요로 하는 것을 다른 사람들을 통해 만족시키며 고통에서 벗어나려 하는 것이다. 반면, 죽음 욕동은 삶을 끝냄으로써 고통으로부터 벗어나려 하는 것이다. 그렇기에 90대가 마주하는 실존적 질문은 첫 번째 원리가 지속될 만큼 충분히 효과적이거나 가치있는 것인지, 혹은 두 번째 원리를 따라 행동해야 할지에 대한 것이다(물론, 많은 사람이 90대가 되기 전에도 이런 질문에 맞닥뜨리곤 한다).
90대 관하여 특히 더 중요하게 고려해야 할 것은 90대가 된 사람들은 어차피 그
리 더 오래 살 것이라고 기대하지 않는다는 사실이다.

　　하지만 나는 다양한 발달 단계에서 다른 모습으로 찾아오는 리비도 그 자체에
초점을 맞추려 한다. 열 번째 10년을 보낼 때는 리비도가 어떤 형태로 다가올까?
리비도는 욕구의 동의어나 다름없기 때문에, 이 질문은 90대의 인생에는 어떠한
욕구가 만들어지는지를 더 명확히 보여 줄 것이다.

　　나는 90대의 사람들이 '두 번째 어린 시절'을 보낸다고 생각하지는 않지만, 그
들의 리비도 에너지가 유아들의 그것과 매우 흡사하다고 생각한다. 할아버지가
된 지금, 나는 아기들이 익숙한 얼굴이 짓는 미소를 보며 순전한 즐거움을 경험
한다는 사실을 떠올린다. 물론 아기들은 신체 부위들을 움직임으로써 즐거움을
경험할 수도 있지만, 인체라는 것은 고통을 느낄 수 있는 주체이기도 하기 때문
에 외부 세계로부터 즐거움을 찾으려는 성향이 더욱 강하다. 소리를 내는 딸랑
이나 움직이는 장난감 등의 사물도 즐거움을 가져다주지만, 다른 사람들이 아이
와 직접적인 상호작용을 하며 아기에게 주는 즐거움이 더욱 강력하다.

　　제1장에서 보았듯이, 에릭슨(1964a)은 아기가 엄마와 주고받는 미소가 희망이
라는 미덕의 첫 발전 단계라고 한 바 있으나, 이 단계는 "삼키기 좋고 소화하기도
편한" 음식도 필요하다(116). 하나의 즐거움이 다른 즐거움을 야기하고 또 다른
즐거움을 야기하면서, 얼마 지나지 않아 아기는 이 일련의 즐거움 이전에 자신
이 불편함이나 고통을 느꼈다는 것을 잊어버리게 된다.

　　열 번째 10년(90대)에 다다른 성인들과 이것은 어떤 관련이 있을까? 기본적으
로 90대의 리비도는 유아나 어린아이의 그것과 비슷한 형태 혹은 표현을 가진
다. 사실 그것은 예수가 자신의 선포를 통해 말하고자 했던 회심의 형태이기도
하다. "이르시되 진실로 너희에게 이르노니 너희가 돌이켜 어린아이들과 같이
되지 아니하면 결단코 천국에 들어가지 못하리라"(마태복음 18:3; Erikson 1981, 348).

이러한 추론에 대한 근거는 로렌스 J. 프리드만(1999)이 쓴 에릭슨의 전기에 나타나 있다. 프리드만은 에릭슨의 아흔 번째 생일 직전에 있었던 이야기로 그의 전기를 시작한다. 1993년 6월, 프리드만이 에릭슨에게 그의 아버지의 신원을 밝혀 줄 정보를 생일을 위한 특별한 선물로 주기로 마음먹었다. 그는 에릭슨의 덴마크인 친척들과 코펜하겐으로 가서 그의 족보를 비롯한 문서들 및 기억에 남을 만한 자료들을 조사했다. 프리드만은 미국으로 귀국했을 때 18세기부터 이어지는 자세한 가계도와 에릭슨의 모친이 미혼이었을 때의 사진을 가지고 두 명의 가능성 있는 아버지 후보까지 추려 왔다. 두 명 모두 에릭이라는 이름의 사진작가였다.

에릭슨은 케임브리지에 위치한 그의 자택 내 서재에서 휠체어에 조용히 앉아 프리드만이 가져온 것들을 힐끗 보았다. 자세한 가계도에는 관심도 없었고, 두 명의 아버지 후보에는 거의 눈길조차 주지 않았다. 이런 그를 본 프리드만은 에릭슨의 "아버지의 신원을 찾기 위한 일평생의 탐구는 미완으로 남을 것"임을 깨달았다(19). 하지만 '모든 게 무위로 돌아간' 것은 아니었다. 에릭슨이 그의 어머니의 어린 시절 사진을 집어들고는 오랫동안 그녀의 모습을 바라봤던 것이다. 마침내 에릭슨이 입을 열었다. "정말 미인이군." 프리드만은 회고했다. "그는 정말 노쇠했고 움직이는 것도 거의 불가능했지만, 그의 눈은 생기를 되찾았다. 그의 얼굴에는 미소가 번졌다. 에릭슨은 그의 덴마크인 어머니에 대한 기억을 회상하며 즐거운 시간을 보내고 있었다. 그는 그의 벽난로 선반 위의 덴마크 국기를 잠시 본 후 다시 사진으로 시선을 옮겼다."(19) 그로부터 몇 분 후, 에릭슨은 낮잠을 잘 준비를 했다. 프리드만은 이야기를 결론짓는다. "아무리 심리적으로도 신체적으로도 약해지고 많은 나이를 먹었다 할지라도 그에게서 기쁨, 활력, 발견 그리고 약간의 장난기까지 느낄 수 있다"(19).

에릭슨이 사진을 봤을 때 무슨 일이 일어났던 것일까? 프리드만의 결론은 에릭슨의 리비도가 사진으로 인해 발동되었고, 그 사진은 몇 십 년 전 아마도 에릭슨의 생물학적 아버지였을 남성 사진가의 리비도 역시 자극했다는 것이다. 그 나이에 에릭슨이 프리드만이 모은 역사적 자료로 아버지의 신원에 대해 발견한 것과 마주하는 것은 어쩌면 아주 힘든 일이었을지도 모른다. 아니면 그것은 이미 자신의 정체성을 오랜 기간 인생을 살면서 확립한, 곧 91세가 될 사람에게는 필요 없는 정보였을지도 모른다. 하지만 그가 유아 때 느꼈던 그 욕구는 그의 몸과 마음이 쇠약해졌을 때도 여전히 살아 있었다. 그래서 리비도 발동 후 낮잠을 청했다는 사실과 유아들이 자신의 필요가 채워졌을 때 몸과 마음이 편안해지는 것은 정확히 일치하는 것이라 할 수 있겠다.

◎ 욕구: 삶의 엔진

성경 속 지혜에 대한 책들 중 하나인 전도서의 가장 잘 알려진 구절 "너는 청년의 때에 너의 창조주를 기억하라"(전도서 12:1a)는 충고이다. 내가 10대였을 때, 이 충고는 종종 청소년 캠프에서 우리 같은 아이들을 향한 설교의 기본적인 재료였다. 하지만 구절들의 나머지(1~7절)는 인용되지 않았는데, 아마 10대들에게는 관련이 없다고 생각했거나 너무 절망적이었거나 둘 다였기 때문이었을 것 같다. 그러나 나는 여기에 나오는 시적 형식이 매우 풍부하고 정확하게 표현하고 있다고 생각한다.

> 너는 청년의 때에 너의 창조주를 기억하라
> 곧 곤고한 날이 이르기 전에, 나는 아무 낙이 없다고 할 해들이 가깝기 전에
> 해와 빛과 달과 별들이 어둡기 전에, 비 뒤에 구름이 다시 일어나기 전에 그리하라

그런 날에는 집을 지키는 자들이 떨 것이며

힘 있는 자들이 구부러질 것이며 맷돌질하는 자들이 적으므로 그칠 것이며

창들로 내다보는 자가 어두워질 것이며

길거리 문들이 닫혀질 것이며 맷돌 소리가 적어질 것이며

새의 소리로 말미암아 일어날 것이며 음악하는 여자들은 다 쇠하여질
   것이며

또한 그런 자들은 높은 곳을 두려워할 것이며 길에서는 놀랄 것이며

살구나무가 꽃이 필 것이며 메뚜기도 짐이 될 것이며 정욕이 그치리니

이는 사람이 자기의 영원한 집으로 돌아가고 조문객들이 거리로 왕래
   하게 됨이니라

은줄이 풀리고 금그릇이 깨지고

항아리가 샘 곁에서 깨지고 바퀴가 우물 위에서 깨지고

흙은 여전히 땅으로 돌아가고 영은 그것을 주신 하나님께로 돌아가기
   전에 기억하라

전도서 12:1-7

리랜드 라이킨(Leland Ryken)은 그의 책『기쁨의 말들(Words of Delight)』(1992)에서 이 성경 구절들이 고령에 대해 매우 비유적으로 묘사했다고 주장했다. "해와 빛과 달과 별이 어두워졌다"라는 표현은 흐려진 시력을 일컫는 것이며, "비 뒤에 다시 일어나는 구름"은 눈의 피로로 인해 나오는 눈물, "몸을 떨고 있는 집을 지키는 자"는 떨리는 손발, "구부러진 강한 사람들"은 구부러진 어깨, "너무 적어서 작동이 중단된 맷돌"은 치아 손실을 일컫는 것이다. 약해진 눈은 "어둑해진 창

문" 떨어진 청력은 "거리의 닫힌 문들", 하얘진 머리카락**3**은 "활짝 핀 살구나무 꽃"으로 묘사하고, "짐이 된 메뚜기"는 활기 잃은 걸음걸이를 의미한다.

만일 라이킨이 몇 가지 표현과 비유를 잘못된 대상과 연관 지었다고 하더라도, 이 시를 쓴 시인이 나이 듦에 대해 생각하고 있었다는 것은 분명하다. 그는 독자들에게 "힘든 나날들이 오고 여러 해가 지나가며 당신이 "더 이상 삶에서 기쁨을 느낄 수 없다"고 말하게 될 때가 오기 전에, 매일 항상 당신의 창조주에 대해 생각하라."라고 꾸짖는다. "더 이상 삶에서 기쁨을 느낄 수 없다"는 애통함은 프로이트가 『쾌락 원리를 넘어서』에서 주장한 내적 갈등과 직접적으로 연관된다.

이 시와 인생의 열 번째 10년에 맞이하는 욕구와 투쟁 사이의 갈등이 밀접히 연관되어 있다는 또다른 암시는 바로 고령에서의 욕구가 실패하고 만다는 데서 찾아볼 수 있다. 기쁨도 욕구도 없다면 예상하고 준비해야 한다. 조문객들이 거리로 왕래하고, 은줄이 풀리고 금그릇이 깨지고 항아리가 샘 곁에서 깨지고 바퀴가 우물 위에서 깨지는 등(역자 주: 고린도전서 12:5-6 인용) 주위의 세계가 산산조각 나는 것처럼 보이는 것도 당연하다. 이와 함께 산산조각 나고 있을지도 모를 마음은 더 이상 이 세계를 인내를 품고 있는 곳으로 인식하지 못할 것이다. 이런 점에서 이 시는 욕구를 넘어서는 투쟁을 강조한다. 이 시는 모든 욕구가 실패할 때가 왔음을, 누구도 더 이상 인내하기 위해 인내할 필요가 없는 때가 왔음을 이야기한다.

하지만 스탠리 쿠니츠(Stanley Kunitz 2000)가 90세 때 쓴 시는 90대의 욕구가 실패하고 만다는 주장을 반박한다. 이 시는 욕구라는 것이 결코 영구적으로 없어지지 않으며, 다른 욕구에 활기를 불어넣는다고 이야기한다(266). 시의 첫 행은 쿠니츠가 50대 때 쓴 「꽃처럼(As Flowers Are)」(92)이라는 시를 인용한 것이다.

---

3 하얀 머리카락은 나이 듦에 있어 아름다운 현상이다. 잠언 20장 29절에는 "젊은 자의 영화는 그의 힘이요 늙은 자의 아름다움은 백발이니라"라고 쓰여 있다.

나를 만져 줘

늦은 더위다, 내 가슴아.
공기로부터 단어들이 떠오른다.
40년 전이었다.
내가 사랑에 빠졌을 때
그리고 그 밤에
휘파람과 비로 찢겨진 나뭇잎처럼
내가 두 조각 났을 때
뒤처진 내 마음
그것이 내 노래다.
오후 내내 암회색 하늘 아래 있던
바깥은 정원에 쌓여 가고,
나는 마치 껍질에서 터져 나오는 듯한
적막함에 무릎을 꿇었다.
그리고 아이처럼
작은 기계에서
놀랍도록 명확하게 들리는 음악을 들으며
경이로워했다.
무엇이 그렇게 만들었을까?
나는 바라고, 바라고, 바란다.
묻혀 버린 인생을
휘저을 춤에 대한 갈망.
한 철이 끝났다.
그러므로 상처받아 낡은 버드나무를

유리창을 향해 던지자.

집의 목재들이 삐걱거린다.

사랑하는 사람아,

당신이 결혼한 남자를 기억하는가?

내 마음을 만져다오.

내가 누구인지 기억할 수 있게.

　

로저 하우스덴(Roger Housden)은 『AARP』 2003년 7/8월호에 기고한 「어떤 인생, 어떤 계절(One Life, one Season)」이라는 글에서 이 시에 대해 이야기했다. 귀뚜라미들이 짝짓기 노래를 부른다는 사실을 언급하면서 하우스덴은 "쿠니츠에게 늦여름이 찾아왔고, 자신의 마지막 날 역시 가까이 다가왔다는 것을 알고 있다. 하지만 그것이 그에게 할 일이 동이 났다는 것을 뜻하는가? 전혀 아니다. 이 시의 경이로운 부분은 쿠니츠가 이 계절이 그의 남은 일생 동안 계속된다는 것을 알아차렸다는 것이다. 그의 삶의 엔진인 욕구는 그가 죽는 순간까지 계속될 것이다. 이것을 잘 알고 있는 그는 두려워하지 않는다"(37)라고 말했다. 이런 맥락에서 우리는 이 시에서 90대의 남자가 실패하지 않는 욕구를 말하고 있다는 것을 볼 수 있다. 물론 고령의 나이에 이른 몇몇 사람들의 욕구가 실패하는 것 역시 확인할 수 있기 때문에, 전도서의 시인이 욕구에 대해서 틀린 말을 했다고는 할 수 없다. 그러나 만약 전도서가 무거운 다리를 짐처럼 질질 끄는 메뚜기를 비유로 사용해 자신의 주장을 뒷받침한다면, 쿠니츠 역시 귀뚜라미라는 비유를 사용해 자신의 주장의 근거를 제시할 수 있다. 그렇기에 늙고 병든 버드나무가 창문의 유리를 세차게 두드리고 집의 마룻바닥이 삐걱거리도록 두자. 대신 엔진의 웅웅거리는 소리에 귀를 기울여 보라.

◎ 욕구가 욕구를 만날 때

스탠리 쿠니츠는 2006년에 100세의 나이로 사망했다. 2003년 봄, 그는 건강에 적신호가 켜졌고 자신이 죽어 가고 있다는 것을 정확히 알 수 있었다. 그는 입원하여 3일간 요양원에 있었다. 그러나 건강이 점점 나빠졌을 때 집에서 지내는 것이 더 편할 것이라는 판단으로 퇴원을 하게 된다. 그는 이후 사흘간 쉬며 주로 침묵으로 시간을 보냈지만 주위 사람들의 질문에는 곧잘 대답하곤 했다. 삼일째 되던 날에는 몸을 일으킬 수 있었고, 일주일 후에는 하루에 세 끼를 먹을 수 있었다. 그는 이 사흘간의 시간을 "전혀 다른 세계에 있었던 때"라고 표현했다(Kunitz & Lentine 2005, 118). 그해 여름 그는 다음과 같은 글을 썼다. "정원은 삶과 죽음과 회복의 원리를 우리에게 가르쳐 준다. 그것의 리듬 안에서 우리는 우리에게 일어날 수 있는 부활의 가장 유사한 형태를 발견한다. 나는 일종의 부활을 경험하는 것 같았고, 다시 이 세상에 등장하는 느낌이었는데, 그것은 결코 망상이 아니었다. 나는 어떤 것도 약속받지 못했지만 그때는 분명 나에게 부활의 때였다."(118)

그다음 해 봄에 그의 아내 엘리스가 죽었다. 둘은 47년간 부부였다. 그해 여름, 그의 친구 제닌 렌틴(Genine Lentine)이 작년에 그가 경험한 '부활'에 대해 물어봤다. 그의 대답은 다음과 같았다.

> 나는 큰 변화를 겪었다고 느꼈어. 정말 다른 세계로 이동하는 것 같았거든. 그건 쉽게 말해 내가 모든 것을 통제하고, 가고 싶은 방향으로 가고 있다는 느낌이었어. 죄인이 되는 대신 현실을 완벽히 통제할 수 있다는 것, 그것은 굉장히 특별한 느낌이었어. 사실 나는 너의 삶과 정신, 사랑 그리고 다른 모든 것들을 지휘하고 있는 거야. 내가 소유하게 된 새로운 삶의 감각으로 나는 변화된 것 같아. 나는 결코 길을 잃지 않았어. 나 자신과 내 안의 힘을 찾은 거야. 그리고 나는 운명의 희생자가 아

니며 나의 운명을 내 자신이 소유하고 있다고 느껴(131-132).

그는 건강이 악화되었을 때 길을 잃고 미래가 불확실하다는 느낌을 받았다는 사실을 돌아보며 의식과 육체의 분열을 느꼈다고 이야기했다. 그는 "누구나 무엇보다 정체성을 자각하고 싶어 하기" 때문에 의식과 육체를 화해시킬 필요가 있다고 생각했다(133). 그러나 "네가 누구인지에 대한 감각(무엇이 일어나고 있고 그것에 대해 네가 알아차리는 것) 너머에 전혀 다른 상태의 감각이 있어. 그 상태는 너 자신의 존재 대한 감각이기도 하고 네가 아닌 존재에 대한 감각이기도 해."라고 말했다(133).

렌틴은 그에게 육체 밖에서 경험한 이러한 지각이 실제 사망 시에 경험하는 것과 유사할 가능성이 있는지 물었다. 그는 그 두 개의 경험을 분리시키기란 불가능하다고 대답했으며, "그것이 바로 죽음이 '길을 잃어버린다'는 상징으로 묘사되는 이유"라는 것과 그러한 지각 상태가 "죽음에 이를 때 서서히 용해되어 사라질 것"임을 언급했다(133). 렌틴은 그가 '서서히'라는 단어를 사용했음을 감지하고 질문했다. "그렇다면 육체가 죽어도 그러한 지각은 얼마간 남아있다고 생각하는 거야?" 그가 대답했다. "그렇지. 육체적 사망과 존재적 사망이 함께 즉각적으로 이루어진다고 생각할 이유는 없네. 그보다는 서서히 용해되어 사라지는 게 맞는 것 같아."(133) 그리고 덧붙여 말했다. "동반자를 상실하는 경험은 세상에 대한 지각이 육체 밖으로 빠져나가는 순간이 있다는 것을 말해 준다네."(134)

그는 당시 몇 달 전에 사망한 아내 엘리스가 죽었을 때도 이러한 것을 느꼈을까? 그는 "그래, 그 순간이라고 할 수 있겠군."이라고 대답했다. 그는 렌틴의 부가적인 질문들에는 당시 무언가 빠져나가는 상태를 느꼈고, 그 후에 모든 것이 끝이 났으며, 그 상태는 "마지막 밤 내내" 진행 중이었다고 답했다(135).

그는 아내의 의학적 죽음 이후에도 그녀를 지각했을까? 만약 그랬다면 그것은 어떻게 드러났을까? 그는 실제로 그것을 느꼈다고 답했으며, 그가 잡은 그녀의 두 손을 통해 그것이 분명히 드러났다고 말했다. 그는 아직도 그녀의 존재를 느낄 수 있을까? "그래, 하지만 증명할 순 없네. 육체뿐 아니라 정신의 기능이기도 하니까."(136).

렌틴은 엘리스도 죽은 사람들의 꿈을 꿀 때가 있었을 것인데, 그런 꿈속에서 나타나는 "사람들이 그저 꿈에 등장하는 인물일 뿐이며, 꿈속에 등장하는 다른 사람들처럼 실제로 거기 존재한다고 생각하진 않지만, 가끔은 뚜렷이 존재를 느끼는 꿈을 꾸기도 한다"고 말하면서 그가 아내가 함께 있는 꿈을 꾸지는 않는지 물었다(136). 그는 자신도 같은 경험을 해 봤다고 대답했다.

> 존재하는 것이 있지. 그 존재에는 이미지가 있는데 그것은 어떤 경험과도 다른 거야. 또 그것은 사람들의 많은 부분을 차지하는데 다른 존재와는 명확히 다른 감각이라 할 수 있어. 다른 것들처럼 실재하지만 물리적인 이미지는 아니야. 하지만 그곳에 분명히 존재하는 것이지. …… 꿈속에서 그녀는 항상 내 손을 잡고 있는데 그건 정말 진짜야. 진짜 같은 일체감. 그것은 정말로 다른 경험과는 다른 거야(136).

그들의 대화는 여기서 끝났다.

버트 O. 스테이츠(Bert O. States)는 그의 책 『꿈꾸기와 스토리텔링(Dreaming and Storytelling)』(1993)에서 꿈은 우리가 일상에서 볼 수 있는 논리를 비슷하게 따라간다고 주장한다. 일상은 동기("오늘 꼭 철물점에 가야겠다.")와 우연성("그런데 갑자기 존이 찾아왔네!")의 충돌 또는 상호작용의 연속이다. 꿈 이야기도 다르지 않다(158). 쿠니츠가 엘리스에 대한 꿈을 꿀 때 동기와 우연성은 불가분한 것이다. 그녀의 존재에 대한 이런 경험들에는 공통된 욕구라는 깊은 동기가 있으나 우연성 역시 함께 존재한다. 두 사람이 아무리 서로의 존재에 대한 욕구가 강하다고 해도 만남을 성사시킬 수 있는 통제력이 없다면 종종 어떠한 우연성에 기대야 하기 때문이다. 몇몇 사람은 이러한 우연성을 '운명'이라고 하고 또 어떤 사람들은 '섭리'라고 한다.

◎ 욕구하는 나라

　죽음의 심연에서 욕구와 욕구가 (주로 꿈의 경험으로) 만난다는 발상은 서문에서 언급한 존 번연의 『천로역정』(1957)으로 다시 돌아가게 한다. 초판 속표지에는 다음과 같이 적혀 있다. "이 세상에서 앞으로 오게 될 저 세상으로의 천로역정은 꿈이라는 유사성을 통해 설명되는데, 이를 통해 순례자가 떠나는 방식, 위험한 여행, 갈망하는 나라에 안전하게 도착하는 것 등이 드러난다. – 존 번연" 제목 밑에는 호세아서 12장 10절 구절도 있다. "내가 비유를 베풀었노라". 최근에 나온 번역본은 '유사성'이라는 단어 대신 '비유'라는 단어를 사용한다.

　전도서의 저자는 욕구의 실패를 '영원한 집'으로 향해야 할 이유와 연관 짓지만, 번연은 '영원한 집' 자체가 욕구의 대상이라고 주장한다. 꿈이 마무리 단계로 나아갈수록, 크리스천과 그의 동료의 희망 역시 여정의 끝을 향해 나아간다. 그들은 마법에 걸린 땅을 지나 뿔라(Beulah)의 나라에 들어가게 되는데, "그들은 계속해서 새들의 지저귀는 소리를 들을 수 있었고, 매일 꽃이 땅에 피어나는 광경을 볼 수 있었으며, 땅 위를 기는 거북이의 목소리까지 들을 수 있었다"(149). 뿔라의 나라는 사망의 음침한 골짜기 너머에 있고 절망의 거인이 닿을 수 없는 곳에 있었다. 의심의 성은 굉장히 멀리 있었고 그들의 눈에는 전혀 보이지도 않았다.

　그 나라는 천국과 맞닿아 있었기 때문에 빛나는 존재들이 걸어다니는 모습도 쉽게 볼 수 있었다. 그들은 빛나는 존재들을 몇몇 만날 수 있었고, 그들이 가고자 했던 천성을 완벽히 볼 수 있었다. 정말 아름다웠던 나머지 크리스천은 "욕구로 인해 병이 났고", 희망도 "같은 질병으로 두세 번 발작하기도 했다"(149). 그래서 그 둘은 그곳에 얼마간 누워 고통 속에 비명을 지르며 "내가 사랑하는 사람을 보거든 내가 사랑 때문에 아프다고 전해 주오"라고 외쳤다(149). 하지만 얼마 후 그들은 힘을 조금씩 되찾고 있다고 느꼈고, 아픔을 인내할 수 있게 되었으며, 그래서 또다시 나아갔다. 그들의 마지막 시험은 강이었고, 그들이 강을 건너는 와중에 크리스천이 가라앉기 시작하면서 사망의 슬픔에 압도당해 감각을 잃어버리고 "그 강에서 죽을 수 밖에 없다는 마음의 공포와 심장에 가득찬 두려움"을 경험하기 시작했다(151).

희망은 "그의 형제의 머리를 수면 위로 뜨게 하기 위해 갖은 애를 썼다"(152). 그는 천성 문 앞에 사람들이 모여 자신들을 맞을 준비를 하고 있다고 말하며 그의 동료를 안심시키려 했으나, 크리스천은 그들이 희망을 맞으러 나온 것이라고 답했다. 그러나 희망은 끈질기게 크리스천에게 "예수 그리스도가 당신을 온전하게 만드신다"며 그렇기 때문에 기운을 내야 한다고 말했다(152). 그 말을 하자마자 크리스천은 자신이 땅을 딛고 서 있다는 사실을 알아차렸으며 사실 강이 매우 얕다는 사실을 깨닫게 되었다. 두 사람은 두 빛나는 존재가 그들이 건너갈 곳의 강기슭에 서서 그들을 기다리고 있는 것을 보았다. 두 빛나는 존재는 보살피는 영혼들이었고, 구원의 후계자들을 돌보러 보내진 존재였던 것이다.

번연의 비유는 욕구에 관한 것이며, 이 욕구는 길고 고된 여정 끝에서 그분과 함께 있고 싶다는 것을 대변한다. 크리스천의 투쟁이 얼마나 힘들었든지 간에, 그는 그것들을 욕구로 이겨 냈다.

◎ 주님의 얼굴

욕구 대 투쟁의 갈등은 아홉 번째 10년(90대)의 주요한 갈등이지만, 욕구와 투쟁의 진원지는 인생의 가장 초기 단계에서 찾을 수 있다. 『장난감과 사유』라는 책의 '유아기와 신비: 빛, 얼굴 그리고 이름'이라는 장에서 에릭슨은 "인간은 발달 초기 단계에서 구강기의 감각적 욕구의 충족을 원할 뿐만 아니라 일차적 양육자가 쳐다봐 주고 그것에 자신이 반응하기를 원하고, 자신이 부모의 얼굴을 올려다보고 그것에 부모가 반응하기를 원하고, 계속해서 올려다보고 올려다볼 누군가를 찾고, 자신의 눈짓에 반응해 주는 누군가가 자신을 들어 올려 주기를 바란다"고 설명한다(1977, 91).

그는 "집단적 비전의 종교적 요소는 이 첫 번째 단계에 반응하는 것이다."라고 말하면서 비스콘티 기도서에 나와 있는 예를 든다. 화가 비르벨로는 마리아의 죽음을 묘사하며 "천국의 하나님이 포대기에 감싸진 아이로 그려진 그녀의 영혼을 팔로 감싸 안는 모습"과 "마리아의 영혼이 하나님을 바라보는 것처럼 하나님도 그녀의 영혼을 바라보는 모습"을 표현했다(91). 욕구가 욕구를 만난 것이다.[4]

에릭슨이 70대였을 때 쓴 이 책에서 인생의 첫 단계에 대한 이야기를 엄마의 영혼을 포대기에 감싸진 아이의 모습으로 표현한 것과 그런 아기를 하나님이 안고 있는 모습, 그리고 둘이 서로를 바라보는 모습으로 마무리 지은 것은 적합한 결론인 듯 보인다. 개인적으로 나는 이 이야기를 들으면 내가 소년이었을 때 목사님이 예배가 끝날 때 하셨던, 내가 원하고 필요로 했던 축도의 말씀이 생각난다. "여호와는 네게 복을 주시고 너를 지키시기를 원하며 여호와는 그의 얼굴로

---

4 에릭슨은 화가를 비르벨로(Barbello)로 오인한다. 사실 그는 벨벨로 다 파비아(Belbello da Pavia)였다. 중세 후기와 르네상스 시대에 유행한 『성무 일과 기도서(Books of Hours)』는 성모 마리아의 일과(또는 작은 사무실)에서 온 이름인데, 이 책은 낮 동안에 드려야 할 8개의 짧은 예배의 순서로 구성되어 있는데, 각자 개인적으로 암송하도록 만들어진 것이었다. 이탈리아 최초의 기도서 중 하나인 비스콘티 기도서는 1388년부터 1402년까지 밀라노 공작이었던 지안 갈레아초 비스콘티(Giangaleazzo Visconti)를 위해 대략 1388년에서 1395년 사이에 시작되었는데, 그의 차남이며 1412년부터 1447년까지 밀라노의 공작이었던 필리포 마리아 비스콘티를 위해 완성되었다. 벨벨로는 두 번째 시기 때 비스콘티 기도서에 기여한 사람이다(Backhouse 2004; De Hamel 1997; Walther & Wolff 2001).

네게 비추사 은혜 베푸시기를 원하며 여호와는 그 얼굴을 네게로 향하여 드사 평강 주시기를 원하노라."(역자 주: 민수기 6:24-26) 그 목사님은 더 이상 얼굴 (countenance)이라는 단어를 쓰지 않으시지만 이제 대신 "여호와가 너를 은총으로 바라보시기를 원하노라"라고 말씀하신다. 독자들에게 다시 한번 웹스터 사전으로 돌아가자고 말하고 싶다. 안면(face)이라는 단어는 기본적으로 머리 앞부분을 직접적으로 표현하는 단어지만, 얼굴(countenance)이라는 단어는 감정이나 느낌을 반영하는 얼굴로 정의된다(Agnes 2001, 507). 그렇기에 에릭슨이 이야기했듯이 "종교에서는 비전이 계시가 된다"(1977, 91). 우리가 욕구하는 하나님의 얼굴에 나타난 계시는 단순한 욕구의 화답이 아니며, 절대적 타자인 하나님에 의해 고무된 것이다.

◎ 인내하는 자기

윌리엄 제임스는 1904년에 윌리엄스 대학의 제임스 비셋 프랫(James Bissett Pratt)이 작성한 종교적 믿음에 대한 질문으로 이루어진 설문지에 다음과 같이 답했다. "인간의 불멸을 믿는가?"라는 질문에는 "열정적으로 믿지는 않았지만, 나이가 들수록 점점 더 굳게 믿고 있다."라는 답을, "만약 믿는다면 그 이유가 무엇인가?"라는 질문에는 "왜냐하면 그럴 때 내가 인생을 살아가기에 딱 적합하기 때문이다."라는 답을 했다(Brown 1973, 125). 제임스가 이 설문지에 답했을 때 62세였고, 이 시기는 내가 묘사한 성숙성과 침체의 갈등에 맞닥뜨릴 때이다. 그는 6년을 더 살았고, 68세에 죽었다.

이 장에서 우리는 외부와 내부의 투쟁에 마주한 90대의 인내에 집중했다. 그러나 우리는 스탠리 쿠니츠가 '일종의 부활'을 경험한 것과 존 번연이 '영원한 집'을 욕구의 대상이라고 비유한 것에 주목하면서, 육체가 죽음에 굴복한 후에 자기(self)가 가지는 인내에 관한 질문을 다루었다. 사실상 이 질문은 인내 (endurance)와 인내함(enduring)의 근원적 정의에서 '지속'이라는 단어를 드러낸다. 몇몇 사람에게 이는 질문조차 아닌데, 우리 주님이 사망을 상대로 완전한 승리 를 거뒀다는 점에서 이미 해답이 나왔기 때문이다. 그러나 윌리엄 제임스와 같 은 사람들에게는 아직도 그것은 질문일 수밖에 없다. 자신들의 욕구가 답에 영 향을 줄 수 있음을 알고 있기 때문이다.

확실한 것은 하나의 자기를 만드는 여러 자기 중 하나는 인내하는 자기인데 이것이 지상의 삶이라는 한계를 넘어 우리의 지속성을 그려 낼 수 있는 다양한 자기 중 하나라는 것이다. 우리들 중 소수만이 다다를 수 있을 것이라 예상되는 열 번째 10년을 이러한 인내하는 자기로 설명하는 것은 적절하다. 또한 이 자기 가 삶이 순환하는 것이라는 사실을 정당화한다는 생각 역시 적절해 보인다. 제 1장에서 보았듯이, 에릭슨은 희망을 "실존의 서막을 알리는 어두운 충동과 분노 에도 불구하고 강렬한 소원을 달성할 수 있는 인내하는 믿음"으로 묘사했다 (1964a, 118). 이 정의는 인내하는 자기가 이미 무대 뒤편에서 조용히 제 역할을 하고 있었다는 것을 의미한다. 50세가 된 존 번연이 예수께 헌신하고자 하는 글 을 쓸 때 그의 펜을 움직인 자기가 바로 이 인내하는 자기이다. "네가 물 가운데 로 지날 때에 내가 너와 함께할 것이라 강을 건널 때에 물이 너를 침몰하지 못할 것이다(역자 주: 이사야 43:2a)". 또한 이것은 프랫의 설문지에 답하도록 62세의 윌 리엄 제임스를 움직인 자기이기도 하다. 왜냐하면 그럴 때 내가 인생을 살아가 기에 딱 적합하기 때문이다.

에필로그
100세 클럽

여기 100세가 되는 사람들을 위한 최신 생일 카드가 있다. 이 카드에는 "생일에 행복하고, 가족과 친구들의 사랑이 가득하길 바랍니다. 좋은 하루 보내세요."라고 적혀 있는데, 짧지만 요점이 가득 담겨 있다. 또 다른 카드도 있다. 여기에는 "백 번째 생일이 당신이 가장 좋아하는 것(당신의 미소를 짓게 하는 것, 당신을 만족스럽게 하는 것, 당신의 마음을 특별한 기억으로 채우는 것)과 당신을 기분 좋고 행복하게 하고 사랑하게 만드는 모든 것으로 가득하기를 바랍니다."라고 쓰였다. 내가 틀렸을지도 모르지만, 여기선 당신이 이 세상에 거의 혼자라는 견해가 비약적으로 담겨져 있어서, 마치 영화 〈사운드 오브 뮤직(The Sound of Music)〉의 노래 제목처럼 '내가 좋아하는 것 몇 가지'들만 나열되어 있다.

만약 그렇다면, 이 카드가 내 머릿속에서 떠올린 그림은 영화 〈바보 네이빈(The Jerk)〉에서 스티브 마틴(Steve Martin)이 연기한, 거대한 재정적 대재앙을 겪은 다소 애처로운 남자의 모습이다. 마지막으로 자신의 별장을 떠나면서 그는 재떨이와 패들게임, 리모컨 등 무언가 의미심장한 것들을 챙기기 위해 잠시 멈췄다가 그에게 어떤 것도 필요하지 않다고 선언한다. 그런 다음 그는 성냥 몇 개와 램프가 필요할지도 모른다고 판단하고 집을 나서면서 의자를 집어 들고 마지막으로 잡지를 집는다. 내가 이 생일 카드를 내 친구에게 언급했을 때, 그는 독감으로 고생할 때 침대 옆에 놓아둔 약병이 생각났다고 말했다. 그는 약병이 정확히 그를 '기분 좋고 행복하고 사랑스럽게' 만들지는 못했지만 적어도 약효는 있었다고 말했다. 그가 묘사한 그림을 보고 이 카드가 100세를 넘지 못한 이전 세대의 친척을 위해 쓰인 것일지도 모른다는 생각이 들었지만, 만약 그랬다면 그는 생일 카드가 자신이 아끼는 위스키 병을 가리키는 것이라고 짐작했을 것이다.

나는 서문에서 백 번째 생일을 맞이한 사람들을 잠깐 생각해 보겠다고 언급했고, 내가 속한 교단 잡지가 사용하는 '100세 클럽'이라는 용어를 이 집단을 식별하는 데 쓰겠다고 했다. 나는 지난 18개월 동안 계속 추적해 왔고 354명의 회원을 찾아낼 수 있었다. 이 중 307명은 여자였고 47명은 남자였다. 이는 87%는 여자이고 13%는 남자인 셈이다. 최고령 여성 2명은 111세, 최고령 남성은 107세였다. 106세 이상 회원 23명 중 21명이 여성이었다. 그러므로 장수가 그 자체로 좋은 것이라면(그리고 우리 중 많은 이가 그것이 좋은 것이라고 믿는 경향이 있다면) 사람은 남성이 아닌 여성으로 태어나도록 조정하는 것이 현명할 것이다. 물론 교회 성도가 남성보다 여성이 많기 때문에 여성이 남성을 초과할 것으로 예상하겠지만, 이것이 둘 사이의 큰 차이를 설명하지는 못한다.

이러한 통계는 성경이 우리에게 남녀의 장수에 대해 말해 주는 것과 배치된다. 창세기에 따르면, 남성이 여성보다 훨씬 더 오래 살았다고 한다. 므두셀라(아담의 증손자의 증손자의 증손자의 증손자이자 노아의 조부)는 그가 죽었을 때 969세였다. 야렛은 962세까지 살았고, 노아는 과음하는 경향이 있었음에도 950세까지 살았다(창세기 9:20-24). 처음 10명의 족장(아담에서 노아까지)은 평균 858년을 살고 다음 10명의 족장은 평균 317년을 살았는데, 기대수명의 다소 급격한 감소는 소수의 성서 문자론자들이 홍수와 관련이 있을지도 모른다고 생각하게 만들었다.

네이선 칼린(Nathan Carlin)과 나는 여성이 남성보다 6~7년 더 오래 사는 경향이 있다는 사실(적어도 의료에 대한 동등한 접근성이 있는 나라들)에 대한 기사를 위해 연구를 하고 있을 때『삶의 여정: 미국 노화의 문화사(The Journey of Life: A Cultural History of Aging in America)』(1992)의 저자이자『옥스퍼드 전집 노화편(The Oxford Book of Aging, Cole & Winkler』(1994)의 공동 편집자인 이 분야의 잘 알려진 전문가 토마스 R. 콜(Thomas R. Cole)에게 물었다. 그는 많은 추측이 있지만, 여성이 아이를 임신하고 출산해야 하기 때문에 생물학적으로 더 힘들다는 관점을 선호한다고 우리에게 말했다(Cole 2005).

만약 그렇다면, 우리는 평균적으로 여성이 남성보다 더 오래 살았을 것이고, 이러한 성서 족보가 적힌 기간 동안 엄청나게 과장된 남성들의 나이가 여성의 더 긴 장수에 대한 남성의 부러움 때문이라고 보는 것이 타당하다고 생각했다. 우리는 성경 속 남성들이 (오늘날 남자들이 가끔 그러는 것처럼) 혼잣말로 중얼거리는 소리를 들을 수 있었다, "야, 우리가 더 강한 성인데, 왜 약한 성들이 우리보다 더 오래 사는 거야? 이해가 안 돼." 우리는 심지어 수 세기에 걸쳐 남성들이 하나님께서 여성에게 교회를 맡김으로써 이런 식으로 만물을 설계하신 것이라는 분노의 감정을 표출했다고 상상할 수 있다. 그러나 우리는 우리의 논문이 불평은 훨씬 덜하고 편향된 기색조차 주지 않기를 바랐기 때문에 긍정적인 어조로 끝을 맺었다. 우리는 남성들이 여성의 더 긴 장수를 부러워한다면 그 질투에는 나쁜 면과 좋은 면이 있으며, 나쁜 면은 부러워하는 사람을 헐뜯는 것이지만 좋은 면은 부러워하는 사람을 본받으려 하는 것임을 제안했다. 그래서 우리는 아버지들이 '충분히 좋은 어머니'가 되도록 노력해야 한다고 제안했다. '충분히 좋은 어머니'라는 용어를 만든 정신분석학자 도널드 W. 위니컷(Donald W. Winnicott)은 '충분히 좋은 어머니'가 반드시 아기의 친어머니일 필요는 없다고 언급했다. 대신 "그녀"는 "유아의 필요에 능동적으로 적응하는" 사람일 것이다(1991, 10). 한편, "아기의 친어머니는 다른 어떤 사람보다 충분히 훌륭할 가능성이 높다. 왜냐하면 그러한 능동적인 적응은 한 명의 아기에 대해서 쉽고 거침없는 몰입을 요구하기 때문이다. 사실 아기 돌보기의 성공은 영리함이나 지적 깨달음이 아닌 헌신에 달려 있다"(10).

아버지가 '충분히 좋은 어머니'가 될 수 있다는 데에 회의적인 이유가 있다. 아기가 자기들이 듬뿍 받았던 엄마의 헌신적인 대상이 되는 것에 다소 분개할 가능성이 높고, '영리함이나 지적인 깨달음'이 단순한 '헌신'보다 아기 돌보기에 더 효과적인 방법이라고 생각하기 때문이다. 따라서 아기의 욕구에 대한 그들의 능동적인 적응은 '충분히 좋은 어머니'에 미치지 못하고, 아기 돌보기의 잠재적인 생명 연장(자신을 위한) 효과를 무효화한다.

한편, 진실한 방법을 본받고자 하는 욕망이 있다면(그리고 그것에 인생을 몇 년 더 살 수 있는 부가적인 자극이 더해진다면), 어머니화된 아버지의 대집단의 발전은 불가능한 일은 아니다. 그리고 어쨌든 이것은 여성의 기대수명의 감소를 통해 그 격차를 줄이려고 하거나, 혹은 '먹고 마시고 내일을 위해 즐겁게 지내라'라는 신성한 향락에 기초한 반장수 철학을 채택하는 것보다는 확실히 여성의 더 긴 장수에 대한 더 나은 접근법이다.

물론 남성이 절대로 아이를 낳고 기르지 못할 것이라는 점은 장수 격차가 결코 완전히 좁혀지지 않는다는 것을 의미하며, 이런 경우라면 나는 남성들에게 삶의 다른 실망에 대응하여 길러온 성격적으로 좋은 유머로 기대수명의 차이를 바라볼 것을 권하고 싶다. 이러한 전략을 예시하고 용이하게 설명하기 위해 (우리가 논문을 끝냈던 것처럼) 이 에필로그를 관련 농담과 두어 편의 관련 시로 끝내고 싶다. 먼저 농담이다.

한 노인이 검진을 받으러 병원에 간다.

의사: 예순 살치고는 몸매가 아주 좋네요.

노인: 내가 60세라고 누가 그러나?

의사: 예순도 안 되셨어요? 나이가 어떻게 되십니까?

노인: 다음 달에 80세가 돼.

의사: 이런, 80! 아버님이 몇 살에 돌아가셨는지 물어봐도 되나요?

노인: 아버지가 돌아가셨다고 누가 그래?

의사: 안 돌아가셨나요?

노인: 응, 그는 올해 104세가 될 거야.

의사: 그렇게 좋은 집안 내력을 가지고 계시니 할아버지께서 돌아가셨

을 때 꽤 연세가 많으셨겠어요.

노인: 우리 할아버지가 돌아가셨다고 누가 그래?

의사: 안 돌아가셨다고요?

노인: 응, 올해 129세가 될 거야. 그리고 다음 주에 결혼하셔.

의사: 놀랍네요! 하지만 왜 그는 그 나이에 결혼을 하고 싶어 하나요?

노인: 그가 원한다고 누가 그래?[1]

---

[1]　늦은 출산이 여성의 수명을 증가시킨다는 증거(Muller et al. 2002)는 왜 성서 속 남성 조상들이 후손들인 자녀를 일찍 낳아 기르는 것보다 늦게 낳아 기르는 것이 그들이 더 오래 산다는 것을 의미한다고 믿게 되었는지 궁금하게 만들었다(Capps & Carlin 2007). 우리는 자녀들이 태어날 때의 성서 속 가장의 나이와 그 가장이 사망할 때의 나이 사이의 기간을 계산해 봤으나, 아버지가 자손을 낳아 기르는 것과 그들의 생명이 연장된다는 것 사이에 관계가 있다는 이론을 뒷받침하는 어떠한 증거도 발견할 수 없었다. 물러 등(Muller et al. 2002)의 보다 정확한 비교실험은 성서 속 가장이 마지막 자손을 낳아 기르던 때의 나이에 관한 것일 테지만, 창세기에서는 이 정보에 관하여 어떠한 것도 제공하지 않는다. 창세기에서는 일반적으로 태어난 자손의 순서에 관하여는 언급하지만, 첫째 이후 자녀들의 탄생 시점에 그 가장의 나이가 몇 세였는지는 제공하지 않기 때문이다.

다음 시는 빌리 콜린스(Billy Collins 2005, 59)가 60대 때 쓴 것이다. 의심할 바 없이 그는 성숙성 대 침체성 갈등에 허덕이고 돌봄의 미덕에 약간의 어려움을 겪고 있었다.

그날의 질서

한 주간 비가 내리고 난 후의 다음 날 아침과
높고 헐벗은 창문으로
나뭇가지를 뚫고 내리쬐는 태양.

얼룩무늬 고양이가 뒤로 돌아 누웠고,
부엌에서 커피콩을
가루로 빻는 소리가 들렸다.

모든 것이 유난히 생생해 보였다,
우리 모두가 죽을 거란 걸 알기 때문이었다.
먼저 고양이, 그다음에 너, 그 다음에 나

그러다가 다소간 나중에 액화된 태양은
내가 상상하던 질서였다.
그러나 다시 말하지만 너는 결코 정말로 알지 못한다.

그 고양이는 몹시 건강한 모습을 하고 있었다.
그의 털가죽은 뻣뻣하고 전기가 오른 듯하다.
나는 네가 그에게 무엇을 먹였는지 궁금했다.

그리고 네가 내게 먹였던 것

내가 모퉁이를 돌아서서

햇빛이 잘 드는 갑판 위에서 널 안아 줄 때

운동하고, 제자리에서 뛰고,

무릎을 높이 들어 올리고, 피부는 반짝반짝 빛나고.

그리고 당신의 치아와 불멸의 모습을 한 당신의 웃음.

그러므로 우리의 모자를 들어 올려 100세 클럽 회원들에게 경의를 표하자. 그들은 우리의 불멸이라는 꿈과 더 중요하게는 "더 나은 본향을 사모하니 곧 하늘에 있는 것이라"(히브리서 11:16)에 대한 우리 염원에 형태와 실체를 부여하기 때문이다. 이에 더하여 우리는 잔을 들어 올려 므두셀라에게 경의를 표하는 편이 나을지도 모른다. 므두셀라는 수십 년 전에 익명의 시인의 다음 시(Felleman 1936)에서 언급했듯이 현 세계를 최적으로 이용했고, 그렇게 한 것에 대해 조금도 괴로워하지 않았다(482).

므두셀라

므두셀라는 자기 접시에 놓여 있는 것을 먹었다.

그리고 결코, 오늘날 다른 사람들처럼

칼로리를 계산하여 기록하지 않았다.

그는 그것이 음식이기 때문에 먹었다.

그는 저녁에 로스트나 파이를 먹으며 앉아 있을 때

과립지방이나 비타민을 많이 섭취하는 것이

부족하다는 생각으로부터 방해받지 않았다.

그는 어떤 화려한 디저트로 인해
건강이 상할까 봐
애를 먹거나 두려워하는 것 없이
각 종류의 음식을 쾌활하게 씹었고,
그는 900년 이상을 살았다.

참고문헌

Agnes, Michael, ed. 2001. *Webster's New World College Dictionary*. Foster City: IDG Book Worldwide.

American Psychiatric Association. 1994. T*he Diagnostic and Statistical Manual of Mental Disorders (DSM-IV)*. Washington, DC: American Psychiatric Association.

Augustine. 1960. *The Confessions of St. Augustine*. Trans. john K. Ryan. Garden City, NY: Image Books. Originally written around 397-400

Backhouse, Janet. 2004. *Illumination from the book of Hours*. London: British Library.

Bakan, David. 1966. *The Duality of Human Existence*. Chicago: Rand McNally & Co.

Bakan, David. 1968. *Disease, pain, and Sacrifice*. Chicago: University of Chicago Press.

Becker, Brian, et al. 2003. *A Prairie Home Companion Pretty Good Joke Book*. 3rd ed. Minneapolis: Highbridge Co.

Beers, Mark H., ed. 2003. *The Merk Manual of medical Information*, 2nd home ed. New York: Simon & Schuster, Inc.

Bergman, Ingmar, 1960. *Four Screenplay*. New York Simon & Schuster

Brown, L. B., ed. 1973. *Psychology and Religion: Selected Readings*. Baltimore: Penguin Books.

Bunyan, John. 1957. *the pilgrim's Progress*. New York: Washington Square press:

Originally printed in 1678.

Capps, Donald. 1993. *The Depleted Self: Sin in a Narcissistic Age*. Minneapolis: Fortress Press.

Capps, Donald. 1995. *The Child's Song: The Religious Abuse of Children*. Louisville, KY: Westminster john Knox Press

Capps, Donald. 2000. *Deadly Sins and Saving Virtues*. Eugene, OR: Wipf & Stock Publishers. Originally published in 1987

Capps, Donald. 2001. *Agent of Hope*. Eugene, OR: Wipf & Stock Publishers. Originally published in 1995

Capps, Donald. 2005. *A Time to Laugh: The Religion of Humor*. New York: Continuum.

Capps, Donald, and Nathan Carlin. 2008. "*Methuselah and Company: A Case of Male Envy of Female Longevity.*" *Pastoral Psychology*(forthcoming).

Cole, Thomas R. 1992. *The Journey of Life: A Cultural History of Aging in America*. Cambridge: Ca,biridge University Press.

Cole, Thomas R. 2005. Personal communication to Nathan Carlin, coauthor of Capps and Carlin(2008).

Cole, Thomas R., and Mary G. Winkler. 1994. *The oxford book of Aging*. New York: Oxford University Press.

Collins, Billy. 1995. *The Art of Drowning*. Pittsburgh, PA: University of Pittsburgh Press.

Collins, Billy. 1998. *Picnic Lightning*. pittsburgh, PA; University of Pittsburgh Press.

Collins, Billy. 1999. Questions About Angels. Pittsburgh, PA: University of Pittsburgh Press.

Collins, Billy. 2002. *Nine Horse*. New York: Random House.

Collins, Billy. 2005. *The Trouble With Poetry and Other Poems*. New York: Randm house.

Day, Dorothy. 1952. *The Long Loneliness: The Autobiography of Dorothy Day*. San Francisco: Harper & Row

De Hamel, Christopher. 1997. *A History of Illuminated Manuscripts*. 2nd ed. London: Phaidon Press.

Dodd, C. H. 1933. The Mind of Paul: A Psychological Approach. *Bulletin of the John Rylands Library* 17: 91-105.

Dormandy, Thomes. 2000. *Old Masters: Great Artists in Old Age*. London: Hambledon and London.

Dunn, Stephen. 1994. *New and Selected Poems* 1974-1994. New York: W. W. Norton & Co.

Dunn, Stephen. 2000. *Different Hours: Poems*. New York: W. W. Norton & Co.

Erikson, Erik H. 1950. *Childhood and Society*. New York: W. W. Norton & Co.

Erikson, Erik H. 1956. The Problem of Ego Identity. *Journal of the American Psychoanalytic Association* 4: 56-121. Subsequently published as chapter 3 of Identity and the Life Cycle, (1959), 101-64.

Erikson, Erik H. 1958. *Young Man Luther: A Study in Psychoanalysis and History*. New York: W. W. Norton & Co.

Erikson, Erik H. 1959. *Identity and the Life Cycle*. New York: international Universities Press. Pepublished by W. W. norton & company(1980).

Erikson, Erik H. 1963. *Childgood and Society*. 2nd rev. ed. New York: W. W. Norton & Co.

Erikson, Erik H. 1964a. "Human Strenght and the Cycle of Generations." In *Insight and Responsibility*, 109-57. New York. W. W. Norton & Co.

Erikson, Erik H. 1964b. The Golden Rule in the Light of New Insight. In *Insight and Responsibility*, 217-43. New York: W. W. Norton & Co.

Erikson, Erik H. 1968. *Identity: Youth and Crisis*. New York: W. W. Norton & Co.

Erikson, Erik H. 1974. *Dimensions of a New Identity*. New York: W. W. Norton & Co.

Erikson, Erik H. 1975a. "Identity Crisis" in Autobiographic Perspectivee. In *Life History and the Historical Moment*, 17-47. New York: W. W. Norton &Co.

Erikson, Erik H. 1975b. "Once More the Inner Space." In *Life History and the Historical Moment*, 225-47. New York: W. W. Norton &Co.

Erikson, Erik H. 1977. *Toys and Reasons: Stages in the Ritualization of Experience*. New York: W. W. Norton & Co.

Erikson, Erik H., and Joan M. Erikson. 1997. *The Life Cycle Complected: Extended version*. New York: W. W. Norton & Co.

Erikson, Erik H., joan M. Erikson, and Helen O. Kivnick. 1986. *Vital Involvement in Old Age*. New York: W. W. Norton & Co.

Erikson, Joan M. 1988 *Wisdom and the Senses: The Way of Creativity*. New York: W. W. Norton & Co.

Felleman, Hazel. 1936. *The Best Loved Poems of the American People*. Garden City, NY: Doubleday & Co.

Fennel, Jan. 2005. *The Seven Ages of Man's Best Friend*. New York: Collins.

Ferm, Robert. 1959. *The Psychology of Christian Conversion*. Westwood, NJ: Fleming Revell.

Fowler, Gene. 2004. *Caring Through the Funeral: A pastor's Guide*. St. Louis: Chalice Press.

Freud, Sigmund. 1939. *Moses and Monotheism*. Trans. Katherine Jones. New York:

Vintage Books.

Freud, Sigmund. 1959. *Beyond the Pleasure Principle: A Study of Death Instinct in Human Behavior*. Trans. James Strachey. New York: Bantam books.

Freud, Sigmund. 1963. the Economic Problem of Masochism. In *General Psychological Theory: Paper on metapsychology*, ed. Philip Rieff, 190-201. New york: Collier Books.

Freud, Sigmund. 1966. *Introductory Lectures on Psycho-Analysis*. Trans. and. de. James Strachey. New York: W. W. Norton & Co. Originally published. 1917

Friedman, Lawrence J. 1999. *Identity's Architect: A Biography of Erik H*. Erikson. New York: Scribner.

Fromm, Erich. 1962. *Beyond the Chains of Illusion: My Encounter With Marx and Freud*. New York: Simon & Schustrt.

Frost, Robert. 1974. *The Poetry of Robert Frost* Ed. Edward Connery Latham. New York: Holt, Rinehart & Winston.

Furman, Ben, And Tapani Ahola. 1992. *Solution Talk: Hosting Therapeutic Conversation*. New york: W. W. Norton & Co.

Gay, Peter, 1988. *Freud: A Life for Our Time*. New York: W. W. Norton & Co.

Gillian, Carol. 1982. *In a Different Voice: Psychological: Theory and women's Development*. Cambridge, MA: Harvard University Press

Hall, G. Stanley. 1904. A*dolescence: Its psychology and Its Relations to Physiology, Anthropology, Sociology, Sex, Crime, Religion, and Education*. New York: D. Appleton.

Harpers. Michael S. and Anthony Walton, eds. 1994. *Every Shut Eye Ain't Asleep: An Anthology of poetry by African Americans Since 1945*. Boston: Little, Brown & Co.

Hawthorne, Nathaniel. 1946. The Great Stone Face. In *Hawthorne's Short Stories*, ed. Newton Arvin, 291-311. New York: Vintage Books.

Housden, Roger. 2003. One Life, One Season. *AARP*, July/August.

Hubley Studios. 1975. *Everybody Rids the Carousel*. Santa Monica, CA: Pyramid Media

Indick, William. 2004. Psychology for Screenwriters. Studio City, CA: Michael Wiese Productions

James, William. 1907. The Energies of Man. *The Philosophical Review* 16:1-20

James, William. 1922. *On Vital Reserves*. New York: Henry Holt.

James, William. 1982. *The Varieties of Religious Experience*. New York: Penguin Books. Originally published in 1902.

James, William. 1987. *William James: Writings 1902-1910*. New York: Library of America.

James, William. 1992. *William James: Writings 1878-1899*. New York: Library of America.

Khan, Michael. 2002. *Basic Freud: Psychoanalytic Thought for the Twenty-First Century*. New York: Basic Books.

Kaufman, Sharon R. 1986. *The Ageless Self: Sources of Meaning in Late Life*. Madison: University of Wisconsin Press.

Kohut, Heinz. 1985. Forms and Transformation of Narcissism. In *Self Psychology and the Humanities: Reflections on a New Psychoanalytic Approach*, ed. Charles B. Strozier, 97-123. New York: W. W. Norton & Co.

Kunitz, Stanley. 2000. *The collected Poems*. New York: W. W. Norton & Co.

Kunitz, Stanley, and Genine Lentine. 2005. *The Wild Braid: A Poet Reflects on a Century in the Garden*. New York: W. W. Norton & Co.

Levinson, Daniel J. 1978. *the Seasons of a Man's Life*. New York: Alfred A. Knopf.

Levinson, Daniel J. 1996. *The Seasons of a Woman's Life*. New York: Alfred A. Knopf.

Lewis, Michael. 1992. *Shame: The Exposed Self*. New York: Free Press.

Lynd, Helen Merrell. 1958. *On Shame and the Search for Identity*. New York: Harcourt, Brace.

Marling, Karal Ann. 2006. *Designs on the Heart: The Homemad Art of Grandma moses*. Cambridge MA: Havard University Press.

Miller, Arthur. 1976. *Death of a Salesman*. New York: Penguin Books. Originally Published in 1949

Miller, Patrick D. 1993. "Things Too Wonderful: Prayers of Women in the Old Testament." In *Biblische Theologie und gesellschaftlicher Wandel*, ed. Georg Braulik, Walter Gross, and Sean McEvenne, 237-51. Freiburg: Herder

Moorman, Margaret. 1992. *My sister's Keeper*. W. W. Norton.

Moorman, Margaret. 1996. *Waiting to Forget: A Mother Opens the Door to Her Secret Past*. New York: W. W. Norton.

Muller, Hans-Georg, Jeng_Min Chiou, James R. Carey, and Jane-Long Wang. 2002. Fertility and Life Span: Late Children Enhance Female Longevity. *Journal of Gerontology* 57A: B202-B206.

Pickhardt, Carl E. 2005. *The Everything Parent's Guide to the Strong-Willed Child*. Avon, MA: Adams Media.

Pollack, William S. 2000. *Real Boy's Voices*. New York: Penguin Books.

Rennison, Nick. 2001. *Freud and Psychoanalysis*. Harpenden, Great Britain: Pocket Essentials.

Ricoeur, Paul. 1978. Listening to the Parables of Jesus. In *The Philosophy of Paul*

Ricoeur, ed. charles E. Reagan and David Stewart, 239-45. Boston: Beacon Press.

Ryken, Leland. 1992. *words of Delight: A Literary Introduction to the Bible*. Grand Rapids: Baker Book House.

Scot, Barbara L. 1995. *Prairie Reunion*. Iowa City, IA: University of Iowa Press.

Scroggs, James R. and William G. T. Douglas. 1977. Issues in the Psychology of Religious Conversion. In *Current Perspective in the Psychology of Religion*, ed. H. Newton Malony 254-65. Grand Rapids: Wm. B. Eerdmans Publishing Co.

Shakespeare, William. 2000. *As You Like It*. New York: Penguin Books.

Spock, Benjamin. 1946. *The Common Sense Book of Baby and Child Care*. New York: Duell, Sloan & Pearce.

Stafford, William. 1982. *A Glass Face in the Rain: New Poems*. New York: Harper & Row.

Stafford, William. 1987. *An Oregon Message: Poems*. New York: Harper & Row.

Stafford, William. 1996. *Even in Quiet Places*. Lewiston, ID: Confluence Press.

Stafford, William. 1998a. Crossing Unmarked Snow: Further Views on the Writer's Vocation. Ed. Paul Merchant and Vincent Wixon. Ann Arbor: University of michigan Press.

Stafford, William. 1998b. *The way It Is: New & Selected Poems*. Saint Paul, MN: Graywolf Press.

States, Bert O. 1993. *Dreaming and Storytelling*. Ithaca, NY: Cornell University Press.

Tapper, Albert, and Peter Press. 2000. *A Guy Goes Into a Bar: A Compemdium of Bar Jokes*. New York: MJF Books.

Tillich, Paul. 1952. *The Courage to Be*. New Haven, CT: Yale University Press.

Tillich, Paul. 1957. *Dynamics of Faith*. New York: Harper & Row

Walther, Ingo F., and Norbert Wolff. 2001. *The World's Most Famous Illuminated Manuscripts*. *Koln*: Taschen Books.

White, Robert W. 1963. "Sense of Interpersonal Competence." In *The Study of Lives: Essays on Personality in Honor of Henry A. Murray*, ed Robert W. White, 72-93. New York: Atherton Press.

Winnicott, Donald W. 1991. *Playing and Reality*. London: Tavistock/Routledge.

찾아보기

인명

내용

저자 소개

도날드 캡스 Donald Capps

1939년 1월 30일~2015년 8월 26일

루이스-클락 주립대학교 졸업

예일대학교 신학대학원(BD, STM)졸업

시카고대학교 석사 및 박사(Ph.D.) 학위 취득

프린스턴 신학대학원의 목회신학 교수로 재직 후 명예교수로 은퇴

1990~1992년 Society for the Scientific Study of Religion 회장을 역임

『The Poet's Gift』 및 『The Child's Song』을 포함하여 상담 및 발달심리에 관한 24권 이상의 책을 저술

〈우리말로 소개된 도날드 캡스의 저서〉

『고갈된 자아의 치유』(한국장로교출판사, 2001), 『인간발달과 목회적 돌봄』(이레서원, 2001), 『재구조화』(엘도론, 2013), 『사회공포증』(엘도론, 2015), 『목회돌봄과 해석학』(MCI, 2018), 『돌봄의 목회현장 이야기』(장로회신학대학교출판부, 2018) 등

역자 소개

오은규 Oh Eungyu

연세대학교 일반대학원 상담코칭학 박사(Ph. D.)

연세대학교 상담코칭지원센터 상담전문가

GOODTV 방송 〈노크토크〉 고정 패널 출연

온누리교회 목사

〈주요 저서〉

『이혼 후 성장』(학지사, 2020)

김태형 Kim Tai hyoung

장로회신학대학교 목회상담학 박사(Th. D)

목회상담협회 감독

희망나무(장신상담센터) 수퍼바이저

장로회신학대학교 학생생활상담소 교육행정조
    교수

〈주요 역서〉

『목회해석학: 목회돌봄과 해석학』(MCIinstitute,
2018), 『돌봄의 목회현장 이야기』(공역, 장로회신
학대학교출판부, 2018) 외 다수

김상만 Kim Sang Man

연세대학교 연합신학대학원 상담코칭학 박사(Ph. D.)

예술치료 전문가

수서교회 목사

〈주요 저서〉

『PTSD와 군종장교의 역할』(육군교육사령부,
2016), 『전시 군종상담과 군종장교의 역할』(육군
교육사령부, 2018), 『분석심리학과 표현예술치
료』(공저, 학지사, 2019)

오원웅 Oh Wonwoong

연세대학교 일반대학원 상담학 박사(Ph. D.)

연세대학교 연합신학대학원 겸임교수 역임

World Mission University 겸임교수

마음공장심리코칭연구원 원장

한국코치협회 역량강화위원회 운영국장

〈주요 역서〉

『신학적 성찰의 기술』(공역, 대한기독교서회,
2013)

100세 시대를 준비하는 열 번의 성장
The Decades of Life: A Guide to Human Development

2021년 1월 15일 1판 1쇄 인쇄
2021년 1월 20일 1판 1쇄 발행

지은이 • Donald Capps
옮긴이 • 오은규 · 김상만 · 김태형 · 오원웅
펴낸이 • 김진환
펴낸곳 • ㈜ **학지사**
　　　　　04031 서울특별시 마포구 양화로 15길 20 마인드월드빌딩
대표전화 • 02)330-5114　　　팩스 • 02)324-2345
등록번호 • 제313-2006-000265호

홈페이지 • http://www.hakjisa.co.kr
페이스북 • https://www.facebook.com/hakjisa

ISBN 978-89-997-2261-5 93180

정가 20,000원

출판 · 교육 · 미디어기업 **학지사**

간호보건의학출판 **학지사메디컬** www.hakjisamd.co.kr
심리검사연구소 **인싸이트** www.inpsyt.co.kr
학술논문서비스 **뉴논문** www.newnonmun.com
원격교육연수원 **카운피아** www.counpia.com